학술연구총서 6

조선후기 북인계 남인의 형성과 문학적 실상

김효정 지음

학자원

이 책은 단국대학교 교내연구소 연구 지원비의 지원에 의한 단국대학교 부설 한국 고전문학 텍스트 연구소의 학술연구 결과물로 간행된 도서임.

학술연구총서 간행사

한국 고전문학 텍스트 연구소는 창조와 혁신이라는 인문학의 정신을 바탕으로 대중들의 관심에서 버려져 있는 우리 고전의 가치를 새롭게 밝혀, 현대를 살아가는 사람들에게 삶의 지표와 미래의 희망을 제시하기 위해 설립되었습니다.

현대 사회를 인문학의 종말기라고 할 만큼 우리 주변에서 고전에 대한 관심은 찾아보기 어렵고, 인문학에 대한 흥미는 점점 옅어져 가고 있습니다. 그러나 현대 사회에 팽배한 인문학에 대한 폄하나 고전에 대한 그릇된 인식은 그 연원이 오래되었습니다. 인류의 역사를 되돌아보면 고전이 그 자체로 가치와 의미를 인정받았던 시기를 찾기 어렵고, 인문학이 위기가 아니었던 시대가 없었습니다. 만약 그와 같은 인식이 진실한 것이라면 우리 사회에서 고전과 인문학은 이미 자취를 감추었어야 하지만, 사회가 첨예해지고 기술 문명이 발달할수록 고전과 인문학에 대한 대중들의 갈망은 커지기만 합니다. 이와 같은 모습은 고전과 인문학이 우리 사회에서 결코 소외될 수 없는 본질적이고 중차대한 것임을 보여주는 것입니다.

한국 고전문학 텍스트 연구소는 고전에 대한 왜곡된 인식과 인문학에 대한 그릇된 편견을 교정하는 마중물이 되고자 설립된 연구소입니다. 우리 연구소에서는 인문학 고전을 다양한 사회의 변화에 부응할 수 있도록 새롭게 가공하여 현대인들에게 고전과 인문학의 가치를 일깨우고 흥미를 부여하고자 합니다. 이를 위해 우리 연구소에서는 자료의 정리와 번역 가공, 개인 학술 연구, 연구소 기획 연구라는 네 방향에서 우리 고전과 인문학에 접근하고자 합니다.

학술연구총서는 이와 같은 우리 연구소의 운영 방향에 의해 발간되는 책입니다. 한 사람의 연구자가 하나의 주제에 대해 긴 시간 동안 심도 깊은 관찰과 탐색을 진행한 결과로, 연구자의 오롯한 정성과 노력이 담긴 책입니다. 그런 점에서 학술연구총서는 다양한 가치에 대한 고려를 바탕으로 학계와 대중에게 그다지 알려지지 않은 인물을 선택하여 1년 동안 공동 연구와 기획 발표라는 엄밀하고 정치한 연구를 진행한 뒤 발간하는 우리 연구소의 기획연구총서와는 여러 지점에서 변별적 의미와 가치를 가지는 것입니다.

학술연구총서를 출간하기 위해 연구자는 기나긴 불면의 밤을 보내며 수없는 고민과 갈등을 겪었을 것이고, 셀 수 없이 많은 글들을 썼다 지우면서 보이지 않는 길을 찾기 위해 헤매는 시간을 보냈을 것입니다. 책을 출간한 뒤에도 여전히 풀리지 않고 남아 있는 의문이 머리에 맴돌고 가슴을 짓누르겠지만, 마음 한편에서는 그간 무겁게 이고 왔던 묵은 짐을 내려놓는 후련함도 느낄 것입니다.

그런 점에서 우리 연구소의 학술연구총서는 학계와 일반 대중뿐만 아니라 연구자들을 위한 책이기도 합니다. 일반 대중에게는 한 분야의 전문가가 오랜 시간 고민해 온 결과물을 통해 지식의 범주를 확장시킬 수 있도록 도울 것이고, 학계에는 오랜 시간 진행된 연구자의 진지하고 깊이 있는 고민을 통해 새로운 시각과 진전된 논의가 시작될 수 있는 계기를 제시할 것이며, 연구자에게는 혼자 짊어져 왔던 무겁고 큰 숙제를 세상에 풀어놓는 자유를 제공할 것입니다. 그렇기 때문에 우리 연구소의 학술연구총서는 다른 누구보다 연구자를 위한 것이라고도 할 수 있습니다. 연구자에게 나에서 우리로, 혼자에서 같이로, 다 함께 하는 논의와 논쟁의 장을 만들어 홀로 걸었던 외로움을 벗어버리고 자유로우면서도 깊이 있고 다양한 논의를 통해 더 깊은 시야를 제공할 수 있을 것이기 때문입니다.

이와 같은 의미를 지닌 우리 연구소의 학술연구총서 6권은 조선 후기 북인계 남인의 형성 과정을 살펴보고 이어 시문학을 중심으로 그들의 문학적 실상을 검토하여, 조선 후기 북인계 남인의 문학이 근기 남인계열 문인들에게 이어지고 있음을 밝히고자 한 것입니다. 조선 후기 북인계 남인은 17세기 전반의 폐모론과 인조반정을 거치면서 북인계열에서 남인계열로 전향한 인물들입니다. 이들은 남인계열로 전향하면서부터 근기 지역의 남인들에게 상당한 영향을 미쳐, 이후 근기 지역의 남인들은 이전까지와 또 영남지역의 남인들과는 다른 특성을 지니게 되었습니다. 17세기 후반부터 18세기 후반까지 근기 지역의 남인들이 보여준 정치적・사상적・문학적 특성은 당시 근기 남인계열의 형성과 발전에 미친 북인계 남인의 영향을 잘 보여주는 것입니다. 특히 이 시기 근기 남인계열의 문단을 주도했던 이들이 대부분 북인계 남인 가문의 후손이라는 사실은 이러한 영향을 실증하는 구체적인 예라고도 할 수 있습니다.

이 책에서는 아직까지 우리 학계에서 본격적으로 언급되지 않은 북인계 남인의 실체를 구체화하고 이들의 시문학이 근기 남인계열의 시문학과 우리 문학사에 미친 영향을 살펴보고자 하였습니다. 특히 연구자는 조선 후기 북인계 남인이 근기 남인계열의 형성과 전개 과정은 물론이고 문학에도 지대한 영향을 미쳐 18세기 근기 남인계열의 문학이 다양한 방면으로 확장되는 기반을 마련하였다는 점을 밝히고자 노력하였습니다. 그런 노력에 힘입어 연구자는 조선 후기 근기 남인계열 시문학의 원류를 확인하고 정체성을 규명하였으며, 그간 개별 연구자를 중심으로 단편적으로만 언급되었던 북인계 남인들을 하나의 문학 집단으로 묶어 이들의 시문학을 하나의 시선으로 바라보는 성과를 이루었습니다.

이런 성과를 이루기까지 연구자는 수많은 시간을 외롭게 또 고통스럽게 보냈을 것입니다. 이제 이런 고민의 흔적들이 고스란히 묻어있는 이 책의 출간으로 연구자는 가슴 후련한 자유로움을 느끼겠지만 한편으로는 진한 아쉬움도 가질 것입니다. 어떤 것이 더 클지는 모르지만, 이 책의 출간으로 연구자는 그간의 고민을 정리하고 새롭게 출발하는 계기를 가지게 되었을 것입니다.

우리 연구소의 학술연구총서는 연구자가 학계와 일반 대중에게 소통과 공감을 구하는 것입니다. 그런 만큼 우리 연구소의 학술연구총서는 인문학 관련 전문 연구자뿐만 아니라 일반 대중들에게도 적지 않은 가치가 있을 것이라고 생각됩니다. 이후로도 이와 같은 학술연구총서의 발간이 충실하게 이루어지기를 기대하며, 학술연구총서의 집필을 위해 애써주신 연구자와 간행에 물심양면으로 도움을 주신 도서출판 학자원의 김병환 사장님께 깊은 감사의 마음을 전합니다.

2022년 12월

단국대학교 부설 한국 고전문학 텍스트 연구소장

책을 펴내면서

이 책은 조선후기 북인계北人系 남인南人의 형성을 살펴보고 시문학을 통해 이들의 문학적文學的 실상實狀을 확인하여 북인계 남인의 시문학이 근기 남인계열 시문학의 원류로 작용하였음을 밝혀보고자 하는 것이다. 북인계 남인은 17세기 전반 폐모론과 인조반정을 거치며 북인계열에서 남인계열로 전향한 세력으로, 근기 지역에 거주하고 있던 남인계열과 결합하여 17세기 후반 근기 남인계열의 형성, 학문과 사상 그리고 문학 경향의 형성과 확립에 결정적인 역할을 했다는 점에서 이들의 존재는 매우 중요한 의미를 지닌다. 그러나 북인계 남인들은 남인계열로 전향한 이후 근기남인으로만 인식되는 경우가 많아 북인계 남인의 존재는 거의 부각되지 못했고, 그 실체가 구체적으로 파악되지 않았다.

그러나 이와 같은 연구 경향에도 불구하고 17세기 후반 근기 남인계열의 확립에는 17세기 전반 근기 지역의 남인계열로 유입된 북인계 남인의 영향이 크게 작용하였으며, 이로 인해 근기 남인계열의 문학 경향 역시 변화해 왔다. 이는 근기 남인계열의 문학이 북인계 남인의 문학과 맥을 이어왔다는 의미가 된다. 또한 17세기 후반 이후 근기 남인계열 시단을 이끌었던 이서우・오상렴・채팽윤・이용휴 등 주요 문인 대부분이 북인계 남인의 후손이라는 사실은 이들의 문학적 뿌리가 북인계 남인의 시문학에 있음을 실증한다. 따라서 북인계 남인의 시문학을 확인하지 않고서는 근기 남인계열의 시문학에 대해 논의하기 어렵다.

지금까지 이루어진 북인계 남인의 시문학에 대한 연구는 북인계 남인 문인들을 근기 남인계열 문인으로 일원화하여 다루었을 뿐만 아니라 개별 문인들에 대한 연구를 중심으로 하고 있으며 성과도 미미한 편이다. 그러나 당대 북인계 남인들은 북인계열의 학문적·정치적 동질성을 기반으로 시를 통해 문학적 교유를 이어갔으므로 개별 문인 연구에서 한 단계 더 나아가 북인계 남인이라는 거시적 시각에서 살펴보지 않으면 이들의 실체를 확인할 수 없다. 그런 점에서 문학 집단의 관점에서 이들의 시문학을 조망하고, 그동안 문학사에서 논의되지 않았던 북인계 남인의 시문학을 종합적으로 검토하여 이들의 문학적 실상을 구현하고 문학사적 위상을 정립할 필요가 있다.

이 책에서는 17세기 전반에 등장했던 북인계 남인의 실체를 역사적 사건과 각종 자료들을 통해 구체화하고, 북인계 남인 문인의 대표 작가를 선정하여 북인계 남인의 문학을 살펴보고자 하였다. 이에 따라 17세기 북인계 남인 문인 중 당대의 문학적 성가聲價와 후대 근기 남인계열 문단에 끼친 영향을 고려하여 석루石樓 이경전李慶全(1567~1644)·동주東州 이민구李敏求(1589~1670)·동명東溟 김세렴金世濂(1593~1646)·태호太湖 이원진李元鎭(1594~1665)·호주湖洲 채유후蔡裕後(1599~1660)를 북인계 남인의 대표 문인으로 선정하였다. 그리고 이들의 학문과 문학 경향에서 나타나는 동이점同異點과 시세계를 직접 탐색하여 북인계 남인의 시문학을 전체적으로 조망하고, 문학사의 흐름 속에서 북인계 남인의 위상과 문학사적 의의를 찾고자 하였다.

이 책은 크게 4부로 구성되어 있다. 제1부에서는 17세기 전반 북인계 남인의 형성 과정과 북인계 남인의 범주와 유형, 그리고 학문 연원에 대해 다루었다. 먼저 17세기 전반 북인계 남인이 등장하게 된 배경을 살피고, 『남보南譜』와 『북보北譜』를 비롯한 각종 자료들을 토대로 북인계 남인을 범주화・유형화하여 이들의 존재를 확인하였다. 그리고 북인계 남인들의 학문 연원과 양상을 살폈다.

제2부에서는 북인계 남인 문인들의 교유와 문학 활동에 대해 살펴보았다. 북인계 남인 대표 문인들의 교유관계를 살피고, 혼맥을 통해 가세家勢와 인적 네트워크를 확장해 나가는 양상을 파악하였다. 그리고 북인계 남인 문인뿐만 아니라 소북계열 문인들과 함께 누정樓亭을 중심으로 이어갔던 문학 활동을 조명하였다.

제3부에서는 북인계 남인의 문학적 실상을 이들의 시세계를 통해 확인하였다. 먼저 본격적인 시세계를 조명하기에 앞서 이들의 문학 경향을 개관하였다. 이 과정은 동시대를 살았던 북인계 남인 문인들의 문학 경향에 어떤 차이가 있는지, 17세기 조선 전반 보편적인 문단의 문학 경향과 어떤 상관관계가 있는지, 나아가 후대 근기 남인계열 문단에 어떠한 영향을 끼쳤는지 등을 이해하는데 도움이 될 것이다. 북인계 남인 문인들은 공통적으로 인간과 자연을 대상으로 느낀 서정抒情을 시를 통해 풍부하게 드러내었고, 현실 세계에서 겪은 경험과 지녔던 의지를 시로 구현하는 특징적인 면모를 보였다. 이에 따라 북인계 남인의 시세계를 개인의 서정을 드러낸 '인간人間과 자연自然에 서린 서정抒情 세계世界'와 관료 의식이 구현된 '경험經驗과 의지意志로 엮은 현실現實 세계世界'로 나누어 살펴보았다. 끝으로 제4부에서는 북인계 남인의 시문학이 문학사에서 차지하는 위치와 문학사적 의의를 정리하였다.

이 책은 그동안 학계에서 그 존재가 제대로 알려지지 않아 관심받지 못했던 북인계 남인의 존재를 인식시키고, 이들의 문학적 실상을 작품에 근거하여 확인함으로써 이들이 근기 남인계열의 토대를 형성하고 근기 남인계열 문학의 형성과 확립에 지대한 영향을 끼쳤으며, 근기 남인계열 시문학이 다양한 면모로 확장할 수 있는 기반을 마련했음을 확인했다는 점에서 의미를 지닌다. 이와 같은 작업은 근기 남인계열 시문학의 원류와 정체성 확인과도 이어진다는 점에서 문학사적으로 의의가 있다. 그러나 이 책은 북인계 남인의 시문학 이외의 문학 분야를 다루지 못했다는 점과 후대 근기 남인계열 시문학에 대한 보다 조직적이고 밀도 있는 연구로까지 나아가지 못했다는 점에서 일정한 한계를 지닌다. 이 부분은 계속 보완해 나갈 것이다.

필자에게는 감사의 인사를 전할 여러 선생님들이 계시다. 늦은 나이에 시작한 학업이기에 어렵고 힘든 상황에 부딪쳐 포기하고 싶을 때가 있었지만 그때마다 용기를 북돋워 주시고 이끌어 주신 선생님들 덕분에 무사히 학업을 마칠 수 있었다. 필자가 헤매지 않고 학문의 길을 걸어갈 수 있도록 지도해 주신 윤재환 선생님 그리고 부족한 학업을 채워나갈 수 있도록 늘 도움을 주신 우리 연구소, 단국대학교 부설 한국 고전문학 텍스트 연구소의 여러 선생님들께 진심으로 감사의 마음을 전한다.

그리고 언제나 옆에서 힘이 되어주었던 동학들에게도 진심으로 감사의 마음을 전한다. 동학들이 없었다면 아마 지금 이 자리에 있지 못했을 것이다.

끝으로 필자의 학업을 전폭적으로 지지해준 두 딸 지영이, 지원이 그리고 엄마와 아내로서의 부족한 자리를 묵묵히 채워 주었던 사랑하는 남편에게 마음 깊이 고마움과 감사의 마음을 전한다.

2022년 12월
죽전 연구실에서
필자

차례

제3부

북인계北人系 남인南人의 문학 경향과 시세계

제4부

북인계北人系 남인南人 시문학의 문학사적 의의

서설序說

17세기 전반은 임진왜란과 인조반정, 병자호란이라는 내적 혼란과 명·청 교체기라는 외적 혼란이 더해진 총체적 난국의 시대였다. 조선은 왜란과 호란으로 피폐해진 국가를 재건하기 위해 총력을 기울였고, 중국의 새로운 강자로 떠오른 후금과의 외교 문제가 쟁점이 되는 가운데 정치적·학문적 성향을 달리하는 붕당들이 대립하고 분파하는 혼란한 정국이 전개되면서 지속적인 정치적 재편이 이루어졌다.

사림士林들은 동인東人계열과 서인西人계열로 나뉘었고, 동인계열은 다시 남인南人계열과 북인北人계열로 분파하였다. 남인계열은 퇴계退溪 이황李滉(1501~1570)의 학문을 따르는 학문집단이자 정치집단이었는데, 정치적 속성보다 동류집단의 속성이 강했으며, 17세기 후반 갑술환국 이후 영남 남인계열과 근기 남인계열로 분리되기 전까지 영남과 근기의 구별이 명확하지 않았다.[1] 영남에 근거를 둔 남인계열이 출사를 하면 한양에 머물다 관직에서 물러나면 다시 영남의 재지在地로 내려가는 형국이었다.

한편 북인계열은 구성원 간의 정치적 지위의 차이와 전란 이후 정국에 대한 인식 차이 등으로 인해 대북大北계열과 소북小北계열로 분열

1 윤재환(2012), 『조선후기 근기 남인 시맥의 형성과 전개』, 문예원, p.43.

된[2] 이후 1623년 인조반정을 거치며 일부 북인계열 인물들이 남인계열로 전향하는 경우가 나타나는데 이들이 바로 북인계 남인이다.

북인계 남인은 정치적으로는 남인계열의 당색을 띠었지만 학문적·사상적 기반은 북인계열에 두고 있는 일련의 세력들로 17세기 전반의 광해군, 인조 대에 이르는 기간 동안 북인계열에서 남인화 한 이들을 말한다.[3] 북인계 남인이 다수 등장했던 인조반정 이후의 시기는 서인계열이 정권을 장악한 가운데 소북계열과 기존의 남인계열, 그리고 북인계열에서 남인계열로 전향한 북인계 남인들이 공존했던 정치적으로 복잡한 시기였다. 하지만 이 중에서 북인계 남인들은 남인계열로 전향한 이후 근기 남인계열로 인식되는 경우가 많아 북인계 남인의 존재는 거의 부각되지 못했고, 그다지 관심받지 못했다. 그러나 북인계 남인은 서울을 중심으로 관직 생활을 하던 남인계열과 결합하면서 이들의 학문과 사상, 그리고 문학세계에 큰 영향을 끼치며 근기 남인계열을 형성해 갔다는 점에서 북인계 남인의 존재는 매우 중요한 의미를 지닌다.

남인계열은 1694년(숙종 20) 갑술환국을 계기로 영남 남인계열과 근기 남인계열로 완전히 분기된다. 갑술환국 이후 정계에서 밀려난 남인계열 중 영남의 재지在地로 돌아간 영남 남인계열은 남인계열 본래의 전통을 고수하며 영남 지역을 중심으로 활동하였고, 서울과 근기 지역에 남은 근기 남인계열은 정계 복귀를 염원하며 영남 남인계열과 다른 독자적인 면모를 갖추어 나갔다. 북인계열 특유의 사상과 시각을 지닌 북인계 남인의 유입은 남인계열에게 새로운 자극으로 작용하였다. 근

2 윤재환(2012), 위의 책, p.30.

3 정호훈(2004), 『朝鮮後期 政治思想 硏究 - 17세기 北人系 南人을 중심으로』, 혜안, p.18.

기 지역에 살던 남인계열은 인조반정 이후 북인계 남인들을 수용하면서 여러 방면에서 이전까지의 남인계열과 다른 면모를 갖추기 시작했다고 할 수 있는데 이와 같은 변화의 중심에는 북인계 남인의 유입이 있었다고 할 수 있다. 북인계 남인은 근기 남인계열의 학문과 사상뿐만 아니라 문학 지형도에 변화를 주어 다음 시대인 18세기의 한시사 구도에 영향을 끼쳤다. 18세기의 한시단은 전통적인 한시의 격식과 규범에서 벗어나 개성과 변화를 추구하고 인간 정서의 진실한 표현과 경물의 사실적 묘사를 추구하는[4] 새로운 시풍이 등장하는 가운데 뛰어난 작가들이 다수 출연하여 우리나라 한시사의 전성기로 인식되기도 한다.

근기 남인계열의 문학적 성격은 영남 남인계열이 고수하던 남인계열의 전통과 북인계 남인의 유입과 당대 시류의 영향으로 변화된 새로운 전통, 그리고 그 새로운 전통 속에서 나타난 개혁이라는 3가지 경향이 동시에 존재한다. 북인계 남인의 유입은 근기 지역의 남인계열이 지니고 있던 남인계열 본래의 색채가 점차 옅어지고 약해지는 대신 이전과 다른 새로운 모습의 전통이 등장하게 된 촉진제가 되었고, 이 속에서 개혁적인 모습이 등장하게 되었다고 할 수 있다.

18세기 중·후반 근기 남인계열의 문단은 '상고적尙古的' 문학관과 '기괴奇詭·첨신尖新'의 개혁적인 두 경향으로 나뉘어 있었다.[5] 상고적 문학관은 육경六經 고문古文과 제자백가 사상을 바탕으로 현실에 대한 비판적 안목을 지닌 시 의식이 주류를 이루는 실천 지향적인 문학관으로[6] 퇴계와 주자朱子만을 존숭하는 영남 남인계열의 문학관과 다른 면모를 지닌다. 영남 남인계열과 다른 근기 남인계열의 새로운 문학관은

4 안대회(1999), 『18세기 한국한시사 연구』, 소명출판, pp.39~53.

5 윤재환(2012), 위의 책, pp.354~359.

6 안대회(1999), 위의 책, p.4.

기존 남인계열의 문학관에 새로운 사상과 당대 문학 사조가 반영되어 변화된 것으로, 여기에는 북인계 남인의 영향이 컸다.

육경을 근본으로 삼고 한위고문秦漢古文과 제자백가의 다양한 사상을 수용하는 근기 남인계열의 문학 경향은 17세기 전반 활동한 북인계 남인의 문학 경향에서 이미 포착된다. 북인계 남인의 문학 경향은 근기 지역에 살던 남인계열에게 영향을 주어 남인계열이 지닌 기존의 문학관에 변화를 가져왔으며, 17세기 후반 근기 남인계열이 영남 남인계열과 분리되면서 근기 남인계열의 새로운 문학관이 형성된 것으로 생각된다. 즉 북인계 남인의 문학 경향이 근기 남인계열의 문학관 형성에 결정적인 영향을 끼쳤다는 의미이다.

북인계 남인의 문학 경향은 17세기 후반 근기 남인계열이 확립될 당시 남인계열의 영수였던 미수眉叟 허목許穆(1595~1682)에게서도 찾아볼 수 있다. 여기서 중요한 점은 허목 역시 북인계 남인이라는 사실이다.[7] 허목의 문학 경향이 북인계 남인의 문학 경향과 닮을 수밖에 없는

7 許穆의 부친 許喬(1567~1632)는 花潭 徐敬德(1489~1546)의 제자였던 守庵 朴枝華(1513~1592)의 문인이었고, 허목은 화담의 문인 困齋 鄭介淸(1529~1590)에게 많은 영향을 받았다. 허목은 정개청의 유고『愚得錄』의 序跋文을 써 주기도 하였다. 화담의 학문은 북인계열의 학문 연원이 된다는 점에서 허목의 가계는 북인계열의 학문 성향에 영향을 받았다고 할 수 있다. 또한 허목의 가계가 북인계 남인임은 여러 선행 연구에서 언급된 바가 있다. 고영진은 허목이 북인계통의 사상을 계승하였으면서 영남남인과 연관을 맺었다고 보았으며, 허목의 理氣論이 화담의 理氣合一論을 계승 발전시킨 것으로 보았다(고영진(1994)a,「17세기 후반 근기남인 학자의 사상 - 허목 · 윤휴 · 허적을 중심으로」,『역사와 현실』13, 한국역사연구회, pp.161~167.).; 신병주는 허목을 소북계 출신으로 근기남인에 흡수된 인물로 보았다(신병주(1997),「17세기 중 · 후반 近畿南人 학자의 학풍 - 허목 · 윤휴 · 유형원을 중심으로」,『한국문화』19, 서울대학교 규장각 한국학연구원, p.159.).; 또한 정호훈은 허목을 17세기 중 · 후반 북인계 남인의 구심을 이룬 인물로 보았다(정호훈(2004), 위의 책, p.178.).; 김학수는 인조반정으로 북인 세력이 몰락하자 대부분의 소북계가 남인계열로 흡수되었다고 하면서 尹鑴 · 許穆 · 柳馨遠, 李山海 · 李德泂, 李光庭 · 李昌庭, 丁胤福 가계 등을 소북계열에서 남인계열로 전향한 가계로 보았

이유가 여기에 있다. 허목보다 앞선 시기에 근기 지역의 남인계열로 유입되어 활동한 북인계 남인 문인들의 문학 경향이 후대 근기 남인계열의 문학 경향과 상당히 유사하다는 점은 북인계 남인의 문학이 근기 남인계열의 문학 경향이 형성되고 성격을 완성시키는 데 큰 역할을 했음을 뜻한다. 즉 근기 남인계열의 문학 경향은 허목에 의해서 제시된 것이 아니라 허목 역시 북인계 남인의 문학 경향에 영향을 받은 것이라고 할 수 있다.

18세기 이후 근기 남인계열 문단에는 전통의 고수와 기궤・참신의 개혁을 지향하는 양극단이 공존한다. 하지만 이때 근기 남인계열의 문단이 보여주는 전통은 영남 남인계열이 고수하던 기존 남인계열의 전통과 동일한 것이 아니라 북인계 남인의 사상과 학문, 문학 경향 그리고 당시 시류의 영향을 받아 변화된 새로운 모습의 전통이다. 이 변화된 전통 속에서 혜환惠寰 이용휴李用休(1708~1782)로 대표되는 개혁적이고 참신한 경향이 나타나게 되는데[8] 이용휴 역시 북인계 남인의

다(김학수(2005), 「星湖 李瀷의 學問淵源 - 家學의 淵源과 師友관계를 중심으로」, 『성호학보』 1, 성호학회, p.64.).

8 이용휴는 개성적인 표현과 다양한 시체의 실험으로 당대에 이름이 높았다(박용만(1998), 「惠寰 李用休論」, 『조선후기 한시 작가론』 1, 이회문화사, pp.581~583.). 이용휴는 明末淸初의 公安派와 景陵派의 사조를 적극 수용하며 새로움을 추구하였다. 丁若鏞은 〈貞軒墓誌銘〉에서 이용휴의 문장이 '기발하고 괴이하며 참신하고 정교하다'고 하였으며, '錢謙益(1582~1662)이나 袁宏道(1568~1610)에 뒤지지 않는다'고 평하였다[其爲文, 奇崛新巧, 要不在錢虞山・袁石公之下]. 전겸익과 원굉도는 明末淸初의 시인으로 개성과 성정에 중점을 둔 자유로운 시를 창작하여 당대 시로 이름이 나 있었다. 정약용이 이용휴를 전겸익이나 원굉도와 견주어 비교하였다는 것은 그의 시가 이들 못지않게 자유롭고 참신하였음을 말해주는 것이라고 할 수 있다. 이용휴의 시는 전통적인 근기 남인계열의 시와는 매우 다른 모습을 보이는데, 그는 전형적인 시의 격식에서 벗어난 6언시의 창작과 일상어와 산문투의 시어 구사, 허사의 사용과 파격적인 구조의 전개 등 실험적인 시도를 전개하며 독특한 개성을 드러내었다. 이 때문에 그의 시는 奇詭하다는 평가를 받기도 하였다(金春澤, 「申紫霞詩集序」, 『韶濩堂文集』 卷2. "自英廟以下, 則風氣一變, 如李惠寰錦帶父子, 李烱

후손이다.[9]

18세기 근기 남인계열 문인들은 자신들이 익혀왔던 전통적 문학관을 바탕으로 각자 처해 있는 상황에 따라 자신들의 시문학 경향을 유지하고 발전 변화시켜 나갔다.[10] 정계에 남아 보수적 경향을 강화해 나갔던 관료 문인과 정치권에서 배제되어 처사로 지내며 문학에 전일하여 자유를 추구했던 처사 문인들은 자신들이 처한 현실의 위치에 따라 전통을 고수해 보수성을 강화하기도 하고 기궤·첨신과 같은 새로운 문학 경향을 추구하기도 했다. 이와 같은 근기 남인계열 문단의 문학 경향은 다양한 사상을 수용하고 자득自得을 통해 자신만의 문학 세계를 완성해 갔던 북인계 남인의 문학 경향이 있었기에 가능했다. 따라서 북인계 남인의 문학 경향은 후대 근기 남인계열 문단이 하나의 틀에 얽매이지 않고 다양한 문학 경향을 추구할 수 있는 기반이 되었다고 할 수 있다.

17세기 후반 근기 남인계열의 확립에는 17세기 전반 근기 지역의 남인계열로 유입된 북인계 남인의 영향이 크게 작용하였으며, 이로 인해 문학 경향 역시 변화해 왔다고 할 수 있다. 이는 곧 근기 남인계열 문학의 정체성은 북인계 남인의 문학과 맥이 닿아있다는 의미가 된다. 따라서 17세기 후반 근기 남인계열의 확립에 영향을 끼친 북인계 남인의 시문학을 살펴보는 것은 근기 남인계열 시문학의 원류를 찾는 의미있는 일이 될 것이다. 하지만 그럼에도 불구하고 아직까지 북인계 남인의 시문학에 대한 논의가 이루어지지 않았다는 사실은 이에 대한 연구가

菴·柳泠齋·朴楚亭·李薑山諸家, 或主奇詭, 或主尖新, 其一代升降之跡.").

9 이용휴는 星湖 李瀷의 조카로 이익에게서 학문과 문학을 전수받았다. 성호 이익의 증조이자 이용휴의 고조인 少陵 李尙毅(1560~1624)는 북인계열 관료문인으로 '自得'을 통해 학문을 이루어가는 家學의 전통을 마련했던 인물이다. 이상의 가계는 손자인 太湖 李元鎭(1594~1665) 대에 이르러 남인계열로 전향한 것으로 보인다.

10 윤재환(2012), 위의 책, pp.356~357.

시급함을 의미하는 것으로 본 연구가 필요한 첫 번째 이유가 된다.

북인계 남인의 시문학에 대한 연구의 필요성은 근기 남인계열 시맥의 전개에서도 찾아볼 수 있다. 18세기 근기 남인계열 시맥의 흐름에 대하여 번암樊巖 채제공蔡濟恭(1720~1799)과 다산茶山 정약용丁若鏞(1762~1836)은 다음과 같이 언급하였다.

> 우리 당의 시맥은 호주 채유후부터 동주 이민구 이래, 오직 송곡 이서우가 정통을 얻었지만 정교하고 치밀하기만 할 뿐 원대함에 이르는 것은 적다. 연초재 오상렴은 송곡 문하의 顔子이고, 희암 채팽윤은 송곡 문하의 曾子이다. 이들을 계승하여 약산 오광운과 국포 강박이 그 전통을 얻었다. 나 같은 사람은 간옹 이헌경과 해좌 정범조에도 미치지 못한다. 이에 후배들이 기댈 만한 사람이 없으니 그대는 힘쓰도록 하라.[11]

> 번옹시맥은 대개 호주 채유후와 동주 이민구에서 시작되어 송곡 이서우가 계승하였으며, 희암 채팽윤 · 국포 강박 · 약산 오광운은 그에게 직접 수업을 받은 분이다. 채제공 역시 송곡 이서우를 매우 추켜세워 다른 사람들이 미칠 수 없다고 하였다.[12]

위의 첫 번째 글에서 채제공은 근기 남인계열 시맥의 종장으로 호주湖洲 채유후蔡裕後(1599~1660)와 동주東州 이민구李敏求(1589~1670), 그리고 그 뒤를 이어 송곡松谷 이서우李瑞雨(1633~1706)를 언급하였고, 또한 연초재燕超齋 오상렴吳尙濂(1680~1707) · 희암希菴 채팽윤蔡彭胤(1669

11 丁若鏞, 「跋畵櫻帖」, 「詩文集」 卷14, 『與猶堂全書』 第1集. “吾黨詩脈, 自湖洲蔡裕後東州李敏求以來, 唯松谷李瑞雨得其宗, 而松谷之詩工緻少遠致. 燕超齋吳尙濂松門之顔子, 希菴蔡彭胤松門之曾子. 嗣此唯藥山吳光運菊圃姜樸得其傳. 若吾吾樊翁自道, 有不及夢瑞李艮翁獻慶 · 法正丁海左然後進無所託, 子其勉之.”

12 丁若鏞, 「樊翁詩派」, 「餛飩錄」, 『與猶堂全書補遺』. “樊翁詩脉, 蓋自湖州 · 東州, 承以松谷, 而希菴 · 菊圃 · 吳藥山其親受者也. 樊翁亦盛推松谷, 爲非諸子所能及.”

~1731) 그리고 국포菊圃 강박姜樸(1690~1742)·약산藥山 오광운吳光運(1689~1745) 등이 그 전통을 얻었다고 하였다. 정약용도 같은 내용으로 '번옹시맥樊翁詩脈'에 대해 언급하였다. 정약용이 '번옹시맥'으로 호칭한 것에서도 알 수 있듯이 채제공이 정립한 근기 남인계열의 시맥은 근기 남인계열 전반이 아닌 다분히 정치적인 계보로 자신과 정치적·사상적·학문적 노선을 같이하는 동류 집단을 대상으로 한 것이다. 따라서 개인적인 편향성이 반영된 것이라는 비판을 받기도 하지만 이민구와 채유후를 비롯한 이서우·채팽윤·강박·오광운 등이 당대 근기 남인계열 문단에서 인정받았던 시인들이었던 것은 주지의 사실이다. 여기에 채제공의 근기 남인계열 시맥에서 누락된 이용휴·금대錦帶 이가환李家煥(1742~1801) 부자, 석북石北 신광수申光洙(1712~1775)·진택震澤 신광하申光河(1729~1796) 형제 및 해좌海左 정범조丁範祖(1723~1801)의 교유 시인들이 추가되면 18세기 중·후반 근기 남인계열 문단을 온전히 볼 수 있다고 할 수 있다.[13]

하지만 여기에서 이민구와 채유후의 생존 시기를 고려할 때 과연 이 두 사람을 근기 남인계열로 볼 수 있는지에 대해서는 고민이 필요하다. 남인계열이 근기 남인계열과 영남 남인계열로 분리된 시점은 1694년(숙종 20) 갑술환국 이후라고 볼 수 있다.[14] 따라서 이들이 활동했던 17세기 전반은 근기 남인계열이 확립되기 이전이므로 이들을 비롯한 동시기 문인들 중 북인계열에 뿌리를 둔 문인들은 근기 남인계열이라기보다 북인계 남인으로 분류하는 것이 타당하다고 생각된다.

이민구·채유후·이서우·채팽윤·오광운·정범조·이용휴 등의

13 심경호(1997), 「18세기 중·말엽의 남인문단」, 『국문학 연구』, 태학사, pp.147~148.
14 윤재환(2012), 위의 책, p.36.

가계를 살펴보면[15] 이들은 북인계 남인 또는 북인계 남인의 후손이라는 공통점이 발견된다. 『남보南譜』에 수록된 수많은 남인계열 문인 가운데 18세기 근기 남인계열 문단을 이끌었던 주요 문인들이 대개 북인계 남인의 후손이라는 점은 이들의 문학적 뿌리가 되는 북인계 남인의 시문학을 논의하지 않고서는 근기 남인계열의 시문학에 대해 논의하기 어렵다는 뜻이 된다. 따라서 근기 남인계열 문학의 원류로 의미를 지니고 있는 북인계 남인의 시문학에 대한 연구의 필요성이 재차 확인된다.

조선 후기 당시 동일 정파에 속하는 인물들은 특정한 정치적 사안에 대한 당론뿐만 아니라 가계와 친교, 사우 연원 등으로 맺어진 인적·사상적·문학적 기반을 공유하고 이를 바탕으로 자신의 정체성을 확립하는 것이 일반적이었으므로 정치적 입장과 문학적 방향 사이에는 긴밀한 관계가 있었다고 추론할 수 있다.[16] 북인계 남인은 정치적 상황의 변화로 인해 형성되었던 만큼 기본 속성은 정치 집단이라고 할 수 있다. 하지만 이들은 정치적 속성을 강하게 지닌 정치 집단이나 정파를 형성하지 않았다. 이들은 정치적·학문적 동질성에 기인한 동류 의식을 바탕으로 교유와 통혼을 이어가며 교유관계를 지속하는 상대적으로 느슨한 집단 활동을 이어갔다. 이와 같은 북인계 남인 집단이 지닌 특성은 다음 세대의 사승 관계와 학문 경향을 형성하는 근본이 되었고, 조선 후기 근기 남인계열이 정치적 동질성보다 학문적 동질성을 바탕으로 정치적·사상적·학문적·문학적 교유와 동질성을 유지하는 하나의 이유가 되었다.[17]

15 이들 가계에 대한 설명은 제1부 2장의 북인계 남인의 범주와 유형에 소개되어 있다.

16 부유섭(2009), 「17~18세기 중반 近畿南人 文壇 연구」, 한국학중앙연구원 한국학대학원 박사학위논문, p.1.

17 윤재환(2012), 위의 책, p.137.

이 책에서는 북인계 남인 문인 중 대표적인 문인을 연구 대상으로 선정하여 이들의 학문과 문학 경향에서 나타나는 동이점同異點을 살펴보고 시세계를 탐색하여 북인계 남인 시문학의 전체적인 틀을 조망해 보고자 한다. 이와 같은 작업은 근기 남인계열의 문학 형성에 큰 영향을 끼친 북인계 남인 문인들의 시문학을 살펴본다는 의미와 함께 근기 남인계열 문학의 원류와 정체성을 확인할 수 있다는 점에서 의미가 있다.

북인계 남인의 대표 문인을 선정하기 위해 우선 북인계 남인의 실체를 규명해야 한다. 그간의 몇몇 선행 연구를 통해 그동안 정치사 혹은 문학사에서 그 존재조차 인지하지 못했던 북인계 남인의 존재가 규명되고 정치・사상사에서 이들의 위치가 확립되었다.[18] 그러나 북인계 남인의 구체적인 범주가 제시되지 않아 그 존재의 규모와 실체를 가시화하지 못하였다. 이에 이 책에서는 북인계 남인의 선정 기준을 제시하여 범주를 설정하고 유형을 파악하여 이들의 존재를 구체화하고자 했다.

다음은 북인계 남인의 범주에서 확인된 문인들을 대상으로 북인계 남인 대표 문인을 선정해야 한다. 17세기 전반 북인계 남인의 시문학 특징을 정확히 파악하기 위해서는 북인계 남인 문인 전체를 대상으로 이들의 시문학 세계를 고찰하는 것이 최선의 방법이다. 하지만 자료의

18 북인계 남인에 대한 본격적인 연구는 정호훈에 의해 시작되었다. 그는 조선 후기 북인계 남인의 형성 과정과 중심인물들의 정치사상・학문의 특징을 논의하면서 근기 남인 학자인 허목・윤휴・유형원의 사상이 북인계열에 연원을 두고 있음을 논의하였고, 근기 남인계열의 학문과 사상의 형성에 북인계 남인의 역할이 컸음을 밝혔다(정호훈(2001), 「17세기 北人系 南人學者의 政治思想」, 연세대학교 박사학위 논문, pp.1～211.; (2004), 위의 책, pp.1～384.). 이 연구는 '북인계 남인'의 존재를 본격적으로 언급하였다는 점에서 의미가 있으나 북인계 남인의 구체적인 범주와 이를 규명할 수 있는 명확한 기준을 제시하지 못했다는 점에서 아쉬운 점이 있다.

방대함으로 인해 이 책에서는 17세기 전반 북인계 남인의 시문학 특징을 잘 보여주는 대표 문인을 선정하고, 이들의 시문학을 통해 17세기 전반 북인계 남인의 시문학을 전체적으로 조망해 보고자 한다.

17세기 전반 북인계 남인의 대표 문인을 선정하기 위해서는 두 가지 기준이 필요하다. 첫 번째 기준은 근기 남인계열이 본격적으로 확립되기 이전인 17세기 전반에 활동한 북인계 남인 문인 중 당대 본인이 북인계열에서 남인계열로 전향한 문인이어야 하며 시문집이 남아 있어야 한다. 앞서 살펴본 것처럼 근기 남인계열은 17세기 후반에 이르러서 하나의 정파로 확립되고 갑술환국 이후 영남 남인계열과 분리되면서 독자적인 길을 걷게 된다. 북인계 남인은 17세기 전반에 등장해 남인계열로 활동하면서 근기 남인계열이 형성되는 데 큰 역할을 하였고, 이들의 후손들은 근기 남인계열의 중심 인물로 활동하게 된다. 따라서 북인계 남인의 활동 시기는 근기 남인계열이 확립되기 이전인 17세기 전반으로 국한된다. 또한 북인계 남인은 정치적 이해관계 속에서 등장한 집단인 만큼 그 속성이 정치 집단이고, 관료 문인이었다는 공통점을 지닌다.

따라서 북인계 남인의 대표 문인은 17세기 전반에 활동한 관료 문인 중 북인계열에서 남인계열로 전향한 이들을 우선 대상으로 한다. 북인계 남인은 폐모론과 인조반정과 같은 정치적 격변을 겪으며 북인계열에서 남인계열로 전향하였다. 폐모론과 인조반정의 경험은 북인계 남인의 정체성과 특성을 가장 잘 보여줄 수 있는 배경이 되며 작가의 문학세계에도 영향을 끼쳤을 것으로 예상된다. 이와 같은 조건을 충족시키는 북인계 남인 문인 중 시문집이 확인되는 문인은 유천柳川 한준겸韓浚謙(1557~1627)·수색水色 허적許確(1563~1640)·석루石樓 이경전李慶全(1567~1644)·동계桐溪 정온鄭蘊(1569~1641)·화음花陰 이창정李昌

庭(1573~1625)·고산孤山 윤선도尹善道(1587~1671)·동주東州 이민구李敏求(1589~1670)·동명東溟 김세렴金世濂(1593~1646)·태호太湖 이원진李元鎭(1594~1665)·호주湖洲 채유후蔡裕後(1599~1660)·남파南坡 홍우원洪宇遠(1605~1687) 등이다.[19]

두 번째 기준은 당대의 문학적 성가와 후대 근기 남인계열 문단에 끼친 영향이다. 수많은 북인계 남인 문인 중 당대 혹은 후대의 평가를 통해 문학적 성가를 확인할 수 있거나 후대 근기 남인 계열의 문학에 영향을 끼쳤음을 확인할 수 있어야 한다. 이와 같은 선정 기준을 바탕으로 이 책에서 선정한 북인계 남인 대표 문인은 이경전·이민구·김세렴·이원진·채유후이다. 이들은 모두 17세기 전반에 활동한 관료 문인들로 당대 본인이 북인계열에서 남인계열로 전향했다는 공통점을 지닌다. 또한 문학적 성가와 후대 근기 남인계열 문단에 끼친 영향 등이 확인 가능하다. 앞서 거론한 인물들 중 한준겸·이창정의 경우 인조반정 이후 얼마 되지 않아 운명하였으므로 북인계 남인으로 활동한 시간이 많지 않았고, 윤선도·허적·정온·홍우원의 경우 당대의 문학적 성가는 확인되나 위의 다섯 대표 문인에 비해 후대 근기 남인계열 문단에 미친 영향이 상대적으로 적다고 판단되므로 제외하였다.

이와 같은 과정을 통해 선정된 다섯 명의 대표 문인들의 문학적 성가와 후대 근기 남인계열에서 차지하는 문학적 위상을 살펴보면 이경전은 여러 차례 문형文衡을 지냈던 아계鵝溪 이산해李山海(1539~1609)의 아들로 아버지 못지않은 뛰어난 시문으로 이름났던 문인이었다. 대북계열의 핵심에서 소북계열로, 이어 다시 남인계열로 당색을 바꾸며 정쟁의 한복판에 있었던 그의 환로宦路는 북인계 남인의 지난至難한 환로

19 이 책에서 확인한 북인계 남인의 목록은 제1부 2장의 북인계 남인의 범주에 서술되어 있다. 여기에서 확인된 북인계 남인을 대상으로 하여 대표 문인을 선정하였다.

의 전형을 보여준다. 이경전은 목은牧隱 이색李穡(1328~1396)의 후손으로 그의 가계는 대대로 이름난 문한가文翰家였는데, 이경전 역시 시문에 뛰어나 1591년(선조 24) 호당湖堂에 선발되었고, 1623년 인조의 책봉 주청사로 사행을 다녀왔으며, 병자호란 당시 「삼전도비문三田渡碑文」의 찬자로 내정되는 등 문필로 명성이 높았다. 이경전의 뛰어난 문명文名과 그가 정쟁政爭의 굴곡 속에서 지나온 환로는 북인계 남인의 지난한 삶을 보여줌과 동시에 북인계 남인의 문학적 색깔을 보여주기에 적합하다. 이경전의 신도비는 18세기 후반 채제공이 찬하였는데 당시 채제공이 근기 남인계열 내에서 차지하고 있던 위상을 고려한다면 채제공의 신도비 찬술은 이경전이 근기 남인계열 내에서 후대까지 인정받았음을 보여준다.

이민구와 채유후는 채제공에 의해 근기 남인계열 시맥의 종장에 상정된 문인들로 후대 근기 남인계열 문인들에게 지속적으로 추앙받았으므로[20] 이들이 근기 남인계열 내에서 차지하는 문학적 위상이 상당히 높았음을 알 수 있다. 이민구는 부친 지봉芝峯 이수광李睟光(1563~1628), 형 분사分沙 이성구李聖求(1584~1644)와 함께 북인계 남인이 형성되었던 광해군 말~인조대에 활약하면서 근기 남인계열 시단의 형성에 큰 영향을 끼친 인물이다. 이민구는 정약용이 〈고시이십사수古詩二十四首〉에서 이민구의 일생을 그리면서 '시웅詩雄'으로 칭할 만큼[21] 근기 남인계열 시단에서 오랫동안 추앙받았다. 이민구는 부친 이수광과 함께 일찍이 시문으로 인정받았으며,[22] 그의 문학적 성취는 사승관계를 통해

20 윤재환(2012), 위의 책, p.86.

21 丁若鏞, 〈古詩二十四首〉, 『與猶堂全書』 詩集 卷2. "其十三 文章憎命達, 此言蓋其然. 東州號詩雄, 碑銘尤可鐫. 晚年負謗言, 苗裔且顚連."

22 金得臣은 『終南叢誌』에서 "이수광과 이민구가 모두 문한으로 명가라고 일컬어졌

백호白湖 윤휴尹鑴(1617~1680)·박천博泉 이옥李沃(1641~1698)·명고鳴皐 이계李烓(1603~1642) 등에게 이어졌는데 이민구의 후예들은 이후 17세기 후반 근기 남인계열 문단의 주요 인물로 활약하였다.[23]

채유후는 효종조 문형을 지낸 인물로 소북계열의 설봉雪峰 강백년姜栢年(1603~1681)과 함께 남인계열과 북인계열에서 동시에 문한文翰이 뛰어난 인물로 꼽힐 만큼 당대 문학적 역량으로 이름났다.[24] 실록에서 채유후를 남인계열을 대표하는 문한으로 거론한 것은 그의 문학적 성가가 뛰어났음을 보여주는 하나의 예시라고 할 수 있다. 채유후는 스스로 자신이 조선의 삼문장三文章 중 한 명이라고[25] 할 만큼 문장에 대한 자부심이 있었고, 어려서부터 문병文柄을 이끌 인재로 인정받았다.[26] 채유후는 당대 문인들과 두루 교유하였고, 대제학을 역임하면서 과거

는데, 이수광은 시에 뛰어났고, 이민구는 부에 뛰어났다(金得臣, 『終南叢志』. "李芝峯睟光·東州敏求父子, 俱以詞翰名家稱, 芝峯長於詩, 東州長於賦.")."라고 하였고, 洪萬宗은 『小華詩評』에서 "동주 이민구는 지봉 이수광의 아들로 어릴 적부터 문장을 익혔는데 詩賦에 가장 뛰어났다(洪萬宗, 『小華詩評』 下卷. "李東州敏求, 芝峯之子也, 自少業文章, 最長詞賦.")."라고 하였다. 신흠은 이수광과 이민구를 함께 거론하면서 이민구가 시와 문에 모두 뛰어났음을 언급하였다. 성호 이익은 「分沙集序」에서 "오직 관해옹은 詞場에서 文才를 발휘하여 文과 詩, 長篇과 短章이 책 상자 속에 넘치고 시렁에 가득하여 사람들의 입에서 읊조려지고 이목을 놀라게 하였으니, 세상에 간행되어 집집마다 전송하고 있을 정도이다"라고 하였다(李瀷, 「分沙集序」, 「序」, 『星湖全集』 卷50. "唯觀海翁癢技詞場, 若文若詩, 長篇短章, 溢篋盈架, 騰口舌而震耳目, 刊而行之. 家傳而戶誦.").

23 부유섭(2000), 「東州 李敏求와 南人 詩脈의 전개」, 『한국한시연구』 8, 한국한시학회, p.31.

24 『肅宗實錄』 卷4, 肅宗 1년(1679년), 윤5월 11일(戊戌), 1번째 기사. "一時數南北黨文翰淸修之士, 小北則栢年, 南人則蔡裕後."

25 蔡彭胤, 「從祖祖父湖洲先生集後遺事」, 『希菴集』 卷29. "公醉謂人曰; '我國三文章, 其一四佳, 其一澤堂, 其一我是也."

26 蔡彭胤, 「從祖祖父湖洲先生集後遺事」, 『希菴集』 卷29. "公兒時, 作杜黃裳謝拜節度使表, 見者曰; '異日必主文.'"

시험을 주관하는 자리에 있었던[27] 만큼 당대 문단에 끼친 영향이 적지 않았다.[28] 채유후는 이민구와 상당한 친분을 유지했는데 이들의 관계는 후대 근기 남인계열 시단에서 오래도록 회자되었다.[29] 이런 사실들은 채유후와 이민구의 근기 남인계열 시단 내 위상을 말해준다.

김세렴은 동인東人의 영수였던 성암省庵 김효원金孝元(1542~1590)의 손자이자 하곡荷谷 허봉許篈(1551~1588)의 외손자로 시문이 뛰어났던 인물이다. 김세렴은 호당湖堂에 선발되어 사가독서賜暇讀書를 하였고, 허목으로부터 "시가 섬려纖麗하고 아정雅正하며, 세속의 경박 화려하고 요염한 기운이 섞이지 않아 옛사람의 성운聲韻을 깊이 체득하였다."[30]라는 평가와 "문장과 절조 두 부분에서 당대에 견줄 사람이 없을 정도이다."[31]라는 평가를 받았다. 김세렴은 고시古詩와 악부樂府, 당시唐詩에 뛰어나 17세기 전반 시단의 문학 경향을 잘 보여주는 문인이다. 김세렴은 폐모론에 반대했다가 유배를 간 뒤 인조반정 이후 재등용되어 남인계열로 자정自定하면서 당시 남인계열이 결집하는 데 큰 역할을 하였으며,[32] 시문으로 채유후·이원진 등과 문학적 교유를 이어갔다. 김세렴

27 『孝宗實錄』 卷14, 孝宗 6년(1655년), 1월 8일(乙未), 1번째 기사· 2월 25일(庚辰), 1번째 기사.

28 윤재환(2012), 위의 책, p.230.

29 蔡彭胤, 「從祖祖父湖洲先生集後遺事」, 『希菴集』 卷29. "李東州敏求在南郭, 公携酒往訪, 酒酣公口占曰郭外青山已夕陽, 醉不成章. 東州足之曰; '小軒風露坐凄凉, 那無上客能傾盖. 更有高文獨擅場, 晉代淵明堪嘯傲. 漢廷方朔任淸狂, 尊前自恨才情少, 多病新秋廢酒觴.' 李侍郎沃每謂彭胤曰; '當二老郭外青山之會, 相觚尖者我也. 是時二老各數大觥, 氣岸軒輊, 旁若無人者, 而讓不爲卑, 亢不爲驕, 前後輩相須之殷盖如是.'" 姜浚欽의 『三溟詩話』 27則에도 이와 유사한 이야기가 수록되어 있다.

30 許穆, 「東溟金學士遺卷序」, 「序」, 『記言』 卷8. "其詩瞻麗雅正, 不雜時俗浮靡媚艶氣, 深得古人聲韻."

31 許穆, 「東溟金學士遺卷序」, 「序」, 『記言』 卷8. "天官卿鄭公經世白上曰; '世濂文章節操, 於今世無此人比云."

의 「사상록槎上錄」 서문과 신도비는 허목이 찬하였는데 여기에서 허목은 김세렴의 문명을 높이 평가하였다.

이원진은 성호星湖 이익李瀷(1681~1763)의 당숙堂叔으로 성호가星湖家의 학문과 문학적 토대를 마련해 준 인물이다. 성호 이익의 조카인 정산貞山 이병휴李秉休(1710~1776)는 「정산자서貞山自序」에서 '성호가星湖家는 경헌敬憲 이계손李繼孫(1423~1484)과 소릉少陵 이상의李尙毅(1560~1624)가 현달하여 문벌가로 성장하였고, 태호太湖 이원진李元鎭이 학문을 세워 세상의 사표師表가 되었고, 그 뒤를 이어 옥동玉洞 이서李漵(1662~1723)가 가풍을 사장詞章에서 학문學問으로 일변시켰다.'[33] 라고 하여 이원진이 성호가의 학문을 세웠다고 밝혔다. 박학을 추구했던 이원진의 학문은 훗날 성호 이익에게 이어져 성호학을 이루는 하나의 바탕이 되었고,[34] 근기 실학의 선구자로 평가받는 반계磻溪 유형원柳馨遠(1622~1673) 역시 외숙인 이원진에게서 학문을 익혔으므로 유형원과 이익의 학문에 이원진의 영향이 컸음을 알 수 있다. 또한 이원진은 여주이씨驪州李氏의 세고世稿인 『황려세고黃驪世稿』[35]를 편찬하여

32 정호훈(2004), 위의 책, p.119.

33 李秉休, 「貞山自序」, 『貞山雜著』. "至高大父翼獻公始居于漢陽皇華坊少陵洞, 翼獻公位至貳相, 以厚德稱搢紳間, 諸子簪纓蟬聯詞翰輝暎, 人艷之, 謂貞李族大父太湖公, 早謝軒冕, 退處江湖, 博究墳籍, 敦尙禮教爲世之師表焉. 至我叔父玉洞先生, 及季父星湖先生, 隱居求志, 專務爲己之學, 朝廷微以官, 不就爲世儒宗, 此余家學之淵源也."

34 윤재환(2008), 「新資料 『太湖詩藁』를 통해 본 李元鎭의 詩世界」, 『한문학보』 18, 우리한문학회, p. 393.

35 『黃驪世稿』는 이원진의 先祖인 敬憲公 이하 14인의 시문을 모아 편찬한 것으로 이원진 생전에 간행되지 못하고 사망 직후인 1665년 사촌동생이자 성호의 부친 李夏鎭(1628~1682)에 의해 간행되었다. 『황려세고』의 원명은 『黃驪李氏世稿』로 李繼孫을 비롯한 총 14인의 유고 194제 206편이 수록되어 있다. 『황려세고』에 수록된 개별 저자는 李士弼·李友直·李尙弘·李尙毅·李尙信·李志和·李志完·李志宣·李志宏·李志定·李志寅·李志裕·李志安 등이다.

성호가의 문학적 토대를 마련했던 인물이다. 북인계열이었던 이원진의 가계는 인조반정 이후 정치적 위기에 놓이기도 하였는데 이원진은 당시 집안의 정신적 지주로서 집안을 이끌었으며, 1630년(인조 8) 남인계열로 출사하여 성호가가 근기 남인계열의 명문가로 자리하는 데 큰 역할을 하였다. 근기 남인계열 내에서 성호가가 차지하는 학문과 문학적 위상을 고려할 때, 이 토대를 마련한 이원진의 역할과 영향은 크다고 하겠다.

이렇게 이 책에서 선정한 다섯 명의 문인은 정주학程朱學이 대세였던 시대에 육경六經과 진한고문秦漢古文을 중시하며 노장老莊을 비롯한 제자백가의 다양한 사상을 수용하였고, 삼당시인 이래 시단의 주류가 된 당풍唐風이 유약한 만당풍晩唐風임을 비판하고 이를 극복하기 위해서 많은 노력을 하였다. 이러한 학문적·문학적 경향은 이들의 시세계에 반영되어 나타난다. 따라서 북인계 남인의 시세계를 본격적으로 다루기에 앞서 이들의 문학적 기반에 대한 이해를 돕기 위해 제1부에서는 북인계 남인의 등장 배경, 범주와 유형, 학문 연원과 전승 양상에 대해서 살펴보도록 한다. 남북분당에서부터 북인 내부의 정치적 갈등으로 인한 분당, 폐모론과 인조반정에 이르기까지 당시의 정치적 상황과 전개 양상을 개관하여 북인계 남인의 등장 배경을 살펴보고, 북인계 남인의 범주와 유형, 그리고 이들의 학문 연원과 전승 양상을 차례로 논의하도록 하겠다. 북인계 남인의 범주와 유형은 『북보北譜』[36]와 『남보南譜』[37]를 비롯한 『조선왕조실록』·시화집·개인 문집·신도비와 행장

36 『北譜』는 북인들의 당파보로 20여 종 이상이 현존한다. 이중 1760년대 간행된 단국대 연민문고본이 가장 오래되었고 대부분은 1850년대 이후 만들어졌다. 이 책에서 참고한 『북보』는 성균관대 존경각본 3책본으로 28姓 58家의 북인 가계가 수록되어 있다. 『북보』에 관한 연구로는 김영진(2011)의 「朝鮮後期 黨派譜 硏究 -『北譜』를 중심으로」(『한국학논집』 44, 계명대학교 한국학연구원.) 참고.

을 비롯한 비지류碑誌類·『사마방목司馬榜目』·『국조문과방목國朝文科榜目』 등의 자료를 확인하여 제시하도록 한다. 이 과정을 통해 북인계 남인의 실체가 구체적으로 구현될 것이다.

제2부에서는 북인계 남인 대표 문인들의 교유와 문학 활동을 살펴보도록 한다. 이들은 북인계열와 남인계열은 물론 서인계열까지 두루 아우르며 교유하고, 학맥과 정파는 물론 혼맥과 문학 활동에 이르기까지 교유의 폭이 매우 넓은 특징을 보인다. 여기에서는 이경전·이민구·이원진·김세렴·채유후의 교유 관계를 살펴보고 혼맥과 세교 등을 통해 교유 범위가 확장되는 양상과 누정樓亭에서 이어지는 문학 활동을 살펴보고자 한다.

제3부에서는 북인계 남인 대표 문인들의 문학 경향을 살피고, 이들의 시세계에서 포착되는 동이점同異點들을 바탕으로 이들의 문학적 실상을 확인해보고자 한다. 북인계 남인들은 16세기 말~17세기 전반의 양란兩亂과 명·청 교체기, 인조반정과 같은 대·내외적 시련과 격변 속에 정계의 한복판에 있었다. 이들의 삶은 현실 정치와 밀접하게 연계되어 있었고 이로 인해 마주한 다양한 상황과 감정들이 시를 통해 표출되었다. 제3부의 논의를 통해 북인계 남인의 시문학적 특징과 17세기 전반 시단의 일면을 논의할 수 있을 것이다.

마지막으로 제4부에서는 북인계 남인의 문학사적 위상과 의의를 개

37 『南譜』는 남인들의 당파보로 35종 이상의 이본들이 있다. 이중 가장 상세한 것이 규장각과 성균관대 존경각에 소장된 9책본이다. 서울대 규장각본과 성균관대 존경각본은 일부 표지의 책 순서의 차이가 약간 있을 뿐 동일 저본을 필사한 것으로 보인다. 이 책에서 참고한 『남보』는 성균관대 존경각본을 저본으로 하여 영인한 상·중·하 3책으로 50성 148本貫을 수록하고 있다. 『남보』에 관한 연구로는 김영진(2016)a, 「조선후기 당파보연구 (2) - 『남보』」, 『대동문화연구』 94, 성균관대학교 대동문화연구원. 참고.

관하도록 한다. 이 책은 지금까지 북인계 남인 개별 문인의 시문학 고찰에 그쳤던 단편적인 연구에서 그 폭을 넓혀 북인계 남인의 범주를 설정하고 이들의 시세계 탐색을 통해 북인계 남인의 문학적 실상, 특히 시문학적 실상을 논의한다는 점에서 일차적인 의미가 있다. 그러나 이 논의는 17세기 후반 근기 남인계열 문학의 형성과 성격을 완성시키는 데 17세기 전반 북인계 남인의 시문학이 상당한 영향을 끼쳤으며, 18세기 근기 남인계열이 보여주는 보수와 개혁의 두 가지 문학적 특성이 북인계 남인의 문학 경향에서 비롯되었음을 명징하게 밝히고, 18세기 근기 남인계열의 시문학에 끼친 영향과 상관관계 속에서 논의되었을 때 보다 유의미한 성과를 얻을 것이다.

제1부

북인계北人系 남인南人의 형성

1. 북인계 남인의 등장

16세기 말~17세기 전반의 조선은 학문적·정치적 갈등으로 인한 붕당의 분열과 재편이 계속되었다. 북인계 남인의 등장은 선조 말~인조반정 시기의 국가적 위기와 정치적 격변에 따른 정치체제의 재편에서 그 원인을 찾을 수 있다. 선조 말 사림들이 이조전랑 자리를 놓고 동인東人과 서인西人으로 분당된 이후 동인은 남인계열과 북인계열로 나뉘었고, 북인계열은 다시 대북계열과 소북계열로 분열되었다. 광해군 대 정권을 장악한 대북계열은 자신들의 정치적 입지를 더욱 공고히 하기 위해 1613년(광해군 5) 계축옥사癸丑獄事를 일으켜 영창대군을 죽이고, 폐모론을 제기하여 상대세력들을 압박하였다. 이 과정에서 대북계열 내에서 이탈하는 이들이 등장하게 되었다. 결국 대북계열의 무리한 정치적 행보는 인조반정이라는 정국의 변화를 초래하였고, 정권은 서인계열이 장악하게 되었다. 이 시기 있었던 붕당 간의 정치적 갈등에 이어 폐모론, 인조반정과 같은 정국의 변화는 북인계 남인이 출현하는 결정적인 배경으로 작용하였다.

북인계 남인의 출현 시기는 임진왜란과 인조반정, 병자호란과 같은 혼란 속에서 신분질서의 변동과 농민의 경제적 파산으로 인한 국가재정의 부족, 국가방위 체제의 붕괴 등으로 인해 국가의 존립 자체가 위협받던 총체적 난국의 시기였다. 이러한 상황을 극복하고 국가를 재건하기 위한 접근과 대처방안들이 각 정파와 학파 안에서 다양하게 모색되었는데 이 시기 국가 재조再造를 둘러싼 이념과 방향을 설정하는 데 주도적인 역할을 했던 세력 중의 하나가 '북인계 남인'이었다.[1] 이들은 북인계열과 남인계열의 학문적·사상적 특성을 절충하여 독자적인 학문과 사상을 구축하였고, 이는 이들이 경제·외교 분야의 전문 관료로 활약하는 바탕이 되었다. 이 장에서는 북인계 남인의 등장 배경이 되었던 남북분당과 북인계열 내부의 대·소북 분당 그리고 폐모론, 인조반정에 이르는 일련의 과정 등을 개괄하여 살펴보고자 한다.

1) 남북분당과 북인의 분열

16세기 후반 이조전랑 자리를 놓고 벌어진 사림들의 대립은 동서분당을 가져왔으며 이후 임진왜란과 광해군 시기를 거치며 분열의 양상이 더욱 심화되었다. 1575년(선조 8) 당시 이조전랑이었던 덕계德溪 오건吳健(1521~1574)은 자신의 후임으로 성암省菴 김효원金孝元(1542~1590)을 추천했으나 손암巽菴 심의겸沈義謙(1535~1587)은 김효원이 외척 윤원형尹元衡(1503~1565)의 문객이었다는 이유를 들어 반대하였다. 그러나 심의겸 자신도 외척이었던 관계로[2] 그의 반대는 관철되지 못했고, 김효원이 이조전랑으로 최종 낙점되었다. 이때 한양 동쪽 건천방에

1 정호훈(2004), 『조선후기 정치사상 연구 - 17세기 북인계 남인을 중심으로 -』, 혜안, pp.15~18.

2 심의겸은 명종비 인순왕후의 동생이다.

거주하며 김효원을 따르던 이들은 동인東人이라 부르고, 서쪽 정릉동에 거주하며 심의겸을 따르던 이들을 서인西人이라 부르게 되었다. 동인계열에는 주로 퇴계退溪 이황李滉(1501~1570)과 남명南冥 조식曹植(1501~1572)·화담花潭 서경덕徐敬德(1489~1546)의 문인들이 많았는데 소장파들이 주류를 이루었다.[3] 서인계열은 율곡栗谷 이이李珥(1536~1584)와 우계牛溪 성혼成渾(1535~1598)의 제자들이 많았다.[4]

동인계열은 서인계열이 율곡의 학문적 전통을 계승한 단일한 학문적 성향을 지닌 것과 달리 화담과 남명, 퇴계의 학문적 전통을 계승한 사람들이 혼재되어 있어 구성원이 다양했다. 따라서 이들은 학문적·사상적·사회경제적 기반 등 다양한 면에서 차이를 보였는데 임진왜란을 겪으며 이러한 차이가 더욱 뚜렷하게 나타났다. 결국 동인계열 중에서 퇴계의 학통을 계승한 사람들이 남인계열로 분기하였고, 나머지는 북인계열이 되었다. 북인계열은 남명과 화담의 학통을 계승한 이들이 주류를 이루었으므로 율곡과 퇴계의 단일한 학통을 이은 서인계열이나 남인계열에 비해 학연상의 결집력은 떨어진다고 할 수 있다.[5]

동인계열의 남북 분기는 1589년(선조 22) 기축옥사己丑獄事와 서인계열 송강松江 정철鄭澈(1536~1593)의 처벌 수위를 두고 빚어진 갈등에서 비롯되었다. 기축옥사는 정여립鄭汝立(1546~1589)이 역모를 꾸민다는 혐의를 받고 추국을 받다가 자결하여 일어났던 사건으로, 이 사건으로 인해 당시 정여립과 친분이 있었던 동인계열의 상당수가 유배를 가거

3 동인계열의 주요 인물은 許曄·柳成龍·禹性傳·金誠一·南以恭·李潑·李山海·李元翼·李德馨·崔永慶 등이다.

4 서인계열의 주요 인물은 李珥·成渾·朴淳·鄭澈·宋翼弼·趙憲·李貴·金繼輝·尹斗壽·尹根壽·李山甫 등이다.

5 구덕회(1988)b, 「선조 대 후반 정치체제의 재편과 정국의 동향」『한국사론』20, 서울대학교 국사학과, p.224~228.

나 죽임을 당하였다.

기축옥사 당시 유배를 가거나 죽임을 당했던 이들은 동암東巖 이발李潑(1544~1589)을 비롯하여 남명과 화담의 문인들이 많았다. 그러나 당시 같은 동인계열이었던 서애西厓 유성룡柳成龍(1542~1607)을 비롯한 퇴계의 문인들은 이발의 구제나 기축옥사의 해결에 미온적인 태도를 보였다. 이 때문에 동인계열 내에서는 퇴계의 문인과 남명·화담 문인들 간에 틈이 생기기 시작하였고 이는 동인계열이 퇴계학파의 남인계열과 남명·화담학파 중심의 북인계열로 분열하는 계기가 되었다.[6]

1591년 서인계열의 영수 정철이 선조에게 세자를 세우자는 건저建儲를 논의했다가 선조의 노여움을 사 유배를 가게 되어 서인계열은 정계에서 밀려나게 되었다.[7] 동인계열은 정철의 처벌 강도를 두고 강경파와 온건파로 나뉘었다. 아계鵝溪 이산해李山海(1539~1609)를 비롯한 강경파는 서인계열의 엄중한 처벌을 주장하였고, 유성룡을 비롯한 온건파는 관대히 처벌할 것을 주장하였다. 당시 이산해의 집이 서울 북쪽에 있었으므로 강경파들을 북인北人이라고 불렀고, 영남에 살던 유성룡과 함께 온건파였던 추연秋淵 우성전禹性傳(1542~1593)의 집이 남산南山 아래에 있었기 때문에 남인南人이라고 불렀다.[8]

북인계열은 퇴계학파 문인들을 중심으로 한 남인계열에 비해 구성원이 매우 다양했으므로 결속력이 떨어졌고, 여러 가지 갈등 요소가 많았

6 신병주(2000), 『남명학파와 화담학파 연구』, 일지사, pp.139~147.

7 당시 선조는 아직 세자를 세우지 않고 있었다. 선조는 인빈 김씨의 소생인 신성군을 내심 마음에 두고 있었는데, 정철은 선조의 장자인 공빈 김씨의 소생인 임해군을 세자에 봉할 것을 건의하였다가 선조의 노여움을 샀다.

8 이중환의 『擇里志』, 「人心」편에는 남북 분당시 柳成龍이 영남 사람이므로 그와 그를 따르던 李元翼·李德泂·李睟光·尹承勳·李光庭·韓浚謙 등을 남인이라고 하였다.

다. 이 때문에 내부적으로 분열을 거듭하였다. 북인계열은 대북大北과 소북小北으로 분열하였고, 대북은 육북肉北과 골북骨北으로, 소북은 청북淸北과 탁북濁北으로 다시 분열하였다. 『광해군일기』에는 북인의 분열에 대해 다음과 같이 기록하고 있다.

> 대개 동인과 서인으로 분당된 이래부터 동인들이 이어서 정권을 잡았으나, 동인은 남인과 북인으로 나뉘었고, 북인은 소북과 대북으로 나누어졌다. 대북 중에는 골북과 육북이 있고, 소북 중에는 또 청북과 탁북이 있었는데, 남이공은 청북의 영수였다. 처음에 이산해가 영수가 되어 이이첨 등과 함께 유성룡을 공격하였고, 후에는 또 김신국의 무리와 함께 홍여순을 공격하였는데, 이산해와 이이첨은 서로 달랐다. 후에 이이첨이 또 이산해의 아들 이경전과 함께 홍여순을 공격하였으니, 이것이 바로 남인・북인, 대북・소북, 골북・육북으로 나누어진 것이고, 청북・탁북은 후에 유영경 시대에 일컬어진 것이다.[9]

위의 인용문은 동서분당에서부터 북인계열의 내부 분열에 이르기까지의 분열 양상을 기록한 것으로 특히 북인계열의 분열 양상과 과정을 서술한 것이다. 북인계열은 1599년(선조 32) 홍여순洪汝諄(1547~1609)의 대사헌 임명을 놓고 이를 지지하는 대북계열[10]과 반대하는 소북계열[11]로 분열되었다. 홍여순이 대사헌에 천거되자 당시 이조전랑인 설사雪蓑

9 『光海君日記』 卷10, 光海君 2년(1599년), 3월 23일(己亥), 10번째 기사. "蓋自東西分黨以來, 東人相繼用事, 而東分爲南北, 北分爲小北・大北. 大北中有骨肉, 小北中又有淸濁, 以恭淸北之魁也. 初以李山海爲首, 與李爾瞻等, 攻柳成龍, 後又與金藎國輩, 攻洪汝諄, 而與山海・爾瞻相異. 後爾瞻又與山海子慶全, 攻汝諄, 此乃南北大小北骨肉之分, 而淸濁則後來永慶時所稱也."

10 대북계열에 속한 이들은 李山海・洪汝諄・奇自獻・李爾瞻・鄭仁弘・許筠 등이 대표적이다.

11 소북계열에 속한 이들은 南以恭・金藎國・柳永慶・柳希奮 등이 대표적이다.

남이공南以恭(1565~1640)은 홍여순을 쓰지 않으려 했고, 후추後瘳 김신국金藎國(1572~1657)은 홍여순을 탄핵하는 상소를 올리며 반대하였다.

대북계열과 소북계열은 홍여순에 대한 입장뿐만 아니라 정국을 운영하는 입장도 달랐다. 대북계열은 정계에서 남인계열과 서인계열을 배제하려 하였고, 소북계열은 남인계열과 서인계열에 온건한 입장을 취하였다. 이렇게 대·소북으로 나뉜 북인계열은 각각 당내에서 이견이 일어 또다시 분열되었다. 대북계열은 이산해와 홍여순의 권력 다툼으로 1600년(선조 33) 이산해를 지지하는 육북과 홍여순을 지지하는 골북으로 분열되었고, 소북계열은 선조 말년 왕위 계승을 둘러싸고 영창대군 지지파인 춘호春湖 유영경柳永慶(1550~1608)의 탁북계열[12]과 광해군 지지 세력인 남이공의 청북계열[13]로 분열되었다. 1602년(선조 35) 탁북의 영수였던 유영경이 영의정에 오르면서 잠시 탁북 계열이 득세하기도 하였으나 1608년 광해군이 즉위하자 탁북 계열은 대개 유배를 가거나 죽임을 당하였다.

2) 폐모론

광해군의 즉위와 함께 정권을 장악한 대북계열은 '회퇴변척晦退辨

---

12 濁北계열에 속한 이들은 宋應洵·李效元·金大來·成泳·崔天健·柳惺·朴承宗·柳永謹·柳永詢·李瀞·李慶禧·朴而章 등이다. 탁북은 영창대군을 세자로 세우고자 하였으므로 당시 세자였던 광해군에 대해 강경한 태도를 보였다. 유영경은 선조 말년 영창대군을 세자로 세우고 싶어하는 선조의 뜻을 받들며 소북의 영수로 7년간 영의정의 자리에 있으면서 정국을 주도해나갔다.

13 淸北계열에 속한 이들로는 南以恭·金蓍國·朴彛敍·金藎國·南以信·任兗·任章·柳希奮 등이다. 이들은 광해군에 대해 온건한 태도를 견지하였다. 유영경이 집권하는 동안 유영경의 소북계열을 濁小北, 혹은 濁北이라 불렀고, 남이공의 소북계열을 淸小北 혹은 淸北이라고 불렀다.

斥'[14]과 남명 조식의 추숭을 추진하는[15] 과정에서 서인계열 · 남인계열과 대립하게 된다. 또한 영창대군의 죽음과 인목대비의 폐위를 두고 다른 정파와 갈등이 고조되는 가운데 소북계열 역시 인목대비의 폐위에 반대하여 서로 등을 돌리게 된다. 이와 같은 대북계열의 독단적인 정치 행보는 결국 남인계열과 서인계열, 소북계열과의 관계를 악화시키는 결정적 계기가 되었다.[16]

1613년(광해군 5)에 일어난 계축옥사癸丑獄事[17]는 폐모론의 직접적인 계기가 되었던 사건으로 인목대비의 아버지 김제남金悌男(1562~1613)이 사사賜死되고, 영창대군은 강화도로 유배를 갔다가 강화부사 정항鄭沆(1569~?)에 의해 죽음을 맞이하였다. 이 사건은 1615년(광해군 7) 대북계열인 장령 정조鄭造(1559~1623)와 윤인尹訒(1555~1623)이 처음으로 폐모에 대한 상소를 올리면서[18] 폐모론으로 이어졌다. 폐모론은 대북계

---

14 晦退辨斥은 1611년(광해군 3) 3월 鄭仁弘이 스승 남명이 퇴계로부터 무함 받은 것을 변호하는 箚子를 올려 퇴계를 비판하고 晦齋 李彦迪(1491~1553)의 잘못을 지적한 일을 말한다. 이때 李榮 등 500여 명의 유생들은 단체로 소를 올려 이언적과 퇴계를 옹호하고 정인홍의 '회퇴변척'을 공격하였다. 이에 광해군이 유생들을 처벌하려 하자, 그들은 성균관을 나가 捲堂에 들어가는 등 소동이 벌였다. 이후 관료들과 지방 유생들까지 양측으로 나뉘어 몇 달이나 시비 논쟁을 벌이게 되자 정국은 혼란해졌다.

15 광해군의 등극과 함께 집권 세력이 된 대북의 중심인물 정인홍이 스승 남명의 추숭 작업을 벌여 영의정에 추증하고 봉사하는 백운사원을 세우고 사액을 내렸다.

16 정호훈(2004), 위의 책, p.107.

17 계축옥사는 '김제남 역모 사건' 또는 '七庶之獄'으로도 불리는 銀商 살인사건이 발단이 되었다. 鳥嶺에서 銀商 살해범으로 체포된 朴應犀가 사대부가의 庶子 박응서 · 박치의 · 서양갑 · 심우영 · 허홍인 · 김평손 · 김경손 등 7명이 은을 모아 인목대비의 아버지 김제남을 영입하고, 영창대군을 옹립하려 했다고 자백하면서 김제남과 연루자들은 모두 체포되고 삭탈관직, 유배 등으로 처벌되었다. 영창대군은 이 사건으로 인해 강화도로 유배를 가게 되었다(『光海君日記』 卷22, 光海君 5년, 4월 25일(癸丑)).

18 『光海君日記』 卷23, 光海君 5년(1613년), 5월 25일(壬午), 12번째 기사.

열이 광해군의 왕권을 공고히 하고 자신들의 정권을 유지하기 위한 것으로 북인계열 내에서도 거센 반발을 불러일으켰다. 수많은 유생들이 반대 상소를 올리며 폐모론을 제지하려 하였다. 당시 성균관 진사였던 고산孤山 윤선도尹善道(1587~1671)·태호太湖 이원진李元鎭(1594~1665) 등도 반대 상소를 올려 귀양을 가기도 하였다.[19]

당시 대북계열 대부분이 폐모론을 주장하였지만[20] 만전晩全 기자헌奇自獻(1562~1624)·동계桐溪 정온鄭蘊(1569~1641)·동명東溟 김세렴金世濂(1593~1646) 등은 폐모론에 반대하였고, 소북계열과 남인계열, 서인계열 등은 모두 폐모론에 반대하였다.[21] 이처럼 혼란한 정국 속에서 대북계열 내에서 폐모론에 반대하며 남인계열로 전향하는 이들이 등장하게 되었는데, 정온이 대표적인 인물이다. 내암來庵 정인홍鄭仁弘(1636~1623)의 문인이었던 정온은 영창대군 살해와 폐모론을 정면으로 반박하는 「갑인봉사소甲寅奉事疏」를 올렸고,[22] 그의 상소는 경상우도 지역 정인홍의 문인들을 동요시켰다. 이에 정인홍의 문인이었던 문경호文景虎(?~1620)·이대기李大期(1551~1628)·문홍도文弘道(1553~?) 등이 대북계열에서 이탈하였다.[23]

19 윤선도의 경우 『光海君日記』 卷38, 光海君 8년(1616년), 12월 25일(庚申), 4번째 기사에 변방 안치를 명하는 기사가 보이며, 이원진의 경우 『癸亥靖社錄』 5월 1일자 기사에 을묘년(1615년)에 소장과 차자를 올리다가 귀양 갔던 이들을 가자하고 벼슬을 제수하는 명단에 이름이 올라있으며, 부친 李志完은 폐모론에 처음으로 異論을 제기했던 인물로 명단에 올라있다.

20 대북계열은 李爾瞻·許筠·白大珩·鄭造·韓纘男·蔡謙吉 등이다.

21 폐모론에 반대한 이들을 살펴보면 소북계열은 南以恭·朴承宗·柳希奮 등이고, 남인계열은 李元翼·李德馨·鄭逑·鄭百昌 등이고, 서인계열은 鄭弘翼·吳允謙 등이다. 이들 이외에도 북인계 남인 李睟光·金世濂·尹善道·李志完·李元鎭 등이 폐모론에 반대하였다.

22 『光海君日記』 卷27, 光海君 6년(1614년), 2월 21일(癸卯), 3번째 기사.

23 『光海君日記』 卷31, 光海君 7년(1615년), 1월 17일(甲子), 1번째 기사.

폐모론 이전의 중앙정계에는 대북계열과 함께 소북계열이 다소 존재하였고, 남인계열과 서인계열도 일부 등용되었으나 폐모론이 전개되는 과정에서 이를 반대하던 세력들은 모두 유배를 가거나 외직으로 나가는 등 중앙정계에서 축출되었다. 대북계열과 함께 정국을 운영했던 소북계열도 폐모론에 반대하여 물러나면서[24] 정국은 관송觀松 이이첨李爾瞻(1560~1623)을 중심으로 하는 대북계열이 전제하게 되었다. 이와 같은 정국의 변화는 북인계열의 일부가 남인계열로 전향하는 중요한 요인 중의 하나가 되었다. 폐모론의 반대로 인해 정계에서 축출되었던 북인계열[25] 중 일부는 인조반정 이후 정계에 남인계열로 자정自定하여 등장하게 된다.

3) 인조반정

1623년 3월 12일 일어난 인조반정은 서인계열이 주도하고 남인계열이 동조하는 형식으로 전개되었는데 반정을 이끈 대표적인 인물은 묵재默齋 이귀李貴(1557~1633)·낙서洛西 김자점金自點(1588~1651)·북저北渚 김류金瑬(1571~1648)·지천遲川 최명길崔鳴吉(1586~1647)·백규白圭 이괄李适(1587~1624) 등으로 이들은 모두 율곡과 성혼의 문하였다.[26] 인조반정의 가장 큰 명분은 '폐모살제廢母殺弟'와 명明에 대한 재조再造의 은혜에 관한 것이었다.[27] 그러나 이보다 더 근본적인 원인은 대북계열의 독점적인 정국 운영에 대한 서인계열의 반발이라고 할 수 있다.[28]

24 『光海君日記』 卷25, 光海君 5년(1613년), 8월 8일(癸巳), 1번째 기사.

25 여기에서 북인계열은 대북계열과 소북계열 모두를 포함하는 개념이다. 북인계 남인 대부분이 소북계열에서 전향하였지만 대북계열에서 전향한 경우도 있다.

26 이덕일(2018), 『조선선비 당쟁사』, 인문서원, p.102.

27 『仁祖實錄』 卷1, 仁祖 원년(1623년), 3월 14일(甲辰), 7번째 기사.

인조를 왕위에 올리는 데 성공한 서인계열이 정권을 장악한 가운데 대북계열은 실각하여 정계에서 완전히 축출되었고, 남인계열과 소북계열은 정계에 잔존하여 정국이 재편되었다. 폐모론에 반대했던 세력들은 유배를 가거나 정계에서 물러나 있다가 인조반정으로 다시 정계에 복귀하는 경우가 많았다. 당시 대북계열은 완전히 실각하여 정계에서 축출되었고, 소북계열 역시 정치적 입지가 매우 좁아진 상태였다. 이러한 상황이 되자 소북계열에서는 남인계열 혹은 서인계열에 합류하는 사람이 나오게 되었다.[29] 이처럼 북인계열 인사들이 남인계열로 정치적 성향을 바꾸었는데 이들은 이후 근기 지역에 살던 남인계열로 유입되면서 17세기 후반 근기 남인계열의 사상과 학문에 큰 영향을 주게 된다.

인조반정으로 정권을 쥔 서인계열은 여러 가지 이유에서 남인계열을 정권의 파트너로 삼았다. 첫 번째 이유는 서인계열의 정치적 역량 부족이다. 광해조에서 실세失勢했던 서인계열은 정치적 역량이 부족했고 조야朝野의 지지 기반도 확보하지 못했으므로 남인계열을 정치에 참여시키지 않을 수 없었다. 또한 남인계열이 광해조에 대북계열의 탄압을 받고 정계에서 소외되었던 점과 광해군의 외교정책에 반대되는 존명배청尊明排淸의 사상을 갖고 있었다는 점에서 공통점이 있었고, 민심 수습 차원에서 백성들에게 명망이 있는 남인계열 인사를 정치에 참여시킬 필요가 있었다. 인조 역시 서인계열의 지나친 정권 독점을 경계하기 위해 당색에 구애받지 않고 인재를 등용하려 하였다.[30] 이와 같은 이유

28 오수창(1985), 「인조대 정치세력의 동향」, 『한국사론』 13, 서울대학교 국사학과, p.55.

29 허권수(1993), 『조선후기 남인과 서인의 학문적 대립』, 법인문화사, p.21.

30 허권수(1993), 위의 책, p.19.

들로 인해 인조반정 이후 남인계열의 정계 진출이 확대된 가운데 소북계열 중 일부는 남인계열로 전향하여 운신의 폭을 넓히려 하였다. 그리고 북인계열이 정치적으로 득세하기 어려워지자 이들의 후손들 중에서도 인조반정 이후 남인계열로 정계에 진출하는 경우가 많아지게 되었다. 따라서 북인계 남인이 본격적으로 등장하게 된 시기는 인조반정 이후라고 할 수 있다.

인조는 붕당의 폐해를 지적하면서 당색을 가리지 말고 어질고 재주 있는 자를 등용할 것을 지시하였는데[31] 심지어 폐모론에 가담했던 인물까지 포함된 파격적인 인사를 시행하였다. 이는 붕당으로 인한 폐단을 없애겠다는 확고한 의지[32]와 더불어 서인계열의 득세를 견제하기 위해 남인계열과 북인계열을 널리 등용하려는 인조의 등용책이 반영된 것이라고 할 수 있다. 이와 같은 정국의 형세는 북인계 남인들이 등장할 수 있는 배경이 되었다.

서인계열은 남인계열과 더불어 북인계열 인사들 중 반정 당일 기개 있는 행동을 했거나 광해군의 실정을 비판하면서 절의를 지켰거나 혹은 당시 시급한 민생 현안이나 외교적 과제를 해결할 수 있는 뛰어난 실무 능력을 지닌 이들을 선별하여 등용시켰다. 특히 외교와 재정 분야에 뛰어난 재능을 지닌 이들을 발탁하였다.[33] 이들 중 상당수는 남인계

31 『仁祖實錄』 卷1, 仁祖 1년(1623년), 3월 26일(丙辰), 1번째 기사. "上曰; '朋黨之弊, 予亦甚惡. 當不循私情, 無論東西南北,【時有東西南北之黨號】惟賢才是取. 朝廷亦體予意, 取舍之際, 務循至公可矣.'"

32 오수창(1985), 위의 논문, p.72.

33 한명기(2002), 「仁祖反正 이후 在朝北人에 대한 小考」, 『조선의 정치와 사회 - 최승희 교수 정년기념 논문집』, 최승희 교수 정년기념 논문집 간행 위원회, pp.288~289. 북인계열 관료들은 실무에 능했는데 특히 외교와 국방, 재정 분야에 뛰어났다. 주변의 반대를 무릅쓰고 책봉주청사로 선발된 李慶全, 李民宬 등은 이들의 뛰어난 외교 능력을 인정한 경우이고, 또한 金藎國, 沈悅 등은 이들의 재정 분야에 뛰어난 능력

열로 자정하여 당색을 바꾸어 정계에서 살아남았고, 북인계열의 후손들은 남인계열로 출사하는 경우가 많아졌다.

2. 북인계 남인의 범주와 유형

북인계 남인을 독립된 범주로 설정하고 이들을 부각시킨 것은 정호훈에 의해 본격적으로 이루어졌다. 그는 북인계 남인의 형성 과정과 이들의 정치사상·학문의 특징을 논의하면서 미수眉叟 허목許穆(1595～1682)·백호白湖 윤휴尹鑴(1617～1680)·반계磻溪 유형원柳馨遠(1622～1673)의 사상이 북인계열에 연원을 두고 있다고 하였다.[34] 그러나 북인계 남인의 선정 기준과 범주가 명료하게 제시되지 않아 북인계 남인의 실체를 선명하게 보여주지 못했다. 따라서 북인계 남인의 범주를 확인할 수 있는 자료를 근거로 하여 북인계 남인의 실체를 명료하게 제시할 필요가 있다. 이에 본 연구에서는 『북보北譜』와 『남보南譜』, 『조선왕조실록朝鮮王朝實錄』, 각종 시화집과 개인 문집, 각종 비지류碑誌類, 가계보家系譜 등을 토대로 북인계 남인의 범주와 범주 설정의 기준을 제시하고자 한다. 그리고 이들이 북인계 남인으로 자리했던 원인을 파악하고 유형화하여 북인계 남인의 범주를 설정해보고자 한다. 이 범주는 가계를 하나의 그룹으로 묶어 제시하였다. 그 이유는 대개 학맥과 당파가 가문을 중심으로 전승되는 경향이 강하기 때문이다. 인조반정으로 북인계열이 몰락하자 일부는 남인계열로 전향했는데 전주이씨全州李氏 이수광·이성구·이민구 가계, 한산이씨韓山李氏 이산해·이경전 가

을 인정한 경우이다.

34 정호훈(2001), 위의 논문, pp.1～211.

계, 여주이씨驪州李氏 이상의 · 이원진 가계, 연안이씨延安李氏 이광정 · 이창정 가계, 양천허씨陽川許氏 허목 가계, 선산김씨善山金氏 김세렴 가계, 평강채씨平康蔡氏 채유후 가계 등이 대표적이다.

본 연구의 고찰 시기는 17세기 전반으로 한정한다. 그것은 17세기 후반 이후는 근기 남인계열이 확립되고 북인계 남인이 근기 남인계열로 정착된 시기로 볼 수 있기 때문이다. 또한 17세기 전반이라는 시기는 북인계 남인 문인들의 생몰 연대가 아닌 주 활동 시기를 의미함을 전제로 한다.

1) 북인계 남인의 범주

범주란 어떤 속성을 기준으로 동일한 성질을 가진 부류나 범위를 말한다. 따라서 17세기 전반 북인계 남인의 범주를 규정하기 위해서는 명확한 기준이 있어야 한다. 이 책에서 설정한 기준을 제시하면 다음과 같다.

첫 번째, 본인 혹은 가계가 북인계열임을 확인할 수 있어야 한다. 17세기 후반에 이르면 북인계 남인의 후손들은 남인계열로 정착하게 된다. 따라서 이들의 가계는 『남보』에 수록되어 있다. 그중 일부 가계는 『남보』와 『북보』에 동시 수록되어 있어 북인계열임을 쉽게 확인할 수 있다. 그러나 북인계 남인 가계의 경우 대부분이 『남보』에만 수록되어 있으므로 북인계열 가계임을 증명할 근거가 필요하다. 따라서 『남보』와 『북보』 이외에 『조선왕조실록』과 각종 시화집 · 개인 문집 · 행장 · 묘지명 · 신도비 등의 비지류를 통해 북인계열임을 확인할 수 있어야 한다. 여기에서 북인계열은 대북계열과 소북계열을 모두 포함하는 개념이다. 북인계 남인의 대부분이 소북계열에서 전향하였지만 정온 ·

김세렴 등과 같이 대북계열에서 전향한 경우도 있기 때문이다.

두 번째, 활동 기간이 17세기 전반을 포함하여야 한다. 여기에서 17세기 전반은 1650년 이전을 의미한다. 북인계 남인은 17세기 전반에 등장해서 17세기 후반에 이르면 근기 남인계열로 정착됨으로 북인계 남인이 활동했던 시기는 17세기 전반이 된다. 만약 몰년이 1650년 이후이지만 주요 활동 기간이 1650년 이전을 포함하고 있다면 17세기 전반에 왕성하게 활동한 것으로 볼 수 있으므로 17세기 전반 북인계 남인으로 간주할 수 있다. 이 시기는 대・소북 분당(1599년), 폐모론(1617년)에 대한 상반된 입장 등으로 북인계열에서 남인계열로 당색을 바꾸는 정치적 상황이 전개되는 시기이다. 따라서 이 시기의 행적에 따라 북인계 남인으로 논할 수 있을 것이다. 또한 이 시기의 출사出仕 여부는 정계에서 이들의 행적을 살필 수 있는 하나의 준거로 기능할 수 있을 것으로 생각된다. 관직에 진출하지 않은 경우 가계와 행적 등을 통해 북인계열임을 파악하는 것이 가능해야 한다.

세 번째, 학문적 동질성의 여부이다. 북인계 남인의 학문 연원이 대개 화담과 남명, 퇴계의 학문에 근원을 두고 있으므로 가학家學과 사승師承 관계를 통해 이들의 학맥 관계를 확인할 수 있다면 북인계 남인으로 논의가 가능할 것으로 생각된다.

네 번째, 혼맥이나 교유관계를 통해 북인계 남인임을 확인할 수 있어야 한다. 당색은 대개 가문 간의 세교・학맥・혼맥・과거 인연・사회적 교유 및 정치 활동으로 유기적인 관련을 맺는 가운데 정해지는 특성이 있다.[35] 이들은 한때 같은 동인계열이었으므로 남인계열과 북인계

35 이헌창(2010), 「아계 이산해의 경제사상과 그 역사적 의의」, 『아계 이산해의 학문과 사상』, 지식산업사, p.379.

열로 분열된 후에도 일정한 동질감 속에서 서로 교유하고 통혼을 이어갔다. 혼인은 대개 학파나 정파가 같은 사이에서 이루어지므로 통혼 관계의 파악은 북인계 남인의 범주를 설정하는 데 중요한 요소의 하나가 된다. 『남보』와 『북보』에는 처가와 외가가 기재된 경우가 많아 혼맥의 파악이 가능하다. 이외에 행장 · 신도비 · 묘지명 · 묘갈명 등의 비지류와 한국 역대인물 종합정보시스템(people.aks.ac.kr)에서 제공하는 『사마방목司馬榜目』과 『국조문과방목國朝文科榜目』의 가족 사항 등을 통해 혼맥의 추적이 가능하다.

본 연구에서 이와 같은 조건들을 바탕으로 확인된 북인계 남인들을 목록화하여 정리하면 다음과 같다.

〈표 1〉 『남보』와 『북보』에 모두 수록된 북인계 남인

연번	본관	성명	문집/저술	가계	급제연도	출처	비고
1	延安	李光庭 (1552~1629)	-	父 : 李澍 母 : 柳師弼의 女 弟 : 李昌庭(李萬敷의 高祖) 子 : 校(柳永慶의 사위) 사위 : 柳成民(柳馨遠의 祖父, 金世濂의 장인) · 韓亨吉 · 閔充勳 · 朴文衫 · 洪宇遠(洪可臣의 孫) 外孫壻 : 金世濂	1590년 (선조 23) 증광문과	『북보』 60 『남보』 上90	이광정 이후의 후손들은 『북보』에 수록되지 않음. 이광정의 자손들과 동생 이창정 및 그의 후손들은 『남보』에만 수록됨. 신도비(이민구)
2		李校 (1584~1637)	-	父 : 李光庭 母 : 沈苟의 女(申光漢의 외손녀) 子 : 星徵 · 井徵(趙絅의 사위) 丈人 : 柳永慶 사위 : 南斗相(南以雄의 子)	1610년 (광해군 2)	『남보』 上90	광해군 즉위 후 유영경이 축출될 때 사위라는 이유로 삭직 되었다가 인조반정 후 서용됨.
3	韓山	李德泂 (1566~1645)	『竹窓閑話』	父 : 李澳 母 : 閔元宗의 女	1596년 (선조 29)	『북보』 83 『남보』 上195	손자 李壽慶이 숙종 대 淸南으

			『松都奇異』	兄 : 李德演 子 : 昌源 · 行源 丈人 : 申湛(申光洙의 5대조)	정시문과		로 활동함. 신도비(정경세, 조경)
4		李行源 (1603~1667)	-	父 : 李德泂, 母 : 申譪의 女 子 : 萬慶 · 壽慶 丈人 : 鄭應斗(『북보』 227, 『남보』下262 수록)	1638년 (인조 16) 정시문과	『북보』 83 『남보』 上195	
5		李壽慶 (1627~1680)	『己丑錄』	祖父 : 李德泂 父 : 李行源 母 : 鄭應斗의 女 丈人 : 李汝澤(『북보』 62 수록)	1665년 (현종 6) 별시문과	『북보』 83 『남보』 上195	
6	韓山	李山海 (1539~1609)	『鵝溪遺稿』	父 : 李之蕃 母 : 南脩의 女 叔父 : 李之菡(화담의 문인) 子 : 慶伯 · 慶仝 사위 : 李尙弘(李尙毅의 兄) · 李德馨 · 柳惺(柳永慶의 조카) · 安應亨	1561년 (명종 16) 식년문과	『북보』 83 『남보』 上195	
7		李慶仝 (1567~1644)	『石樓遺稿』	父 : 李山海 母 : 趙彦秀의 女 子 : 厚 · 久 · 阜(사위 柳命天) · 卣 · 袤 丈人 : 金瞻 사위 : 趙壽益(柳成龍의 外孫) 조카사위 : 任叔英	1590년 (선조 23) 증광문과	『남보』 上195	이경전 이하 후손들은 모두 『남보』에만 수록. 신도비(채제공) 행장(이무)
8		李袤 (1600~1684)	『果菴集』	祖父 : 李山海 父 : 李慶仝 子 : 寅賓 사돈 : 尹善道	1629년 (인조 7) 증광문과	『남보』 上195	숙종 조 남인의 중진으로 활동. 윤선도와 친분.
9	全州	李睟光 (1563~1628)	『芝峯集』 『芝峯類說』외 다수	父 : 李希儉 母 : 柳塢의 女 子 : 聖求, 敏求 丈人 : 金大涉 동서 : 許筠	1585년 (선조 18) 별시문과	『북보』 27 『남보』 上25	
10		李聖求 (1584~1644)	-	父 : 李睟光 母 : 金大涉의 女	1608년 (광해군 1)	『북보』 27 『남보』 上25	『북보』에는 이성구 이하 후손

				子 : 尙揆 · 同揆(李沃의 사위) 堂揆 · 碩揆 · 台揆 丈人 : 權昕			들은 수록되지 않음.
11		李敏求 (1589~1670)	『東州集』	父 : 李晬光 母 : 金大涉의 女 子 : 元揆 · 重揆 · 億揆 · 末揆 사돈 : 吳竣(吳百齡의 子) 柳廷亮(柳永慶의 孫) 사위 : 申昇(申翊聖의 子)	1612년 (광해군 5)	『남보』 上28	
12	咸平	李效元 (1550~1629)	-	祖父 : 李允寬 父 : 李瓘 母 : 李龜年의 女 弟 : 李弘元 子 : 溓 · 濎	1584년 (선조 17) 별시문과	『북보』 71 『남보』 上185	유영경과 함께 영창대군을 옹립하려다 광해군의 즉위로 거제도에 유배감. 아들 李溓 이후의 후손들은 『남보』에만 수록.
13		李弘元 (1554~1646)	-	祖父 : 李允寬 父 : 李瓘 母 : 李龜年의 女 兄 : 李效元 子 : 淳	1577년 (선조 10) 알성문과	『북보』 71 『남보』 上185	후손들이 모두 『북보』와 『남보』에 수록됨.

위의 〈표 1〉은 『남보』와 『북보』에 모두 수록된 북인계 남인들을 대상으로 가계를 정리한 것이다. 표는 본관과 성명 · 가족 사항 · 급제 연도 · 출처 · 비고 등을 기재하였다. 가족 사항의 경우 조부 · 부모 · 형제 · 자녀 · 외가 · 처가 등을 기재하여 가계 계승과 혼맥 · 인척 관계를 한눈에 볼 수 있도록 하였다. 출처에는 『남보』와 『북보』의 수록 면수를 기재하였고, 비고에는 특이사항을 기재하였다. 이들 가계 중 일부의 후손들은 『남보』 혹은 『북보』에만 수록되어 이들이 소북계열로 잔존했거나 혹은 남인계열로 전향했음을 알 수 있다. 또한 시각적으로 가계별 구분이 용이하도록 가계별로 명암을 달리하였다.

위의 인물들이 『북보』와 『남보』에 모두 수록된 것은 이들의 선대는 북인계열에 뿌리를 두고 있으나 후손 중 일부가 남인계열로 전향하였기에 중복적으로 기술이 된 것으로 파악된다. 해고海皐 이광정李光庭(1573~1625) 가계의 경우는 이광정의 선대先代와 이광정까지 『북보』에 수록되어 있고, 아들 탄옹灘翁 이현李袨(1584~1637)과 동생 화음華陰 이창정李昌庭(1573~1625)을 비롯한 그의 후손들은 모두 『남보』에만 수록되어 있어 이들 가계가 북인계 남인 가계임을 알 수 있다.

죽천竹泉 이덕형李德泂(1566~1645)은 이산해의 7촌 조카로 인조반정 이후 소북계열에서 남인계열로 전향하였다. 이경전과 친분이 두터웠으며, 아들 이행원李行源(1603~1667)과 손자 이수경李壽慶(1627~1680)이 남인계열로 활약하였다.

이산해 가계의 경우 『북보』에는 이산해까지만 수록되어 있으나 『남보』에는 이산해를 비롯한 선조先祖와 아들 이경전 이후의 후손들이 모두 수록되어 있어 이들 가계가 북인계 남인 가계임을 알 수 있다.

지봉芝峯 이수광李睟光(1563~1628)은 당색이 뚜렷하지 않았던 관계로 『택리지擇里志』나 『당의통략黨議通略』에는 남인으로 소개되었다. 그러나 이수광과 장남 분사分沙 이성구李聖求(1584~1644)가 『북보』에 수록되어 있다는 것은 이들 가계가 북인계열임을 보여주는 증거라고 할 수 있다. 이수광의 2남 동주東州 이민구李敏求(1589~1670)는 『남보』에만 수록되어 있지만 그의 가계는 북인계열에 그 연원을 두고 있다고 보인다. 『남보』에는 이수광을 비롯한 선조와 그의 후손들이 모두 수록되어 있다.

이수광의 아들 이민구, 이산해의 아들 석루石樓 이경전李慶全(1567~1644)과 손자 과암果菴 이무李袤(1600~1684), 이광정의 아들 이현의 경우 『남보』에만 수록되어 있어 따로 떼어 〈표 2〉에 수록해야 하지만 가계

계승의 추이를 파악하기 용이하도록 예외적으로 〈표 1〉에 수록하였다.

다음의 〈표 2〉는 『남보』에만 수록된 북인계 남인들의 목록표이다. 가계가 『북보』와 『남보』에 동시 수록되어 있는 경우 북인계 남인임을 쉽게 확인할 수 있다. 그러나 북인계 남인의 후손들이 후대에 남인계열로 활약했으므로 이들의 가계는 『남보』에만 수록되어 있는 경우가 많다. 이 경우 이들이 북인계 남인임을 입증해야 하는 문제가 발생한다. 이러한 문제를 해결하기 위해 앞서 언급한 사승 관계, 통혼 관계, 생전의 행적과 후손들의 활약 등을 『조선왕조실록』·『국조문과방목』·『사마방목』·시화집·문집·가계보·각종 비지류 등의 자료에서 확인하여 이들을 북인계 남인으로 정리하였다.

〈표 2〉 『남보』에만 수록된 북인계 남인

<table>
<tr><th>연번</th><th>본관</th><th>성명</th><th>문집/저술</th><th>가계</th><th>급제연도</th><th>출처</th><th>비고</th></tr>
<tr><td>1</td><td rowspan="2">善山</td><td>金孝元
(1532~1590)</td><td>『省菴遺稿』</td><td>父: 金弘遇
母: 尹殷佐의 女
弟: 金履元·金義元
子: 克鍵·克鍊·克銑·克鑑
孫: 世濂
사위: 許筠</td><td>1565년
(명종 20)
알성 문과</td><td>『남보』
上408</td><td>東人의 영수
남명, 퇴계 문인</td></tr>
<tr><td>2</td><td>金世濂
(1593~1646)</td><td>『東溟集』</td><td>祖父: 金孝元
父: 金克鍵
母: 許葑의 女
子: 弼相·雋相
丈人: 柳希發(광해군의 처남)/
柳成民(柳馨遠의 조부)
고모부: 許筠
사위: 李嘉雨(李瑞雨의 兄)
처조카: 柳馨遠
동서: 李袤(李慶全의 子)</td><td>1616년
(광해군 8)
증광 문과</td><td>『남보』
上408</td><td>폐모론 반대
남명, 화담의
문인
신도비(허목)</td></tr>
<tr><td>3</td><td>同福</td><td>吳億齡
(1552~1618)</td><td>『晩翠集』</td><td>父: 吳世賢
母: 成近의 女
子: 翊·靖·竱(柳根의 사위)
사위: 韓興一(韓百謙의 子)</td><td>1582년
(선조 15)
식년 문과</td><td>『남보』
中177</td><td>화담의 문인
폐모론 반대,
정인홍이 탄핵함.</td></tr>
</table>

4		吳百齡 (1560~1633)	-	父: 吳世賢 母: 成近의 女 子: 竣·端·竤(吳尙濂의 4대조) 孫壻: 李元揆(李敏求의 子)	1594년 (선조 27) 별시 문과	『남보』 中178	폐모론 정청에 참여하지 않아 파직됨. 묘갈명(이민구)
5		吳竱 (1588~1634)	『麟洲遺稿』	父: 吳億齡 母: 洪담의 女 丈人: 柳根	1624년 (인조 2) 식년 문과	『남보』 中178	
6		吳竣 (1587~1666)	『竹南堂稿』	父: 吳百齡 母: 高景龍의 女 子: 挺斗·挺相·挺漢·挺福 丈人: 柳時會(柳根의 조카) 사위: 李元揆(李敏求 子) 4대손: 吳光運	1618년 (광해군10) 증광 문과	『남보』 中178	
7		吳端 (1592~1640)	-	父: 吳百齡 母: 高景龍의 女 子: 挺一·挺垣·挺緯·挺昌 丈人: 沈詻 사위: 麟坪大君	1624년 (인조 2) 알성 문과	『남보』 中180	폐모론 정청에 불참. 묘지명(이민구)
8	文化	柳愁 (1596~1623)	-	父: 柳成民 母: 李光庭의 女 子: 馨遠 丈人: 李志完(李元鎭의 父)	1616년 (광해군8) 별시 문과	『남보』 中336	대북계열, 인조반정 후 광해군 복위를 꾀했다는 죄로 죽음.
9		柳馨遠 (1622~1673)	『磻溪隧錄』	父: 柳愁 母: 李志完의 女 外叔: 李元鎭 고모부: 金世濂	1654년 (효종 5) 진사시	『남보』 中336	
10	海南	尹善道 (1587~1671)	『孤山遺稿』	祖父: 尹毅中 父: 尹惟幾/생부: 尹惟深 母: 具雲翰의 女 생모: 安繼善의 女 妹兄: 李仲虎(李潑의 父) 子: 仁美·義美·禮美 子婦: 柳永吉의 孫女 사돈: 李叔鎭(李元鎭의 兄)·李袤(李慶全의 子)	1628년 (인조 6) 진사시 1633년 (인조 11) 증광 문과	『남보』 中433	성균관 유생 신분으로 폐모론 반대 상소 올림. 신도비(허목)
11		尹仁美 (1607~1675)	-	父: 尹善道 母: 尹暾의 女 妻: 柳永吉의 손녀	1662년 (현종 3) 증광 문과	『남보』 中433	
12	南原	尹孝全	-	父: 尹喜孫	1605년	『남보』	폐모론 반대

		(1563~1619)		母 : 李琇의 女 子 : 鐫	(선조 38) 증광 문과	中416	민순의 문인
13		尹鑴 (1617~1680)	『白湖集』	父 : 尹孝全 母 : 金德民의 女 子 : 義濟		『남보』 中416	김덕민(외조부), 이수광, 이민구에게 수학. 1674년 갑인예송 시 청남으로 활약.
14	羽溪	李慶恒 (1601~1643)	-	父 : 李吉男 母 : 鄭彧의 女 子 : 嘉雨 · 瑞雨 丈人 : 李慶裕 사돈 : 金世濂	1627년 (인조 5) 식년 문과	『남보』 上268	임숙영의 문인이었다가 이이첨의 문인이 됨. 묘갈명(허목)
15		李瑞雨 (1633~1709)	『松谷集』	父 : 李慶恒 母 : 李慶裕의 女 丈人 : 沈光泗 外孫 : 姜樸	1660년 (현종 1) 증광 문과	『남보』 上268	숙종대 남인으로 활약.
16	驪州	李尙毅 (1560~1624)	『少陵集』	父 : 李友仁 母 : 許坰의 女 兄 : 李尙弘(李山海의 사위) 弟 : 李尙信 子 : 志完 · 志宣 · 志宏 · 志定 · 志寅 · 志安 사위 : 鄭世美 · 李後天 · 金德承 · 李昭漢(李廷龜의 子) 孫 : 元鎭 · 叔眞 · 夏鎭(星湖 李瀷의 父) 曾孫 : 瀷 사돈 : 李潔 · 奇自獻 · 具自欽 · 李慶深 · 任就正 · 李錫齡	1586년 (선조 19) 별시 문과	『남보』 上213	2남, 4남, 5남은 대북계 명가와 혼인함. 1남, 3남, 6남은 남인계열 가문과 혼인함. 사위는 이소한을 제외하고 대개 남인계열임. 신도비(홍우원)
17		李志完 (1575~1617)	『黃麗世稿』 수록	父 : 李尙毅 母 : 尹晛의 女 丈人 : 李潔 子 : 元鎭 · 叔眞 子婦 : 南以恭의 女 · 金藎國의 女 사위 : 李益燁(李爾瞻의 子) 柳愗(柳馨遠의 父) 外孫 : 柳馨遠	1597년 (선조 30) 정시 문과	『남보』 上213	아들은 소북계열, 딸은 대북계열 가문과 혼인함.
18		李元鎭 (1594~1665)	『太湖詩藁』	父 : 李志完 母 : 李潔의 女	1612년 (광해군 4)	『남보』 上213	폐모론 반대

				조카: 柳馨遠 丈人: 南以恭 子: 濟·滋·溽·灌·蘋	진사시 1630년 (인조 8) 별시 문과		
19	延安	李昌庭 (1552~1625)	『華陰遺稿』	祖父: 李慶宗 父: 李澍 母: 柳師弼의 女 兄: 李光庭 子: 禱·袗·[illegible]·禬 孫: 觀徵 曾孫: 沃 玄孫: 萬敷	1608년 (광해즉위) 별시 문과	『남보』 上92	李萬敷의 고조부 신도비(조경) 제문(許穡)
20		李禬 (1607~1666)	-	父: 李昌庭 母: 李應明의 女 子: 周徵·夏徵·明徵·大徵 丈人: 李敬仁	1631년 (인조 9) 별시 문과	『남보』 上92	김세렴, 채유후 등과 교유
21		李觀徵 (1618~1695)	『芹谷漫錄』	祖父: 李昌庭 父: 李禱 母: 李民寏의 女 子: 沃 孫: 萬秀·萬敷·萬維·萬祉 사돈: 李聖求	1654년 (효종 5) 별시 문과	『남보』 上92	숙종대 남인의 영수로 활약. 아들 이옥도 淸南의 핵심 인물임.
22		李沃 (1641~1698)	『博泉集』	父: 李觀徵 母: 崔暐의 女 子: 萬敷 丈人: 李同揆(李聖求의 子)	1660년 (현종 1) 증광 문과	『남보』 上92	
23	草溪	鄭蘊 (1569~1641)	『桐溪集』	祖父: 鄭淑 父: 鄭惟明 母: 姜謹友의 女 子: 昌詩(?~?) 孫: 鄭岐胤(許穆의 사위)	1610년 (광해군 2) 별시 문과	『남보』 下236	정인홍 문인 殺弟, 폐모론 반대, 제주 유배 행장(허목)
24	羅州	丁胤福 (1544~1592)	-	父: 丁應斗 母: 宋世忠의 女 子: 好約·好恭·好寬·好善 사위: 南以信(南以恭의 兄)·柳孝立(柳希發의 조카)	-	『남보』 中208	기축옥사 당시 정여립과 교유하고 서신을 주고 받았다고 하여 파직됨. 정범조의 9대조, 정약용의 7대조.
25		丁好寬 (1568~1618)	-	父: 丁胤福 母: 韓景祥의 女	1602년 (선조 35) 별시문과	『남보』 中210	영창대군의 폐위를 건의함.

26		丁彦璜 (1597~1672)	-	父: 丁好寬 母: 李光立의 女 子: 時翰 丈人: 趙正立	1628년 (인조 6) 별시 문과	『남보』 中210	채유후, 홍우원, 정경세와 친분
27		丁時翰 (1625~1707)	『愚潭集』	父: 丁彦璜 母: 趙正立의 女 丈人: 柳穎(柳命天의 父) 玄孫: 範祖	1650년 (효종 1) 증광 생원시	『남보』 中210	율곡와 성혼의 문묘종사 반대 상소 올림.
28	延安	車軾 (1517~1575)	-	父: 車光運 母: 崔濆의 女 子: 金輅·天輅·雲輅·夏輅	1543년 (중종 38) 식년 문과	『남보』 中174	화담의 문인
29	延安	車天輅 (1556~1615)	『五山集』	父: 車軾 母: 李繼天의 女 子: 轉坤	1577년 (선조 10) 알성 문과	『남보』 中174	화담의 문인
30	延安	車轉坤 (1596~?)	-	父: 車天輅 母: 李俌의 女	1620년 (광해 12) 정시 문과	『남보』 中174	화담의 문인
31	平康	蔡忠衍 (1580~1617)	-	祖父: 蔡蘭宗 父: 蔡慶先 丈人: 閔汝健 子: 裕後·振後	1609년 (광해 1) 초시	『남보』 下342	폐모론 반대 상소, 소북계열 姜學年(『북보』 261)과 교유 묘갈명(이민구)
32	平康	蔡裕後 (1599~1660)	『湖洲集』	父: 蔡忠衍 母: 安士說의 女 弟: 蔡振後 丈人: 李曙·尹民獻 子: 時龜	1623년 (인조 즉위년) 문과 급제	『남보』 下342	소북계열 강학년에게 수학.
33	平康	蔡振後 (1602~1654)	-	父: 蔡忠衍 母: 安士說의 女 子: 時祥 孫: 明胤·成胤·禎胤·彭胤 玄孫: 蔡濟恭 丈人: 李琬	1633년 (인조 11) 생원시	『남보』 下342	율곡과 성혼의 문묘종사 반대.
34	清州	韓孝純 (1543~1621)	-	父: 韓承元 母: 柳湙의 女 子: 有謙 孫: 得一	1576년 (선조 9) 식년 문과	『남보』 中142	대북계열, 南彦經과 교유
35	清州	韓百謙 (1552~1615)	『久菴遺稿』	父: 韓孝胤(朴民獻의 문인) 叔父: 韓孝純 弟: 韓浚謙	1579년 (선조 12) 생원시	『남보』 中140	閔純(화담의 문인)에게 수학. 묘지명(신흠)

				子 : 興一 사돈 : 吳億齡			
36		韓浚謙 (1557~1627)	『柳川遺稿』	父 : 韓孝胤(朴民獻의 문인) 子 : 會一 · 昭一 사위 : 呂爾徵 · 鄭百昌 · 仁祖 사돈 : 李誠中 · 柳永慶	1586년 (선조 19) 별시 문과	『남보』 中141	韓百謙에게 수학
37		韓興一 (1587~1651)	-	父 : 韓百謙 母 : 具思仲의 女 丈人 : 吳億齡	1624년 (인조 2) 별시 문과	『남보』 中140	신도비(조경) 묘지명(오준) 諡狀(채제공)
38		韓會一 (1580~1642)	-	父 : 韓浚謙 母 : 黃珹의 女 丈人 : 李誠中(李仲虎의 문인)	-	『남보』 中141	韓百謙에게 수학 묘지명(신익성)
39	陽川	許喬 (1567~1632)	-	父 : 許橿 母 : 姜龜孫의 증손녀 丈人 : 林悌	-	『남보』 下294	朴枝華의 문인
40		許穆 (1595~1682)	『記言』	父 : 許喬 母 : 林悌의 女 妻祖父 : 李元翼 子 : 翽 사위 : 鄭岐胤(鄭蘊의 孫)	-	『남보』 下294	화담 학풍 계승. 文緯(남명의 문인), 鄭逑에게 수학.
41	陽天	許禘 (1563~1640)	『水色集』	祖父 : 許瑥 父 : 許聃 母 : 尹巖의 女 丈人 : 李忠綽 · 金德淵	1597년 (선조 30) 별시 문과	『남보』 下298	許曄의 문인, 許筠과 재종간
42		許暹 (?~?)	-	父 : 許禘 사위 : 申最(申欽의 孫)	-	『남보』 下298	
43	南陽	洪可臣 (1541~1615)	『晩全集』 『晩全堂漫錄』	父 : 洪昷 母 : 申允弼의 女 子 : 榮 孫 : 宇定 · 宇遠 사돈 : 許筬	1567년 (명종 22) 진사시	『남보』 中264	민순의 문인 정여립과 친하다 하여 파직됨. 신도비(조경)
44		洪宇定 (1595~1656)	『杜谷集』	祖父 : 洪可臣 父 : 洪榮 母 : 許筬의 女	1616년 (광해군 8) 진사시	『남보』 中264	병자호란 이후 은거
45		洪宇遠 (1605~1687)	『南坡集』	祖父 : 洪可臣 父 : 洪榮 母 : 許筬의 女 兄 : 洪宇定 丈人 : 李光庭 · 權謙	1645년 (인조 23) 별시 문과	『남보』 中265	숙종조 淸南으로 활약함.

위의 〈표 2〉는 『남보』에만 수록된 북인계 남인들이다. 이들의 가계는 대부분 연원을 북인계열에 두고 있으며 화담과 남명의 문인에게서 학문을 익혔다는 공통점이 있다. 〈표 2〉는 앞서 살펴본 〈표 1〉과 같이 본관과 성명·가계·급제연도·출처·비고 등으로 구성하였다.

인조반정으로 정치 일선에서 물러나거나 세력이 축소되었던 북인계열은 숙종대 남인계열이 정권을 잡게 되자 후손들 중 일부가 남인계열로 정계에 등장하여 활동하였다. 이무·근곡芹谷 이관징李觀徵(1618~1695)·박천博泉 이옥李沃(1641~1698)·송곡松谷 이서우李瑞雨(1633~1709) 등이 대표적인 인물이다.

다음은 〈표 1〉과 〈표 2〉에 제시된 북인계 남인의 주요 가계에 대해 살펴보도록 하겠다. 북인계 남인 가계 중 본 연구의 대상인 이경전·이민구·이원진·김세렴·채유후의 가계는 다음의 절과 제2부에 후술되므로 여기에서는 논의하지 않는다.

(1) 만취晩翠 오억령吳億齡(1552~1618)과 묵재默齋 오백령吳百齡(1560~1633) 가계

오억령·오백령 가계는 근기 남인계열 시맥에서 중요한 위치를 차지한다. 연초재燕超齋 오상렴吳尙濂(1680~1707)과 약산藥山 오광운吳光運(1689~1745)은 오억령과 오백령의 후손으로 오광운은 오백령의 4대손이다. 오억령과 오백령의 모친은 대곡大谷 성운成運(1497~1579)의 조카이다. 오억령과 오백령은 외종조外從祖인 성운에게서 『심경心經』과 『근사록近思錄』을 익혔다. 성운은 화담·남명·토정土亭 이지함李芝涵(1517~1578) 등과 교유하며 학문에 정진하였는데 그중에서 남명과 가장 친분이 두터웠다.[36] 성운은 정인홍이 스승 남명과 함께 '사문師門'으로 존숭하면서 북인계열과 밀접한 관련을 갖게 되었다. 성운의 학풍과 처세는 남명이나 화담과 유사한 점이 많았다.[37] 오억령과 오백령은 성운에게 수학하면서 남명과 화담 학문의 영향을 받았을 것으로 여겨진다.

오억령은 1613년(광해군 5) 정조와 윤인이 폐모론을 제기하자 당시 홍문관에 있던 아들 묵재默齋 오익吳翊(1574~1618)과 오정吳靖(1579~1623)에게 차자箚子의 내용을 구술한 것을 쓰게 하여 정조와 윤인을 탄핵하고 폐모론을 반대하였다. 또한 오백령은 정인홍과 사이가 좋지 못했는데 결국 정인홍의 탄핵으로 파직되어 4년 동안 교외에서 명을 기다리다가 운명했다. 오백령의 아들 죽남竹南 오준吳竣(1587~1666)·동암東巖 오단吳端(1592~1640)·오굉吳竤(?~?)은 모두 문과에 급제하였는데, 오단의 아들 동사東沙 오정위吳挺緯(1616~1692)와 오정창吳挺昌(1634~1680)은 숙종대 청남淸南으로 활동하였다.[38]

오억령은 한백겸의 아들 한흥일韓興一(1587~1651)을 사위로 맞이하였고, 오백령의 아들 오준은 이민구의 아들 이원규李元揆(1606~1636)를 사위로 삼았다. 오준은 이민구·김세렴·호주湖洲 채유후蔡裕後(1599~1660) 등 북인계 남인들과 주로 교유하였다. 이민구는 오억령의 문집 『만취집晩翠集』 서문에서 "그의 문은 전아첨거典雅贍擧하되 육경六經을 근본으로 삼았고, 시사詩詞는 정치연요精緻練要하여 부화류탕浮華流蕩

36 宋浚吉, 「大谷成先生行狀」, 『同春堂集』 卷20. "若徐花潭·李土亭·曹南冥 亦皆並世相友, 書疏講論, 遞筒酬唱, 而先生最與南冥爲莫逆, 蓋南冥高邁卓絶, 實有壁立千仞底氣象, 而先生以醇實平和濟之, 南冥目擊而喜曰, '道在是矣.' 每稱健叔如精金美玉, 吾所不及也."

37 신병주(1999), 「大谷 成運의 學風과 處世」, 『남명학』 7, 남명학연구원, p.360.

38 『肅宗實錄』 卷4, 肅宗 1년(1675년), 6월 4일(辛酉), 1번째 기사에 吳挺昌이 장인 鄭檣(1617~1683)과 함께 소북의 무리들을 끌어들여 그들과 함께 일을 하려 한다는 내용이 보인다.

한 기운이 없었다. 근세의 명가로 꼽을 만하다.[39]"고 하였다.

(2) 유흠柳歆(1596~1623) 가계

유흠은 반계 유형원의 부친으로 대북계열이었던 것으로 보인다. 유흠은 1616년(광해군 8) 별시 문과에 급제하였는데 대북계열 이이첨과 가까이 지냈다. 그는 문장에 능해 이이첨이 원접사로 나갈 때 제술관으로 삼기도 했다.[40] 하지만 1623년 인조반정 직후 어우당於于堂 유몽인柳夢寅(1559~1623), 그의 아들과 함께 역모에 연루되어 옥사했다.[41] 유형원의 조모祖母는 북인계열 해고 이광정의 딸이고, 모친은 두봉斗峰 이지완李志完(1575~1617)의 딸이다. 이광정과 이지완은 대북계열에서 소북계열로 전향한 것으로 보인다.[42]

5살 때 아버지를 잃은 유형원은 외숙부인 이원진의 집에서 자라며 그에게서 학문을 익혔고, 고모부인 김세렴에게서도 학문을 익혔다. 유형원의 학문과 사상은 근기 남인계열의 학문과 사상에 큰 영향을 끼쳤다.

---

39 李敏求, 「晩翠集序」, 『東州集』 문집 卷2. "公爲文典雅贍擧, 以六經爲本. 其左右數納之辭, 臺閣騈偶之體, 無莠言無剩語, 率不越乎義理之正. 詩詞亦精緻練要, 無浮華流蕩之氣, 足爲近世名家."

40 『光海君日記』 卷55, 光海君 13년 2월 21일(癸亥), 3번째 기사. "儐接之任, 牢辭未遞, 發行甚急, 敢此申稟, 從事官李植之代, 尙未差出, 柳汝恪隨其父行, 今在關西, 仍爲帶去, 製述官二員則已爲啓下, 而沈之溟加差帶行, 前日啓下能書官柳歆, 亦有詩才, 兼稱製述官似當 …(중략)… 從事官柳汝恪 · 製述官 沈之溟 · 柳歆也."

41 『仁祖實錄』 卷2, 仁祖 1년(1623년), 8월 2일(庚申), 1번째 기사. "柳歆來見, 言李貴當國誤事, 且稱柳瀹之爲人, 勸令相友善, 故告此言而已. 逮問歆與之面質, 亦無他端, 竝卽釋之, 旣而, 皆爲夢寅所引, 歆竟栲死."

42 이들 가문의 통혼관계를 살펴보면 당대 혹은 자녀 대에는 대북계열 가문과 혼인하는 경우가 많았지만 아들, 손자 대에 이르러서는 주로 소북계열와 혼인하는 변화를 보인다.

(3) 고산孤山 윤선도尹善道(1587~1671) 가계

윤선도의 가계는 조부 윤의중尹毅中(1524~1590)이 동암東巖 이발李潑(1544~1589)의 외삼촌이라는 이유로 삭직되었고[43], 양부養父 윤유기尹唯幾(1554~?)가 이이첨의 당류黨類였다는 것으로 보아[44] 북인계열로 파악된다. 윤선도는 가학을 통해 학문을 익혔으며 화담의 문인인 곤재困齋 정개청鄭介淸(1529~1590)을 높이 평가하여 학문적으로도 그의 영향을 받았다.[45] 윤선도의 학문·사상적 맥은 북인계열에 닿아있다고 할 수 있다.

윤선도는 1613년(광해군 5) 진사시에 합격하였으나 당시 대북계열이 임해군을 사사賜死하고, 계축옥사 등을 일으키자 이를 비난하고 관직에 나가지 않았다. 또한 1616년(광해군 8) 진사의 신분으로 당시 대북계열의 최고 권력자였던 이이첨의 전횡을 비판한 「병진소丙辰疏」를 올려 귀양을 가기도 하였다.[46] 윤선도는 함경도 경원慶源과 경상도 기장機張에서 13년 동안 유배 생활을 하다가 인조반정 후에 해배되어 청남淸南

43 『光海君日記』 卷13, 光海君 2년(1610년), 11월 15일(丙辰), 1번째 기사. "尹毅中初非出於賊招, 亦非文書現出之人, 但以李潑等外之舅, 因臺論削職, 李潑等雖以叛逆論斷, 而外親則無緣坐之法."

44 『光海君日記』 卷38, 光海君 8년(1616년), 12월 21일(丁巳). "善道, 惟幾養子也. 惟幾本爾瞻之黨, 爾瞻不爲收用."

45 고영진(2018), 「호남남인 윤선도의 관계망」, 『민족문화연구』 81, 고려대학교 민족문화연구원, pp.138~139.

46 『光海君日記』 卷38, 光海君 8년(1616년), 12월 21일(丁巳), 2번째 기사. "進士尹善道上疏曰; '大槪請先治李爾瞻, 擅弄威福之罪, 次治柳希奮·朴承宗, 忘君負國之罪. 呈政院, 伏以臣聞, 人君馭下之道, 莫大於總攬權綱.' 故書曰; '惟辟作福作威'宋臣眞德秀之言曰; '爲人君者, 豈可一日失其操柄也哉. 旨哉, 言乎. 爲人臣者, 苟有專執國柄, 使其腹心, 布列要津, 威福出於已, 設使賢而如此, 猶不可也, 如其不賢而如此, 則國家不亦危乎. 當今聖上臨御, 君君臣臣, 宜無如此之人, 而臣竊見禮曹判書李爾瞻所爲, 不幸近之, 臣竊怪焉 …(후략)…."

의 핵심 인물로 활동하였다.

윤선도는 이원진·이무와 교유하였는데 이들은 혼맥으로 인연을 더 하였다. 윤선도는 이원진의 동생 이숙진李叔眞(?~?)과 사돈을 맺었으며, 이원진이 제주 목사로 재임할 당시 여러 차례 편지를 보내기도 하였다.[47] 또한 이경전의 아들 이무와도 사돈지간으로 절친한 사이였다. 이무는 자신의 진정한 벗은 윤선도뿐이라고 할 정도로 그를 아꼈는데 윤선도가 기해예송 때 서인 송시열과 대립해 귀양을 가게 되자 스스로 벼슬에서 물러나기도 하였다.[48]

(4) 기천沂川 윤효전尹孝全(1563~1619) 가계

윤효전은 화담의 제자 행촌杏村 민순閔純(1519~1591)의 문인으로 화담의 학문과 사상을 계승하였으며, 『화담집花潭集』의 간행에도 참여하여 『화담집』의 발문을 쓰기도 하였다. 화담의 학문과 사상은 가학을 통해 그의 아들 윤휴에게도 이어졌다. 1605년(선조 38) 증광 문과에 급제하여 출사한 윤효전은 처음에 소북계열에 속하였으나 1618년(광해군 10) 이후에는 이이첨을 따르면서 대북계열에 가담한 것으로 보인다.[49] 윤효전은 1612년 익사공신에 녹훈되었으나 1623년 인조반정 후 삭훈되었다.

윤휴는 화담의 학문 이외에도 외조부 김덕민金德敏(?~?)을 통해 남명의 학문을 접하였다. 윤휴는 병자호란의 패배를 목도한 뒤 출사를 포기하였다. 1675년 2차 예송에서 남인계열이 승리하자 조정에 나아가 허목과 함께 청남淸南으로 활동하였다.

47 尹善道, 「答耽羅伯 李元鎭 書 辛卯」·「與耽羅伯 李元鎭 書 辛卯」, 『孤山遺稿』 卷4.
48 李袤, 「年譜」, 『果菴集』. "顯宗元年庚子, 先生別孤山於江舍, 因卽退歸田里, 絶意榮途."
49 『肅宗實錄』 卷3, 肅宗 1년(1675년), 4월 25일(癸丑), 3번째 기사. "鑴父孝全, 光海時錄僞勳, 官大司憲, 爲大北論."

(5) 사상士常 이경항李慶恒(1601~1643) 가계

이경항은 이서우의 부친으로 1627년(인조 5) 식년 문과에 급제해 형조좌랑·공조좌랑 등을 지냈고, 경상도와 함경도 도사를 역임하였다. 이경항은 소암疎庵 임숙영任叔英(1576~1623)의 문인이었으나 후에 이이첨의 문하로 옮겨 대북계열로 활동한 인물이다. 이로 인해 인조반정 초기 유적儒籍에서 삭제되었는데 그의 친척인 월봉月峰 이서李曙(1580~1637)의 도움으로 과거에 오를 수 있었다.[50] 이서는 이경향의 부인과 사촌지간으로 채유후의 장인이기도 하다.

이경항은 3남 2녀를 두었는데 2남 이가우李嘉雨(1621~1644)는 김세렴의 사위이다. 3남 이서우는 1660년(현종 1) 증광 문과에 급제해 출사하였다. 이서우는 1675년(숙종 1) 허목에게 문재文才를 인정받아 추천되었으며,[51] 정언에 올라 청남으로 활동하였다. 이서우는 근기 남인계열 시맥에 있어 이민구와 채유후의 뒤를 잇는 인물로 평가받고 있으며, 오상렴·채팽윤 등의 스승으로 근기 남인계열 시맥에 있어 매우 중요한 위치를 차지한다. 이서우의 딸은 강박의 부친 강석훈姜碩勛(1664~?)과 혼인하였다.

(6) 해고海皐 이광정李光庭(1552~1629) 가계

이광정은 1590년(선조 23) 증광 문과에 급제한 후 승문원정자·사관·시강원설서 등을 역임하고, 임진왜란 당시 접반사 한음漢陰 이덕형

50 『仁祖實錄』 卷19, 仁祖 6년(1628년), 12월 25일(辛亥), 3번째 기사. “慶恒初學於任叔英, 後背叔英, 出入爾瞻之門. 反正初, 削名儒籍, 其族李曙以書脅館儒解之, 遂得登第, 士論憤之.”

51 『肅宗實錄』 卷4, 肅宗 1년(1675), 윤5월 9일(丙申) 1번째 기사. “穆又薦吳挺昌·李壽慶有文學正直, 李瑞雨有文藝, 權脩有才局, 俱可大用, 上許令分付銓曹.”

李德馨(1561~1613)을 도와 실무를 담당하였다. 이광정 가계의 혼맥을 살펴보면 북인계열에서 점차 남인계열로 통혼의 범위가 변하는 것을 알 수 있다. 부친 분봉盆峯 이주李澍(1534~1584)는 소북의 영수 유영경과 친분이 두터웠으며, 북인계열인 남근南瑾(1556~1635)[52]을 사위로 삼았다. 이광정은 양천허씨陽川許氏 가문[53]의 허잠許潛(1540~1607)의 딸과 혼인하고, 소북계열의 영수 유영경의 딸을 며느리로 삼았다. 이광정은 대북계열로 활동하던 유흠과 만전당晩全堂 홍가신洪可臣(1541~1615)의 손자 홍우원을 사위로 삼았다. 이광정의 아들 이현은 춘호春湖 류영경柳永慶(1550~1608)의 사위라는 이유로 광해군이 즉위한 후 삭직되었다가 인조반정 이후 다시 서용되었다.[54] 이광정의 손자 이정징李井徵(1619~?)은 용주龍洲 조경趙絅(1586~1669)의 사위이다.

52 南瑾(1556~1635)의 본관은 宜寧, 자는 季獻, 호는 龍湖이다. 조부는 참판 南世健이고, 부친은 공조참판 南應雲이다. 1586년(선조 19) 별시 문과에 장원으로 급제하여 장령·부수찬·부교리를 거쳐 호조참의·도승지를 역임하였다. 1617년 仁穆大妃의 폐모론을 일으켜 庭請에 참여하고 폐비절목을 작성하는 데 참여하는 등 李爾瞻을 중심으로 한 대북세력의 일원으로 활약하였다. 인조반정 뒤 유배되어 풀려나지 못하였다.

53 양천허씨 가문은 선조 즉위 후 사림의 집권으로 사림정치가 본격화하는 가운데 학문적 계통으로 화담 서경덕, 남명 조식 계열의 학자들과 혼인 및 사승관계를 맺는 가운데 동서분당 초기 동인계열로 활동하였고, 남북분당 이후에는 북인계열로 활동하게 된다. 선조 년간의 許曄·許筬·許篈·許筠 등 네 부자가 화담의 高足으로서 동인계열의 영수이자 북인계열의 선봉이 되었던 것이나, 허목의 부친인 許喬(1567~1635)가 화담의 문인 朴枝華의 제자였고, 그의 장인 林悌가 남명의 가까운 지기인 성운의 문인이면서 북인계열에 속했던 예를 통해 양천허씨가 북인계열이었음을 알 수 있다. 그러나 허균 일가의 몰락으로 양천허씨는 한동안 부진하였으나(정만조(2001), 위의 논문, p.93.; 許穆, 『記言』 卷43, 許氏先墓碑文), 許磁, 許潛의 후손들이 남인계열로 인조 이후 활동하였다. 남인계열 산림이자 근기 남인계열의 조장으로 추앙받게 되는 허목 가문의 학문적 연원은 여기에서 찾아볼 수 있다(정만조(2001), 위의 논문, p.93.; 신병주(1997), 위의 논문, pp.159~166.).

54 『光海君日記』 卷19, 光海君 4년(1612년), 7월 17일(己酉), 3번째 기사.

(7) 죽천竹泉 이덕형李德泂(1566~1645) 가계

이덕형[55]은 이산해와 인척간으로 이경전과 친분이 매우 두터웠다. 이덕형의 가계는 『남보』와 『북보』에 모두 수록되어 있어 북인계 남인임을 알 수 있다. 이덕형은 1596년(선조 29) 정시 문과에 급제하여 출사하였다. 홍여순이 대사헌으로 있을 때 그의 전횡을 탄핵하여 여산 군수로 좌천되기도 하였다. 정인홍이 회재晦齋 이언적李彦迪(1491~1553)과 퇴계를 헐뜯자 당시 부제학이었던 이덕형은 차자를 올려 이를 논척하기도 하였다.[56]

이덕형은 인조반정 이후 남인계열로 전향한 것으로 보인다. 인조반정 당시 도승지였던 이덕형은 반정이 일어났음을 알고 인목대비에게 인조에게 어보를 내릴 것을 설득하기도 하였다. 이덕형의 아들 백초百初 이행원李行源(1603~1667)과 손자 이수경李壽慶(1627~1680)이 남인계열로 활동하였다.

(8) 화음華陰 이창정李昌庭(1573~1625) 가계

이창정은 숙종대 남인계열의 핵심 인물인 근곡芹谷 이관징李觀徵(1618~1695)의 조부이자 식산息山 이만부李萬敷(1664~1732)의 고조부이다. 이창정은 형 이광정과 함께 16세기 후반에서 17세기 전반 연안이씨 가문이 명문가로 성장하는 데 큰 역할을 하였다. 이창정의 가계는 부친 이주와 형 이광정이 『남보』와 『북보』에 모두 수록되어 있어 북인계열임을 알 수 있다.

55 죽천 이덕형과 한음 이덕형은 한글명이 같으므로 이를 구별하기 위해서 한음 이덕형은 호를 병기한다.

56 鄭斗卿, 「右贊成李公神道碑」, 「碑碣」, 『東溟集』 卷14.

이창정의 후손들은 누대에 걸쳐 중앙에서 벼슬하여 근기 남인계열의 명문가가 되었다. 이창정의 아들 이회李禬(1607~1666)는 채유후·이원진 등과 교유하였고, 손자 이관징과 증손 이옥은 숙종대 청남淸南으로 활동하였다. 이옥은 탁남의 영수였던 묵재默齋 허적許積(1610~1680)과 대립하다가 평안북도 선천으로 유배가기도 하였다. 부친의 정치적 부침을 직접 목도한 2남 이만부는 과거를 포기하고 경상도 상주 식산 아래로 이사한 후 학문에 매진하였다. 이만부는 율곡을 존숭하면서도 퇴계와 남명의 학문을 수용했으므로 영남학파의 비판을 받기도 하였는데 이만부의 남명 사상 수용은 그의 가계가 북인계열에 뿌리를 두고 있음을 보여주는 것이라 할 수 있다.

(9) 동계桐溪 정온鄭蘊(1569~1641) 가계

정온은 남명의 제자인 정인홍의 문인으로 남명의 학문을 익혔으며, 이후 퇴계의 제자인 월천月川 조목趙穆(1524~1605)에게 수학하였다. 1601년(선조 39)에 진사가 되고 1610년(광해군 2) 별시 문과에 급제하여 시강원 겸 설서·사간원 정언을 역임하였다. 정온은 영창대군을 피살한 강화부사 정항을 처벌할 것과 폐모론의 부당함을 주장하였다가 광해군의 노여움을 사 제주도에서 10년간 유배 생할 하였다. 인조반정 후 광해군 때 절의를 지킨 인물로 재등용 되어 대사간·대제학·이조참판 등을 역임하였고, 정묘호란과 병자호란 당시 척화를 강력하게 주장하였다.

정온은 남명과 정인홍으로 이어지는 학맥을 이었으며, 허목·조경 등 근기 남인계열과도 깊은 관계를 가졌다.[57] 정온이 남인계열로 자정

57 송희준(2014), 「桐溪 鄭蘊의 학통과 학문사상」, 『영남학』 26, 경북대학교 영남문화

한 이후 그의 후손들은 남인계열로 활동하였으나 크게 현달하지 못했다. 정온의 아들 정창시鄭昌詩(?~?)는 공조 정랑과 여러 차례 현감을 지냈다. 정온의 손자 정기윤鄭岐胤(?~?)은 허목의 사위가 되어 두 가문은 인척 관계가 되었다.

(10) 개석介錫 정윤복丁胤福(1544~1592) 가계

정윤복은 18세기 근기 남인계열의 관료이자 뛰어난 문인이었던 해좌海左 정범조丁範祖(1723~1801)의 7대조, 다산茶山 정약용丁若鏞(1762~1836)의 9대조이다. 정윤복은 1567년(선조 즉위년) 식년 문과에 급제하여 출사한 이래 예조좌랑·대사성·부제학·병조판서를 역임하였다. 정윤복의 가계는 대북계열로 파악된다. 1589년(선조 22) 기축옥사가 일어나자 정윤복은 평소 정여립과 교유하고 편지를 주고받았다는 이유로 파직되었고, 영창대군을 옹립하려는 사건이 일어나자 3남 금이琴易 정호관丁好寬(1568~1618)이 영창대군을 벌해야 한다고 처음으로 발의한 사실은 정윤복 가계가 당시 대북계열이었음을 짐작하게 한다.

또한 정윤복의 사위 직곡直谷 남이신南以信(1562~1608)은 소북계열 남이공의 형이고, 사위 행원行源 유효립柳孝立(1579~1628)은 광해군의 처남인 대북계열 유희발柳希發(1568~1623)의 조카이다. 유효립은 인조반정 이후 제천으로 유배를 갔는데 그곳에서 광해군의 복위를 꾀하다가 발각되어 처형되었다. 이와 같은 북인계열과의 혼맥은 정윤복 가계

연구원, p.85. 정온은 인조반정 이후 남인계열로 활약하면서 오리 이원익의 후계자로 잠시 남인계열의 지도자적 위치에 있었으며, 17세기 후반 근기 남인계열을 이끌던 조경과 허목은 정온을 스승으로 섬기기도 하였다. 趙絅은 정온의 신도비를 작성하기도 하였다. 許穆은 정온의 손자 鄭岐胤을 사위로 맞이하였고, 정온의 행장을 찬술하였다.

가 북인계열이었음을 시사한다.

정호관의 아들 묵공옹默拱翁 정언황丁彦璜(1597~1672)은 1628년(인조 6) 별시 문과로 출사하였는데 이때 그의 가계는 남인계열로 자정自定한 것으로 보인다. 정언황은 채유후·무하당無何堂 홍우원洪宇遠(1606~1672)·우복愚伏 정경세鄭經世(1563~1633) 등과 교유하며 친분을 쌓았다.

(11) 오산五山 차천로車天輅(1556~1615) 가계

차천로는 화담의 문인으로 부친 차식車軾(1517~1575), 동생 차운로車雲輅(1559~?)와 함께 삼소三蘇로 불릴만큼 그의 가계는 문재文才가 빼어났다. 차천로는 사륙변려문에 뛰어나 각종 외교 문서와 공식 문서 등을 제술製術하였고, 관각풍館閣風의 시에 빼어났다.[58] 차천로는 1577년(선조 10) 알성문과에 급제하여 개성교수開城敎授를 지냈고, 1583년 문과 중시에 급제하였다.

차천로의 가계는 대대로 개성에 거주하며 화담의 문인이 되었으며 화담 학문의 영향을 크게 받았다. 또한 차천로는 이수광·임숙영·유몽인 등 북인계열 문인들이 대거 참여한 침류대 학사로 활발하게 활동하며 이들과 교유하였다. 침류대 학사들은 대개 학문적으로 화담학파와 맥이 닿아있으며, 정치적으로는 북인계열에 가까운 면모를 보인다.[59] 또한 부친 차식의 신도비는 북인계열인 유몽인이 찬술하였다. 이러한 사실들은 차천로의 가계가 북인계열임을 짐작하게 한다.

차천로는 특히 이수광과 깊은 교분을 나누었는데 『지봉집芝峯集』과

58 구본현(2003), 「차천로의 시세계」, 『한국한시작가연구』 8, 한국한시학회, p.33.

59 고영진(1994)b, 「16세기 후반~17세기 전반 서울 枕流臺學士의 활동과 그 의의」, 『서울학연구』 3, 서울시립대 서울학연구소, pp.144~145.

『오산집五山集』에는 서로 주고받은 시가 여러 수 수록되어 있다. 차천로의 가계는 크게 현달하지 못했는데 차천로의 아들 차전곤車轉坤(1596~?)은 1620년(광해군 12) 정시 문과에 급제하여 출사했으나 군수郡守에 그쳤다.

(12) 구암久庵 한백겸韓百謙(1552~1615)과 유천柳川 한준겸韓浚謙(1557~1627) 가계

한백겸·한준겸 가계는 대북계열로 광해군 대에 우의정을 지낸 월탄月灘 한효순韓孝純(1543~1621)과 그의 조카인 한백겸·한준겸 형제, 그리고 이들의 아들들인 한홍일·한소일韓昭一(1591~1608) 등이 가계를 이끌었다. 한백겸의 가계는 구성원들의 대부분이 화담의 문인에게서 수학하여 화담학파의 학맥을 잇고 있다.

한백겸의 부친 유음柳陰 한효윤韓孝胤(1536~1580)이 화담의 문인 정암正菴 박민헌朴民獻(1516~1586)의 문인이었고, 한백겸은 화담의 제자 행촌杏村 민순閔純(1519~1591)의 문인이다[60]. 한준겸과 한홍일은 한백겸에게서 학문을 익혔으므로 이들 역시 화담의 학문을 이었다고 할 수 있다. 한백겸의 가계는 역학易學을 중요시 여기는 화담의 학문 영향으로 역학에 매우 뛰어났다. 한백겸은 선조 때 『주역전의周易傳義』의 교정에 참여하기도 하였고, 동생 한준겸과 부친 한효윤도 모두 역학에 밝았다.[61]

60 申欽, 「贈領議政韓公墓誌銘」, 『象村集』 卷25. “公天資近道, 早有意於爲己之學, 聞朴參判民獻從徐花潭學易, 乃詣受業, 探索精微, 多所發明, 朴公亟稱之. 年十七八, 慨然有求道之志, 聞習靜閔公純隱居行誼, 以古道訓後進, 造其門請教, 閔公與語而愛之, 乃告之曰, 子不聞朱夫子之說乎. 修身大法, 小學書備矣. 義理精微, 近思錄詳之, 作聖根基, 不外二書, 士欲爲學, 當從此入頭去, 公惕然感發, 遂從而卒業, 得聞學問工程, 師友淵源甚親切.”

또한 한백겸과 한준겸은 북인계열인 오억령, 유영경과 사돈을 맺고 있어 이들 가계가 북인계열임을 알 수 있다. 인조반정 이후 한백겸의 가계는 아들 한홍일이 인조대 남인계열의 주요 구성원으로 활약하였으며, 한준겸의 사위 현곡玄谷 정백창鄭百昌(1588~1635)은 남인계열이다.

(13) 미수眉叟 허목許穆(1595~1682) 가계

허목은 근기 남인계열의 사상과 학문·문학에 지대한 영향을 끼친 인물로 그의 학문은 화담·남명·퇴계의 학문이 혼효된 면모를 지닌다. 허목의 부친 허교許喬(1567~1632)는 화담의 문인 수암守庵 박지화朴枝華(1514~1592)의 제자였고,[62] 허목은 화담의 제자인 정개청에게 수학하였으므로 허목의 가계는 화담 학문의 영향을 받았다고 할 수 있다. 1615년 허목은 부친의 임지였던 고령에 머물렀는데 이때 박지화의 제자인 총산蔥山 정언눌鄭彦訥(1545~1629)을 만나 그에게서 고경古經인 『예기禮記』의 「단궁檀弓」편을 배웠다.[63]

1617년(광해군 9) 허목은 부친 허교가 거창 현감으로 부임하자 따라가 그곳에서 남명의 제자 모계茅溪 문위文緯(1554~1631)를 사사師事하였다. 1638년 허목은 경상우도 의령에서 살았는데 경상우도는 남명과 정인홍의 학문적 영향력이 큰 곳이다. 허목은 한강寒岡 정구鄭逑(1543~

61 『宣祖實錄』 卷57, 宣祖 27년(1594년), 11월 12일(丙戌), 1번째 기사. "經世曰; '小臣, 全不知易, 而大臣如是誤達, 至爲未安. 臣聞都下朝官, 有韓百謙, 頗解易學云矣.' 上曰; '韓浚謙之兄乎.' 僉曰, '然.' 金睟曰; '百謙·浚謙, 乃韓孝胤之子也. 其家, 素以力學有名.' 鄭琢曰; '韓浚謙【時爲原州牧使】亦力學之士也. 應南曰; '韓浚謙及其叔韓孝純, 亦皆稱解易矣.'"

62 許穆, 「抱川縣監府君墓誌」, 「許氏先墓碑文」, 『記言』 卷42. "少學詩於垂胡子, 學史記於申鵬生, 又從王方山人遊, 及見朴枝華先生, 遂師事之."

63 許穆, 「蔥山先生墓碣」, 「丘墓文」, 『記言』 別集 卷20. "穆二三十時, 與鄭希聖奉璧同學於先生, 穆學戴記檀弓古經, 二子皆學文章者也."

1620)에게서 학문을 익혔는데 정구는 남명과 퇴계의 문하에서 수학하였다. 화담·남명·퇴계의 학문이 허목의 학문 형성에 영향을 끼쳤다는 점에서 허목의 사상적·학문적 근원에는 북인계열인 화담과 남명의 학문이 자리하고 있음을 알 수 있다. 허목이 북인계열에서 남인계열로 전환하게 된 데에는 혼맥이 크게 작용한 것으로 보인다. 허목은 오리梧里 이원익李元翼(1547~1634)의 손녀와 혼인하였는데 이와 같은 혼맥은 훗날 허목이 출사하여 남인계열로 활동하게 된 계기가 된 것으로 보인다.

(14) 수색水色 허적許𥛚(1563~1640) 가계

허적[64]은 초당草堂 허엽許曄(1517~1580)의 아들 악록岳麓 허성許筬(1548~1612)의 문하에서 3년간 수업했으며,[65] 교산蛟山 허균許筠(1569~1618)과 친분이 두터웠다. 허적은 허성·허균 형제와 재종간再從間이다. 허적은 1597년(선조 30) 별시 문과에 급제하여 출사한 후 죽산·양지 등의 현감을 지냈고, 호조와 형조의 정랑을 역임했다. 이이첨의 추천으로 이민구·택당澤堂 이식李植(1584~1647)·백주白洲 이명한李明漢(1595~1645)·차천로 등 33인과 별지제교別知製敎로 천거되기도 하였다.

허적은 남이공·한준겸 등과 교유하였다. 허적의 『수색집水色集』[66]

64 수색 허적과 默齋 許積은 한글명이 같으므로 이를 구분하기 위해 묵재 허적은 호를 병기하여 표기한다. 이 책에서 허적은 수색 허적을 의미한다.

65 許𥛚, 「祭岳麓堂兄文」, 『水色集』 卷7. "始余受業於堂叔之門, 寔在丙子丁丑戊寅之歲."

66 『水色集』은 8권 4책으로 1,000 여수의 시가 수록되어 있으며, 서문은 허균이 썼고 발문은 허목이 썼다. 『水色集』에는 권1~6권까지 시에 대한 頭評이 기재되어 있는데 권1은 허균이, 권2~6까지는 김세렴이 평한 것이다. 『수색집』 두평에 관해서는 윤호진(2002), 「『水色集』의 頭評에 대하여」, 『한문교육연구』 19, 한국한문교육학회, pp.390~425. 참조.

에는 남이공의 별업인 몽오정에서 배를 띄우고 남이공과 지은 시들이 여러 수 있다. 허적은 가계와 교유 인물, 자신이 제문을 지어 준 허성·임숙영·이창정 등이 북인계열이거나 북인계 남인이었던 점으로 미루어 허적 역시 북인계 남인이라고 보인다. 허적의 문집 『수색집』의 발문을 허목이 작성하였다는 점은 그가 남인계열로 전향했다는 추정을 뒷받침해준다.

허적은 아들이 없어 동생 허계의 2남 허섬許暹(?~?)을 양자로 들였다. 허섬은 판관과 하양 현감을 지냈고 『수색집水色集』을 편찬하였다. 허섬은 상촌象村 신흠申欽(1566~1628)의 손자이자 동강東江 신익전申翊全(1605~1660)의 아들인 분애汾厓 신정申晸(1628~1687)을 사위로 맞이하였다.

(15) 만전당晩全堂 홍가신洪可臣(1541~1615) 가계

홍가신은 화담의 고제인 허엽에게 글을 배우고, 민순의 문하에 들어가 본격적으로 학문을 전수받았다. 이후 남명과 퇴계의 학문을 익히고 성리학에 매진하였다.[67] 화담의 학문을 계승한 문인들이 대개 『주역周易』에 뛰어났듯이 홍가신도 『주역』에 능통하여 주역 교정청 당상으로 뽑혀 『주역』의 교정에 참여하였다. 홍가신은 1567년(명종 22) 진사시에 합격하고 1571년(선조 4) 강릉참봉康陵參奉을 시작으로 관직 생활을 하였는데 동서분당이 일어나자 동인東人으로 활동하였다. 1588년(선조 21) 수원 부사가 되었으나, 1589년(선조 22) 정여립 모반 사건으로 기축옥사가 일어나자 평소 정여립과 우정이 깊고 이발 형제들과 상호 추앙하였

67 洪慶臣, 「行狀」, 「附錄」, 『晩全堂集』 卷6. "宣祖大王初立, 銳意文治, 退溪先生倡明道學, 南冥·大谷澡節林泉, 以行誼表率多士, 公方篤志斯學, 非性理之書, 不讀, 尤玩味於程朱書, 容止有規, 言行異衆, 泮中先輩目笑以爲小學之道."

다는 이유로 파직당하였다.[68] 홍가신은 이발과 이길李洁(1547~1589) 형제가 기축옥사로 인해 죽자 위험을 무릅쓰고 손수 염습을 하고 장사를 지냈다. 이와 같은 사실들은 홍가신이 북인계열이었음을 짐작하게 한다.

홍가신은 5남 2녀를 두었는데 2남 홍영洪榮(1567~?)은 허성의 딸과 혼인하였다. 홍영의 아들 홍우원은 이광정의 사위로 1645년(인조 23) 출사하여 숙종 조 근기 남인계열의 핵심으로 활동하였다. 장인 이광정 역시 북인계 남인으로 그의 후손들도 남인계열로 활동하였다. 홍가신의 가계는 대개 북인계열의 명가名家와 통혼하고 있어 그의 가계가 북인계열이었음을 알 수 있다. 홍가신의 행장은 동생인 녹문鹿門 홍경신洪慶臣(1557~1623)이 지었고, 신도비는 조경, 시장諡狀은 갈암葛庵 이현일李玄逸(1627~1704)이 지었다. 홍가신의 가계가 남인계열로 전향한 시기는 명확하지 않다. 1615년 홍가신이 운명한 뒤 2남 홍영을 제외한 그의 아들들은 소과 급제도 하지 못해 정계 진출이 어려웠었고, 홍영의 아들 홍우원은 인조반정 이후인 1645년(인조 23) 남인계열로 출사하였다.

2) 북인계 남인의 유형

북인계열은 16세기 말~17세기 전반 사이 내부의 권력 다툼 혹은 왕위 계승과 폐모론, 상대당에 대한 입장 등을 두고 분열을 거듭했다. 대·소북 분열과 폐모론의 대두는 대북계열에 반대하여 남인계열로 당색을 바꾸는 이들이 등장하는 요인이 되었고, 이들의 후손 대부분이

68 『宣祖實錄』 卷23, 宣祖 22년(1589년), 12월 4일(丁丑), 1번째 기사. "水原府使洪可臣, 與逆賊鄭汝立交情素密, 與李潑兄弟, 互相推奬, 請命罷職, 承文權知尹敬立, 素無名稱, 而參史官薦, 請命削去."

근기 남인계열로 정착해 근기 남인계열의 학문적・사상적 바탕을 형성하는 데 영향을 끼쳤다.

북인계열이 서인계열보다 주로 남인계열로 전향했던 것은 과거 동인이라는 같은 뿌리에서 근원했다는 동질감을 그 첫 번째 원인으로 들 수 있다. 이들은 남북으로 분열된 이후에도 교유관계를 지속하거나 통혼하여 인척 관계를 맺기도 하였다. 대북계열의 영수 이산해가 자신의 둘째 사위로 남인계열인 한음 이덕형을 맞아들인 경우가 그 대표적인 예이다.

두 번째는 학문적 친밀감에 있다. 동인계열의 문인들은 화담과 남명, 퇴계의 학문을 계승한 경우가 많았는데, 이들 중 일부는 2개의 학파에 걸쳐있는 경우도 있었다. 홍가신의 경우 화담의 제자 민순의 문인이지만 남명의 문인인 정인홍과 교유하며 두 학파를 모두 수용하였다.

세 번째는 경세관이다. 북인계열은 실천적이고 현실 지향적인 학문 경향을 지니고 있었고 내적 수양修養보다는 치인治人을 중시하였으며, 현실 정치에 관심이 많았다.[69] 따라서 인조반정 이후 북인계열이 몰락하는 상황에서 북인계열 일부가 정계에서 활동이 가능한 남인계열로 전향하였다고 생각된다. 이 절에서는 북인계 남인의 유형을 세 가지로 분류하고 그 배경을 논의한 후 대표적인 인물의 행적을 살펴보고자 한다.

(1) 북인계열 내부의 갈등으로 인해 남인화 한 경우

북인계열은 내부적으로 크게 세 번 분열하는데 첫 번째는 대소大小

69 신병주(1999), 「조선 중기 처사형 사림의 학풍 연구」, 서울대학교 대학원 박사학위 논문, pp.1～253.

분당으로 1599년(선조 32) 홍여순의 대사헌 임명을 두고 이에 대한 찬반 입장이 팽팽하게 대립하면서 대북계열과 소북계열로 분열된 경우이다. 두 번째는 대북계열 내부에서 이산해와 홍여순의 권력 다툼으로 인해 육북계열과 골북계열로 나뉜 경우이고, 세 번째는 소북계열 내부에서 영창대군과 광해군에 대한 입장 차이로 탁북계열과 청북계열으로 나뉜 경우이다. 북인계열 내부의 이러한 분열 과정에서 대북계열에서 소북계열로, 혹은 남인계열로 전향하는 이들이 나타나는데 이경전이 그 대표적인 인물이라고 할 수 있다.

이경전의 자는 중집仲集, 호는 석루石樓, 본관은 한산韓山이다. 이경전은 부친 이산해와 함께 대북계열에 속했으나 홍여순의 대사헌 임명을 놓고 이이첨과 틈이 생겨 소북계열로 전향했다가 뒤에 다시 남인계열로 전향했다.[70] 이이첨과의 갈등은 폐모론이 제기되었을 때 이경전이 적극적으로 찬성하지 않았던 것과 관련이 있는 것이 아닌가 한다. 이이첨이 억지로 이경전에게 폐모정청의 기사를 쓰게 했다는 것과[71] 이경전이 도당 회의에 참석하지 않고 도망갔으므로 죄를 성토해야 한다는 기사가 있어[72] 이경전이 폐모론을 지지하지 않았음을 알 수 있다.

---

70 이건창 저・이덕일 역(2015), 『黨議通略』, 자유문고, p.92. "李山海卒於光海之初, 其子慶全與爾瞻有屬, 改爲小北, 後又爲南人云."

71 『光海君日記』 卷43, 光海君 10년(1618년), 1월 4일(甲子), 5번째 기사. "爾瞻脅孝純定議, 招提學李慶全・柳夢寅同入一幕, 使金闓執筆, 口號而書之. 蓋爾瞻與筠・闓, 宿構於外者也." 1618년(광해군 10) 정월 4일 당시 우의정이었던 韓孝純은 백관을 이끌고 폐모정청에 참여하였다. 한효순을 비롯한 李光庭・李尙毅・柳希奮・閔馨男・李慶全・柳夢寅・金藎國・李必榮・,慶暹・李德泂 등 북인계 관료 대부분이 이이첨의 협박에 못이겨 어쩔 수없이 정청에 참여했다. 정청문은 이이첨이 許筠, 金闓와 함께 오래전부터 구상했던 것을 이경전과 유몽인을 불러 억지로 부르는 대로 쓰게 하였다.

72 『光海君日記』 卷43, 光海君 10년(1618년), 2월 1일(辛卯), 1번째 기사. "李慶全自稱擔當大論, 來到政府, 不參會議而遁去, 負君之罪, 不可不討."

더욱이 1620년 3남 이부李阜가 태학장의太學掌議로 이이첨을 벨 것을 주장하는 상소를 올렸다가 쫓겨나자 이이첨과 사이가 더욱 멀어졌다.

(2) 계축옥사(1613년)와 폐모론(1618년)에 반대해 남인화 한 경우

선조宣祖의 질시와 적장자가 아니라는 약점 때문에 늘 세자의 지위가 불안했던 광해군은 선조의 갑작스런 죽음으로 인해 1608년 왕위에 오를 수 있었다. 광해군이 즉위하자 정권을 잡은 대북계열은 유영경을 비롯한 탁북계열과 임해군·진릉군·영창대군·능창군 등 광해군의 왕권에 위협이 되는 왕족들을 모두 죽였다. 뿐만 아니라 선조의 계비이자 광해군의 서모인 인목대비마저 폐위시켜 광해군의 왕위를 확고히 하고자 하였다. 영창대군의 죽음과 인목대비의 폐위 사건은 대북계열과 소북, 남인계열과의 관계를 악화시키는 결정적 계기가 되었다.[73]

특히 1615년(광해군 7) 대북계열에 의해 제기된 폐모론은 북인계열 내에서도 거센 반발을 불러일으켰다. 남인계열들이 모두 폐모론을 반대하는 가운데 북인계열 내에서도 폐모론에 반대하며 남인계열로 전향하는 이들이 나타났다. 대표적인 인물이 정온·김세렴·윤선도·이창정 등이다. 이 당시 폐모론에 반대했던 이들은 유배를 가거나 중앙정계에서 축출되어 외직으로 나갔으므로 실질적으로 이 시기에 남인계열로 전향하여 중앙정계에서 활동하기는 어려웠다. 이들은 인조반정 이후 남인계열로 등용되는 경우가 대부분이었다. 그러나 계축옥사와 폐모론의 반대가 남인계열로 전향하는 직접적인 계기가 되었던 만큼 여기에서는 폐모론에 반대해 남인화 한 경우로 보았다.

정온의 자는 휘원輝遠, 호는 동계桐溪, 본관은 초계草溪이다. 정인홍

73 정호훈(2004), 위의 책, p.107.

의 문인으로 대북계열로 활동하던 정온은 1613년(광해군 5) 영창대군에게 역모의 혐의를 씌워 강화도로 유배 보낸 계축옥사가 일어나고, 강화도에 유배 중이던 영창대군이 강화부사 정항에 의해 죽임을 당하자 정항을 처벌할 것과 폐모론의 부당함을 주장하는 상소를 올렸다.[74] 정온은 상소를 올린 일로 인해 광해군의 노여움을 사 제주도에 위리안치되어 10년 동안 유배 생활을 하였다. 1623년 인조반정 이후 정계에 복귀하여 남인계열의 중심인물이 되었다.[75]

김세렴의 자는 도원道源, 호는 동명東溟, 본관은 선산善山이다. 1616년(광해군 8) 장원급제하여 출사하였는데 1617년 폐모론이 일어나자 이에 반대하는 상소를 올렸다가 평안도 곽산으로 유배를 갔다.[76] 이후 대북계열과 결별하고 1623년 인조반정으로 재등용되어 남인계열로 활동하면서 서인정권 아래에서 북인계열 인물들이 남인계열로 결집하는 데 적지 않은 역할을 하였다.[77]

윤선도의 자는 약이約而, 호는 고산孤山, 본관은 해남海南이다. 윤선도는 1613년(광해군 5) 진사시에 합격하였으나 당시 대북계열이 임해군의 사사, 계축옥사 등을 일으키자 이를 비난하고 관직에 나가지 않았다. 또한 1616년(광해군 8) 진사의 신분으로 당시 대북계열의 최고 권력자였던 이이첨의 전횡을 비판한 「병진소丙辰疏」를 올려 귀양을 가기도 하였다.[78] 윤선도는 함경도 경원慶源과 경상도 기장機張에서 유배 생활을

74 『光海君日記』 卷27, 光海君 6년(1614년), 2월 21일(癸卯), 3번째 기사.

75 허권수(1993), 위의 책, p.20.

76 『光海君日記』 卷42, 光海君 9년(1617년), 11월 23일(甲申), 2번째 기사. “竄正言金世濂于郭山.”; 『光海君日記』 卷42, 光海君 9년(1617년), 11월 28일(己丑), 14번째 기사.

77 정호훈(2004), 위의 책, pp.118~119.

78 『光海君日記』 卷38, 光海君 8년(1616년), 12월 21일(丁巳), 2번째 기사. “進士尹善道上疏曰; ‘大槪請先治李爾瞻, 擅弄威福之罪, 次治柳希奮・朴承宗, 忘君負國之罪. 呈

하다가 인조반정 후에 해배되어 남인계열로 활동하였다. 윤선도는 1659년(현종 즉위) 기해예송己亥禮訟 당시 서인계열 송시열과 대립하며 3년 상을 주장하는 상소를 올렸다가 함경도 삼수로 유배되었다.

이창정의 자는 중번仲蕃, 호는 하당청우자荷塘聽雨子・화음무구옹華陰無求翁, 본관은 연안延安이다. 이창정은 1617년(광해군 9) 사행길에 올라 1618년 4월 사행에서 돌아왔다. 이때는 폐모론이 한창일 무렵으로 인목대비에게 숙배하는 것이 금지되었었다. 그러나 이창정은 이에 아랑곳하지 않고 인목대비에게 문안을 드렸을 뿐만 아니라 폐모론을 극력 반대해 유배를 갔던 정홍익鄭弘翼(1571～1626)과 김시양金時讓(1581～1643)에게 맥주麥舟의 은혜를 베풀고 난색을 표하지 않았었다.[79] 이와 같은 행동은 이창정이 폐모론에 반대하는 입장을 견지했음을 보여준다.[80] 이창정의 손자 근곡芹谷 이관징李觀徵(1618～1695)과 증손 박천博泉 이옥李沃(1641～1698)은 숙종대 남인계열의 핵심 인사로 활동하였다.

(3) 인조반정 이후 남인화 한 경우

인조는 즉위 후 서인들의 득세를 견제할 목적으로 남인계열과 북인계열을 기용했다. 남인계열 인물 중에는 북인계열에 연원을 둔 남인계

政院, 伏以臣聞, 人君馭下之道, 莫大於總攬權綱.' 故書曰; '惟辟作福作威'宋臣眞德秀之言曰; '爲人君者, 豈可一日失其操柄也哉. 旨哉, 言乎. 爲人臣者, 苟有專執國柄, 使其腹心, 布列要津, 威福出於己, 設使賢而如此, 猶不可也, 如其不賢而如此, 則國家不亦危乎. 當今聖上臨御, 君君臣臣, 宜無如此之人, 而臣竊見禮曹判書李爾瞻所爲, 不幸近之, 臣竊怪焉 …(후략)….”

79 趙絅, 「監司李公神道碑銘」, 「道碑銘」, 『龍洲遺稿』 卷20. “丁巳年間, 肅拜母后宮, 爲世大禁, 公獨行之不顧, 鄭弘翼翼之, 金時讓子中爲世僇人, 相知反眼若不相識, 公施以麥舟之惠而曾無難色.”

80 이창정의 삶과 시문학에 대해서는 졸고(2019)c, 「華陰 李昌庭의 詩世界 考察」, 『고전문학연구』 56, 한국고전문학회. 참조.

열은 실무 관료의 성향이 강하였는데[81] 특히 경제와 외교 분야의 전문가로서 큰 활약을 하였다. 인조반정 당시 북인계열에서 남인계열로 전향하여 정계에 직접 참여한 경우도 있지만 후손들이 인조반정 이후 남인계열로 출사하여 남인계열의 중진으로 활동한 경우도 있다. 이수광·이성구·이민구·이덕형 등은 인조반정 후 남인계열로 전향한 것으로 보이며, 이원진·이무·홍우원 등은 인조반정 이후에 남인계열로 출사한 유형으로 볼 수 있다.

이수광의 자는 윤경潤卿, 호는 지봉芝峯, 본관은 전주全州이다. 이수광은 폐모론이 대두되자 1616년(광해군 8) 순천 부사로 나갔다가 1619년(광해군 11) 임기를 마치고 돌아온 후에는 수원에 은거하며 관직에 나가지 않았다. 1623년 인조반정이 일어나자 도승지겸 홍문관 대제학으로 임명되었다. 아들 이성구와 이민구도 인조반정 이후 남인계열로 자정自定한 것으로 보인다.

이성구의 자는 자익子異, 호는 분사分沙, 본관은 전주全州이다. 이성구는 1608년 광해군 즉위년에 급제해 관직 생활을 시작하였다. 이성구는 1613년(광해군 5) 영창대군의 옥사가 일어나자 이를 반대했으며, 이항복이 폐모론을 반대하다가 북청 유배지에서 죽자 그를 운구해 장사지내고 서원을 세워 봉사하였다. 이 때문에 대간의 탄핵을 받아 파면되기도 하였다.[82] 인조반정 이후 사간으로 기용되었고, 서인 정권 아래에서 남인계열로 이원익에 이어 정승의 반열에 올랐다.

---

81 고영진(1992), 「17세기 전반 남인학자의 사상 - 정경세·김응조를 중심으로」, 『역사와 현실』 8, 한국역사연구회, p.87.

82 李敏求, 「伯氏領議政分沙李公神道碑銘 并序」, 「碑銘」, 『東州集』 문집 卷7. “方奸臣構大獄以及母后, 臺諫鄭造·尹訒創爲別處之論, 公持正議不撓 …(중략)… 其秋, 白沙相死纍所, 歸葬抱川, 邑人立書院以奉沙公, 不悅者因是大噪, 以公倅其邑捃摭爲案, 罷職不敍, 終始齮齕如此.”

이민구의 자는 자시子時, 호는 동주東州, 본관은 전주全州이다. 이민구는 1612년(광해군 4) 증광 문과에 장원 급제해 수찬으로 등용되어 예조·병조좌랑을 거쳐 선위사로 선발되었다. 이민구는 등과한 이후 1623년 인조반정이 일어나기 전까지 정계에서 크게 두각을 보이지 못했는데 이는 당시 일어났던 폐모론에 부친 이수광이 반대의 뜻을 보이고 스스로 순천 부사로 나갔다가 관직에서 물러나 한거했던 정치적 행보에 영향을 받은 것으로 보인다. 이민구는 폐모론이 일어났을 당시 이에 대한 명확한 입장을 밝힌 정황은 포착되지 않지만 부친과 형이 폐모론에 반대하는 입장을 보였으므로 이민구 역시 이와 같은 입장이었을 것으로 짐작된다.

이원진의 자는 승경昇卿, 호는 태호太湖, 본관은 여주驪州이다. 이원진은 소릉少陵 이상의李尙毅(1560~1624)의 손자이다. 그의 가계는 이산해·기자헌·임취정任就正(1561~1628)·이이첨·유성민柳成民(?~?) 등 대북계열과 남이공, 김신국 등 소북계열과 통혼하고 있어 북인계열 가문임을 알 수 있다. 폐모론이 일어났을 당시 이원진의 부친 이지완은 제일 먼저 이를 반대하는 계사啓辭를 올리고 사직을 청하였고,[83] 이원진도 숙부 청선聽蟬 이지정李志定(1588~1650), 성균관 유생들과 함께 폐모론에 반대하는 상소를 올리고 적신賊臣의 죄를 바로잡기를 청하였다.[84] 이원진의 가계는 소북계열을 견지하다가[85] 인조반정 이후 남인계

83 李志完, 「癸丑大司諫時避嫌」, 『黃驪世稿』 卷9. “殿下遭人倫之變, 處之以至當, 然後可以無譏於後世, 臣之所懷. 只欲納吾君於堯舜之地. 而今者異論橫生, 臣不忍聞, 請罷臣職.”

84 李瀷, 「從祖叔父太湖公行錄」, 「行錄」, 『星湖全集』 卷67. “及臺官鄭造·尹訒發廢母后之論, 傅會經旨, 倡作大義, 廷臣無不愕眙, 莫適向背, 參贊公時居諫職, 不議於同僚, 獨先發啓, 辭嚴義正, 炳若日星, 而公又從諸生叩閽陳疏, 請正賊臣之罪.”

85 『光海君日記』 卷8, 光海君 1년(1609년) 11월 30일(丁未), 6번째 기사. “往在庚子年間, 與金藎國朋比, 擅弄朝廷, 人目之曰金·南, 近與朴彝叙同事, 人又稱南·朴, 吏判

열로 자정自定한 것으로 보인다. 인조반정으로 광해군 대에 위성공신 책록을 받은 이상의와 이지완의 공훈이 삭직되었고, 이지완의 사위 이익엽李益燁(1594~1623)이 부친 이이첨과 함께 참형을 당하면서 이원진의 가계는 위기에 봉착하게 되었는데 남인계열로의 전향은 이 시기 이루어진 것으로 보인다. 이원진은 인조반정 이후인 1630년(인조 7)에 출사하여 남인계열로 활동하였다. 그의 종제從弟 매산梅山 이하진李夏鎭(1628~1682)은 1666년(현종 7) 문과 급제하여 청남의 핵심 인물로 활동하였다.

이덕형의 자는 원백遠伯, 호는 죽천竹泉, 본관은 한산韓山이다. 1596년(선조 29) 정시 문과에 급제하여 출사하였다. 인조반정 당시 도승지였던 이덕형은 인목대비에게 나아가 인조에게 어보를 내릴 것을 설득하기도 하였다. 이후 남인계열로 전향하여 활동한 것으로 보인다. 이덕형의 아들 이행원은 인조반정 이후인 1638년(인조 16)에 출사하였는데, 이때는 이미 그의 가계가 남인계열로 전향한 이후로 보인다. 이덕형의 신도비는 아들 이행원이 정경세와 조경에게 부탁해 만든 것인데 정경세와 조경은 당시 남인계열의 핵심인사였으므로 그의 가계가 남인계열임을 짐작할 수 있다. 이덕형의 손자 이수경은 숙종대 청남의 중진으로 활동하였다.

홍우원의 자는 군징君徵, 호는 남파南坡, 본관은 남양南陽이다. 홍우원은 홍가신의 손자이자 허성의 외손자이다. 홍우원의 가계는 외가까지 모두 화담의 학문을 이은 북인계열이라고 할 수 있다. 홍우원은 인조반정 이후인 1645년(인조 23) 별시 문과에 급제하여 출사하였다. 이때 그의 가계는 남인계열로 전향한 이후라고 보인다. 홍우원은 1663년(현

李尙毅以下, 受其指揮.”

종 4) 인조의 계비인 자의대비의 복상문제를 두고 서인계열과 남인계열이 첨예하게 대립할 때 3년복을 주장하다 유배된 윤선도의 석방 상소를 올렸다가 파직되었다.

3. 북인계 남인의 학문 연원과 전승

1) 북인계 남인의 학문 연원

북인계 남인은 정치적으로는 남인의 당색을 띠고 있지만 학문과 사상은 북인계열에 뿌리를 두고 있으므로 이들의 학문적 경향은 북인계열과 남인계열의 학문적 경향이 절충된 모습을 보인다. 남인계열은 퇴계退溪 이황李滉(1501~1570)의 학문에 그 바탕을 두고 있고, 서인계열은 율곡栗谷 이이李珥(1536~1584)의 학문을 바탕으로 한다. 북인계열은 화담華潭 서경덕徐敬德(1489~1546)과 남명南冥 조식曺植(1501~1572)의 문인들이 주축을 이루었으므로 자연스럽게 화담과 남명의 학문과 사상이 이들의 바탕을 이룬다. 남명의 문인으로는 내암萊庵 정인홍鄭仁弘(1536~1623)·수우당守愚堂 최영경崔永慶(1529~1590)·동강東岡 김우현金宇顒(1540~1603)·한강寒岡 정구鄭逑(1543~1620)·망우당忘憂堂 곽재우郭再祐(1552~1617)·성암省菴 김효원金孝元(1542~1590) 등을 들 수 있고, 화담의 문인으로는 토정土亭 이지함李之菡(1517~1578)·수암守庵 박지화朴枝華(1514~1592)·이와頤窩 서기徐起(1523~1591)·행촌杏村 민순閔純(1519~1591)·초당草堂 허엽許曄(1517~1580)·동강東岡 남언경南彦經(1528~1594)·곤재困齋 정개청鄭介淸(1529~1590)·사암思菴 박순朴淳(1523~1589) 등을 들 수 있다.[86]

남명은 경상우도에 살았으므로 그의 학문은 영남 사림들에게 많은 영향을 주었고, 화담은 개성에 살았으므로 그의 학문은 개성을 중심으로 주변 지역인 서울·경기지역의 사림들에게 많은 영향을 끼쳤다. 남명의 문인들은 대개 대북계열로 좌정하였고, 화담의 문인들은 대개 소북계열이 되었다.[87] 이 장에서는 북인계열의 학문 연원인 화담과 남명의 학문, 그리고 남인계열의 학문 연원인 퇴계의 학문적 특징을 살펴보고, 이들의 학문이 북인계 남인 문인들에게 전승된 양상을 확인해보도록 한다.

화담과 남명은 '자득自得'과 '실천'을 중시했으며, 주자학에만 경도되지 않고『소학小學』·『논어論語』·『대학大學』·『성리대전性理大全』등의 성리학을 기본으로 천문天文·지리地理·병법兵法·의학醫學·무예武藝·노장사상老莊思想·양명학陽明學 등 다양한 학문과 사상을 폭넓게 수용하여 박학博學을 추구하는 공통점이 있다.[88] 이러한 학문적 공통점은 이들이 북인계열로 결집할 수 있었던 하나의 요소라고 할 수 있다.

화담과 남명의 학문적 특징을 좀 더 구체적으로 살펴보면 우선 남명은 '경의지학敬義之學'과 '실천'을 중시하고, 천문天文·지리地理·도류지언道流之言·노장사상老莊思想 등 다양한 학문과 사상에 유연한 태도를 취했다는 특징을 보인다.[89] '경의敬義'는 남명의 학문에서 매우 중요한 핵심 사상이다. '경敬'은 내면적 수양을 중시하는 개념으로, 남명은 '경'을 위주로 마음을 닦지 못하면 천하의 이치를 궁구할 수 없으며 사물의 변화를 다스릴 수 없다'라고 하였다.[90] '의義'는 '경'을 외부로 실천

86 화담의 문인과 남명의 문인들 중 일부는 두 개의 학문을 동시에 익힌 경우도 있고, 퇴계의 학문을 익힌 경우도 있다. 특히 남명의 문인 중 퇴계의 문인으로 전향하는 경우가 많았다. 吳健·鄭逑·鄭琢 등이 대표적이다(신병주(2000), 위의 책, p.171.).

87 우인수(2011), 위의 논문, pp.210~211.

88 신병주(2000), 위의 책, p.32.

89 신병주(2000), 위의 책, pp.16~17.

하는 이념이다. 실천의 강조는 남명이 「무진봉사戊辰封事」에서 '궁기리장이치용야窮其理將以致用也.'라고 하여 궁리窮理의 목적이 치용致用 즉 현실 세계에서의 쓰임을 극진히 하는 것이라고 한 데서도 알 수 있다.[91] 남명이 '경'과 '의'를 분리하지 않고 '경의敬義'라는 형태로 강조한 것은 수양과 실천을 하나로 보고 '의'를 신념화한 것이라고 할 수 있다. 이 점은 수양론인 '경'을 중심으로 학문 탐구에 주력하여 그 근본 원리를 궁구하는 퇴계의 학문과 가장 크게 다른 점이다.[92] 남명의 실천을 중시하는 학풍 및 현실을 중시하는 학문관은 임진왜란 당시 정인홍·곽재우 등이 직접 의병을 일으키고 전장에 참여하는 등 정국의 상황에 적극적으로 대응하고 실천하는 것으로 나타났다.

남명은 노장사상과 제자백가의 다양한 사상을 수용하였는데, 그중 노장사상과 양명학陽明學에 깊이 경도된 모습을 보인다. '남명南冥'이라는 그의 호도 『장자莊子』의 「소요유逍遙遊」에서 유래한 것이다. 또한 남명의 사상이 집약되어 있는 『신명사도神明舍圖』와 『신명사명神明舍銘』은 유가 경전 이외에 『노자老子』·『장자莊子』·『주역참동계周易參同契』·『음부경陰符經』 등 도가사상을 담고 있는 서적들의 내용이 상당히 많이 차용되고 있어 노장사상에 경도된 남명의 학문 경향을 볼 수 있다.[93] 이와 같은 학문 경향은 문학 세계에도 영향을 끼쳐 남명과 그의 문인들의 시문詩文에서 도교적 색채가 강한 작품들을 쉽게 찾아볼 수 있다.[94]

---

90 曺植, 「戊辰封事」, 「疏類」, 『南冥集』 卷2. "無以存此心, 非存心, 無以窮天下之理, 非窮理, 無以制事物之變."

91 이상필(2003), 『南溟學派의 形成과 展開』, 와우출판사, p.44.

92 신병주(2000), 위의 책, pp.78~80.

93 이상필(2003), 위의 책, pp.49~54.

94 신병주(1989), 「南冥 曺植의 學問 傾向과 現實認識」, 서울대학교 대학원 석사학위

다음으로 화담 학문의 특징을 살펴보도록 하겠다. 당시 성리학의 주류는 '리理'를 중심으로 하여 인간의 도덕적 규범을 확립하고, '리理'를 토대로 자연과 사회를 해석하는 것이었다. 이러한 시기에 화담은 '기氣'를 중심으로 세상을 설명하고, 『주역』을 중시하는 독특함을 보였다.[95] 『주역』의 중시는 북송北宋대 학자들의 학풍에서 현저하게 나타나는데 이는 화담이 북송대 성리학을 수용하고 있음을 시사한다. 화담의 학문에 영향을 받은 대부분의 북인계열 문인들은 『주역』에 정통하다는 평가를 받았는데, 특히 이지함의 『토정비결土亭秘訣』은 이를 가장 잘 보여주는 저술이라고 할 수 있다. 화담의 문인 민순도 『주역』을 중시하였는데, 이는 그의 제자 한백겸에게 계승되었다. 한백겸은 『주역』에 정통한 것으로 이름나 1602년(선조 35) 정경세의 천거로 주역 강관으로 발탁되어 『주역전의周易傳義』의 교정 작업에 참여하기도 하였다.[96]

화담은 일정한 스승을 두지 않고 다양한 학문을 독학獨學 자득自得하였다. 화담 문인들의 신분이 다양하고 각자 추구하는 방향이 달랐던 것[97]은 '자득지학自得之學'을 강조했던 화담 학문을 계승하여 자신만의 학문을 개발해 나갔기 때문이라고 보인다.

화담은 평생동안 소옹邵雍(1011~1077)[98]의 상수지학象數之學을 연구

논문, p.67.; 박기용(2006), 「남명 문학에서의 도교사상 표출 양상」, 『語文學』 91, 한국어문학회, pp.241~284.

95 신병주(2011), 위의 논문, p.53.

96 신병주(2000), 위의 책, pp.200~201.

97 화담의 문인은 종친 鍾城令 李球, 관료학자 許曄과 朴淳, 산림학자 閔純, 서얼 朴枝華, 노비 서기에 이르기까지 그 편폭이 매우 넓다. 또한 도가사상, 양명학, 상업 등에 다양한 분야에 관심을 가지고 자신만의 학문을 성취해 나갔다(신병주(2000), 위의 책, pp.19.).

98 邵雍은 북송의 학자로 자는 堯夫, 호는 康節이다. 『주역』의 數理를 좋아하여 太極을 우주의 본체로 보았다. 象數의 학문을 중시하였다. 낙양에서 살면서 자신의 거처를

하였는데 소옹의 상수학은 도가적 경향이 두드러지게 나타난다.[99] 도가사상의 수용은 화담뿐만 아니라 그의 문인들의 시문詩文에서도 쉽게 찾아볼 수 있어 화담과 그의 문인들이 지녔던 학문적 경향이 문학 세계에도 반영되었음을 알 수 있다.[100] 16세기~17세기에는 당시풍의 유행과 더불어 도가사상을 바탕으로 한 유선시遊仙詩의 창작이 주류한 특징을 이루었는데 여기에는 도가사상을 수용했던 남명·화담의 학문 영향과 16세기 후반~17세기 잦은 사화士禍와 정쟁政爭, 그리고 양란兩亂으로 인한 시대적 혼란에서 벗어나고 싶은 작가 의식이 동인動因으로 작용한 것으로 보인다.[101] 유선시를 많이 남긴 손곡蓀谷 이달李達(1539~1612)·허봉·허난설헌許蘭雪軒(1563~1589)·허균·이수광 등이 화담의 학문에 영향을 받았다는 점과[102] 북인계 남인 문인들의 시에서

'安樂窩'라고 이름하였다. 저서로 『觀物篇』·『皇極經世書』·『伊川擊壤集』 등이 있다.

99 상수학은 소옹의 학문을 지칭하는 것으로 세계의 모든 현상을 하나의 질서로 象과 數로 나타낸 것이다. 상수학의 핵심은 '觀物'을 통해 自如한 모습을 인식하고, 인간이 인식 주체로서 관물을 통해 체득한 원리를 실현하는 것에 초점이 있으며, 많은 부분은 道家에 연원을 두고 있다(황광욱(2003), 『화담 徐敬德의 철학사상』, 심산문화, p.50.). 또한 外在의 禮法을 중시하였다. 소옹은 천지자연의 運數와 度數를 인간 사회에 구체적으로 실현하는 길은 운수와 도수를 연역하여 제정된 법제의 실행을 통해서라고 이해하였다. 예법은 자연과 인간의 관계망, 그리고 구조를 보여주는 매개물이며 이를 지배하는 것이 道라고 보았다. 그리고 도는 법을 통하여 실현되고 법은 도를 실천하는 도구로 인식하였다(정호훈(2001), 위의 논문, pp.215~221.).

100 화담의 문집 『화담집』에는 소옹의 易理와 도가적 경향을 담은 시들이 다수 수록되어 있다. 이에 대한 연구로는 정원표(2000), 「화담 서경덕 시 연구」, 『한국한시작가연구』 5, 한국한시학회, p.35~67.; 朴彭鍊(2000), 「花潭 徐敬德 漢詩의 硏究 : 道家的 趣向과 美意識을 中心으로」, 성균관대학교 대학원 석사학위논문, p.1~90.; 정권율(2000), 「花潭 徐敬德의 한시 연구」, 목포대학교 교육대학원 석사학위논문, p.1~67. 등이 참조가 된다.

101 정민(1991), 「16·7세기 遊仙詩의 자료 개관과 출현 동인」, 『도교문화연구』 4, 한국도교문화학회, p.129.

102 정민(1991), 위의 논문, p.129.

도가사상이 담긴 유선시와 신선 세계를 묘사한 작품들이 많은 점은 시대적 상황과 학문적 특징이 문학 세계로 표출된 것이라고 여겨진다.

다음으로 남인계열 학문의 바탕이 되는 퇴계 학문의 특징을 살펴보도록 하겠다. 퇴계는 19세 때 『성리대전性理大全』을 읽고 성리학에 심취하기 시작해 43세 때 『주자대전朱子大全』을 입수하면서 본격적으로 성리학을 탐구하였다. 퇴계는 '리理'에 관심을 두고 도덕적 인간과 사회의 실현을 위해 리理의 인식과 실천을 강조했다.[103] 퇴계는 하늘로부터 부여받은 인간 본성을 실현하여 인인군자仁人君子가 되는 데 관심이 있었으므로 기氣보다는 리理에 관심이 많았다.[104]

퇴계의 학문적 관심사는 주자학에만 집중되어 있어 노장과 제자백가의 다양한 사상에 관심을 가졌던 화담과 남명의 학문과는 구별된다. 퇴계는 철저하게 성리학적 수양론을 중시했기 때문에 노장老莊·불가佛家·양명학陽明學 등을 이단異端으로 보고 비판하였다.[105] 이와 같은 학문 경향은 퇴계의 학통을 이은 서애西厓 류성룡柳成龍(1542～1607)·학봉鶴峯 김성일金誠一(1538～1593)·여헌旅軒 장현광張顯光(1554～1637)·우복愚伏 정경세鄭經世(1563～1633) 등 영남 남인계열 문인들에게서 살펴볼 수 있다.

17세기 전반 북인계 남인들은 화담과 남명, 퇴계의 학문을 두루 접하여 다양하고 폭넓게 수용하였으며 특정한 사상을 고집하지 않는 특징을 보인다.[106] 이들은 성리학을 바탕으로 노자老子·장자莊子를 비롯한 제

103 이완재(2002), 「퇴계의 인간관」, 『退溪 李滉』, 예문서원, p.135.

104 황의동(2009), 「화담(花潭)·퇴계(退溪)·율곡(栗谷)의 이기관(理氣觀) 비교 연구」, 『동서철학연구』 49, 한국동서철학회, p.197.

105 정우락(2002), 「16세기 士林派 作家들의 事物觀과 文學精神 연구 - 林薰·李滉·曺植의 경우를 중심으로」, 『퇴계학과 한국문화』 34, 경북대학교 퇴계학 연구소, p.152.

106 정호훈(2004), 위의 책, pp.119～120.

자백가의 다양한 사상을 수용하고, 천문天文·지리地理·율력律曆·산술算術에 이르는 박학을 추구하였다. 이와 같은 학문적 성향은 근기 남인계열의 학문 기반 형성에 영향을 끼쳤으며 이는 영남 남인계열과 다른 근기 남인계열만의 독특한 학문적 특징을 형성하는 기반이 되었다.

2) 북인계 남인의 학문 전승 양상

조선 후기 근기 남인계열에 속하는 문인 대부분은 가학을 통해 학문과 문학 경향을 습득하여 시문학 세계를 형성하였고, 이는 다시 가학을 통해 후손들에게 전승되는 양상을 보인다.[107] 북인계 남인들의 경우도 대개 가학을 기반으로 학문을 전승하였으나 일부 외부 스승을 통해 학문을 수학하기도 하였다. 이들은 화담·남명·퇴계의 학문에 골고루 영향을 받았으며, 이 영향은 이들의 시문학 세계를 구축하는 기반이 되었다. 이와 같은 양상은 이경전·이민구·이원진·김세렴·채유후에게서도 나타난다. 이들의 학문 전승이 가계를 중심으로 이루어졌다는 점에서 여기에서는 북인계 남인 문인들의 학문 전승 양상을 가계를 통해 구체적으로 살펴보고자 한다.

먼저 이경전의 가계는 화담 학문의 영향을 크게 받았다. 이경전의 부친 이산해는 부친 성암省菴 이지번李之蕃(?~1575)과 숙부 이지함에게서 글과 학문을 익혔는데[108] 이지함은 화담의 문인으로 『주역』에 매우 뛰어났다. 이지함은 박학을 추구하여 경전을 비롯한 수많은 책을 섭렵하였고, 학문을 익힐 때는 경敬을 위주로 하여 이치를 궁구하고, 실천을

107 윤재환(2012), 위의 책, p.171.

108 李山海, 「年譜」, 『鵝溪遺稿』 卷6. “公於文學聞一知十, 數年之間, 不煩提誨而自然通透, 土亭公教以太極圖一語, 便知天地陰陽之理, 能指圖論說.”

하고, 독실히 하는 것을 우선으로 하였다.[109] 이와 같은 학문 경향은 화담 학문의 영향으로, 조카 이산해에게 이어졌다. 이경전 역시 이지함에게서 글을 배웠고,[110] 이경전의 아들 이무는 조부인 이산해에게서 글을 배웠으므로[111] 화담의 학문은 이지함에게서 이산해로, 그리고 이경전, 이무로 이어졌다고 할 수 있다. 이경전의 가계는 가학을 통해 화담의 학문을 전승한 셈이다. 이경전 가계가 가학을 통해 학문을 전승한 것은 그의 부친 이산해가 '자신은 따로 스승을 모시지 않고 가학을 통해 공부했으며 자신이 문호를 유지하며 죄악에 빠지지 않은 것은 숙부의 덕'이라고 한 것에서도 알 수 있다.[112]

이경전과 이산해의 시에는 도가적 요소가 짙은 신선 세계를 묘사한 작품들이 다수 있는데 이는 이들의 학문 연원인 화담의 학문이 지닌 도가적 사상과도 상통한다.[113] 다음의 시는 이경전의 작품으로 도가적 색채가 매우 짙게 배어있다.

선가의 생계 참동계와 꼭 같으니	仙家生計契同參
어느 곳 단사가 옥함에 쌓였나	幾處丹砂貯玉函
삼십육 동천은 끝도 없는 그곳을	無限洞天三十六
벽도화 천 그루가 문암을 둘렀네	碧桃千樹繞門巖[114]

109 李山海, 「叔父墓碣銘」, 「銘類」, 『鵝溪遺稿』 卷6. "經傳史子百氏之書, 無不貫穿涉獵, …(중략)… 爲學, 常以主敬窮理踐履篤實爲先."

110 蔡濟恭, 「崇祿大夫行議政府左參贊兼判義禁府事知經筵事弘文館提學韓平君李公神道碑銘」, 「神道碑」, 『樊巖集』 卷48. "五六歲, 學于土亭."

111 李袤, 「年譜」, 『果菴集』. "甲辰, 先生五世, 議政公始教文字文一之十." 의정공은 李山海를 가리킨다.

112 李山海, 「叔父墓碣銘」, 「銘類」, 『鵝溪遺稿』 卷6. "未嘗負笈從師, 學于家庭, 雖未有薰陶成就之效, 而其所以維持門戶, 不至陷於罪惡者, 皆叔父之賜也."

113 신병주(2010), 「이산해의 학문적 기반과 현실인식」, 『아계 이산해의 학문과 사상』, 지식산업사, p.210.

이 시는 〈이청주사천팔경李淸州斜川八景〉 8수 중 첫 번째 수로 사천斜川의 팔경八景 중 문암동천門巖洞天을 읊은 것이다. 사천은 양평 용문산 부근으로 오봉五峯 이호민李好閔(1553~1634)의 아들 현기玄磯 이경엄李景嚴(1579~1652)의 별업인 사천장斜川庄이 있었다. 이청주李淸州는 이경엄을 가리킨다. 이경엄은 1637년(인조 15) 청주 목사로 부임하였으므로 이 시는 그 이후에 쓰여진 것으로 보인다. 이경엄은 1617년 사천장 주변의 승경을 「사천장팔경도斜川庄八景圖」로 남겼는데,[115] 1618년~1646년 사이에 34명의 문인들에게 시문을 청해 그림과 함께 「사천시첩斜川詩帖」을 만들었다.[116] 이들 중 팔경시八景詩를 남긴 사람은 이경전·만퇴헌晩退軒 김중청金中淸(1567~1629)·현곡玄谷 정백창鄭百昌(1588~1635)·낙전당樂全堂 신익성申翊聖(1588~1644)·일송一松 심희수沈喜壽(1548~1622)·소암疎庵 임숙영任叔英(1576~1623)·이수광·백헌白軒 이경석李景奭(1595~1671) 등 8명이다.

위의 시는 이때 이경엄의 부탁을 받고 이경전이 지은 팔경시이다. '동천洞天'은 신선들이 사는 곳으로 '삼십육동천'은 도교에서 선경을 의미한다. '벽도碧桃'는 신선들이 먹는 복숭아이다. 이 시는 기구에서 결구까지 도가적 시어를 풍부하게 사용하여 문암門巖을 선계로 묘사하였다.

114 李慶全, 〈李淸州斜川八景〉, 『石樓遺稿』 卷1.

115 사천팔경은 門巖洞天·乾支松柏·雲峯皓月·龍岫晴嵐·舍寺尋眞·砧橋勸耕·郡城曉角·蹄灘暮帆이다.

116 「斜川詩帖」은 춘하추동 4개로 구성되어 있으며 春에는 이호민, 이정귀, 윤신지, 한준겸, 윤방, 홍서봉, 장유, 이원익, 이안눌의 시가 수록되어 있고, 夏에는 이경엄, 이준, 목대흠, 조희일, 박미, 이경의, 이경전, 김중청, 정백창, 이안눌, 이식, 이민구, 조익, 신익성, 이응기의 시가 수록되어 있다. 秋에는 김현성, 심희수, 임숙영, 이수광, 이경석, 이경직의 시가 수록되어 있고, 冬에는 유근, 정경세, 윤근수, 이경엄의 시가 수록되어 있다(권경록(2007), 「『斜川詩帖』에 나타난 문인들의 문학공간과 그 형상화」, 『동악어문학』 49, 동악어문학회.).

또한 이경전의 가계는 남명의 학문에도 영향을 받았다. 이산해는 남명의 사우록師友錄인 『덕천사우연원록德川師友淵源錄』에 문인으로 기재 되어있고,[117] 남명을 위한 만시 〈만조남명挽曺南冥〉[118]을 남기기도 하였다. 이산해의 숙부 이지함은 남명과 종유從遊하였다.[119]

이경전의 가계는 화담과 남명의 학문 이외에 퇴계의 학문에도 영향을 받았다. 이경전의 조부 이지번과 퇴계는 교유가 깊었다. 이지번의 졸기에는 '퇴계는 이지번과 벗하여 도학을 권면하였다'라고 기록되어 있어[120] 이들이 학문을 권유하는 사이였음을 알 수 있으며, 이지번의 문집 『성암선생유고省菴先生遺稿』에는 「여이퇴계황서與李退溪滉書」 등 퇴계와 주고받은 8편의 편지가 수록되어 있다. 또한 이식은 「추록追錄」에서 이지번과 이지함이 퇴계의 학문을 따르고 힘썼기에 이단異端으로 흐르지 않았다고 하였다.[121] 이를 통해 이경전 가계가 퇴계의 학문을 익혔음을 알 수 있다. 또한 이지함은 율곡과도 친하게 교유하였는데, 율곡은 이지함에게 성리학을 공부할 것을 권하기도 하였다. 하지만 이

117 이산해는 澹軒 河禹善(1894～1975) 등이 편집한 『德天師友淵源錄』에 남명의 문인으로 기록되어 있다.

118 李山海, 〈挽曺南冥〉 2수, 「鵝溪先生遺稿」, 『鵝洲世稿』

119 이지함과 남명이 교유했던 행적은 許穆의 〈東山翁〉 중 "土亭公嘗遊南中, 見南冥隱者."(〈東山翁〉, 「淸士列傳」, 『記言』 卷11.)와 尹鳳九가 쓴 徐起의 「行狀」 중 "又與土亭訪南冥曹先生於家, 時南冥小出, 見其齋居几席宏麗華睆, 心惡之, 以泥鞋蹋之, 示嘲責之意, 南冥歸而見之, 笑曰; 必李・徐二子過此也." (尹鳳九, 「行狀」, 『孤靑遺稿』.), 李觀命이 쓴 李之菡의 「諡狀」 중 "南溟嘗見先生忍飢耐寒而戲之曰, 稟氣如此, 何不學仙, 先生斂容曰何輕人若是, 南溟笑而謝之."(李觀命, 「土亭李公諡狀」, 「諡狀」, 『屛山集』 卷11.)에서 찾아볼 수 있다.

120 『宣祖修正實錄』 卷9, 宣祖 8년(1575년) 12월 1일(乙丑), 4번째 기사. "前內資寺正李之蕃卒 …(중략)… 李滉與之友, 勸勉以道學, 今上初年, 除淸風郡守, 使近舊隱, 李滉强之屑就, 臥理淸淨."

121 李植, 「追錄」, 「雜著」, 『澤堂集』 別集 卷15. "李淸風之蕃・土亭之菡, 遯世高棲, 本無學術, 退溪高其風而友之, 稍以性理之說開之, 二公皆信向, 頗有學力, 故不流於異端."

지함은 사람이 향하는 곳은 천리天理가 아니면 인욕人欲이지만 자신은 방심放心하기를 좋아하고 법도를 싫어한다는 이유를 들어 거절하기도 하였다.[122]

이지번과 퇴계의 교유는 후손들에게 적지 않은 영향을 끼쳤으며, 퇴계의 학문이 남인계열의 근간을 이룬다는 점에서 이경전과 그 후손들이 남인계열로 전향한 이후 그 영향이 강화되었을 것으로 생각된다. 다음의 시를 통해 이산해가 퇴계의 학문을 익혔음을 확인할 수 있다.

남극성이 구름에 잠겨 덕성이 빛을 잃으니	雲沈南極德星淪
도령과 단애에 고인이 다 사라졌네	陶嶺丹崖盡古人
세교와 사문의 옛정을 생각하니	世分師門兼憶舊
공적으로나 사적으로 모두 슬퍼 얼마나 눈물 흘렸던가	公哀私悼幾沾巾
보배같은 시편이 부질없게도 중의 시축에 남았으니	空餘寶唾留僧軸
어찌 남여를 타고 후진에게 섬김을 받나	安得籃輿侍後塵
슬프다 이내 인생 이미 노쇠하여	惆悵吾生已衰謝
백발되어 양춘곡에 화답할 마음 없구나	白頭無意和陽春[123]

이 시는 〈승축중유퇴계선생시견유감僧軸中有退溪先生詩見而有感〉으로 이산해가 강원도 평해 유배 당시 스님의 시축에 퇴계의 시가 있는 것을 보고 쓴 시이다. 수련은 퇴계의 죽음으로 인해 이곳에 더이상 고인이 없음을 묘사한 것이다. '남극南極'은 인간의 수명을 관장하는 별자리이고, '덕성德星'은 퇴계를 가리킨다. '도령陶嶺'은 퇴계가 은거하던 도산을 뜻하고 '단애丹崖'는 이곳의 지명이다. 함련을 통해 이지번과 퇴계

122 『宣祖修正實錄』 卷12, 宣祖 11년(1578년), 7월 1일(庚戌), 2번째 기사. "與李珥最相善, 珥勸以性理之學, 之菡曰; '我多慾未能也.' 珥曰; '公有怎欲' 曰; '人心所向, 非天理則皆人欲. 吾喜自放, 而不能束以繩墨, 豈非慾乎.'"

123 李山海, 〈僧軸中 有退溪先生詩 見而有感〉, 『鵝溪遺稿』 卷1.

와의 교분이 대를 이어 지속적으로 이어지고 있었음과 퇴계를 스승으로 삼았음을 알 수 있다. 우연히 유배지에서 발견한 스승의 시축을 보고 느끼는 울컥이는 감회와 더이상 스승을 모실 수 없다는 안타까움이 잘 드러나 있다. 이 시 이외에도 〈만퇴계이선생挽退溪李先生〉[124]을 통해서도 이산해와 퇴계의 사제 관계를 확인할 수 있다. 이처럼 이경전의 가계는 화담과 남명, 퇴계의 학문이 함께 복합되어 전승되었음을 알 수 있다.

다음은 이민구의 가계이다. 이민구는 가학과 함께 신흠, 이호민 등 외부 스승을 통해 학문을 전수받았다. 이민구는 부친 이수광에게서 학문을 익히며 부친의 영향을 크게 받았다. 이수광은 스승을 따로 두지 않고 가학을 통해 학문을 익혔는데 그의 시 〈술회오백칠십언述懷五百七十言〉의 '가정에서 수학했다[受學於家庭]'[125]와 아들 이성구의 문집 『분사집分沙集』 서문의 "아버지는 문간공이고 동생은 동주인데, 그의 가정에서 평소 익힌 것을 알 수 있다[父文簡而弟東州, 其家庭之素習熟可知已]."[126]를 통해 이수광의 가계가 가학을 통해 학문을 익혔음을 알 수 있다. 이수광은 다독多讀을 학문의 방법으로 삼아 독서를 중시하였고,[127] 자득自得을 통해 학문을 이루어 나갔다.[128]

이수광은 성리학을 기반으로 양명학, 노장사상 등을 수용하였고 박학을 추구하였는데 이는 화담 학문의 영향을 받은 것으로 추정된다.

124 李山海, 〈挽退溪李先生〉 2수, 「鵝溪先生遺稿」, 『鵝洲世稿』.

125 李睟光, 〈述懷五百七十言〉, 『芝峯集』 卷7.

126 睦萬中, 「分沙李相國遺稿序」, 『餘窩集』 卷11.

127 李睟光, 「東園師友對」, 『芝峯集』 卷21. "吾旣取聖賢書以爲友, 因以己心爲嚴師, 虔恭以奉之, 篤信以承之, 禮以爲贄, 敬以爲儀, 道德爲堂塾, 仁義爲臯比."

128 한명기(1992), 「이수광의 학문과 사상」, 『한국문화』 13, 서울대학교 규장각 한국학연구원, p.361.

이수광과 이민구가 적극적으로 참여했던 침류대 시회의 문인들 중 상당수가 화담의 학문과 맥이 닿아있었고,[129] 이수광과 가장 절친한 벗인 차천로 역시 화담의 문인이었던 점에서 이러한 추론이 가능하다. 또한 이수광과 절친한 신흠은 북인계열에서 서인계열로 전향한 인물로[130] 화담 학문의 근간을 이루고 있는 소옹의 상수학에 조예가 깊었다는 점 또한 이수광의 학문 연원이 화담의 학문에 있음을 짐작하게 한다. 이수광과 상촌象村 신흠申欽(1566~1628)에게서 수학한 이민구의 학문적 기반 역시 화담 학문의 자장磁場 안에 있었다고 하겠다. 이수광은 유선시와 악부시를 많이 지었는데 여기에는 당풍唐風이 거셌던 당대의 시풍詩風과도 연관이 있겠지만 화담과 소옹의 도가사상에 일정 부분 영향을 받은 것이라고도 할 수 있다.

이수광은 어려서부터 책 읽기를 좋아하였고, 제자백가의 사상을 두루 받아들이는 개방적인 학문 성향을 보였다.[131] 그는 이단이 비록 유도儒道를 해치는 바가 있지만 유익한 부분도 있으므로 취하면 얻을 수 있는 것이 있다고 보았다.[132] 이 점은 주자학 이외의 학문과 지식 수용에 부정적인 견해를 지녔던 남인계열 정경세[133]나 서인계열 이식과는

129 고영진(1994)b, 위의 논문, p.145.

130 조성산(2007), 『조선후기 낙론계 학풍의 형성과 전개』, 지식산업사, p.32.

131 李廷龜, 「吏曹判書贈領議政諡文簡李公神道碑銘」, 『月沙集』 卷44. "少好觀書, 諸子百家, 無不領略其宗旨."

132 李睟光, 「禪門」, 「外道部」, 『芝峯類說』, 卷8. "異端固害儒道, 亦有所取益者, 道家之無爲, 乃有爲者之戒, 其養生乃戕生者之戒, 釋氏之見心, 乃放心者之戒, 其戒殺乃嗜殺者之戒."

133 이수광과 정경세는 서신을 통해 서로의 학문을 토론하며 사유세계를 확장해 나갔다. 1623년(광해군 15) 이수광은 순천 부사에서 물러나 대북정권과 등을 돌린 후 수원으로 내려가 은거 생활을 하며 『채신잡록』을 저술하였는데 이에 대해 정경세는 「李芝峯采薪錄辨疑」·「再辨」·「李芝峯采薪錄辨疑三辨」 등 세 번의 변의를 이수광에게 보내 『채신잡록』의 내용에 대해 程子, 朱子의 말씀을 근거로 주자학점

다른 점이라고 할 수 있다. 또한 설선薛瑄・왕세정王世貞・장거정張居正 등 명대의 학자・정치가들의 서적을 구해 읽었고, 여러 차례에 걸친 중국 사행을 통해 새로운 지식과 사상을 접할 수 있었다.

이수광은 성리학자들이 의리 탐구만을 위기爲己의 태도로 여겨 리理를 중시하고, 박학을 위인爲人의 리利를 추구하는 것으로 여기고 경시하자 이를 반박하고 박학이 오히려 위기 극복의 수단이 될 수 있음을 강조하였다. 이수광은 박학을 통해 성리학의 문제를 극복하려 하였는데,[134] 『지봉유설芝峯類說』과 같은 백과사전류의 저술은 이에 바탕을 둔 것이라고 할 수 있다. 다양한 사상에 대한 개방적인 수용 태도와 박학의 추구, 가학과 자득을 통한 학문의 수양은 북인계열의 학문적 특성으로 이수광의 학문 성향은 북인계열과 닮아있다. 이와 같은 학문 성향은 가학으로 이어져 이민구 역시 박학을 추구하여 『당률광선唐律廣選』・『독사수필讀史隨筆』・『간언귀감諫言龜鑑』 등을 저술하였다.

김세렴의 가계는 남명과 퇴계의 문인이었던 조부 김효원[135]과 화담의 문인이었던 외조부 하곡荷谷 허봉許篈(1551~1588)의 영향으로 화담과 남명, 퇴계의 학문에 골고루 영향을 받았다. 김세렴은 조부 김효원은 김세렴이 태어나기 전에 운명하였으므로 직접적으로 그에게 학문을 전수받지 못했지만 부친 김극건金克鍵(1569~1624)의 영향 하에 학문을 했을 것으로 유추된다.

관점에서 『채신잡록』의 내용을 비평하였다. 이수광은 정경세와 여러 차례 서신을 주고받으며 그의 조언을 수용하거나 혹은 이견에 대해 하나하나 답변을 하며 자신의 의견을 굽히지 않고 관철시켰다. 이에 대한 자세한 내용은 졸고(2018)a, 「17세기 전반 北人系 南人 文士들의 교유 - 지식교류의 일 양상」, 『인문연구』 83, 영남대학교 인문과학연구소. 참조.

134 윤사순(1998), 『한국의 성리학과 실학』, 삼인, pp.40~41.

135 李埈, 「言行錄」, 『省菴先生遺稿』 附錄. "蒙奬於退溪・南冥兩先生, 知爲學之方, 堅固厲志, 讀書不輟."

김세렴의 외조부 허봉은 화담의 고제인 허엽의 아들로 화담의 문인이었다. 허봉의 동생 허균은 김효원의 사위였으므로 김세렴에게 허균은 고모부이자 외종조부가 된다. 젊은 시절 김세렴은 허균의 재종형이자 허엽의 제자인 허적에게서 수학하였다.[136] 이와 같은 배경은 김세렴이 화담의 학문에 영향받았음을 충분히 짐작하게 한다. 다음의 시는 김세렴이 월과에 제출한 시로 소옹의 〈수미음首尾吟〉을 본떠 지은 시이다.

선생은 시 읊기를 좋아하지 않으니 　先生非是愛吟詩
시 읊기는 선생이 자득했을 때이지 　詩是先生自得時
총애와 오욕에도 놀라지 않으니 의와 명만 생각해서이고 　寵辱不驚唯義命
빈곤과 궁핍에도 번민 없으니 남아라네 　厄窮無悶是男兒
취하니 뜬세상 근심해야 부질없고 　醉來浮世空蒿目
몸 밖의 헛된 명예 눈살 찌푸린 지 오래이네 　身外虛名久蹙眉
단지 한마음 나라에 보답할 생각뿐이니 　秪有一心思報國
선생은 시 읊기를 좋아하지 않네 　先生非是愛吟詩[137]

위의 시는 〈효강절수미음傚康節首尾吟〉 2수 중 첫 번째 수로 소옹의 〈수미음首尾吟〉을 본떠서 지은 시이다. 〈수미음〉은 135수에 이르는 장편 연작시로 매 수의 첫 구절과 끝 구절에 "선생비시애음시先生非是愛吟詩"라는 구절을 반복하여 쓰고 있어 〈수미음〉이라는 제목이 붙었다. 다음의 시는 숫자를 이용해 지은 〈수시화청립數詩和請立〉으로 김세렴의 학문 경향을 살펴볼 수 있다.

136 許𥛚, 〈次金道源韻以爲寄〉, 『水色集』 卷4. "名世濂, 卽再從兄荷谷之外孫, 初受學於余, 少捷巍科, 歷敭淸顯, 以言官不撓於時, 遂被遠謫, 今則放歸, 旅次于江上, 讀秦漢詩文以自娛. 作俠客行以視余, 余步韻以寄."

137 金世濂, 〈傚康節首尾吟〉, 『東溟集』 卷3.

하나의 기가 묘유를 운행하니　一氣運妙有
천지는 풀무가 되네　天地爲橐籥
해와 달이 번갈아 숨었다 나타나니　二曜替隱現
음과 양은 번갈아 교차하네　陰陽迭交錯
천 · 지 · 인 삼재 속에 이 몸 끼었으니　三才託此身
큰 창고의 쭉정이처럼 조그맣네　眇然稊米薄
사단이 비록 아주 작더라도　四端雖甚微
측은지심에서부터 넓혀가야 하네　惻隱宜先擴
오륜이 비록 문이 다를지언정　五倫縱異門
충효가 그 가운데 성곽이 되네　忠孝爲其郭
육예를 익히지 않는다면　六藝若不習
외물이 침범해 올지 모르고　外物或來鑠
칠정을 절제하지 못한다면　七情倘不節
본성이 곧 먼저 훼손될 것이니　本性乃先鑿
팔색도 부질없는 말이 되고　八索亦空言
오전과 삼분도 모두 술찌꺼기가 되겠지　典墳儘糟粕
아흔 살에도 오히려 스스로 힘써야　九十尙自勉
올려다보고 내려다봐도 부끄럼이 없으리니　俯仰無愧怍
작은 마을에 설령 忠信이 있더라도　十室縱有之
배움을 좋아함이 나 같은 이 없을 것이네　好學莫我若[138]

이 시는 〈수시화청립數詩和請立〉 2수 중 두 번째 시로 1636년 일본 통신사행 때 서장관 만랑漫浪 황호黃戾(1604~1656)에게 준 시이다. 이 시는 숫자를 이용해 사행에 임하는 마음과 학문에 대한 소신을 재미있게 보여준 시이다. '묘유妙有'는 진공眞空의 이해를 통하여 드러나는 세계를 말한다. 1구는 '기氣'를 중요시 하는 김세렴의 기철학氣哲學의 사상

138 金世濂, 〈數詩和請立〉 2수, 「槎上錄」, 『東溟集』 卷4.

을 보여주는데 이 외에도 사단・육예・칠정 등 공맹孔孟의 사상과 학문 연마 등에 대한 생각을 담고 있다.

십실은 열 가구 정도만 있는 작은 마을을 뜻한다. 『논어論語』「공야장公冶長」에 "열 가구의 작은 마을에도 충성스럽고 믿음직스러움이 나와 같은 사람은 있겠지만 내가 학문을 좋아하는 것 같지는 않다[十室之邑 必有忠信如丘者焉 不如丘之好學也]"에서 나온 말로 학문을 좋아하여 힘쓰고 있음을 피력한 것이다.

김세렴은 성리학을 중시하여 널리 알리는 데 힘썼다. 1636년(인조 14) 통신부사로 일본에 갔을 때 일본의 승려들을 만나 함께 시를 수창하며 문답을 통해 성리학에 대해 논의하기도 하였다.[139] 다음의 시는 통신사행 중 일본의 승려들에게 유학儒學의 장점을 설명하기 위해 지은 시이다.

우주에 세 가지 교리가 전하니	宇宙垂三教
누가 묘문을 합할 것인가	何人合妙門
성인으론 공자를 최고로 알고	聖推宣父極
불가에선 석가를 존중하네	佛得釋迦尊
…(중략)…	
13 도학은 끝내 변하기 어려우니	道學終難變
품격과 기운을 속일 수 있겠는가	風期不可諼
나라를 다스리는 지극한 비결이 있으니	治平有至訣
육경이 번거롭다 말하지 마시게	莫道六經煩[140]

이 시는 〈재보전운이승再步前韻以贈〉 2수 중 첫 번째 수로 일본의 승

139 金世濂, 「海槎錄」, 『12월 13일(癸未), 『東溟集』 卷10.

140 金世濂, 〈再步前韻以贈〉, 「槎上錄」, 『東溟集』 卷4.

려인 소장노召長老・인서당璘西堂이 보낸 차운시에 재차 차운하여 지어 준 시이다. 당시 일본에서 유학을 공부하는 계층은 대개 승려들이었다. 김세렴은 승려인 소장로와 인서당이 이해하기 쉽도록 성聖・불佛, 선부宣父・석가釋迦, 농엄회楞嚴會・예악원禮樂園 등 유학과 불교 관련 시어들을 비교하며 유학의 장점과 필요성을 피력하였다.[141] 김세렴은 유학의 장점을 국가를 경영하는 최고의 비결이라고 하여 육경을 공부할 것을 권하였다. 이를 통해 육경을 중요시 하는 김세렴의 학문 경향을 엿볼 수 있다.

김세렴은 1637년(인조 15) 통신사행을 마치고 돌아오는 길에 일본에서 『성리자의性理字義』[142] 구해왔는데 1642년(인조 20) 함경도 관찰사로 부임하게 되자 이 책을 간행하여 북방지역에 유포하기도 하였다.[143] 김세렴은 가계의 영향으로 화담과 조식의 학문을 전승하였고, 성리학을 적극적으로 익히고 널리 알리기 위해 노력을 하였다.

이원진 가계의 학문 연원은 이익의 조카인 정산貞山 이병휴李秉休

141 이 시 이외에도 〈次從事韻 贈巴沙彌〉・〈讀心經〉과 같은 작품에서도 유・불의 비교를 통해 유학의 장점을 보여주었다. 〈舟中示二僧〉 4수, 〈數詩和請立〉 2수 등에서는 유학의 장점을 강조하였다.

142 『性理字義』는 朱熹의 문인 北溪 陳淳(1159~1223)이 쓴 책으로 程朱學의 핵심 용어를 26개로 분류한 뒤 글자의 뜻을 하나하나 설명해 놓은 일종의 성리학 사전이라고 할 수 있다. 원래 서명은 『字義』이나 『性理字義』 혹은 『北溪字義』로 불린다. 『성리자의』는 26개의 범주로 나뉘어 총 223개의 단락으로 구성되어 있다. 중국, 일본, 조선에서 여러 차례에 걸쳐 간행되었다. 김세렴이 일본에서 가져온 『성리자의』는 1632년 우에몬 나카노(右衛門中野)가 교토에서 출판한 것으로 짐작된다. 이 판본은 1277~1368년 사이의 중국에서 출판된 판본을 저본으로 다시 찍은 것이다. 다른 판본에는 실려있는 「엄릉 강의」 4편은 수록되어 있지 않다(陳淳 저・김영민 옮김(1993), 『北溪字義』, 예문서원, p.47.).

143 『仁祖實錄』 卷45, 仁祖 22년(1644년), 1월 19일(戊申). "咸鏡監司金世濂以北方書籍稀罕, 至於性理文字, 得見者尤尠, 刊出若干書, 印布列邑, 仍進『近思錄』・『小學』・『性理字義』・『讀書錄』."

(1710~1776)가 남긴 「정산자서貞山自序」에서 그 면모를 살필 수 있다. 이병휴는 '성호가星湖家는 경헌敬憲 이계손李繼孫과 소릉少陵 이상의李尙毅가 현달하여 문벌가로 성장하였고, 태호太湖 이원진李元鎭이 학문을 세워 세상의 사표師表가 되었고, 그 뒤를 이어 옥동玉洞 이서李漵가 성호가星湖家의 가풍을 사장詞章 전통에서 학문學問으로 일변시켰다'라고 하였다.[144] 성호 이익의 부친 이하진 역시 이원진에게서 학문을 익혔는데 이원진의 학문은 훗날 이익에게 이어져 성호학을 이루는 하나의 바탕이 되었다고 할 수 있다.[145]

이원진의 조부 이상의는 해평윤씨海平尹氏 윤현尹晛(1536~1597)[146]의 딸과 혼인했는데, 윤현의 아버지 윤담수尹聃壽(1536~1597)는 오음梧陰 윤두서尹斗壽(1533~1601)의 형으로 화담의 문인이었다.[147] 또한 이상의의 외조부 허경許坰(1511~1548)은 박민헌, 청련靑蓮 이후백李後白(1520~1578) 등 화담의 문인들과 교유가 깊었다.[148] 두 집안 통혼이 학통의 동질성 위에서 이루어지는 경우가 많았던 점을 고려한다면 이상의의 가계 역시 화담 학문의 영향권 내에 있었을 개연성이 크다.[149] 또한 이

144 李秉休, 「貞山自序」, 『貞山雜著』. "至高大父翼獻公始居于漢陽皇華坊少陵洞, 翼獻公位至貳相, 以厚德稱搢紳間, 諸子簪纓蟬聯詞翰輝暎, 人艶之, 謂貞李族大父太湖公, 早謝軒冕, 退處江湖, 博究墳籍, 敦尙禮教爲世之師表焉. 至我叔父玉洞先生, 及季父星湖先生, 隱居求志, 專務爲己之學, 朝廷徵以官, 不就爲世儒宗, 此余家學之淵源也."

145 윤재환(2008), 위의 논문, p.393.

146 尹晛(1536~1597)의 자는 伯昇, 호는 松巒, 본관은 海平이다. 조부는 尹忭, 부친은 尹聃壽이며, 어머니는 柳沆의 딸이다. 尹斗壽의 조카이다. 1567년(선조 즉위년) 식년 문과에 급제하였다. 당시 서인계열의 거두인 숙부 윤두수·윤근수 모두 요직에 있어 함께 三尹으로 일컬어졌다. 동인을 배척한다고 하여 사헌부·사간원 등의 언관들에게 논핵을 자주 받았다.

147 신병주(2000), 위의 책, p.231.

148 李瀷, 「修撰許公行狀」, 「行狀」, 『星湖全集』 卷67. "李靑蓮後白重許可, 獨稱公爲已得文章門戶, 朴參判民獻時任南海縣, 慕公文雅, 以公餘渡海從遊以爲常."

상의의 아들 이지정과 존오存吾 이지안李志安(1601~1657)이 화담의 문인 박지화의 제자인 정언눌[150]의 문하에서 수학하였으므로 화담의 학문을 접할 수 있었다.[151] 이와 같은 학문 연원은 이익이 화담의 제향처인 화곡서원花谷書院을 참배하고, 화담의 문인 민순의 제자 이신의李愼儀(1551~1627)의 자손들과 교유[152]하는 것으로 이어지기도 하였다.

화담 학문의 특징 중 하나는 박학의 추구이다. 이원진은 다방면으로 박식[153]했는데 스스로도 박학함을 자부할 정도였다.[154] 박학의 추구는 가학의 전통으로, 이원진의 조부 이상의는 성천 부사 시절 읍지인 『성천지成川誌』[155]를 편찬하였으며, 이원진은 제주 목사 시절 『탐라지耽羅志』를 편찬하였다. 이와 같은 박학의 추구는 이원진의 조카 유형원에게 영향을 주었고,[156] 훗날 이익의 『성호사설』과 같은 백과사전류의 편찬

149 김학수(2005), 위의 논문, p.62.

150 鄭彦訥(1545~1612)의 자는 字容, 호는 蔥山이다. 시문과 글씨에 능하였다. 萬曆 연간에 國子試에 응하여 玉貌篇을 올려서 壯元에 뽑혀 그 당시 '鄭玉貌'라 불리고, 이름이 온 세상에 알려졌다. 벼슬은 하지 않고 유학을 강론하여 후학을 많이 양성하였다. 諸家를 모아 『騷學三體』를 편찬하였으며, 양명학에도 조예가 깊었다.

151 李瀷, 「祖考司憲府持平贈吏曹參判府君行狀」, 『星湖全集』 卷67. "旣而登鄭蔥山彦訥之門, 同學如眉叟許公穆之倫, 咸推重焉."

152 李瀷, 「四友帖跋」, 「題跋」 『星湖全集』 卷56. "余昔過松岳之下, 謁花潭祠, 閔杏村實餟食, 公杏村之高等弟子也. 及杏村別有瞽宗之享, 公又追配, 其一脈淵源, 以守貞自得爲眞傳, 不可誣也."

153 李瀷, 「從祖叔父太湖公行錄」, 『星湖全集』 卷67. "器宇宏偉, 神彩動人, 行義敦修. 才學博達, 經傳子史, 無不旁通午貫. 凡聲律陰陽兵陣卜筮星經地理書射計數之類, 各極臻妙."

154 李瀷, 「從祖叔父太湖公行錄」, 『星湖全集』 卷67. "嘗曰六藝惟御非世習也. 其餘吾皆能之, 至於鳥獸草木之名, 緖餘多識."

155 『成川志』는 1603년(선조 36) 성천 부사였던 이상의가 편찬한 성천 읍지로 내용이 매우 상세해 서북지역의 대표읍지로 꼽힌다. 현전하는 『성천지』는 이상의가 편찬한 舊志 2권과 1656년(효종 7) 李東老가 편찬한 續志 4권을 합한 2책이다. 구지의 권상은 성천의 疆域이 17항목으로 서술되어 있으며, 권하는 시문 등 11개 항목으로 구성되어 있다.

과 인문지리지인 이중환李重煥(1690～1752)[157]의 『택리지擇里志』의 편찬으로 이어졌다.

이원진의 가계는 화담 문인 외에 남명의 문인들과도 일정한 관계를 유지하고 있었던 것으로 보인다. 이원진의 종조부從祖父 춘주春州 이상홍李尙弘(1559～1596)은 이산해의 사위였는데 이산해는 남명의 문인이기도 하다.[158] 이상의의 동생 청은淸隱 이상신李尙信(1564～1610)의 장인 유대수兪大脩(1546～1586)[159] 또한 남명의 문인이었다.[160] 이상홍은 최역崔櫟(?～?)의 손자 최행崔行(?～?)을 둘째 사위로 맞이하였는데 최역은 화담과 남명의 문인이다. 최역은 처음에 화담의 문인이었으나 후에 청송聽松 성수침成守琛(1493～1564)·남명과 종유하였다.[161] 최역은 화담과 남명의 사우록에 동시 기록되어 있다.[162] 최역과의 혼맥은 이산해와

156 李瀷, 「磻溪柳先生傳」, 『星湖全集』 卷68. "贊曰; '先生之學, 源於太湖, 太湖授之以博, 先生濟之以世務.'"

157 이중환은 이원진의 숙부인 이지정의 현손이다. 이중환은 18세기 전반 菊圃 姜樸 등과 백련시단을 만들고 활약하였다(맹영일(2015), 「18세기 전반 백련시단의 형성과 시세계」, 고려대학교 대학원 박사학위논문, pp.1～178.).

158 이산해는 화담의 문인인 숙부 이지함에게서 학문을 익혔으므로 화담 학문의 영향을 받았지만 澹軒 河禹善(1894～1975) 등이 편집한 『德天師友淵源錄』에 남명의 문인으로도 등재되어 있다.

159 兪大脩(1546～1586)는 자는 思永, 본관은 杞溪, 이다. 조부는 兪絳, 부친은 진사 兪涵이며, 어머니는 廣州安氏 安漢俊의 딸이다. 유대수는 1636년(인조 13) 朴絪(1583～1640)이 남명의 문인들을 정리한 『山海師友淵源錄』에 문인으로 등재되어 있다(이상필(2003), 위의 책, p.86.).

160 김학수(2005), 위의 논문, p.63.

161 李山海, 「崔處士墓碣銘」, 『鵝溪遺稿』 卷6. "初受業於花潭門下 …(중략)… 後從成聽松, 曺南溟遊, 二公皆敬愛之 …(중략)… 庚戌九月初二日, 以疾終于漢陽之東村, 壽二十九, 病革, 托二子于閔杏村純, 杏村乃公志友也."

162 최역은 1636년(인조 13) 朴絪(1583～1640)이 남명의 문인들을 정리한 『山海師友淵源錄』에 從遊人으로 등재되어 있고, 1682년(숙종 8) 朴世采가 화담학파의 문인들을 체계적으로 정리한 『東儒師友錄』과 1924년 姜斅錫이 편찬한 『典故大方』에 등재되어 있다.

이원진 두 집안이 모두 화담과 남명 학문의 영향권에 있음을 시사한다.

이상의는 자손들에게 독서를 매우 강조했으며, '자득自得'을 학습 방법으로 제시하였다. 이서우는 이상의의 신도비에서 "전주箋註에 얽매이지 않고 사람을 대하여서는 성리설을 담론하지 않는다"라고 평한 바가 있다.[163] 이는 이상의가 기존의 주석에 얽매이지 않는 학문적 자세를 견지했음을 의미한다. 이와 같은 학문 자세는 퇴계가 정주程朱에 의존했던 것과는 다른 모습으로 화담의 '자득지학自得之學'과 남명이 강조한 '반구자득反求自得'과 맞닿아 있다.[164]

화담 학문의 또 다른 특징 중 하나가 『주역』을 중요시 여긴 것인데 이상의도 "주역은 사물의 이치를 말한 것이다"라고 하며 그 중요성을 지적하였다.[165] 이원진의 가계는 대대로 『주역』을 매우 중요시 여겼으며 이에 능통했다. 1602년(선조 34) 선조는 『주역언해』를 편찬하기 위해 주역교정청周易校正廳[166]을 설치하고 『주역』에 능한 관료들을 뽑아 배치하였다. 이상의와 그의 장남 이지완, 그리고 막냇동생 이상신이 여기에 뽑혔는데 한 집안에서 세 사람이 함께 뽑힌 경우는 없는 것으로, 이상의의 가계가 평소 『주역』을 중히 여기고 공부에 매진해 왔음을 보여준다.

163 李瑞雨, 「崇祿大夫 行議政府左贊成兼判義禁府事 五衛都揚府都揚管 知經筵春秋舘成均舘事 世子貳師 少陵李公神道碑銘」, 「神道碑」, 『松坡集』 卷4. "不規規於箋註, 對人亦未嘗談論性理."

164 이근호(2009), 「少陵 李尙毅의 학문과 경세론」, 『성호학보』 6, 성호학회, pp.15~17.

165 『宣祖實錄』 卷149, 宣祖 35년(1602년), 4월 23일(甲寅), 1번째 기사. "李尙毅曰; '易道 · 事理 · 參同契, 雖演於易, 而只言修錬之方, 方外之書, 非人君所當論也.'"

166 주역 교정청은 1602년(선조 34) 선조가 『주역언해』를 위해 설치한 임시관청으로 1602년에서 1604년까지 있었다. 주역 교정청에는 이상의를 비롯한 화담학파 계열 윤근수 · 홍진 · 기자헌 · 최립 · 한백겸 · 정협 · 윤효전 · 이지완 등이 참여하였고, 퇴계학파 계열은 김수 · 유근 · 송언선 · 정구 · 이담 · 권태일 · 장현광 등이 참여하였으며, 남명학파 계열로 김우옹과 황섬 등이 참여하였다(이근호(2009), 위의 논문, p.19.).

이익은 「주역교정청선온도기周易校正廳宣醞圖記」에서 주역 교정의 일에 세 사람이 뽑혔던 당시의 일을 기록하고 매우 자랑스러워했다.[167]

이처럼 이상의의 가계가 『주역』을 중요시 했던 것은 주역과 상수학을 중히 여겼던 화담의 학문에 영향을 받은 것이라고 생각된다. 이원진의 주역에 대한 관심과 복서卜筮·성경星經·지리地理 등에 밝았던 그의 박물학적 관심도 이와 관련이 있을 것으로 보인다.[168]

책은 모두 『주역』을 조종으로 삼았으니	群書皆祖易
네 성인이 직접 일찍이 경험했겠지	四聖手曾經
삼재의 도를 바로 꿰뚫었고	直貫三才道
만물의 정에 두루 통하였으니	旁通萬物情
길흉에 누가 변화를 살폈으며	吉凶誰考變
성쇠에 스스로 정밀하기를 오롯이 했네	消長自專精
올바른 도는 남은 뜻 없으니	中正無餘義
편안히 살면서 묵묵히 이루어지길 바라네	安居冀默成[169]

이 시는 〈독역讀易〉으로 이원진이 1636년(인조 14) 순천 부사직을 마치고 돌아와 미호迷湖에 잠시 머물며 지은 시이다. 수련의 첫 구에서 『주역』에 대한 작가의 생각을 분명하게 전하고 있다. 세상 모든 책이 『주역』에서 비롯되었고, 안자顔子·증자曾子·자사子思·맹자孟子와 같은 성현들도 일찍이 『주역』을 익혔음을 밝히며 『주역』의 중요성을

167 李瀷, 「周易校正廳宣醞圖記」, 『星湖全集』 卷53. "余曾王考貳相公舊第, 有匧藏周易校正廳宣醞圖座目一軸, 一時傑鉅人, 無不與焉, 合六十員. 貳相公, 時以都承旨, 居第二十一. 公之季弟參判公, 時以兵曹參知, 居第二十五. 公之長子判書公, 時以吏曹佐郎, 居第五十一. 其中父子兄弟, 三人同選者, 惟吾家在焉."

168 이근호(2009), 위의 논문, pp.19~20.

169 李元鎭, 〈讀易〉, 「迷湖錄」, 『太湖詩藁』 卷4.

강조하였다. 함련과 경련에서는 『주역』의 내용과 역할을 말하며 세상을 다스리는데 『주역』이 꼭 필요함을 밝혔다.

이원진과 부친 이지완의 시에는 누정樓亭과 관련된 시가 많은데, 누정을 신선 세계로 묘사하여 현실의 괴로움에서 벗어날 수 있는 공간으로 상정하였다. 이와 같은 양상은 당풍의 영향으로 인해 낭만성이 짙은 신선 세계의 묘사가 빈번했던 17세기 시단의 경향과도 연관이 있겠지만 화담 학문이 지닌 도가사상의 영향과 밀접한 관련이 있는 것으로 보인다. 이처럼 이원진이 『주역』을 중요시 여기고 박학을 추구했던 학문 성향과 신선 세계를 그린 시를 다수 창작했던 작시 경향은 그가 화담의 학문을 바탕으로 하고 있음을 보여준다.

채유후 가계의 학문 연원은 가학과 채유후의 스승이었던 복천復泉 강학년姜鶴年(1585~1647)[170]에게서 찾아볼 수 있다. 조경이 쓴 채유후의 제문은 4언 96구의 장편인데 17~23구에 채유후의 학문에 관해 언급한 부분이 있다.

…(전략)…

17	자손은 조상을 닮으니	孫能象祖
	아버지 가르침을 받으며	趨庭承訓
	스승을 따르길 게을리하지 않았으니	不懈從師
	스승은 누구인가	師其謂誰
	영지 눈썹의 어르신이었네(바로 강장령이다.)	伯耉芝眉(卽姜掌令)
	연려에게서 주역을 강학하고	講易燃藜

170 姜鶴年의 가계는 『北譜』에만 수록되어 있어 소북계열로 여겨진다. 그의 종형 雪峰 姜栢年(1603~1681)은 소북계열의 뛰어난 문인으로 널리 알려진 인물이다. 강학년의 장인 李德沂와 李元翼이 혼맥으로 연결되어 있고, 이원익의 손녀 사위인 허목, 그리고 조경 등 남인계열과 긴밀한 교유관계를 이어갔다.

23 또한 중루에게 물었네 又叩中壘(公從德新正學故云)[171]
(공이 덕신정을 좇아 배웠기에 말한 것이다.)
…(후략)…

위의 글은 조경이 쓴 「제채판서유후문祭蔡判書裕後文」의 일부분이다. 18구의 '추정趨庭'은 아들이 어버이에게 가르침을 받는 것을 말하므로 채유후가 부친 채충연蔡忠衍(1579~1617)에게서 학문을 익혔음을 알 수 있다. 하지만 채충연의 학문 연원에 알 수 있는 자료가 미비하여 채유후가 부친을 통해 익힌 학문을 파악하기 어렵다. 채유후는 강학년에게서도 학문을 익혔다. 21구의 '지미芝眉'는 당나라 때 고사高士인 원덕수元德秀의 눈썹이라는 뜻으로 군자의 미목眉目이 맑고 아름다운 것을 의미하는 것인데, 여기에서는 장령掌令인 강학년을 비유한 것이다. 강학년은 1634년 장령으로 있으면서 공신들의 정치 폐단을 상소하였다가 파직되어 귀양을 가기도 하였다.[172] 강학년은 채유후의 부친 채충연과 진사 동방으로 도의지교를 맺을 정도로 교분이 두터웠다.[173] 이러한 인연으로 강학년은 채유후와 그의 동생 채진후蔡振後(1602~1654), 숙부 채충원蔡忠元(1598~1665)의 스승이 되어 이들에게 학문을 전수하였다.

강학년은 덕신정德信正 이난수李鸞壽(?~?)에게서 『대학』·『주역』의 「건곤」 문언을 수학하였는데[174] 22~23구는 이를 서술한 것이다. 덕신

171 趙絅, 「祭蔡判書裕後文」, 「祭文」, 『龍洲遺稿』 卷13.

172 『仁祖實錄』 卷47, 仁祖 13년(1635년), 4월 21일(庚子), 20번째 기사. 강학년이 상소를 올리자 강학년의 삭탈관직과 죄를 줄 것을 청하는 논의가 1634년(인조 12) 11월 7일부터 다음해 4월 21일 은진 유배가 결정되기까지 6개월에 걸쳐 지속적으로 이어졌다.

173 姜學年, 「祭蔡進士忠衍文」, 『復泉先生遺稿』 卷1.

174 許穆, 「復泉姜公墓銘」, 『記言』 別集 卷22. "從賢公子德信正, 受大學·易乾坤文言之旨."

정德新正은 덕신정德信正의 오기로 보인다. 이난수는 화담의 문인이었던 정산鼎山 박주朴洲(?~1604)[175]에게 학문을 익혔다. '중루中壘'는 중루교위中壘校尉를 지냈던 유향劉向을 가리키며, '연려燃藜'는 유향이 천녹각天祿閣 교서校書로 매일 밤 연구에 몰두할 때마다 청려장 지팡이 끝에 불을 붙여 방안을 환히 비추어 주었다는 황의노인黃衣老人을 말한다. 이 구절의 유향과 황의노인은 강학년과 이난수를 비유한 것으로 보인다. 이로 보아 강학년의 학문은 화담의 학문에 영향을 받았다고 할 수 있다. 이 외에도 강학년은 퇴계의 학문에도 영향을 받았다.[176] 이와 같은 강학년의 학문 경향은 자연스럽게 채유후와 채진후에게 이어졌다고 보인다.

이처럼 17세기 전반 북인계 남인들은 가학과 외부 스승을 통해 화담과 조식의 학문, 퇴계의 학문을 두루 접하면서 다양한 사상을 수용하는 특징을 보인다. 이들은 성리학을 기반으로 제자백가를 비롯하여 천문·지리·율력·병갑·산술 등에 골고루 관심을 지녀 박학을 추구하였다.

175 朴洲(?~1604)는 자가 泂之, 호는 鼎山, 본관은 潘南이다. 나중에 朴泂으로 이름을 바꾸었다. 花潭 徐敬德의 문인이며, 李仲虎에게 배웠다. 盧守愼, 許葉 등과 교유하였다.

176 김경호(2009), 「복천 강학년의 생애와 학문」, 『유학연구』 20, 충남대학교 유학연구소, p.203.

제2부

북인계北人系 남인南人의 교유와 문학 활동

교유는 개인 간 혹은 집단 간에 새로운 관계를 생성하고 유지하는 데 매우 중요한 역할을 한다. 특히 학문적·정치적·문학적 동질성을 매개로 형성된 교유 관계는 학맥과 정파, 시단과 같은 네트워크를 형성하여 일정한 세력을 만들게 된다. 학맥과 정파는 대개 가문을 통해 이어지는 경우가 많으므로 당대는 물론 후손들에게 전승되며, 선대의 교유관계는 자연스럽게 후손들에게도 이어져 누대에 걸친 세교로 확장된다.

북인계 남인은 당파에 크게 얽매이지 않고 두루 교유하는 특징을 보인다. 하지만 주요 교유 대상은 정치적 입장이 비슷한 북인계 남인 혹은 소북계열 문인들이다. 이들은 정치적으로 주류에서 밀려나 소외당한 처지라는 동류 의식이 있었다. 북인계 남인은 남인계열로 활동하였으나 학문적·문학적 근원은 북인계열에 두고 있다는 공통점이 있다. 남북분당 이전 동인이었던 북인계열과 남인계열은 일정한 동질성을 느끼며 서로 통혼하고 교유하였다.

혼인은 한 남자와 여자가 만나서 가정을 이루는 것이지만 이는 단순히 개인의 차원에서 끝나는 것이 아니라 남녀의 가문이 결합하여 새로운 가족관계를 형성하고 인적 네트워크를 확장시켜 가문의 세력을 키우는 요소가 될 뿐만 아니라 유대감과 친밀감을 한층 더 깊게 하는 중요한 장치로 의미를 지닌다. 혼인을 통해 형성된 혼맥婚脈은 제도화된 사회·문화적 양식이자 경제·정치적인 관계 맺기의 일종이라고 할 수 있다.[1] 따라서 혼인은 결속력을 다지고 가문의 세력을 확장하는 가장 보편적인 방법 중의 하나라고 할 수 있다.

북인계 남인들은 북인계열, 남인계열은 물론 서인계열과도 통혼을 하여 혼맥의 범위가 넓다는 특징을 보인다. 북인계열과 남인계열의 통혼 관계는 남북분당 이후에도 여전히 지속되었다. 비록 이들이 정치적 견해를 달리하여 남인과 북인으로 분당되었지만 화담과 남명, 퇴계의 학문을 이었다는 학문적·사상적 동질성은 이들이 친밀하게 교유할 수 있는 바탕이 되었고, 나아가 통혼을 통해 인척 관계를 맺음으로써 서로의 결속을 다지며 가세家勢를 확장해 나갔다. 또한 이들은 시를 매개로 한 문학 활동을 통해 친밀감을 높였다.

여기에서는 북인계 남인의 교유와 이를 통한 관계의 확장 양상을 석루石樓 이경전李慶全(1567~1644)·동주東州 이민구李敏求(1580~1670)·동명東溟 김세렴金世濂(1593~1646)·태호太湖 이원진李元鎭(1594~1665)·호주湖洲 채유후蔡裕後(1599~1660)를 중심으로 살펴보고자 한다. 먼저 이들의 삶과 가계를 간략히 개괄하고 교유관계를 살핀 후 혼맥을 통해 교유 범위가 확장되는 양상과 누정樓亭을 중심으로 이어졌던 문학 활동을 살펴보도록 하겠다.

1 김경호(2018), 「혼인의 관계망을 통해 본 16세기 호남유학」, 『嶺南學』 64, 경북대학교 영남문화연구원, pp.39~40.

1. 북인계 남인의 교유, 범주의 확장

이경전은 대북계의 영수를 지냈던 아계鵝溪 이산해李山海(1539~1609)의 아들로 그의 가계는 당대 북인계열의 중심에 있던 명가名家이다. 이경전은 대북계열의 핵심인사에서 소북계열로, 다시 인조반정 이후 남인계열로 전향하여 활동했던 인물로, 혼란한 정국에서 당색을 바꿔야만 했던 북인계 남인의 지난至難한 정치적 행적을 잘 보여주는 인물이다.

이경전의 가계는 고려말의 명문장가인 목은牧隱 이색李穡(1328~1396)의 후손으로 조부 성암省菴 이지번李芝蕃(?~1575)으로부터 부친 이산해, 아들 과암果菴 이무李袤(1600~1684), 손자 설루雪樓 이인빈李寅賓(1625~1695)에 이르기까지 5대가 모두 중앙 관직에 있었으며, 이산해 - 이경전 - 이무는 3대가 연이어 호당湖堂에 들 정도로 문명文名이 있었다. 이경전은 1590년(선조 23) 증광시에 장원급제하여 출사한 후 다음해 호당에 들어 사가독서賜暇讀書 하였다. 임진왜란 중에는 이산해를 따라 선조를 호종하였고, 1592년 이산해가 강원도 평해平海로 유배를 가자 함께 따라가 부친을 모시기도 하였다. 이때 쓴 시들이 『석루유고』에 다수 수록되어[2] 있어 아버지의 유배지에서 느꼈던 소외감과 좌절감 등을 살펴볼 수 있다.

1595년(선조 31) 이산해가 정계로 복귀하자 대북계열의 핵심 인사로 활동하였다. 그러나 1603년(선조 36) 홍여순洪汝諄(1547~1609)의 대사헌 임명을 두고 이를 반대하다가 대간들의 탄핵을 받아 관직이 삭탈되고

2 李慶全, 〈清澗亭〉·〈襄陽寺〉·〈越松亭〉·〈沙銅水月軒〉·〈正名訪黃眞寶〉興寶館〉·〈阻雨〉·〈沃原驛〉 4수·〈朴昌己壁上 次田使君承漑韻〉 2수·〈秋夜〉 2수·〈修眞寺 贈捆屨僧〉·〈別越松亭〉, 『石樓遺稿』 卷1.

한동안 서용되지 못하였으나 1608년 광해군의 즉위로 정계에 복귀하였다. 이경전은 1617년(광해군 9) 대북계열 관송觀松 이이첨李爾瞻(1560~1623)과 사이가 소원해지면서 소북계열로 돌아선 것으로 보인다.

1623년 인조반정으로 대북계열이 완전히 실각하고 소북계열 역시 정치적 입지가 좁아진 가운데 이경전은 책봉주청사冊封奏請使로 사행을 떠나 임무를 성공적으로 완수함으로써 정치적 위기를 넘겼다. 당시 이경전의 주청사 사행을 두고 정권을 장악한 서인계열에서 반대가 거셌으나 그의 뛰어난 문장력과 외교력 덕분에 사행을 완수할 수 있었다. 1627년 정묘호란 때는 인조를 호종하여 강화도에서 지내기도 하였다. 「강도록江都錄」은 이때 지은 시들을 엮은 것이다. 서인계열 정권하에서 여러 차례 탄핵을 당하는 등 정치적 부침을 심하게 겪은 이경전은 정치에 환멸을 느껴 만년에는 벼슬에서 물러나 산직散職에 있으면서 시주詩酒로 세월을 보내기도 하였다.

이경전은 당색에 크게 구애받지 않고 교유하였다. 시문에 뛰어났던 이경전은 가까운 벗들과 청풍계淸風溪・수명정水明亭・초연대超然臺 등에서 함께 시를 짓고 교유하였다. 북인계 남인으로는 소릉少陵 이상의李尙毅(1560~1624)・죽천竹泉 이덕형李德泂(1566~1645)・호주湖州 채유후蔡裕後(1599~1660)・고산孤山 윤선도尹善道(1587~1671)・의곡義谷 박정현朴鼎賢(1562~1637)・파강巴江 김두남金斗南(1559~?) 등과 교유하였고, 소북계열로는 설사雪蓑 남이공南以恭(1565~1640)・소암疎庵 임숙영任叔英(1576~1623) 등과 가까이 지냈다. 남인계열은 용주龍洲 조경趙絅(1586~1669)・고석孤石 목장흠睦長欽(1572~1641)・현곡玄谷 정백창鄭百昌(1588~1635) 등과 교유하였고, 서인계열로는 도재陶齋 윤흔尹昕(1564~1638)과 교유하였다.

이경전이 가장 가깝게 지낸 인물 중 한 사람이 남이공이다. 남이공은 소북계열의 영수를 지냈던 인물로 두 사람은 세교를 통해 어린 시절부터 교유했던 것으로 보인다. 이경전의 문집 『석루유고石樓遺稿』에는 남이공과 주고받은 시가 14제 23수 수록되어 있어 두 사람이 매우 친밀했음을 알 수 있다. 남이공은 마음을 터놓고 지냈던 벗으로 시를 주고받으며 돈독한 관계를 유지해 나갔다.

김두남은 이경전의 매형 두암斗巖 김응남金應南(1546~1598)의 사촌으로 어린 시절부터 교유를 이어왔다. 김두남은 1595년(선조 28) 유성룡이 천거한 인재 30명 중의 한 사람으로 관직에 등용되어 임실 현감任實縣監·광주 목사廣州牧使 등을 역임하였다. 이경전과 김두남은 젊은 시절 〈등등곡登登曲〉을[3] 부르며 동네를 돌아다니기도 하였고, 이경전이 정계에서 밀려나 한거할 때는 먼 길을 마다하지 않고 찾아오기도 하였다. 『석루유고石樓遺稿』에는 김두남과 주고받은 시가 여러 수 있어 두 사람이 매우 가까운 사이였음을 알 수 있다. 이경전이 쓴 「노호승설마기鷺湖乘雪馬記」[4]는 1631년 윤11월 21일 눈이 내린 날 이경전과 김두남이 노들나루에서 함께 썰매를 타고 논 일을 기록한 글로 나이도 잊고 즐거워하는 모습이 생생하게 남아있다.

이덕형은 일문一門으로 조카뻘이 되지만 형제 같은 우의를 나누었다. 『석루유고』에는 이덕형과 나눈 시가 14수 수록되어 있는데 진솔하고 허심탄회한 심정을 그대로 전하고 있어 두 사람이 막역한 사이였음을 알 수 있다. 박정현은 이산해의 문인으로 이경전이 평생 의를 나눈 지기라고 말할 정도로 친분이 두터웠다.

3 〈登登曲〉은 서울 지방에서 유행하던 雜歌로 당시 양반가의 자제들이 귀신의 탈을 쓰거나 무당 복장을 하고 수십 명씩 노래를 부르며 밤새도록 돌아다니는 게 유행이었다. 유명한 선비와 명문가의 자제들 중에서도 鄭孝成·白震民·柳克新·金斗南·李慶全·鄭協·金誠立 등이 즐겼다고 한다.

4 李慶全, 「鷺湖乘雪馬記」, 『石樓遺稿』 文集 卷1.

이경전은 평소 친분이 있었던 이상의·이덕형 등과 청풍계에서 시회詩會를 갖고 시주詩酒로 시름을 달래기도 하였다. 청풍계 시회는 1620년(광해군 12)과 1621년(광해군 13) 두 차례에 걸쳐 이루어졌는데 1621년의 모임을 그림과 함께 시첩으로 만들어 가졌다.[5] 또한 이경전은 1632년(인조 10) 무렵 정치권에서 한걸음 물러나 노량露梁 강가에 초연대超然臺를 세우고 이덕형·남이공·박정현·채유후 등과 자주 모여 시를 짓고 시사時事를 탄식하기도 하였다.[6] 이경전은 채유후의 시를 높이 샀는데 그의 시 구절을 보고 '사원종장詞苑宗匠'이라고 크게 칭찬하였고, 시 구절을 벽에 써놓고 외울 정도였다.[7]

이경전은 서인계열 윤흔과도 교유하였는데 윤흔은 오음梧陰 윤두수尹斗壽(1533~1601)의 아들이다. 윤흔은 1591년(선조 24) 서인계열의 영수 정철이 건저建儲 사건으로 유배당했을 때 함께 파직되어 귀양을 갔다. 정묘호란 당시 인조를 호종하여 강화에 머물렀는데 이때 이경전과 지은 시들이 다수 남아있다. 이처럼 이경전은 북인계열, 남인계열은 물론 서인계열에 이르기까지 폭넓은 교유관계를 형성하였고, 마음에 맞는 벗들과 자주 시회를 열어 문학적 교유를 이어나갔다.

이경전의 가계는 북인계열, 남인계열과 골고루 혼인을 하여 가세를

5 蔡濟恭, 「崇祿大夫行議政府左參贊兼判義禁府事知經筵事弘文館提學韓平君李公神道碑銘」, 『樊巖集』 卷48. "庚申, 復拜左參贊, 兼知經筵, 春秋館, 弘文提學, 時第三子進士阜以太學掌議, 獨上疏請斬爾瞻頭, 以清朝廷, 以安宗社, 疏竟留中, 逐田里. 公自是益無意於世, 與李少陵·李竹泉諸名公, 倘佯水石間, 青楓修稧, 作帖以藏, 人以爲勝事."

6 李袤, 「先考行狀」, 『果菴集』 卷8. "庚午出居鷺梁築室數仞名之曰超然, 日哦詩其上李竹泉·南雪蓑·朴義谷·蔡湖洲諸公, 載酒日訪相與慨念時事."

7 蔡彭胤, 「從祖祖父湖洲先生集後遺事」, 『希菴集』 卷29. "公在東湖有詩曰; '白沙如雪水如天. 永夜寒窓獨不眠. 柳外人聲時入耳, 月明知有上灘船.' 李韓平慶全書諸壁曰; '詞苑宗匠.' 韓平書一聯於壁曰; '孤雲衆壑暮, 小雨一秋寒.' 此蔡學士詩也, 吾嘗誦之."

넓혀 나갔다. 이산해는 북인계열 명문가인 여주이씨驪州李氏 이상의의 형 이상홍李尙弘(1559~1596), 남인계열 광주이씨廣州李氏 한음漢陰 이덕형李德馨(1561~1613), 소북계열의 영수 춘호春湖 유영경柳永慶(1550~1608)의 조카 유성柳惺(1572~1616), 남인계열 광주안씨廣州安氏 안황安滉(1549~1593)의 아들 정재靜齋 안응형安應亨(1578~1655)[8]을 사위로 맞이하였고, 딸은 순창조씨淳昌趙氏 만한晩閑 조수익趙壽益(1596~1674)에게 출가시켰는데 조수익은 유성룡의 외손이다.

이산해의 맏사위 이상홍은 이원진의 종조부從祖父로 1584년(선조 17) 별시 문과에 급제하여 호당湖堂에 선발될 정도로 학문이 뛰어났다.[9] 당대 북인계열의 명가였던 이산해 가계와 이상의 가계는 혼인을 통해 서로의 결속력을 높이고 가세를 넓혔다. 두 가문의 통혼은 후대까지 지속되는 세교로 이어졌다.

이산해는 맏사위 이상홍과 외손 이지화李志和(1573~1628)와 이지천李志賤(1589~1683)에 대한 애정이 각별하였다. 이산해가 평해로 유배갔을 때 이상홍은 서북 변방 외직에 나가 있었다. 이산해의 〈억백서憶伯壻〉[10]는 변방에 있는 맏사위 이상홍을 생각하며 지은 시이다. 〈증예산쉬지화贈禮山倅志和〉[11]은 예산 현감으로 부임하는 외손 이지화에게 준 시로 아버지를 일찍 여읜 외손자에 대한 애잔함이 가득하다.

---

8 안응형의 가계는『남보』상 486면에 수록되어 있어 남인계열임을 확인할 수 있다.

9 『宣祖實錄』卷25, 선조 24년(1591년), 8월 8일(庚子), 2번째 기사. "讀書堂, 加抄李幼澄 · 趙挺 · 李尙弘 · 金善餘 · 奇自獻."

10 李山海, 〈憶伯壻〉, 「箕城錄」, 『鵝溪遺稿』 卷1. "蹤跡如今羝觸藩, 佩魚西塞亦天恩. 莫將內外分輕重, 十室存亡繫使君."

11 李山海, 〈贈禮山倅志和〉, 「杮田錄」, 『鵝溪遺稿』 卷4. "烏縣墻頭烏夜怨, 夕佳亭畔夕陽紅. 百年愛日情何極, 十室專城養亦隆. 眉目依然汝父似, 眞醇自是乃家風. 誰知送爾無言處, 感念存亡淚滿瞳,"

이경전과 이원진 가계는 만시를 통해 서로의 슬픔을 공유하고 애도의 심정을 나누며 유대감을 더해갔다. 이경전은 자형 이상홍의 만시 〈안산곡자형교리분安山哭姊兄校理墳〉[12]과 이원진의 부친 이지완의 만시 〈여성군만驪城君挽〉,[13] 이상의의 만시 〈만사輓詞〉[14]를 지었는데 그 슬픔이 매우 곡진하게 담겨있다.

가을 교외에 해지니 길은 희미해지는데	秋郊日暮路依微
서쪽에서 오는 말은 누구를 만나기 위해서인가	匹馬西來爲見誰
두 아우 의지하니 모습은 그럭저럭 괜찮겠지만	眉宇可能憑二季
고아라는 말에 심장과 간이 어찌 견디겠는가	心肝那忍說孤兒
떨어진 것처럼 혼이 녹아 구름도 부질없이 끊어지고	魂銷落羽雲空斷
거친 들판에 눈물 흘리니 흙도 젖어드네	淚近荒原土亦滋
밤 꿈꾸려 쪽잠이라도 빌려보고 싶지만	欲借短眠成夜夢
창 밖에 달이 밝으니 어찌 견디겠는가	更堪窓外月明時[15]

한산의 큰 덕으로 후손이 번성하고	韓山大德盛雲仍
훌륭한 그릇과 큰 재주가 무성히 이어져 흥했네	偉器宏才蔚繼興
벌열가의 업후이니 이 현달함 누구인가	閥閱鄴侯誰此顯

12 李慶全, 〈安山哭姊兄校理墳〉, 『石樓遺稿』 卷3. “秋郊日暮路依微, 匹馬西來爲見誰. 眉宇可能憑二季, 心肝那忍說孤兒. 魂銷落羽雲空斷, 淚近荒原土亦滋. 欲借短眠成夜夢, 更堪窓外月明時.”

13 李慶全, 〈驪城君挽〉, 『石樓遺稿』 卷2. “嗟吾冠弱君猶丱, 中歲飛騰若後先. 自是心情無畛畔, 定應苽葛亦寅緣. 聯翩父子朱輪日, 輝映雲煙綠鬢年. 怊悵向來榮樂地, 不堪含淚過門前.”

14 李慶全, 〈輓詞〉, 「附錄」, 『少陵集』 卷4. “當時我齒纔逾十, 計是公年亦未冠. 癡少稍存行序異, 追隨猶托弟兄間. 出遊雲路有先後, 多少世緣俱等閑. 僑寓忽忽仍別席, 歸來草草望朝班. 誰知一疾終難起, 忽謾浮生去不還. 優暇屬蒙來掃沐, 無從遙灑倍汎瀾. 青山隱隱蟠驪峽, 丹旐依依轉斗灣. 極目巨卿何處哭, 斷雲踈雨鎖荒巒.”

15 李慶全, 〈哭姊兄校理墳〉, 『石樓遺稿』 卷3.

문장은 하숙이라 그 솜씨 다툴 이 없네　文章遐叔莫爭能
한단의 베개 작아도 영화는 되려 충분했고　邯鄲沈小榮猶足
박망후의 뗏목 가벼워도 험해에서 탈 수 있었네　博望槎輕險可乘
도량은 깊고 넓어 천 이랑의 물같았고　宇量汪汪千頃水
가슴은 맑고 밝아 한 가닥 얼음같았네　襟懷皎皎一條氷
책 밖에 아름다운 시문 은자되어 지었고　聯珠卷外潛夫著
정원 가에 늘어선 구슬은 외손이 응한 것이네　羅玉庭邊宅相應
구로는 벌써부터 그림에 보였으니　九老已從圖上見
팔선이 어찌 음주만을 칭한 것이겠는가　八僊寧向飮中稱
백양의 우가를 끝내 끌기 어려웠고　伯陽牛駕終難輓
원례의 용문에 오를 수 없었지만　元禮龍門不可登
선조들의 이름 안탑에 남아있으니　先世題名留鴈塔
후생이 우러러보며 눈물로 가슴 적시네　後生瞻仰淚交膺[16]

위의 첫 번째 시는 〈안산곡자형교리분安山哭姊兄校理墳〉으로 이경전이 자형인 이상홍의 무덤에서 쓴 만시이고, 두 번째 시는 〈곡한평군哭韓平君〉으로 이원진이 이경전을 위해 쓴 만시이다. 두 시의 시제에 모두 '곡哭'이라는 시어를 쓰고 있어 애도의 슬픔을 훨씬 크게 느끼고 있음을 짐작하게 한다.[17] 이경전과 이상홍은 8살 차이지만 형제처럼 우애를 나눴고 1591년(선조 24) 함께 호당에 뽑혀 가문의 위상을 높이기도 하였다. 이상홍은 1596년에 운명하였는데 이 시는 그 이후 안산에 있는 이상홍의 무덤가에서 쓴 시이다. '혼이 녹고 흐르는 눈물에 황야의 흙조차 젖

16 李元鎭, 〈哭韓平君〉, 「玉堂錄」 下, 『太湖詩藁』 卷5.

17 楊載는 『詩法家數』에서 "哭輓의 詩는 감정이 중요하고 진실된 사실이어야 한다. 그 사람에 대한 정의가 깊고 두터우면 哭을 하고 깊은 정분이 없다면 輓일 뿐이다." 라고 하였다(楊載(1982), 『詩法家數』, 何文煥 編, 『歷代詩話』, 藝文印書舘, p.475. "哭輓之詩, 要情眞事實, 於其人情義深厚則哭之, 無甚情分, 則輓之而已矣.").

어든다'라는 말에서 자형을 잃은 슬픔과 애절함의 깊이를 알 수 있다.

두 번째 시는 이원진이 이경전을 애도하며 쓴 만시로 다양한 고사를 차용하여 이경전의 가문과 그의 삶, 그리고 업적, 성품 등을 칭양하며 그에 대한 곡진한 애도의 슬픔을 담고 있다. 1~4구는 이경전 가계가 대대로 명문가였음을 서술하면서 이경전이 정치적으로 현달했었고 문장에 빼어났음을 칭양한 것이다. 5~8구는 말년에 이르러 세상에 욕심을 두지 않았던 이경전의 삶과 인조의 책봉 주청사로 활동했던 생전의 업적, 그리고 도량이 넓고 깨끗한 성품을 칭양하였다. 11~12구는 이경전이 1620년과 1621년 청풍계에서 벗들과 시회를 열었던 일을 묘사한 것이다. '구로九老'는 백거이白居易가 만년에 여덟 명의 벗들과 결성한 '향산구로회香山九老會'를 말하는 것이고, '팔선八僊'은 두보의 시 〈음중팔선가飮中八僊歌〉에 나오는 술을 잘 마시는 여덟 명을 말한 것이지만 여기에서는 '구로'는 청풍계 시회를, '팔선'은 청풍계 시회에 참석한 벗들을 가리킨다. 이원진의 조부 이상의도 이 시회에 참석했었다. 13~16구는 노자老子와 원례元禮의 고사를 들어 이경전의 삶과 그를 애도하는 곡진한 슬픔을 그렸다.

이경전의 둘째 매형 한음 이덕형은 남인계열로 이산해의 뒤를 이어 영의정을 지낸 인물이다. 뛰어난 외교 능력을 발휘하여 임진왜란 당시 명과 일본 사이의 어려운 외교 문제를 해결하는 데 큰 역할을 하였다. 이덕형은 남인계열이지만 장인 이산해를 비롯한 북인계열 인사와 친분이 두터웠으며 북인계열의 학문과 사상에 큰 영향을 받았다.[18]

이경전은 김첨金瞻(1452~1584)의 딸과 혼인했는데 김첨은 허난설헌의 시아버지이다. 이경전에게 허난설헌은 처남댁이 되는 셈이다. 김첨

18 李建昌,「宣祖朝」,『黨議通略』. "李德馨本南人, 以李山海婿故, 出入南北間, 至是見北黨漸盛, 還投南人."

은 1575년(선조 8) 이경전의 고모부 두암斗巖 김응남金應南(1546~1598)과 함께 호당에 뽑혀 사가독서 했으며 교리를 지냈다.

이경전은 5남 1녀를 두었는데 장남 이후李厚(1585~1613)와 3남 주봉酒峯 이부李阜(1588~1664)는 안동권씨安東權氏와 혼인을 하였다. 3남 이부는 태학장의太學掌議 시절 이이첨의 전횡을 탄핵하는 상소를 올렸다가 쫓겨났었다. 이후 광해군조를 혼조昏朝로 여기고 출사하지 않았다. 이부의 사위는 근기 남인계열 3대 명문가 중의 하나인 유명천柳命天(1633~1705)으로 숙종대 탁남濁南의 핵심으로 활약하였다. 5남 이무는 광해군의 처남인 유희발柳希發(1568~1623)의 딸과 혼인하였다. 유희발은 소북계열로 당시 큰 권세를 누렸다. 이처럼 이경전 가계의 혼맥은 북인계열과 남인계열의 명문가에 이어져 있어 가문의 위세를 짐작할 수 있다. 다음은 이민구의 교유와 혼맥에 대해 살펴보도록 하겠다.

이민구는 이수광의 2남으로 형 이성구와 함께 뛰어난 문명文名으로 이름을 떨쳤다. 1609년(광해군 1) 진사시 장원을 거쳐 1612년(광해군 3) 증광 문과에 장원급제하여 예조와 병조 좌랑을 시작으로 관직에 발을 들였다. 이민구는 광해군 대에는 정치적으로 크게 활약하지 못했는데 이는 계축옥사와 폐모론에 반대하여 일찍이 외직으로 나가 은거했던 부친 이수광의 영향이 컸던 것으로 보인다. 1622년(광해군 14) 조선에 일본 사신이 오자 이민구는 선위사宣慰使에 임명되어 부산으로 내려가 일본 사신들을 접대하였다.[19] 이때 지은 시문이 「선위록宣慰錄」으로 엮여 있다.

이민구는 1623년 인조반정 이후 사가독서 하였고,[20] 부제학 5번, 대

---

19 李敏求, 「宣慰錄小序」, 「宣慰錄」, 『東州集』 전집 卷1. "天啓壬戌歲正月, 日本使南堂僧玄方至. 余膺宣慰之任, 以前歲冬, 先往釜山迎勞, 至九月始還."

20 『仁祖實錄』 卷3, 仁祖 원년(1623년), 10월 28일(乙酉). 1번째 기사. "命選文學之臣,

사성 4번, 이조참의 3번, 대사간과 승지에 7번 임명되는 등[21] 비교적 순탄한 환로宦路를 이어갔다. 1631년(인조 9)에는 동강東岡 허보許宲(1585~1659)[22]·낙전당樂全堂 신익성申翊聖(1588~1644)·현주玄洲 이소한李昭漢(1598~1645)과 함께 금강산 유람에 나서기도 하였다. 이민구는 26일간 이어진 금강산 유람의 흥취를 200여 수가 넘는 시에 담아 「동유록東遊錄」으로 남겼고, 1635년 강원도 관찰사로 부임하자 금강산을 재차 유람하고 이를 「관동록關東錄」으로 엮었다.

1636년 병자호란 당시 이민구는 강도江都 검찰부사檢察副使를 맡고 있었으나 강화도가 함락되자 이에 대한 책임을 지고 함경도 영변寧邊에서 7년간 유배 생활을 하다가 1643년 충남 아산으로 이배되어 4년 동안 유배 생활을 하였다.[23] 이민구는 1649년(인조 27) 해배된 후 정계로 돌아가기를 희망했으나 집권 세력이 번번히 그의 서용을 반대하는 바람에 결국 재등용되지 못하고 재야에서 지내다 생을 마감하였다.

이민구는 사제관계나 교유관계에서 당색에 크게 구애받지 않았다.

李敏求·趙翼·任叔英·吳翻·李明漢·鄭百昌·金世濂·張維·李植·鄭弘溟等十人, 賜暇讀書湖堂."

21 李敏求, 「自序」, 『東州集』. "丙寅在銀臺, 越職言事, 左授林川守, 以時寇逼, 兼拜倡義使. 入爲副提學者五·大司成者四·吏曹參議者三·大司諫·承旨者七, 而三爲都承旨, 參判禮·兵者各一, 而吏曹參判·大司憲各三拜, 兼同知經筵·成均館事·世子右副賓客·備邊司提調, 此其踐履也."

22 허보는 許曄의 손자로 許筬의 아들이다. 허보는 1610년(광해군 2) 별시 문과에 급제하였으나 당시 고시관이 숙부인 허균이었던 탓에 이를 지적하는 이들이 많았다. 당시 試場을 주관했던 이항복이 끝까지 허보를 구원하려 했지만 중상 모략이 심해지자 결국 과거를 포기하고 물러나 평생을 처사로 지냈다.

23 이민구는 7년간의 영변 유배기 동안 579수, 4년간의 아산 유배기 동안 292수 등 11년의 유배기 동안 총 871수를 창작하였다. 이는 『동주집』에 남아 전하는 2,400여수 시중 약 40%에 이르는 수치이다. 82년의 생애 중 9년간 쓴 작품이 전체 시의 40%에 육박한다는 점은 유배기가 삶의 고난기였지만 문학적으로는 왕성한 창작의 시기가 되었음을 알 수 있다(유명석(2017), 위의 논문, p.5.).

그는 부친 지봉芝峯 이수광李睟光(1563~1628)과 교유가 깊었던 사계沙溪 김장생金長生(1548~1631)·오봉五峯 이호민李好閔(1553~1634)·상촌象村 신흠申欽(1566~1628)에게 사사하면서 교분을 쌓았고, 이 교분은 이호민의 조카 만사晩沙 이경의李景義(1590~1640), 신흠의 아들 신익성 등으로 이어졌다. 이민구는 신익성과 두터운 교분을 쌓았으며, 자신의 딸을 신익성의 아들 신승申昇(1610~?)과 혼인시키기도 하였다. 또한 젊은 시절 부친 이수광과 함께 참여했던 침류대 시회의 어우당於于堂 유몽인柳夢寅(1559~1623)·오산五山 차천로車天輅(1556~1615)·남창南窓 김현성金玄成(1542~1621)·녹문鹿門 홍경신洪慶臣(1557~1623)·매호梅湖 조우인曺友仁(1561~1625)·쌍천雙泉 성여학成汝學(?~?)·동악東岳 이안눌李安訥(1571~1637)·월사月沙 이정귀李廷龜(1564~1635)·석주石洲 권필權韠(1569~1612)·정백창·임숙영 등 당대 쟁쟁한 문사들과도 교유하였다.

이민구는 영변 유배기인 1639년 〈불견不見〉 이수二首를 통해 자신의 벗들을 주반酒伴과 시반詩伴으로 나누어 살피기도 했는데 신익성·분서汾西 박미朴瀰(1592~1645)·이소한·백주白洲 이명한李明漢(1595~1645)·기암畸庵 정홍명鄭弘溟(1582~1650)·택당澤堂 이식李植(1584~1647) 등이 시반詩伴으로 문학적 교유를 하던 지기들이었다. 이민구는 허보·청선聽蟬 이지정李志定(1588~1650)·죽소竹所 김광욱金光煜(1580~1656)·귀사龜沙 오정일吳挺一(1610~1670)·조경·화음華陰 이창정李昌庭(1573~1625)·이회李禬(1607~1666)·설봉雪峰 강백년姜栢年(1603~1681)·채유후 등과 교유하였는데 이중 가깝게 지냈던 인물이 허보이다. 허보와 이민구 두 사람은 어려서부터 막역하게 지냈다. 이민구의 부친 이수광과 허보의 숙부 허균이 동서지간이므로 이민구와 허보는 친분을 가질 수 있었다. 이민구는 해배되어 서울로 돌아왔을 때 가세가 몹시 어려워 끼니를 걱정할 정도였는데 허보의 도움을 여러 차례 받았다. 허보는 이민구가 영변과 아산에 유배되었을 때에도 여러 차례 편지를 보내 이민구의 처지를 위로하였다. 허보가 자신보다 먼저 세상을 떠나자 이민구는 크게 슬퍼하여 그의 묘갈명을 지어 주었다.[24]

조경과 김광욱은 이민구가 유배지에 있을 때 안부를 묻기도 하고 도움을 주기도 하였다. 특히 김광욱은 이민구가 해배되어 돌아오자 재서용할 것을 건의하고 이를 관철시키기 위해 노력하였다.

이민구는 채유후와도 교분이 두터웠다. 이민구와 채유후의 부친 채충연은 진사 동방으로 가까이 교유하였고, 아버지를 일찍 여읜 채유후는 이민구를 아버지처럼 모셨다.[25] 1638년 채유후는 해배되어 귀향하는 길에 영변에 있는 이민구를 찾아가 술을 마시고 함께 시를 짓다가 술에 취해 잠들어 완성하지 못하자 이민구가 마저 이를 완성하였다는 일화는 후대 근기 남인계열 문인들 사이에서 널리 회자되던 일화이다. 이때 지었다는 시가 〈채백창방남곽우사구호蔡伯昌訪南郭寓舍口號 곽외청산이석양郭外青山已夕陽 취미성장醉未成章 청여종편請余終篇〉이다.

이민구는 서인계열 이정귀의 아들인 이명한, 이소한과도 친분을 쌓았는데 이명한의 아들 청호青湖 이일상李一相(1612~1666)은 이성구의 사위이다. 특히 이명한은 이민구와 금강산 유람을 함께 다녀올 정도 친분이 돈독했다.

이민구 가계의 혼맥은 북인계열, 남인계열, 서인계열까지 그 편폭이 넓게 나타난다. 우선 부친 이수광은 안동김씨安東金氏 김대섭金大涉(1549~1594)의 딸과 혼인하였는데 김대섭은 허균의 장인이기도 하다.

---

24 李敏求, 「處士東岡許公墓碣銘 并序」, 『東州集』 문집 卷10.

25 蔡彭胤, 「從祖祖父湖洲先生集後遺事」, 『希菴集』 卷29. “李東州卽我曾王父同年進士也. 長於公十歲, 公以父執事之.”

이수광과 허균은 동서지간으로 친분이 두터웠다. 이수광의 장남 이성구는 남인계열 안동권씨安東權氏 권흔權昕(1568~?)의 딸과 혼인하였고, 차남 이민구는 서인계열 해평윤씨海平尹氏 윤휘尹暉(1571~1644)의 딸과 혼인하였는데 윤휘는 윤두수의 3남이다. 윤두수는 월정月汀 윤근수尹根壽(1537~1616)의 형이기도 하다.

이성구의 가계는 장남 이상규李尙揆(?~1637)가 병자호란 때 목숨을 잃었으므로 차남 이동규李同揆(?~1677)가 가계를 이었다. 이동규는 근곡芹谷 이관징李觀徵(1618~1695)의 아들 박천博泉 이옥李沃(1641~1698)의 사위가 되었는데, 이옥은 이민구에게서 수학하기도 하였다. 딸은 서인계열 이정귀의 손자 이일상과 혼인하였는데 이일상은 이명한의 아들이다. 이정귀는 이수광의 『지봉집芝峯集』 서문을 써주기도 하였다.

이민구의 장남 이원규李元揆(?~1637)는 동복오씨同福吳氏 죽남竹南 오준吳竣(1587~1666)의 딸과 혼인하였다. 오준은 묵재默齋 오백령吳百齡(1560~1633)의 아들로 오백령과 그의 형 만취晩翠 오억령吳億齡(1552~1618)은 폐모론에 반대하다가 퇴출당하기도 하였다. 2남 이중규李重揆(1614~?)는 전창위全昌尉 유정량柳廷亮(1591~1663)의 딸과 혼인하였는데, 유정량은 소북계열 유영경의 손자이다. 이민구 딸은 신익성의 아들 신승과 혼인하였다. 신익성은 이민구의 가장 절친한 벗으로 두 사람의 오랜 교유는 사돈의 인연으로 이어졌다.

이민구의 가계와 이원진의 가계는 당대에 혼맥으로 이어지지는 않았지만 대대로 세교를 이어갔다. 두 집안의 세교는 이수광과 이원진의 조부 이상의 대부터 시작되었다. 이수광과 이상의는 오래전부터 친분을 나누었는데 이는 이수광의 시와 이상의의 「이지봉안남사신창화집발李芝峯安南使臣唱和集跋」에서 확인할 수 있다. 이 발문은 1611년(광해군 3) 12월 북경에서 쓴 것으로 당시 이상의와 이수광은 동지사 겸 주청사冬至使兼奏請使로 명나라 사행 중이었다. 「안남사신창화록安南使臣唱和錄」은 이수광이 명나라에서 안남국의 사신과 수창한 시를 모은 것인데 이상의가 여기에 발문을 써 준 것이다. 발문에는 이상의가 1597년(선조 30) 연경 사행 귀국길에 의주에서 연경으로 가는 이수광을 만나 그가 안남 사신 풍노馮老와 창화한 시를 읽고 "이수광의 시가 동주 너머 고장에까지 전해질 것이라고 예견했다"[26]는 내용이 담겨 있어 두 사람이 오래전부터 교유를 했으며, 이상의가 이수광의 뛰어난 시재를 일찍이 알아보았음을 알 수 있다.

1611년(광해군 3) 당시 사행단의 정사正使는 이상의, 부사副使는 이수광, 서장관書狀官은 오촌梧村 황경중黃敬中(1569~1630)이었다. 이상의와 이수광은 사행길에서 수많은 시를 주고받으며 사행길의 객수를 달래었다. 특히 이상의가 기르던 대나무가 말라 죽자 이를 보고 이수광이 〈영고죽팔수詠枯竹八首〉을 짓자 이상의가 여기에 차운하고 여러 차례 첩운하며 시를 주고받았는데 8수 연작시를 8번씩 서로 첩운하여 수창하는 방식이었다. 이때 지은 시들이 이들의 문집 『지봉집芝峯集』과 『소릉집少陵集』에 각각 64수씩 108수가 남아있다. 6개월 이상 걸리는 사행길 도중 삼사三使 간에 시를 수창하는 경우는 흔하지만 이처럼 다량의 연작 차운시를 수창하며 창작한 것은 매우 드문 경우라고 할 수 있다. 두 사람의 남다른 작시作詩 능력과 교유를 확인할 수 있다.[27]

이상의에 대한 이수광의 지극한 존모와 깊은 교유는 다음의 시에서도 찾아볼 수 있다.

---

26 李尙毅, 〈李芝峯安南使臣唱和集跋〉, 「雜著」, 『少陵集』 卷3. "今皇帝二十有六年, 芝峯子回自京師, 余方赴京, 相遇於龍灣, 敍暄涼畢, 訪中國奇談, 則出示安南使臣馮老唱和詩若干篇, 余得以卒業, 已卜芝峯子咳唾散落銅標之外."

27 이에 관해서는 윤재환(2010)a, 「少陵 李尙毅의 「次芝峯詠枯竹韻」 64首 검토」, 『한문학보』 22, 우리한문학회. 참조.

평생동안 소릉 어른께서는	平生少陵老
문채로 당대를 휘어잡았으니	文彩擅今時
필체는 양빙처럼 씻은듯하고	洒落陽氷筆
시는 이태백처럼 청신하네	淸新太白詩
모시게 된 것 참으로 다행인데	追隨眞自幸
예전부터 지우의 은혜 입었네	宿昔荷相知
제일 좋은 건 가을밤 창가에서	最是秋窓夜
잔 들고 옛 추억을 나누는 것이라네	停杯話舊思[28]

이 시는 〈봉정정사령공용전운奉呈正使令公用前韻〉으로 1611년(광해군 3) 이수광이 동지사행 길에 쓴 시이다. 이 시는 이상의의 시문이 빼어났음을 칭찬하고 예전 추억을 회상하는 내용을 담고 있다. 양빙陽氷은 당나라 때 명필인 이양빙李陽氷을 가리키는데, 특히 소전小篆에 뛰어났다고 한다. 이 시는 이상의의 필체와 시를 양빙과 이태백에게 견주어 드높인 시인데, 특히 시와 필체의 맑고 깨끗함을 높이 평가하고 있다. '구사舊思'는 1597년(선조 30) 의주에서 사행길에서 돌아오는 이상의를 만나서 안남 사신 풍뢰와 수창한 시를 보여주었던 일을 말하는 듯하다. 사행길이라는 상황의 재현이 옛 추억을 소환하고 있는 것이다.

두 사람의 교유는 대를 이어 자손들의 세교로 확대되었다. 이 중 이민구와 이상의의 4남 청선聽蟬 이지정李志定(1588~1650)과의 교유는 각별하였다. 『동주록東州集』에는 이지정과 관련된 시가 10수 수록되어 있어 두 사람의 교유를 살펴볼 수 있다.[29] 이민구는 병자호란 당시 강도江

28 李睟光, 〈奉呈正使令公用前韻〉, 「續朝天錄」, 『芝峯集』 卷16.

29 李敏求, 〈長至夜喜李靜吾至〉, 「鐵城錄」 4, 『東州集』 시집 卷4.; 〈懷李成川靜吾閑居〉, 「牙城錄」 2, 『東州集』 시집 卷9.; 〈同李靜吾飮成亭〉 · 〈嘲聽蟬翁養魚行 李志定〉, 「牙城錄」 3, 『東州集』 시집 卷10.; 〈喜聽蟬翁乘舟來訪〉 · 〈蟬翁載酒惠然宴款成亭雅謔之頃侑以翰墨實千古勝事旣乃脫身過江留約三日再至戲作十五絶以替談柄皆紀實

都 검찰부사檢察副使로 임명되었으나 강화를 지키지 못하고 도주했다는 죄로 인해 1637년 함경도 영변으로 유배를 갔다. 다음의 시는 이지정이 영변에 찾아왔을 때 지은 시이다.

삼경 등불 아래 이별의 정을 이야기하는데	三更燈火話離情
산 아래 초가집 눈 내린 뒤라 맑구나	山下茅簷雪後淸
병 앓은 사 년 동안 기쁜 마음이 다 사라졌었는데	疾病四年歡意盡
오늘밤 어둠이 물러나면 일양이 생기네	今宵暗逐一陽生[30]

이 시는 〈장지야희이정오지長至夜喜李靜吾至〉로 1640년(인조 18) 유배 중인 이민구를 만나러 이지정이 찾아오자 기쁜 마음을 감추지 못하고 쓴 시이다. 정오靜吾는 이지정의 자字이다. 유배온 지 4년 만에 벗을 만난 기쁨이 밤새도록 잠도 자지 않고 이야기를 나누는 모습에 잘 나타난다. 낯선 변방에서 유배객의 생활로 인해 병들고 우울해서 기뻐할 날이 없었는데 이날 이지정의 방문은 그에게 큰 기쁨을 준 것이다. '일양一陽'은 만물이 소생하는 동지冬至를 가리킨다.

이민구는 1642년(인조 20) 충청도 아산으로 이배되었는데 이때 이지정은 사위 이계李烓(1603~1642)가 명나라 상선과 밀무역한 죄에 연좌되어 성천 부사成川府使직에서 파직당한 뒤 충남 아산 근처의 계두리鷄頭里에 거처하고 있었다. 이 시기 두 사람은 자주 만나 서로의 처지를 토로하며 시를 수창하곤 하였다.[31]

耳〉·〈將北歸泛舟西湖醉占八絶請蟬翁放筆〉, 「牙城錄」 4, 『東州集』 시집 卷11.; 〈聽蟬翁用墾田脫漏罷黃驪歸言者認爲故犯有餘論〉·〈送李靜吾赴永興〉, 「西湖錄」 2, 『東州集』 시집 卷13.; 〈李永興 志定 挽詞〉, 「西湖錄」 4, 『東州集』 시집 卷15.

30 李敏求, 〈長至夜喜李靜吾至〉, 「鐵城錄」 4, 『東州集』 시집 卷4.

31 李敏求, 〈懷李成川靜吾閑居〉, 「牙城錄」 2, 『東州集』 시집 卷9.; 〈同李靜吾飮成亭〉·〈嘲聽蟬翁養魚行 李志定〉, 「牙城錄」 3, 『東州集』 시집 卷10.; 〈喜聽蟬翁乘舟來

이외에도 두 집안은 만시 등을 통해 서로의 슬픔을 위로하며 세교를 이어나갔다. 『지봉집』에는 이상의의 동생 청은淸隱 이상신李尙信(1564~1610)과 아들 이지인李志寅(1592~?)의 만시[32]가 수록되어 있고, 연경으로 떠나는 이지완에게 보낸 시도 남아있다.[33] 또한 서로의 시에 차운한 시들도 여러 수 남아있어 두 가문의 세교가 꾸준히 이어졌음을 알 수 있다. 이와 같은 집안의 인연은 이수광의 6대손 이존성李存誠(1721~?)이 성호 이익의 사위가 되면서 혼맥으로 연결되었다. 다음은 김세렴의 교유와 혼맥에 대해 살펴보도록 하겠다.

김세렴의 가계는 북인계열의 명가로 그의 조부는 동인東人의 영수였던 성암省菴 김효원金孝元(1542~1590)이고, 외조부는 하곡荷谷 허봉許篈(1551~1588)이다. 김세렴은 1616년(광해군 8) 증광 문과에 장원급제하여 출사하였다. 당시 조정은 폐모론으로 인해 매우 혼란하였다. 1617년(광해군 9) 사간원 정언이었던 김세렴은 폐모론에 반대하다가 탄핵을 받아 평안도 곽산으로 유배를 갔다.[34] 김세렴은 곽산으로 유배된 다음해에 강릉으로 이배되었다가 곧 해배되었으나 한동안 관직에 등용되지 못하였다. 이 시기 김세렴은 한양과 강릉, 원주 등에서 지내며 한거하였다. 1623년 인조반정으로 정계에 복귀한 김세렴은 인조반정의 공신 이귀를 탄핵하였다가 현풍 현감으로 좌천되었다.[35] 5년간 현풍 현감으로 지내

訪〉·〈蟬翁載酒惠然宴款成亭雅謔之頃侑以翰墨實千古勝事旣乃脫身過江留約三日再至戲作十五絶以替談柄皆紀實耳〉·〈將北歸泛舟西湖醉占八絶請蟬翁放筆〉, 「牙城錄」 4, 『東州集』 시집 卷11.

32 李睟光, 〈挽李進士志寅〉, 『芝峯集』 卷3,; 〈李同知 尙信 挽〉, 『芝峯集』 卷15.

33 李睟光, 〈感舊送李正郎 志完 赴京〉, 『芝峯集』 卷4.

34 『光海君日記』 卷42, 光海君 9년(1617년), 11월 23일(甲申), 2번째 기사. “竄正言金世濂于郭山.”

35 『仁祖實錄』 卷25, 仁祖 9년(1631년), 윤11월 23일(壬戌), 2번째 기사. “貶金世濂爲玄風縣監, 朴安悌爲木川縣監, 李埛爲康津縣監, 上惡三人之劾李貴, 特除遠邑.”

면서 읍지인 『포산지苞山志』를 편찬하기도 하였고, 향약을 정비하여 풍속을 교화하는 데 힘썼다. 1636년(인조 14) 통신부사通信副使로 일본에 다녀온 후 사행 과정을 담은 「해사록海槎錄」과 시집 「사상록槎上錄」[36]을 남겼고, 『성리자의性理字義』를 들여와 함경도 지역에 배포하였다. 이식은 「사상록」을 읽고 직접 비평을 달아주기도 하였고,[37] 『성리자의』의 교정을 보며 서문을 써주기도 하였다.[38]

김세렴은 김익상金翊相(?~1645)·김필상金弼相(1634~?)·김준상金儁相(1625~1695) 세 아들을 두었는데 3남 김준상이 1678년(숙종 4) 증광문과에 급제하여 남인계열로 활동하였다. 김준상은 1679년(숙종 5) 이유정李有湞(?~1679)의 옥사[39]를 두고 이무의 아들 이인빈과 함께 우암尤菴 송시열宋時烈(1607~1689)을 탄핵하기도 하였다.[40]

김세렴은 당색을 가리지 않고 폭넓은 교유를 하였다. 북인계 남인으로는 수색水色 허적許禰(1563~1640)·채유후·이원진 등과 교유하였고,

36 「槎上錄」은 1636년(인조 14) 8월 11일 한양을 출발하여 1637년 3월 9일 한양에 돌아오는 통신사행 기간 동안 지은 시를 모은 시집으로 122제 226수의 시가 수록되어 있다.

37 이식의 「사상록」 비평에 대한 자세한 내용은 정도상(2002), 위의 논문, 참조.

38 당시 이식은 字訓을 공부하고 있었는데 김세렴이 함경도 관찰사로 부임하면서 『성리자의』를 간행하여 널리 유포하려고 한다는 이야기를 듣고 직접 책을 빌려 보고 일일이 교정을 본 후 돌려주었다. 이식이 쓴 「陳北溪字義後序」, 『澤堂別集』 권5.에는 김세렴이 『성리자의』를 가져오게 된 정황이 잘 나타나 있다(졸고(2018)a, 위의 논문, pp.200~201).

39 李有湞 옥사는 1679년(숙종 5) 3월 강화도 墩臺 축성 현장에 李有湞이 소현세자의 손자인 臨昌君 李焜을 옹립하자는 내용의 투서를 던진 사건이다. 이유정이 송시열의 우익이었으므로 이 일로 인해 송시열은 거제도에 위리안치 되었다.

40 『肅宗實錄』 卷8, 肅宗 5년(1679년), 5월 12일(乙巳), 1번째 기사. "大司諫崔文湜, 獻納李華鎭, 持平李漢命·裵正徽, 正言金儁相·李寅賓合辭啓曰, '當初時烈之論禮, 不但以體而不正加於孝廟, 至引檀弓免, 子游衰, 以爲嫡統不嚴之證 …(중략)… 論以春秋之法, 時烈宜爲首, 而有湞宜爲從. 凶賊輸情, 王法得行, 而討罪之典, 獨不及於大憝, 則將無以正邦憲, 而杜後弊. 請按律定罪."

북인계열로는 유흠柳歆(1596~1623)·유몽인 등과 교유하였다. 또한 남인계열로는 조경·이경의·만랑漫浪 황호黃㦿(1604~1656) 등과 교유하였고, 서인계열 이식과도 친분이 두터웠다. 김세렴은 현풍 현감으로 5년간 재임하면서 창석蒼石 이준李埈(1560~1635)을 비롯한 영남 남인계열과도 교유하였다. 이준은 서애西厓 유성룡柳成龍(1542~1607)의 문인으로 현풍 현감 시절 포산 향약의 발문을 써 주기도 하였고, 여러 차례 서신을 주고받으며 교유하였다.[41]

김세렴은 유배에서 돌아와 한거하는 동안 허적·유몽인·이경의 등과 자주 왕래하며 울적한 심정을 달래었다. 다음의 시는 허적·이경의·유흠과 함께 지은 시로 이들과 이별하는 아쉬움을 담고 있다.

칠석 오동나무에 비 내리니	七夕梧桐雨
높은 누대에 가을 기운 일어	高樓秋氣生
창 안으로 낙엽 떨어지고	牕中度落葉
주렴 너머 반딧불이 아른거리는데	簾外隔流螢
손님들 기약하여 찾아와서는	上客期相訪
새로운 시 시험삼아 한 번 듣겠다지만	新詩試一聽
아름다운 기약 슬프게도 공허하기 쉬우니	佳期苦易曠
텅빈 뜰 아래 우두커니 기다리겠지	延佇下空庭[42]

41 김세렴은 영남남인 유성룡의 문인들과도 친분을 돈독히 하였는데 그중 이준과는 각별한 사이였다. 이준과는 여러 차례 서신을 주고받으며 교유하였다(李埈, 「答金道源 世濂」·「與金道源」·「答金道源」·「答金道源」, 『蒼石集』 卷10.) 이준은 김세렴이 현풍 현감으로 재임할 당시 「跋苞山規約」을 써 주었고(李俊, 「跋苞山規約」, 「雜著」, 『東溟集』 卷6. 포산은 현풍의 다른 이름이다.). 柳成龍의 시호를 추사하는 서신을 보내기도 하였다(李埈, 「與金道源」, 『蒼石集』 卷10. "西厓先生始卒所豎立, 可卓冠近代, 而身歿二十年, 尙未擧易名之典, 公議之鬱鬱久矣. 今得追賜諡號, 而與傑然大節相契, 豈非以左右在此地之力也. 可見君子之立朝, 必有輔於世道, 而吾輩自此死猶無遺恨矣.").

이 시는 〈칠석수색이자방경의七夕水色李子方景義 유경백기회柳敬伯期會 이우부지以雨不至〉로 1638년 해배된 이후 한양에서 지내다가 원주로 떠나기 전 칠석날 허적·이경의·유흠과 모여 훗날을 기약하며 지은 시이다. 이날은 비가 계속 내렸던 것으로 보인다. 칠석이라는 절기와 함께 내리는 비는 헤어짐의 아쉬움과 서글픔을 더해준다. 이 시 이외에도 이들과 함께 지은 시가 다수 있어 교유의 정도가 깊었음을 알 수 있다.

김세렴은 유몽인, 유흠과 각별하게 지냈다. 유몽인은 폐모론에 반대하다가 대북계열에게 쫓겨난 후 서호西湖와 송천松泉에서 지냈는데 김세렴의 〈화유참판요왕송천시和柳參判要往松泉詩〉는 유몽인이 보내온 시에 화운한 시로 자신을 천거해준 유몽인에 대한 감사와 그의 문장과 글씨를 칭찬하는 내용을 담고 있다.[43] 유흠은 김세렴의 처남으로 유형원의 부친이다. 유몽인은 1623년 광해군의 복위를 꾀한다는 죄목으로 죽임을 당하였고, 유흠도 이 사건에 휘말려 옥사하였다.

김세렴은 남인계열 이경의·조경과 친분을 나누었다. 이경의는 이호민의 조카로 김세렴과 막역지우였다.[44] 김세렴의 『동명집東溟集』에는 이경의의 시에 차운하거나 그와 관련된 시가 여러 수가 남아있다.[45]

---

42 金世濂, 〈七夕 水色李子方景義 柳敬伯期會 以雨不至〉, 『東溟集』 卷1.

43 유몽인의 『於于集』에도 김세렴과 관련된 시가 몇 수 보인다. 〈奉寄東溟金學士〉, 「拾遺錄」, 『於于集』 후집 卷2.; 〈次東溟秋思韻〉, 「西湖錄」, 『於于集』 卷2.

44 이경의의 가계는 『남보』 상132면에 수록되어 있다.

45 이경의의 자는 子方이다. 이경의와 관련된 시들은 다음과 같다. 〈七夕 水色李子方景義 柳敬伯期會 以雨不至〉·〈登樓懷子方江漢〉·〈次子方〉·〈月波亭, 次子方韻〉, 『東溟集』 卷1.; 〈同子方·子山·敬伯, 次柳迷湖送別韻〉·〈子方·子山來別, 二公竝同榻故舊〉, 『東溟集』 卷2.; 〈玉堂燈下, 與李子方口占. 聯句〉·〈玉堂燈下與李子方口占〉·〈是夜移席前楹〉·〈崇禎庚午九月, 以暗行御史, 同子方渡漢江〉·〈金嶺驛橋分路, 余向湖南, 子方往嶺南〉, 『東溟集』 卷3.

또한 김세렴은 조경과도 교유하였는데 조경은 월정月汀 윤근수尹根壽(1537~1616)의 문인이었지만 남인계열로 활동하였다. 김세렴이 현풍현감으로 있을 때 조경은 경상북도 금릉金陵 지례知禮의 현감으로 있었다. 이 시기 두 사람은 시를 주고받으며 서로의 안부를 물었다. 조경은 김세렴보다 7세 연상이었지만 두 사람은 지음知音으로 지냈다. 조경은 김세렴이 죽은 뒤 꿈속에서 볼 정도로 김세렴의 죽음을 슬퍼하였다.[46]

이식은 서인계열로 김세렴과 당색은 다르지만 문학적·학문적으로 더없이 가까운 지우였다. 김세렴은 평소 이식을 형처럼 여기며 교유하였다.[47] 이식과 김세렴이 나눈 교유시가 여러 수 있고,[48] 김세렴의 제문祭文[49]과 서문序文[50], 서후書後[51] 등을 써 주기도 하였다. 김세렴은 1636년(인조 14) 일본에 통신사로 다녀오면서 200여 수가 넘는 사행시를 지었는데 이것을 「사상록」으로 엮었다. 1637년 3월 한양으로 돌아온 김세렴은 이식에게 이 시를 보여 주었고, 이식은 「사상록」의 시를 읽고 직접 비평을 달아주었다.

김세렴의 가계는 대북계열과 주로 혼인하였다. 김세렴의 모친은 양천허씨陽川許氏로 허봉의 딸이다. 허봉의 부친 허엽은 김세렴의 조부祖父 김효원과 친분이 두터웠다. 김효원과 허엽은 1570년(선조 3) 나란히 호당에 선발되어 가까이 교유하였으며, 동인東人의 중심인물로 활동하

46 趙絅, 〈丙戌二月十四五夜夢兩友有感〉, 『龍洲遺稿』 卷3.

47 李植, 「祭金判書」, 『澤堂別集』 卷12. "我伏郊端, 罕見朝紳, 公乃撥煩, 命駕提壺, 晤言至昃, 肺肝相輸, 寧知此別. …(중략)… 公少於我, 視我如兄, 世無知己, 交鮮親仁, 矧玆耆暮, 凋喪殆盡, 獨賴公存, 理義相勉, 別多會少, 意勤懷緬."

48 李植, 〈玄風宰金道源被誣逮獄 蒙 恩還縣 東湖舟上贈別〉·〈寄金道源日本行中〉, 『澤堂集』 卷6.; 〈寄金道源日本行中〉, 『澤堂別集』 卷4.

49 李植, 「祭東溟金判書文」, 『澤堂別集』 卷12.

50 李植, 「送金學士世濂 使日本序」, 『澤堂集』 卷9.

51 李植, 「書東溟槎上錄後」, 「槎上錄」, 『東溟集』 卷4.

였다. 허엽은 3남 3녀를 두었는데 그중 2남인 허봉의 딸과 3남 허균이 각각 김효원의 장남, 막내딸과 혼인하여 두 집안은 겹사돈이 되었다. 허균은 김효원의 딸과 혼인하였으므로 허균은 김세렴에게 외종조부이자 고모부가 된다.

허균의 가계는 대북계열로 뛰어난 문재文才를 지닌 문한가文翰家로 유명한데 특히 허엽과 그의 자녀들인 허봉·허균·허난설헌이 뛰어났다. 계곡溪谷 장유張維(1587~1638)는 허봉의 시에 대해 "근래 문인재자文人才子 중에 하곡의 시가 으뜸이다"[52]라고 평하였다. 외가의 문학적 재능을 물려받은 김세렴 역시 당대 시문으로 명성을 떨쳤다.[53]

허적은 김세렴의 스승이자[54] 외증조부 허엽의 제자였으며,[55] 허균의 재종제再從弟이다. 김세렴과 허적의 사제관계는 혼맥을 바탕으로 하고 있음을 알 수 있다.

김세렴의 가계는 선대부터 허균을 비롯한 북인계열의 명가와 혼인하였는데 그 역시 광해군의 처남인 유희발의 사위가 되었다. 유희발은 대북계열인 형 유희분과 달리 소북계열이었다. 그러나 김세렴은 유희발의 딸과 일찍 사별하고 유성민의 딸과 재혼하였다. 유성민의 부인은 북인계 남인인 이광정의 딸이다. 유성민의 아들 유흡은 김세렴에게 처남이 된다. 『동명집東溟集』 권1, 2에는 김세렴과 유흡·유몽인·이경의

52 梁慶遇, 「許篈有絶代詩才」, 「詩話」, 『霽湖集』 卷9. "近鄭學士畸窩弘溟謂余曰; '曾聞張內翰維 論東方人詩曰; '爾來文人才子中, 荷谷之詩爲最云.'"

53 權佖, 「敬題槎上錄後」, 「槎上錄」, 『東溟集』 卷4. "見古逼康樂, 律近盛唐, 絶句則最得張·王之體, 而聲韻亦有魯衛於太白龍標者, 此其吾東數百年來所未有也."

54 許褵, 〈次金道源韻以爲寄〉, 『水色集』 卷4. 自註 "名世濂, 卽再從兄荷谷之外孫, 初受學於余, 少捷巍科, 歷敭淸顯, 以言官不撓於時, 遂被遠謫, 今則放歸, 旅次于江上, 讀秦漢詩文以自娛, 作俠客行以視余, 余步韻以寄, 時年二十八."

55 許褵, 「祭岳麓堂兄文」, 『水色集』 卷7. "時余受業於堂叔之門, 寔在丙子丁丑戊寅之歲."

와 주고받은 시들이[56] 수록되어 있어 이들의 교유관계를 살필 수 있다. 유흠은 대북계열로 이이첨을 따랐는데, 1623년 광해군 복위 역모에 휘말려 옥사하였다. 김세렴은 어린 나이에 부친을 잃은 조카 유형원을 돌보며 학문을 가르치기도 하였다. 유형원의 모친은 이상의의 장남 이지완의 딸로 이원진은 유형원에게 외숙이 된다. 이원진은 유형원에게 학문을 가르쳤다. 김세렴과 이원진은 유형원의 고모부와 외숙으로서 유형원의 학문과 사상 형성에 큰 영향을 끼쳤다.

또한 유희발의 작은 딸은 이경전의 아들 이무와 혼인하였으므로 김세렴과 이무는 동서지간이 된다. 이경전은 김세렴이 1635년(인조 13) 통신사행을 갈 때 〈송일본신사送日本信使〉[57] 2수를 지어주기도 하였다. 김세렴의 사위 이가우李嘉雨(?~?)는 송곡松谷 이서우李瑞雨(1633~1709)의 형이자 이경항李慶恒(1610~1643)의 아들이다. 이경항은 대북계열로 이이첨의 문하에 있었다. 이가우는 김세렴의 조카 반계磻溪 유형원柳馨遠(1622~1673)과 막역지우였다. 이가우의 묘지명은 채유후가 찬하였는데 이경항의 처사촌 이서李曙(1580~1637)는 채유후의 장인이었다.

이처럼 김세렴의 가계는 대북계열의 허균·유희발, 북인계 남인 이경전 가계 등 당대 북인계열 명가와 연결되어 있어 그의 가계가 북인계열이었음을 알 수 있다. 다음으로 이원진의 교유와 혼맥에 대해서 살펴보도록 하겠다.

이원진은 성호星湖 이익李瀷(1681~1763)의 당숙堂叔으로 그의 가계는 근기 남인계열에서 정치적·사상적·문학적으로 매우 중요한 위치를

---

56 金世濂, 〈七夕 水色李子方景義, 柳敬伯期會 以雨不至〉, 『東溟集』 卷1.; 〈次柳敬伯將返龍門舊棲韻〉·〈子方, 子山來別, 二公竝同榻故舊〉·〈同子方·子山·敬伯, 次柳迷湖送別韻〉, 『東溟集』 卷2.

57 李慶全, 〈送日本信使〉, 『石樓遺稿』 卷2.

차지한다. 이원진의 가계는 선조 말에서 광해군 대에 전성기를 누렸는데, 1590년(선조 23)에서 1611년(광해군 3)까지 22년 동안 문과 및 중시重試 합격자가 11명, 진사 및 생원시 합격자가 18명, 무과 합격자가 4명이나 배출되었다. 중복 합격자를 제외하고도 모두 26명의 합격자가 그의 가문에서 나왔다.[58] 그러나 인조반정 이후 조부 이상의와 부친 두봉斗峯 이지완李志完(1575~1617)이 광해군에게서 받은 위성공신衛聖功臣의 공신호功臣號와 훈봉勳封이 삭탈되고, 이상의가 1품계 강등되어 지중추부사知中樞府事로 좌천되는 등[59] 가세가 크게 위축되었고, 대북계열의 실각과 더불어 북인계열은 정계에서 입지가 매우 좁아지자 그의 가계는 남인계열로 전향한 것으로 보인다. 이러한 시기에 출사한 이원진은 남인계열로 전향하게 되었고, 이후 그의 가계는 명실상부한 근기 남인계열의 명문가로 자리하였다.

이원진은 1612년(광해군 4) 19세 때 진사시에 합격하고, 1628년(인조 6) 와서瓦署의 별제別提로 관직생활을 시작하였다. 1630년(인조 8) 정시에서 장원급제한 이후 세자시강원 사서・사헌부 지평・평안도 도사・동래 부사・강원 감사・제주 목사 등을 역임하면서 40여 년간 관직에 있었으며 선조先祖의 시고를 모은 『황려세고黃驪世稿』와 제주읍지인 『탐라지耽羅志』[60], 예학서인 『주례부석周禮附釋』[61] 등을 편찬하기도 하

58 李瀷, 「登科記」『星湖全集』卷53. "自庚寅至辛亥, 二十二年之間, 文武大小榜節次著名, 其文科及重試, 合十一. 進士及生員, 合十八. 武科四, 合三十三人. 除疊出七人, 爲二十六人. 而其中罕覯者, 有三. 一是一門之內四子, 侍父前後登司馬, 更無監試赴擧者. 二是兒先釋褐, 父反居後, 同升諸公. 三是重試聯榜, 而其一則同年及第也. 此皆世之所嗟異而吾門萃焉. 豈不盛歟."

59 「少陵公墓誌」, 『驪江世乘』卷5. "丙辰正月, 進階輔國崇祿, 封驪興府院君, 兼工曹判書. …(중략)… 癸亥春仁祖反正, 衛聖功罷, 除勳封, 降一資. 夏辭遞贊成, 拜知中樞府事."

60 이원진은 1651년~1653년 제주 목사로 재직하였는데 이때 제주읍지인 『탐라지』를

였다. 1639년 9월에는 동지사 서장관이 되어 심양에 다녀왔다.

이원진은 관직이 참의參議에 오르는 데 그쳐 정치적으로는 크게 현달하지 못했다. 이는 당시 서인계열이 정권을 장악하였다는 정치적 상황과 관련이 있는 것으로 보인다. 허목은 이원진의 제문祭文에서 그가 고금을 꿰뚫는 높은 학식을 지녔음에도 불구하고 조정의 고위직에 오르지 못한 것을 매우 안타까워하였다.[62]

이원진은 북인계 남인 채유후·윤선도·묵공옹默拱翁 정언횡丁彦璜(1597~1672)과 소북계열인 죽당竹堂 신유申濡(1610~1665)·임숙영·만주晩洲 정창위鄭昌冑(1606~1664)·무은霧隱 정지호鄭之虎(1605~1678), 남인계열인 정백창·화곡華谷 이경엄李景嚴(1579~1652)·난곡蘭谷 송민고宋民古(1592~?)와 가까이 교유하였다. 이원진은 채유후와 매우 가까웠는데 두 사람이 동호東湖에서 배를 타고 놀다가 채유후가 물에 빠지자 이원진이 이를 구한 일이 있었다. 이때 채유후가 지은 시가 〈동호여태호이원진공동주취기추수東湖與太湖李元鎭公同舟醉幾墜水〉[63]이다. 이 일은 널리 회자되어 김득신金得臣의 『종남총지終南叢誌』와 남용익南龍翼의 『호곡시화壺谷詩話』에도 소개되었다.[64] 이원진의 문집 『태호시

편찬하였다. 『탐라지』는 현전하는 가장 오래된 제주읍지로써 17세기 전국적으로 활발히 편찬된 사찬 읍지의 전형이 되었다. 제주 지역을 제주·정의현·대정현으로 나누고, 각 군현별로 疆界 및 程途를 서술하였다. 제주의 자연환경, 풍속, 언어, 인물, 시문에 이르기까지 제주의 다양한 모습을 담고 있으며, 자신을 비롯한 전직 제주 목사와 제주를 방문한 다양한 인사들의 詩文을 함께 수록하고 있다.

61 『가례부석』은 이원진이 지은 『家禮』의 주석서로 그의 생전에 정리되지 못한 것을 三從孫인 李龜休가 편집하였다. 현재 전하지 않는 것으로 보인다.

62 許穆, 「祭李參議文」, 『記言』 卷10 中. "方正之操, 貫古之識, 不得施於朝廷之上, 卒坎軻以沒."

63 蔡裕後, 〈東湖與太湖李元鎭 公同舟 醉幾墜水〉, 『湖洲集』 卷1. "只怕酒杯淺, 不知江水深. 舟中李膺在, 肯學屈原沈."

64 金得臣, 『終南叢志』. "湖洲蔡裕後, 嘗往東湖禿音, 與李承旨元鎭, 同舟而遊. 湖洲醉

고太湖詩藁』에는 채유후의 시에 차운하거나 채유후에게 보낸 시가 여러 수 수록되어 있다. 1640년(인조 18) 순천 부사직을 마치고 내직에 복귀하기까지 미호迷湖에 머물면서 쓴 〈호정차채백창운湖亭次蔡伯昌韻 이수二首〉[65] · 〈호정우차백창운湖亭又次伯昌韻〉[66]과 내직에 근무하면서 지은 〈차호주운시남호次湖洲韻示南湖〉[67] · 〈차호주제선운次湖洲題扇韻〉[68], 1653년(효종 4) 제주 목사 임기를 마치고 미호에서 한거할 때 지은 〈고산차호주운孤山次湖洲韻〉[69] · 〈사호주혜봉여납약謝湖洲惠封餘臘藥〉[70] · 〈사호주기은대필謝湖洲寄銀臺筆〉[71] 그리고 1657년(효종 8) 이후 말년에 쓴 〈강상차호주운江上次湖洲韻 이수二首〉[72] 등을 통해 두 사람의 교유관계를 확인할 수 있다. 미호는 지금의 한강 미사리 부근으로 이원진은 이곳에 거처를 마련하고 자주 머물렀다.

…(전략)…

그대의 시 매우 섬세함을 사랑했는데	愛君詩律十分細
문장이 원래 신묘했음을 문득 깨닫게 되네	轉覺文章元有神

甚, 誤墮江水, 李公急救拯之, 湖洲卽吟一絶曰; '但覺酒盃淺, 不知江水深, 舟中李膺在, 肯使屈原沈.' 一座稱佳. 或傳湖洲先得此句, 陽自墮水云. 可添詩人笑資."; 南龍翼, 『壺谷詩話』. "湖洲少時與李元鎭諸人泛舟游禿江, 蔡因醉沈水, 李卽援之氣定復書一絶曰; '但覺酒盃淺, 不愁江水深, 舟中李膺在, 肯使屈原沈.' 此作近俳而敏捷則可喜."

65 李元鎭, 〈湖亭次蔡伯昌韻 二首〉, 「迷湖錄」, 『太湖詩藁』 卷4.

66 李元鎭, 〈湖亭又次伯昌韻〉, 「迷湖錄」, 『太湖詩藁』 卷4.

67 李元鎭, 〈次湖洲韻 示南湖〉, 「銀臺錄」, 『太湖詩藁』 卷6.

68 李元鎭, 〈次湖洲題扇韻〉, 「銀臺錄」, 『太湖詩藁』 卷6.

69 李元鎭, 〈孤山次湖洲韻〉, 「龜山錄」, 『太湖詩藁』 卷8.

70 李元鎭, 〈謝湖洲惠封餘臘藥〉, 「龜山錄」, 『太湖詩藁』 卷8.

71 李元鎭, 〈謝湖洲寄銀臺筆〉, 「龜山錄」, 『太湖詩藁』 卷8.

72 李元鎭, 〈江上次湖洲韻 二首〉, 「槎亭錄」, 『太湖詩藁』 卷8.

…(전략)…

이 사이 한가로운 정취의 묘사는	此間閑趣有描寫
신의 경지에 든 묘한 그대의 시에 힘입네	賴有君詩妙入神

이 시는 〈호정차채백창운湖亭次蔡伯昌韻 이수二首〉의 미련 부분이다. 이원진은 채유후의 시재詩才를 높이 사고 칭찬하였는데 이 시에서 이원진은 채유후의 시가 매우 섬세하고 신의 경지에 들었다고 칭찬을 아끼지 않았다.

이원진이 지음知音으로 여겼던 신유는 소북팔학사 중의 한 사람으로 시문에 뛰어났다. 신유는 이원진이 귀양 갔을 때 〈증태호이승선원진적행이관절피죄贈太湖李承宣元鎭謫行以關節被罪〉[73]를 지어주기도 하였다. 이 시에 차운한 이원진의 시가 〈공산차신군택증별운公山次申君澤贈別韻〉이다. 신유의 문집 『죽당집竹堂集』에는 〈첨수동벽이령공태호원진위우忝首東壁李令公太湖元鎭爲右 안령공헌징남호위좌부安令公獻徵南湖爲左副 상계입원相繼入院 사문심성斯文甚盛 위부일율爲賦一律 정양료구화용태호운呈兩寮求和用太湖韻〉·〈차운수태호次韻酬太湖〉·〈복첩전운화태호復疊前韻和太湖〉 등 이원진과 관련된 시가 수록되어 있고, 『태호시고』에도 〈와병차니옹운臥病次泥翁韻〉·〈재용전운再用前韻〉·〈공산차신군택증별운公山次申君澤贈別韻〉 등 신유와 관련된 시들이 수록되어 있어 두 사람의 교유를 살펴볼 수 있다.

이원진은 남인계열인 이호민의 아들 이경엄과 사위 송민고와도 교유했는데 이호민 가계와의 교유는 선대인 부친 이지완과 이호민이 1609년(광해군 원년) 명나라 사신 주지번朱之蕃이 왔을 때 접반사로 함께 일

73 申濡, 〈贈太湖李承宣元鎭謫行 以關節被罪〉, 「錦江錄」, 『竹堂集』 卷4. "南去無因問謫居, 驛梅零落幾枝踈. 春來錦水應逢鯉, 只恐烹魚未見書."

했으므로 선대부터 이어진 것으로 보인다.

이원진의 가계는 대북계열, 소북계열, 서인계열에 이르기까지 폭넓게 혼맥을 형성하고 있다. 이원진의 조부 이상의는 7남 3녀를 두었는데 모두 당대 명문가와 혼인하였다. 먼저 대북계열과의 혼맥을 살펴보면 이상의의 2남 이지선李志宣(?~?)이 영의정 만전晩全 기자헌奇自獻(1562~1624)의 사위가 되었고, 5남 이지인이 임취정任就正(1561~1628)의 사위가 되었다. 또한 장남 이지완은 이이첨의 아들 이익엽李益燁(1594~1623)과 유성민의 아들 유흠을 사위로 맞이하였다.

그러나 대북계열과의 혼맥은 인조반정 이후 이원진의 가계가 위축되는 요인이 되기도 하였다. 이지완의 사위 이익엽은 아버지 이이첨과 함께 죽음을 맞았고, 둘째 사위 유흠 역시 유몽인의 옥사에 휘말려 죽임을 당하였다.[74] 5남 이지인의 장인 임취정 역시 1628년 광해군의 복위를 꾀하다 죽임을 당하였다.[75] 이러한 점에서 혼인은 가문의 세력을 확장시키는 요인이 되기도 하지만 반대로 가문을 위험에 몰아넣는 요인이 되기도 한다.

소북계열과의 혼맥을 살펴보면 이원진은 소북계열의 영수 남이공의 사위가 되었고, 동생 이숙진李叔鎭(?~?) 역시 소북계열의 후추後瘳 김신국金藎國(1572~1657)의 사위가 되었다. 남이공과 김신국은 소북계열의 핵심인물로 이들 가문과의 혼인은 이원진의 가계가 북인계열 내에서 차지하는 위상이 높았음을 보여준다.[76]

---

74 『仁祖實錄』 卷2, 仁祖 1년(1623년), 8월 2일(庚申), 1번째 기사. "旣而, 皆爲夢寅所引, 慾竟栲死."

75 『仁祖實錄』 卷18, 仁祖 6년(1628년), 3월 4일(乙丑), 1번째 기사. "兇書則任就正指揮, 而任慶後主張. 就正之子錫後, 一月三度通書於宗忠, 其書曰; '事成之後, 推戴仁城.' 且言; '必須屢投凶書, 騷動人心. 人心動搖然後, 事乃可成' 云矣. 辭連人吳玹・安大弘・高景星・任就正・任錫後等, 不服而斃."

다음 남인계열과의 혼맥을 살펴보면 이지완이 전주이씨全州李氏 이결李潔(?~?)[77]의 딸과 혼인하였고, 5남 이지정이 한산이씨韓山李氏 이경심李慶深(?~?)의 딸과 혼인하였는데 이경심은 이산해의 종조부 이질李秩(?~?)의 현손玄孫이다.[78] 7남 이지안李志安(1601~1657)은 종친 전주이씨 이석령李錫齡(?~?)[79]의 딸과 혼인하였다. 이지안의 아들 매산梅山 이하진李夏眞(1628~1682)은 숙종조 청남의 핵심 인물로 활동하였으며, 성호 이익의 부친이다.

다음 서인계열과의 혼맥을 살펴보면 이상의의 3남 이지굉李志宏(1584~?)은 능성구씨綾城具氏 구사흠具思欽(1564~?)의 딸과 혼인하였다.[80] 이상의는 이정귀의 2남 이소한을 사위로 맞이했는데 이소한은 형 이명한과 함께 문명이 높았다. 이소한은 이원진에게 고모부가 된다. 이정귀 가계와의 혼맥은 이정귀의 고조高祖 이석형李石亨(1415~1477)과 이상의의 5대조 이계손이 설곡雪谷 정보鄭保(?~?)의 사위로 두 집안이 오래전부터 세교가 있었기에 가능했던 것으로 보인다. 두 집안의 세교는 이정귀가 이원진의 부친 이지완이 연경에 사행 갈 때 송별시를 써 준 것에서도 확인된다.[81]

이처럼 이원진의 가계가 북인계열, 남인계열, 서인계열과 골고루 혼

---

76 이원진 가계의 혼맥을 살펴보면 조부인 이상의의 자녀들은 대개 대북계열과 혼인하고 있는 모습을 보이나 이원진 대에 이르면 소북계열과 혼인을 하는 변화를 보인다. 이와 같은 혼맥의 변화는 이원진 가계가 대북계열에서 소북계열로 전향한 것으로 짐작된다.

77 李潔의 가계는 『남보』 上11면에 수록된어 있어 남인계열로 파악된다.

78 鄭斗卿, 「左參贊贈領議政李公神道碑」, 「碑碣」, 『東溟集』 卷14.

79 李錫齡은 『남보』 上83면에 수록되어 있어 남인계열로 파악된다.

80 이지굉의 아들 李奎鎭은 朴鼎賢의 딸과 혼인하였다. 朴鼎賢은 소북계열로 이경전과 친분이 두터웠다.

81 李廷龜, 〈送奏請副使李參判志完 二首〉, 「倦應錄」 上, 『月沙集』 卷16.

맥을 맺었던 것은 북인계 남인의 정치적 입장 변화와 연관이 있는 것으로 생각된다. 이원진의 가계는 대북계열에서 소북계열 그리고 남인계열로 당색이 변화했던 것으로 추정된다. 다음으로 채유후의 교유와 혼맥에 대해 살펴보도록 하겠다.

채유후는 1623년(인조 1) 문과 전시에 장원급제하여 출사한 이래 예조좌랑・이조정랑・대제학・이조판서 등을 역임하며 40여 년간 환로宦路에 있었다. 채유후는 어려서부터 문재文才로 이름났었다. 15세 때인 1613년(광해군 5) 부친 채충연蔡忠衍(1580~1617)이 폐모론에 반대하다 귀양을 간 이원익을 구원하기 위해 올린 상소를 대궐에 나아가 대신 읽기도 하였다.

채유후의 가계는 조부 채경선蔡慶先(1559~1610)의 행적과 채유후와 채진후蔡振後(1602~1654) 형제가 소북계열 학자인 복천復泉 강학년姜鶴年(1585~1647)에게서 학문을 전수받은 사실을 통해 북인계열임을 짐작할 수 있다.[82] 또한 채경선과 채정선蔡楨先(?~?) 형제가 남인계열인 한음漢陰 이덕형李德馨(1561~1613)을 공격하는데 앞장섰던 점과[83] 폐호閉戶 권반權盼(1564~1631)이 한음 이덕형과 혼사를 맺으려 할 때 채경선이 한음 이덕형은 무례한 자라며 혼인하지 말 것을 권한 점,[84] 그리고 채유후의 부친 채충연이 강학년과 도의지교를 맺고[85] 아들의 스승으로 삼

82 조성산(2006), 「蔡濟恭(1720~1799)의 先代家系와 學問淵源」, 『한국인물사연구』 5, 한국인물사 연구회, p.14.

83 『宣祖實錄』 卷195, 宣祖 39년(1606년), 1월 22일(辛卯), 2번째 기사. “且士人蔡禎先及其弟文士蔡慶先, 言於朝紳間曰; ‘德馨之父爲文化縣令時, 德馨出空名告身百餘張, 潛鬻於文化地, 買得數百牛, 置於通津農所, 放牧時野爲之黃.’ 云. 禎先之兄吉先, 代德馨父爲文化縣令, 又往來通津, 故目見於兩處而言之.”

84 『宣祖實錄』 卷121, 宣祖 33년(1600년), 1월 29일(甲戌), 5번째 기사. “權盼與德馨婚姻時, 楨先止之曰; ‘役其父, 使之犯罪, 用心無狀, 不可爲婚姻家.’”

85 姜鶴年, 「祭蔡進士忠衍文」, 『復泉先生遺稿』 卷1.

은 점 등은 채유후의 가계가 북인계열에 가까웠음을 방증한다.

채유후의 가계는 채유후와 동생 채진후 대에 남인계열 내에서 위치를 확고히 한 것으로 보인다. 채유후는 1623년(인조 1) 문과에 장원 급제하여 출사한 이래 뛰어난 문장 실력으로 효종 대에 2번이나 문형을 역임하였고, 국가적 행사에 교문教文을 작성하기도 하였다. 채진후는 1635년(인조 13) 송시형 등 유생 270여 명이 율곡과 성혼의 문묘 종사를 건의하자 당시 성균관 유생의 신분으로 이를 반대하는 상소를 올려 남인계열 내에서 이름을 떨쳤다.[86]

채유후는 1636년(인조 14) 병자호란이 일어나자 인조를 남한산성으로 호종하였고, 청나라와의 화의를 반대하였다.[87] 병자호란 직후인 1637년(인조 15)과 1659년(효종 10) 사행을 다녀왔다. 채유후는 1637년 10월 사은사 서장관으로 심양에 갔다가 술을 마시고 통곡했다는 이유로 평안도 강서江西로 귀양을 갔다.[88] 1638년 1월 해배되었으나 한동안 은거하였다. 1641년(인조 19) 제주도에 위리안치 되었던 광해군이 죽자 예조참의가 되어 호상을 하러 갔다. 그러나 상여꾼들에게 백건白巾을 쓰게 했다는 이유로 탄핵되어 남원 부사로 좌천되었다.

1645년(인조 23)에는 전주 부윤이 되었고, 다음해 5월에 대사간이 되어 중앙으로 복귀하였다. 그러나 그해 9월 문과 초시 시험관을 맡아 시제를 잘못 출제했다는 이유로 파직당하였다가 12월 동부승지로 복귀

86 『仁祖實錄』 卷31, 仁祖 13년(1636년), 5월 11일(庚申), 2번째 기사.

87 蔡彭胤, 「從祖祖父湖洲先生集後遺事」, 『希菴集』 卷29. "從駕南漢, 時和議日盛, 公面陳其失, 請絶之."

88 『仁祖實錄』 卷35, 仁祖 15년(1637년) 7월 4일(庚午), 1번째 기사. "蔡裕後進曰; '其時酒失, 臣獨有之, 不勝惶恐.' 上怒甚默然, 仍謂承旨曰; '朴簹入瀋之後, 一不把杯, 大小事, 身自當之云. 其忠可嘉, 備送毛衣一領, 以表予意. 從臣之在彼者, 從當治罪, 出來者拿鞫定罪.'"

하였다. 이후 3차례 대제학을 역임할 정도로 문명을 떨쳤고, 『인조실록』·『선조수정실록』·『효종실록』 3대의 실록을 편수하였다.

채유후는 당색을 가리지 않고 폭넓게 교유하였다. 소북계열인 남이공·강학년·강백년을 비롯하여 북인계 남인인 이경전·이성구·이민구·이원진·김세렴·윤선도·정언황·이회 등과 교유하였고, 남인계열인 조경·이호민·이경엄·이경의·황호 등과 교유하였다. 또한 서인계열인 창강滄江 조속趙涑(1595~1668)·청봉晴峯 심동귀沈東龜(1594~1660)·무하당無河堂 홍주원洪柱元(1606~1672)·진와眞窩 이시매李時楳(1603~1667) 등과도 교유하였다.

채유후는 북인계 남인들과 깊이 교유하였다. 채유후는 이경전이 만년에 초연정超然亭을 짓고 노량에 나와 살 때 함께 시주를 나누며 시사時事를 토로하기도 하였다. 이경전 또한 채유후의 시를 외우고 다닐 만큼 채유후의 시를 칭찬하였다.[89] 채유후는 이민구와도 교분이 두터웠는데 두 사람의 인연은 이민구와 채유후의 부친 채충연이 진사 동방이었던 것에서 비롯된 것으로 보인다. 이민구와 채유후는 같은 시기에 유배를 갔었는데 서로의 안부를 묻는 시를 보내기도 하고 먼저 해배된 채유후가 이민구를 걱정하는 시를 보내며 서로의 처지를 위로하기도 하였다.[90] 또한 채유후는 김세렴과도 막역지교莫逆之交의 우의友意[91]를 다졌으며, 이원진과도 가까이 교유하였다. 두 사람이 함께 배를 타고 술을 마시다 취해서 채유후가 강에 빠졌던 일화는 매우 유명하다. 이회

89 蔡彭胤, 「從祖祖父湖洲先生集後遺事」, 『希菴集』 卷29. “公在東湖有詩曰; ‘白沙如雪水如天, 永夜寒窓獨不眠. 柳外人聲時入耳, 月明知有上灘船.’ 李韓平慶全書諸壁曰; ‘詞苑宗匠’, 韓平書一聯於壁曰; ‘孤雲衆壑暮, 小雨一秋寒.’ 此蔡學士詩也. 吾嘗誦之.”

90 蔡裕後, 〈李相國贈詩送于觀海所 海感而次寄 因用其韻〉·〈聞赦命後 用前韻錄呈觀海〉 2수, 『湖洲集』 卷2.; 〈觀海謫在寧邊 以詩見寄 奉次〉, 『湖洲集』 卷3.

91 蔡裕後, 「李君墓碣銘」, 『湖洲集』 卷6. “某與東溟金尙書世濂公, 爲莫逆交.”

李禬(1607~1666)는 화음華陰 이창정李昌庭(1573~1625)의 아들로 채유후와 남다른 인연이 있다. 두 사람은 1637년 함께 심양에 사행을 다녀왔으며, 채유후가 남원부사를 마치고 복귀할 때 이회가 후임자로 오기도 하였다.[92] 이회가 제주 목사로 부임할 때 채유후는 송별시를 지어 이별을 아쉬워하기도 하였다.[93] 또한 채유후는 대제학 시절 윤선도와 함께 연구시聯句詩를 짓기도 하였다.[94]

또한 소북계열로 문명이 높았던 강백년은 채유후의 스승 강학년의 종형으로 채유후의 시에 차운한 시와 채유후의 옛 별업에 이르러 배에서 지은 시를 남기기도 하였다.[95] 채유후는 남인계열인 이호민의 아들인 이경엄과 조카 이경의와 교유하였다. 이중 이경의와는 돈독한 친분을 나누었다. 『호주집』에는 이경의와 나눈 시가 여러 수 남아있다.[96]

채유후는 북인계열과 남인계열 뿐만 아니라 서인계열까지 두루 아우르며 교유하였는데, 이 중 조속은 채유후가 가장 가깝게 교유한 인물로 『호주집』에는 조속과 주고받은 시가 30여 수 수록되어 있다. 조속의 부친 조수륜趙守倫(1555~1612)은 우계牛溪 성혼成渾(1535~1587)의 문인으로 동문들과 함께 성혼의 문집 『우계집牛溪集』을 출간하였다. 채유후는 조속을 매우 좋아하고 존경했던 것으로 보인다. 그와 나눈 시에는 그를 향한 그리움과 정치사로 인해 상심한 마음을 허심탄회하게 털어놓은 시들이 많아 두 사람의 교유가 매우 깊었음을 알 수 있다.

---

92 蔡裕後, 〈送交代南原倅李子方〉·〈摠府直夜 寄閔聖與李萬里李子方三學士〉, 『湖洲集』 卷1.

93 蔡裕後, 〈送李子方赴濟州〉, 『湖洲集』 卷1.; 〈送李子方赴濟州〉, 『湖洲集』 卷2.

94 蔡裕後, 〈訪尹孤山善道 月夜聯句〉, 『湖洲集』 卷1.

95 姜栢年, 〈次太學士蔡湖洲韻〉, 『雪峯遺稿』 卷10.; 〈過東湖南雪蓑夢烏亭及遁地朴處士善應 蔡大學湖洲舊墅 不堪愴然 舟中口號〉, 『雪峯遺稿』 卷15.

96 蔡裕後, 〈奉次晩沙韻〉 2수·〈奉次晩沙〉, 『湖洲集』, 卷2.; 〈李晩沙挽〉, 『湖洲集』 卷4.

채유후는 서인계열인 심동귀, 북인계 남인인 정언황과 가까이 지냈는데 세 사람은 각기 다른 당색을 지녔음에도 불구하고 두터운 교의를 나누었다.[97] 정언황은 금이琴易 정호관丁好寬(1568~1618)의 아들로 대북계열에서 남인계열로 전향한 인물이다. 정언황은 근기 남인계열 문인 우담愚潭 정시한丁時翰(1625~1707)의 부친이자 정범조의 고조부이다. 심동귀는 서인계열로 송시열이 그의 문집 『청봉집晴峯集』의 서문을 써주기도 하였다. 세 사람은 함께 자주 어울리며 연구시[98]를 짓기도 하고, 자주 만나지 못하는 그리움을 토로하기도 하였다. 다음의 시는 채유후가 두 사람을 그리며 지은 시이다.

세 사람 자취 한결같았는데	三人蹤跡一相如
이리저리 떠돌다 남과 북에 살게 되었네	漂轉仍成南北居
젊은 시절 장단학을 잘못 알았고	少日謬通長短學
중년에 췌마서를 함께 버렸으며	中年共棄揣摩書
흉금의 기약 바람서리 뒤에도 변함 없으니	襟期不變風霜後
도의의 정 어찌 환란 뒤라고 잊겠는가	道誼寧忘患難餘
덧없는 세상 나가고 물러남은 그런대로 지낼 뿐이니	浮世行藏聊爾耳
지금부터 귀밑머리 성글어짐 탄식하지 마세	從今休歎鬢毛疏[99]

97 『湖洲集』에는 심동귀와 주고 받은 시가 11제 13수가 수록되어 있다. 이를 살펴보면 〈寄晴峯 沈東龜文徵〉·〈次晴峯韻〉『湖洲集』 卷2.; 〈寄晴峯默拙〉 3수·〈寄晴峯〉·〈次晴峯韻〉·〈疊前韻和晴峯〉·〈疊和晴峯〉·〈見文徵書 知仲徽 仲蘧入京 錄寄〉『湖洲集』 卷3.; 〈和晴峯〉·〈沈晴峯挽〉『湖洲集』 卷4.; 〈寄晴峯〉, 『湖洲集』 拾遺. 등이고, 정언황과 주고받은 시는 4제 8수가 수록되어 있는데 이를 살펴보면 〈自解擬贈丁太僕〉, 『湖洲集』 卷2.; 〈寄晴峯默拙〉 3수·〈次丁默拙寄韻〉 3수·〈見文徵書 知仲徽 仲蘧入京 錄寄〉, 『湖洲集』 卷3. 등이다.

98 蔡裕後, 〈天涯夜坐 與沈文徵聯句〉, 『湖洲集』 卷1.; 〈別筵聯句〉, 『湖洲集』 卷2.

99 蔡裕後, 〈寄晴峯默拙〉 3수, 『湖洲集』 卷3.

이 시는 〈기청봉묵졸寄晴峯默拙〉로 채유후가 심동귀와 정언황에게 보낸 시이다. 심동귀는 이 시에 차운하여 〈차봉태호次奉湖洲〉[100]를 짓기도 하였다. 세 사람은 1615년(광해군 7) 식년 초시를 함께 치렀던 사이로 뜻이 잘 맞아 친하게 지냈다. 하지만 유배와 외직 등으로 인해 각각 먼 곳에 떨어져 있는 경우가 많았다. '장단학長短學'은 종횡가縱橫家의 변론술을 뜻하는 장단술을 말하는 듯하다. '췌마揣摩'는 전국 시대 유세가游說家들의 술책術策으로 '췌마서揣摩書'는 이러한 술책을 익힐 수 있는 서적을 뜻한다. 함련은 세 사람이 말솜씨로 세상에 부합하는 일은 하지 않았다는 것을 말한다. 이 시에는 채유후가 세 사람이 어려운 일이 있더라도 도의지교道義之交를 나누며 오랫동안 함께 지내길 바라는 마음이 잘 나타나 있다.

홍주원은 모당慕堂 홍리상洪履祥(1549~1615)의 손자이자 이정귀의 외손자로 선조의 딸인 정명공주와 혼인하였다. 채유후는 홍주원의 집인 무하당無何堂을 자주 드나들며 그곳의 매화를 보고 감상하거나 시주를 즐기며 교유하였다.[101] 이처럼 채유후는 북인계 남인·소북계열·남인계열·서인계열을 아우르는 폭넓은 교유를 했다.

채유후 가계의 혼맥은 대북계열과 서인계열과 두루 이어지고 있다. 채유후의 조부 채경선은 여흥민씨驪興閔氏 민여건閔汝健(1538~1585)의 딸과 혼인하였다. 채경선의 부인은 동원東園 정호선丁好善(1571~1632)의 처사촌이었는데 오백령의 손자 오정일이 정호선의 딸과 혼인하였으므로 오정일은 정호선을 통해 채유후의 집안과 연결된다.

채유후는 월봉月峯 이서李曙(1580~1637)의 딸과 혼인하였는데 일찍

---

100 沈東龜, 〈次奉湖洲〉 3수, 『晴峯集』 卷4.

101 蔡裕後, 〈無何堂詠梅〉·〈無何堂酒席口占〉·〈率爾錄呈無何堂〉·〈醉題無何堂小榭〉, 『湖洲集』 卷1.; 〈錄呈無何堂〉·〈醉題無何堂小榭〉, 『湖洲集』 卷2.

사별하고, 서인계열 태비苔扉 윤민헌尹民獻(1562~1628)의 딸과 재혼하였다. 윤민헌의 손자 동산東山 윤지완尹趾完(1635~1718)은 송시열의 신구伸救를 건의했다가 당시 집권세력인 남인계열의 탄핵으로 관직을 박탈당하기도 하였다. 1680년(숙종 6) 경신환국으로 재등용되었고, 채유후의 『호주집』 서문을 짓기도 하였다.

채유후의 동생 채진후는 전주이씨全州李氏 이완李琓(?~?)의 딸과 혼인하여 채명윤蔡明胤(1652~1720)·채성윤蔡成胤(1659~1733)·채정윤蔡禎胤(1666~1698)·채팽윤蔡彭胤(1669~1743)·채굉윤蔡宏胤(1674~1718) 다섯 형제를 두었다. 이 중 4남 채팽윤은 한백겸의 아들 유시柳市 한흥일韓興一(1587~1651)의 증손녀와 혼인하였다. 채팽윤의 후손인 번암樊巖 채제공蔡濟恭(1720~1799)은 한흥일의 시장諡狀을 짓기도 하였다.

지금까지 북인계 남인들의 혼맥을 살펴본 결과 이들은 대부분 북인계열, 남인계열, 서인계열을 아우르는 혼맥을 통해 폭넓은 관계망을 형성하고 있음을 볼 수 있다. 북인계열과 남인계열의 관계는 이들이 동인계열에서 분당되었던 탓에 학문적·사상적 동질성을 바탕으로 선대부터 통혼과 세교가 이루어지고 있었고, 정계에서 비주류였다는 정치적 공통분모가 일정한 영향을 끼친 것으로 보인다. 또한 서인계열과도 통혼과 교유를 이어가는 모습을 보이기도 하는데 이는 서인 정권 하에서 세력을 유지하기 위한 자구책으로도 해석될 수 있다.

2. 사교와 창작의 공간, 누정樓亭

조선 시대 사대부들의 교유에 있어 시는 매우 중요한 매개체였다. 시를 매개로 하는 교유는 문학적 교유라고 볼 수 있는데 그 양상이 여러 가지로 나타난다. 대표적인 것이 함께 모여서 시를 짓는 시회詩會라고 할 수 있다. 북인계 남인 문인들은 뜻이 맞는 벗과 풍광이 좋은 누정樓亭에서 함께 시를 지으며 친밀감을 높이고 서로의 처지를 공유하였다.

이들은 대개 소북계열에서 남인계열로 전향한 경우가 많으므로 북인계 남인들은 소북계열 문인들과 지속적으로 교유를 이어갔다. 3~4명 이상이 모여 시를 짓는 모임을 시회詩會, 시사詩社라고 하는데 그 모임의 규모와 성격은 다양하다.[102] 시회나 시사가 활발하게 전개된 시기는 18세기이지만 이미 전 시기인 17세기에도 시회나 시사 활동이 이루어졌다.[103] 북인계 남인들의 시회는 부정기적이고 즉흥적인 성격을 띠었고, 대개 친목을 다지기 위해 이루어졌다.

청풍계青風溪 태고정太古亭・수명정水明亭・몽오정夢烏亭 등의 누정은 북인계 남인 문인들이 자주 찾아 벗들과 시를 지으며 문학적 교유를 하던 주요 장소였다. 이곳은 소북계열 문인들이 자주 시회를 열었던 곳이기도 하다. 이곳 누정들은 북인계 남인과 소북계열 문인들이 함께 찾는 문학 공간으로 역할을 하였다. 북인계 남인 문인들은 이곳 누정에서 때로는 6~7명 규모의 시회를 갖거나 벗과 단둘이 호젓하게 시를 나누는 문학 활동을 이어갔다.

이 장에서 먼저 살펴볼 것은 청풍계青風溪 태고정太古亭 시회詩會이

---

102 안대회(2013), 「18세기 시사(詩社)의 현황과 전개양상」, 『고전문학연구』 44, 한국고전문학회, p.424.

103 17세기 시회, 시사에 관해서는 한태문(1991), 「침류대시사 결성에 대한 시고」, 『한국문학논총』 12, 한국문학회.; 고영진(1994)b, 위의 논문.; 강혜선(2011), 「16세기~17세기의 시사(詩社)와 아집(雅集) - 인왕산 청풍계의 문학적 전통」, 『한문학보』 20, 우리한문학회.; 조규희(2011), 「17, 18세기의 서울을 배경으로 한 문회도」, 『서울학연구』 16, 서울시립대 서울학연구소. 등이 참고가 된다.

다. 청풍계靑風溪는 인왕산 자락에 있는 계곡으로 청풍계淸楓溪·청풍계靑楓溪·청풍계淸風溪 혹은 풍계楓溪라고도 불렸다. 도성의 저자 거리에서 가깝고, 산수 경관이 빼어난 탓에 일찍이 많은 문사들이 즐겨 찾던 이름난 유상처遊賞處였다. 사암思庵 박순朴淳(1523~1589)·율곡·촌은村隱 유장경劉希慶(1545~1636) 등도 이곳을 찾아 시를 짓기도 하였다.[104] 청풍계를 찾는 문사들이 많아지면서 이곳은 자연스럽게 시작詩作의 장소, 배경이 되어 문학적 공간으로 명성이 높았다.[105] 청풍계가 본격적으로 문학 공간으로 조성된 것은 1608년(선조 41) 선원仙源 김상용金尙容(1561~1637)이 이곳에 거처를 마련하고 이은吏隱의 삶을 살면서부터이다. 김상용은 청풍계에 별업을 짓고 절친한 벗인 백사白沙 이항복李恒福(1556~1618)·서경西坰 유근柳根(1549~1627)·일송一松 심희수沈喜壽(1548~1622) 등과 함께 자주 시회를 열곤 했다.[106]

> 淸風溪 別業을 지었다. 靑楓溪라고도 하는데, 도성 서북쪽 필운산 아래에 있다. 수석이 매우 맑아 바위는 와유암, 각은 청풍각이라고 불렀다. 또 태고정이 있다. 못·대·바위·골짜기에 모두 이름을 짓고, 12월령시도 지었다. 또 황정견이 "조정에 있을 때 뜻이 동산에 있어, 패옥을 찼을 때도 마음은 고목과 같았다."라는 말을 벽에 썼으니, 이로부터 또 풍계라고 부르거나 또는 계옹이라고 불렀다.[107]

104 朴淳, 〈靑風溪〉, 『思菴集』 卷1.; 鄭惟一, 〈遊淸風溪, 次朴思庵淳韻〉, 『文峯集』 卷1.; 李珥, 〈淸風溪洞丙辰〉, 『栗谷全書』, 「拾遺」, 卷1.; 劉希慶, 〈憶淸風溪〉, 『村隱集』 卷1.

105 강혜선(2011), 위의 논문, p.39.

106 강혜선(2011), 위의 논문, p.43~44.

107 金尙容, 「仙源先生年譜」, 『仙源遺稿』. "築淸風溪別業. 一名靑楓溪, 在京城西北弼雲山下. 水石淸絶, 菴號臥遊, 閣名淸風. 又有太古亭. 池·臺·巖·壑. 悉皆命名, 有十二月令詩. 又取黃太史, 立朝意在東山, 佩玉心如槁木之語題壁, 而自是又號以楓溪, 亦號溪翁."

위의 글은 김상용의 「선원선생연보仙源先生年譜」의 일부분으로 청풍계의 위치와 조성 내역을 살펴볼 수 있다. 청풍계의 이칭異稱과 별업 주변에 와유암·청풍각·태고정이 있었음을 알 수 있다.

1620년(광해군 12) 봄 이상의·이덕형·이경전·김신국·지애芝崖 민형남閔馨男(1564~1659)·만회晩悔 이필영李必榮(1573~1645)·최희남崔喜男(1562~1643) 등 7명은 청풍계 태고정에 모여 봄날의 정취를 흠뻑 느끼며 시회를 열었다. 이날 시회에 참석했던 이상의·이덕형·이경전은 북인계 남인 문인이고, 김신국·민형남·이필영 등은 소북계열 문인이다. 이때의 시회는 당시 정계에서 잠시 물러나 있던 이경전의 주관하에 열렸다. 당시 이경전은 정치에 환멸을 느끼고 실의에 빠져있었는데[108] 평소 친분이 있었던 이상의·이덕형 등 여러 동료들과 청풍계靑楓溪에서 시회詩會를 갖고 시주詩酒로 시름을 달래었다. 청풍계 시회는 다음해인 1621년에도 이루어졌다. 이때의 모임을 그림으로 남기고 시를 수록해 시첩으로 만들어 참석자들이 각자 나누어 가졌다.[109] 1621년 모임에는 민형남과 이필영이 빠졌던 것으로 보인다.

다음의 시는 이상의의 『소릉집』에 수록된 〈제석루첩題石樓帖〉으로 이경전이 만든 『청풍계첩淸楓溪帖』[110]을 두고 쓴 시이다. 이 시는 당시

108 이경전은 1617년 무렵부터 대북계열 이이첨과 사이가 소원해지면서 정치적으로 여러 가지 곤란을 겪었다. 1620년 3남 阜가 太學掌議로 있으면서 이이첨을 벨 것을 주장하는 상소를 올렸다가 쫓겨나는 일이 발생하자 이이첨과의 사이가 더욱 멀어졌다.

109 蔡濟恭, 「崇祿大夫行議政府左參贊兼判義禁府事知經筵事弘文館提學韓平君李公神道碑銘」, 『樊巖集』 卷48. "庚申, 復拜左參贊, 兼知經筵, 春秋館, 弘文提學, 時第三子進士阜以太學掌議, 獨上疏請斬爾瞻頭, 以淸朝廷, 以安宗社, 疏竟留中, 逐田里. 公自是益無意於世, 與李少陵·李竹泉諸名公, 倘佯水石間, 青楓修稧, 作帖以藏, 人以爲勝事."

110 당시 모임에 참석한 이들은 청풍계 시회의 모습을 그림으로 남기고 여기에 시를 수록해서 『청풍계축』으로 만들어 하나씩 나누어 가졌는데 그중 이상의가 가져갔던

이경전의 처지를 위로하는 마음을 담고 있다.

그대의 이 그림을 보고 나는 문득 시름겨우니	看君此畫便愁余
흰머리 되어도 임천으로 아직 물러나지 못해서지	白首林泉未退居
반평생 풍진 속에서 총애와 오욕을 겸하는 동안	半世風塵兼寵辱
온 강의 뿌연 달은 몇 번이나 찼다가 기울었는가	一江烟月幾盈虛
두진 동쪽 두둑 새로 땅을 닦고	斗津東畔新開地
용악 서쪽 편에 낡은 초가집 얽는다면	龍岳西偏舊結廬
가벼운 배에 짧은 노 저어 왕래하기 좋으리니	短棹輕橈來往好
이제부터 흰 갈매기와 소원히 지내지 않으려네	白鷗從此莫相疎[111]

이 시에서 이상의는 『청풍계첩』의 그림 속에서 한가로이 지내는 이경전의 모습을 보면서 아직 관직에서 물러나지 못하고 있는 자신의 처지가 오히려 근심스럽다는 말로 이경전을 위로하고 있다. 당시 정치적 문제로 인해 정계에서 물러나 한거하고 있는 이경전을 위로하는 마음이 잘 나타나 있다.

김신국은 『청풍계첩』의 서문을 지었는데 여기에는 이날 시회에 참석한 인물과 시회의 목적이 잘 나타나 있다.

> 만력 경신년(1620) 늦봄에 驪興 李相國[이상의]·驪川 閔相國[민형남]·韓平 李尙書[이경전]·韓南 李四宰[이필영]·韓山 李參判[이덕형]·나 김신국이 대궐에서 물러 나와 청풍계의 상서 김상용의 집에 모여 놀았다. 당시 김상용은 외지에서 삼년상 중이었으므로 청풍계의 정원과 연못이 놀러 온 사람들의 차지가 된 지 몇 해가 되었다. 자구 최희남도 와서

것이 현전하는 『청풍계첩』이다. 이상의의 증손 이익은 1740년 집안에 전해오던 『청풍계축』을 발견하고 이를 새로 보수하여 『청풍계첩』으로 만들었다.

111 李尙毅, 〈題石樓帖〉, 『少陵集』 卷1.

이 모임에 참여했다. …(중략)… 내가 또 "훌륭한 임금과 신하가 다스리는 태평 시절에 조정과 민간이 편안하여 조회를 마친 뒤 봄 경치를 찾으니, 좋은 향기가 옷소매에 가득하네. 숲과 샘물 빛깔이 변하였고 꽃과 새도 반갑게 맞이해 주네. 이곳에서 술 한 잔에 시 한 수 읊조리니, 성군의 은혜가 아닌 것이 없네. 이번 생애와 이 날은 모두 우리 임금께서 내리신 것이니, 어찌 잊을 수 있겠는가"라고 하니, 모두 "잊어서는 안 되지."라고 하였다. 마침내 궁궐을 향해 두 손 모아 절을 하고 이 서문을 쓴다.[112]

위의 글에는 봄이 무르익은 청풍계를 찾아 시주를 나누며 봄날의 흥취를 즐기는 모습과 이 모든 것이 임금의 은혜 덕분임을 잊지 말자는 충군의 마음이 잘 나타나 있다. 이들은 이날 시회에서 각자 2~3수의 시를 지었는데 이를 살펴보면 다음과 같다.

	작가명	형식	시수	출처
1	金藎國	칠언율시	2	『청풍계첩』
2	李尙毅	칠언율시	2	『청풍계첩』, 『소릉집』
3	閔馨男	칠언율시	2	『청풍계첩』
4	李德泂	칠언율시	2	『청풍계첩』
5	崔喜男	칠언절구	3[113]	『청풍계첩』
6	李慶全	칠언고시	1	『석루일고』
		칠언율시	2	『청풍계첩』
7	李必榮	칠언율시	2	『청풍계첩』

112 金藎國, 「淸風溪序」, 성호기념관 소장본. "萬曆庚申維暮之春, 驪興李相國・驪川閔相國・韓平李尙書・韓南李四宰・韓山李參判・藎國, 退自闕下, 會于青楓溪金尙書第, 賞焉. 時尙書守制在外, 園池之勝, 屬於遊人者有年矣. 崔上舍子懼甫, …(중략)… '際會明時, 朝野寧謐, 會罷尋春, 天香滿袖. 林泉動色, 花鳥欣迎, 一觴一詠, 無非聖主之恩. 此生此日, 皆是吾君之賜, 則是其可忘耶.' 咸曰; '不可忘.' 遂拜手以書."

113 박종훈(2015), 「성호기념관 소장 『청풍계첩(青楓禊帖)』 일고(一考)」, 『한국시가문화연구』 36, 한국시가문화학회, pp.145~172. 참조. 박종훈의 연구에는 최희남의 작

이날 청풍계 시회에서 지은 시들을 살펴보면 최희남을 제외한 6명의 문사들이 모두 칠언율시를 지은 것을 알 수 있다. 특히 이경전은 100구에 이르는 칠언 장편고시를 지어 이날 시회의 감회가 남달랐음을 볼 수 있다. 대개의 시회에서는 시를 수창하며 차운하는 것이 보편적인데 이날의 시회에서는 차운하며 수창하지 않았다. 차운이나 호운, 집구 등의 시령詩令을 두지 않고 자유로운 분위기 속에서 시를 지은 것으로 보인다.

다음의 시는 이경전의 〈청풍계시淸楓溪詩〉로 100구에 이르는 장편고시이다. 이 시는 『청풍계첩』에 수록되지 않고 『석루일고石樓逸稿』[114]에 수록된 작품으로 당시 청풍계 시회에 참석한 이들의 면면을 하나하나 담고 있어 교유관계를 자세히 살필 수 있다. 또한 시회의 홍취와 이경전의 당시 심정을 잘 보여주고 있어 시회의 전모를 파악하는데 매우 유효하다. 이 시를 통해 청풍계 시회가 이경전의 주최 하에 열렸음을 알 수 있다.

한평거사 석루옹이	韓平居士石樓翁
신세 느긋하게 취하고 깨는 그 와중에	身世悠悠醒醉中
막역하고 또 인연 있음에 따라	惟應莫逆亦有緣

품을 4수로 소개하고 있으나 성호기념관 홈페이지 제공 자료에는 3수로 소개되고 있어 이에 따랐다.

114 『石樓逸稿』는 韓山李氏 世稿인 『鵝洲世稿』에 수록된 것으로 이경전의 시 130여 수와 문 3편, 「조천록」에 문 6편이 수록되어 있다. 『석루일고』에 수록된 시들은 대개 1623년 책봉주청사로 청나라에 사행을 다녀오면서 부사 尹暄, 서장관 李民宬과 함께 수창하며 지은 시들이다. 이외에 1620년 한거하던 시절 이상의·이덕형 등과 청풍계에 모여 지은 시 〈靑楓溪詩〉와 〈月沙挽〉, 〈芝峯挽〉 등의 만시, 〈高樓萬里心〉 등 134수가 수록되어 있다. 文으로는 〈募別邑義士檄〉 등 3편이 있고, 「朝天錄」에는 〈請亟降封典事〉, 〈在玉河舘秘密狀啓〉 등 6편이 수록되어 있다.

허락을 좇아 여러 공들을 귀찮게 하니 　追逐許與煩諸公
…(중략)…
청담을 나누며 술 마시니 호방한 기운 감돌아 　淸談仍酒轉豪放
하나하나 진솔하게 속마음 터놓네 　一一坦坦披心衷
여흥은 장원급제하여 지금 찬성이 되었는데 　驪興壯元今貳公
어려서부터 그 명망이 유생들 사이에서 높았지 　聲望夙自儒冠隆
여천은 청렴하여 한가로운 거사와 같아 　驪川淸約等閑士
반평생 높은 벼슬에도 푸성귀 먹었고 　犀貂半生啖葵菘
한남은 작은 체구에 정밀하고 강단 있어 　漢南短小精悍姿
높은 절개에 스스로 우뚝한 기상을 닦았네 　高節自許磨崆峒
조카는 나라의 인재로 일찍이 명성 날렸으니 　阿咸國器早擅價
문채가 환히 빛나 높은 하늘의 무지개 같아 　文采炤耀雲衢虹
우리 집안의 뛰어난 수재로 견줄 자 없고 　吾宗擢秀逈無雙
덕성이 찬란하니 장님과 귀머거리도 흠모했네 　圭璧燦爛欽盲聾
고요함을 겸비한 최군자는 　更兼牢落崔君子
어리석은 나를 돌아보며 뒤를 따르고자 했네 　顧我癡蠅都附驥
과연 작자가 일곱 사람이나 되니 　果然作者爲七人
하늘이 잠시 새장에서 빠져나오게 해주어 　天借暫便超樊籠
원림에서 좋은 계절을 벗들과 함께하니 　園林時節與吾友
좋은 날 즐기지 않고 어찌 걱정하겠는가 　三合不娛胡忡忡
서로 술 권하며 쉬지 않고 술잔 들며 　相酬相勸不停斟
꽃과 수풀 끝없는 곳에서 한없이 마시세 　花藪不盡飮無終[115]
…(후략)…

위의 시에서 여흥驪興은 이상의를, 여천驪川은 민형남을, 한남漢南은 이필영을, 아함阿咸은 이덕형을, 최군자崔君子는 최희남을 가리킨다. 이

115 李慶全, 〈淸楓溪詩〉, 『石樓逸稿』, 서울대 규장각본.

시는 각 인물을 특장을 하나하나 거론하면서 봄날의 흥취를 마음껏 즐기자는 내용을 담고 있다. 당시 이경전은 정치에 염증을 느끼고 우울한 시절을 보내고 있었다. 이경전에게 이날의 시회는 매우 큰 위로가 되었을 것이다. 이 시에는 자신을 찾아와 준 동료들에 대한 감사의 마음과 좋은 봄날을 함께 즐기며 친목을 다지고자 하는 마음이 잘 드러나 있어 이날 시회의 주목적이 친목 도모에 있었음을 보여준다. 이는 앞서 살펴본 『청풍계첩』 서문에서 밝힌 시회의 목적과 부합함을 알 수 있다.

이날 청풍계 시회에 참석한 문인들의 작품들을 살펴보면 대개 청풍계를 선계로 묘사하여 무르익은 봄날의 정취를 한껏 드러내고 있다. 또한 지금의 모임을 난정蘭亭에 비유하여 모임의 품격을 높이고 있다.

일찍이 계옹과 석대에서 취했을 때	曾與溪翁醉石臺
필운대의 가을빛 술잔 가까이 다가오고	弼雲秋色近嚬盃
저녁 바람에 연꽃은 향기 막 날리며	芰荷風晚香初散
서리 맞은 단풍나무 비단을 쌓은 듯 했었지	楓樹霜酣錦作堆
땅은 숲과 샘물 감추어 좋은 자취 머물러두고	地秘林泉留勝跡
하늘은 우리를 이곳으로 다시 오게 했는데	天教我輩此重來
우뚝하게 태고정만 부질없이 남아 있어	巋然太古亭空在
홀로 동쪽 언덕 향해 자꾸만 머리 돌리네	獨向東原首屢回[116]

이 시는 〈제청풍계축후題青楓溪軸後〉 2수 중 첫 번째 수로 이상의의 문집 『소릉집』에도 수록되어 있다. '계옹溪翁'은 청풍계의 주인인 김상용을 가리킨다. 이상의는 김상용과 친분이 두터웠다. 두 사람은 젊은 시절 향림사香林寺에서 함께 독서하기도 하였다.[117]

---

116 李尚毅, 〈題青楓溪軸後〉, 『少陵集』 卷1.

117 金尚容, 「仙源遺稿年譜」, 『仙源遺稿』. "先生十八歲, 十二月, 與李忠肅尙吉・李判書

수련과 함련은 예전 김상용과 함께 가을 정취를 즐기던 일을 회상한 것으로 아름다운 청풍계의 풍광을 한 폭의 그림처럼 그리고 있다. 경련과 미련은 현재의 모임을 서술하고 있다. 특히 미련은 주인이 없는 태고정을 보며 김상용을 그리는 이상의의 마음이 잘 나타나 있다. 김상용은 1618년(광해군 10) 부친 김극효金克孝(1542~1618)가 세상을 떠나자 강원도 원주에서 삼년상을 치르고 있었다. 이로 인해 그의 별업은 한동안 비게 되었다. 주인 없이 덩그러니 비어있는 태고정의 모습과 동쪽을 자꾸만 바라보는 이상의의 행동은 김상용을 그리워하는 마음을 잘 보여준다.

궁궐 정원 저쪽으로 나막신 신고 걸어가보니	紫苑西偏步屧初
그윽하게 빼어난 곳 신선의 거처인 듯	一區幽絶似仚居
바위에 기댄 올려진 집은 산이 문 앞에 있고	依巖架屋山當戶
성긴 시내가 파놓은 연못 물줄기가 휘감아 도네	踈澗穿池水繞除
꽃이 활짝 피고 버들 늘어진 경치에	景物花明兼柳嚲
개부와 상서 함께 올라보니	登臨開府與尙書
난정의 모임만 좋다고 하기 어렵구나	永和修禊難專美
끝없이 좋은 시절 즐거움도 넉넉하니	無際昌辰樂爲餘[118]

이 시는 이덕형이 지은 2수 중 첫째 수이다. 이 시에서 이덕형은 청풍계를 속세에서 벗어난 신선의 거처로 비유하고 무르익은 봄날의 정경을 사실적으로 그리고 있다. '자원紫苑'은 중국 낙양 서쪽에 수나라 때 지은 회통원會通苑, 방화원芳華苑을 이른다. 당나라 때는 이곳을 '자원紫苑'으로 불렀다. 17세기에는 당시풍의 유행과 함께 우리나라 지명을 중

尙毅・李體素春英・從弟參判尙寯, 讀書于香林寺."

118 李德泂, 『青風禊帖』, 성호기념관 소장본.

국의 지명으로 바꾸어 시어로 차용하는 경우가 많았다. '자원'은 궁궐의 정원을 가리키는 것으로 보인다.

함련과 경련은 청풍계의 모습을 그린 것으로 '가옥架屋'은 김상용의 집을 가리킨다. 물줄기가 휘감아 돌고 봄꽃과 버들이 늘어진 청풍계의 봄풍경을 그림처럼 그리고 있다. 개부와 상서는 이날 모임에 참석한 동료들을 말한다. '영화수계永和修禊'는 왕희지가 영화 9년에 난정蘭亭에서 42명의 문인들과 함께 모여 시를 짓고 즐기던 모임을 말한다. 이덕형은 이날의 시회를 난정에 견주면서 시회의 격을 높였다.

우연히 찾은 산길에서 남은 봄 좇으니	偶尋巒徑趁殘春
골짜기 속 풍경 특별한 곳이라 새로워	洞裏風光特地新
자줏빛 분홍빛 꽃 병풍을 펼쳐 놓은 듯하고	深紫淺紅如展障
향기와 덕이 스미고 날리니 이웃이 될 만하네	襲香薰德可同隣
시끄럽고 어지러운 뜬 인생 섞여 돌아가겠지만	浮生鬧擾渾歸幻
이날 모인 그림은 주어진 참모습 그대로일 것이니	此日團圖卽任眞
숲 속 정자에 취해 기대어 잠깐 잠든 사이	醉倚林亭成小睡
순식간에 속세의 이 몸 무릉도원 사람이 되네	暫時身世武陵人[119]

이 시는 민형남이 지은 2수 중 두 번째 시이다. 민형남은 화담의 제자 행촌杏村 민순閔純(1519~1591)의 문인이다. 이 시는 청풍계의 봄풍경을 색채어를 사용하여 감각적으로 그린 시이다. 함련의 '자紫'·'홍紅'은 봄날 흐드러지게 핀 꽃들의 향연을 그대로 느끼게 해준다. 경련과 미련은 속세의 덧없는 삶에서 벗어나 탈속 세상에서 신선이 되어 살고 싶은 민형남의 마음을 표현하고 있다. '차일단도此日團圖'은 『청풍계첩』에 그린 그림을 가리키는 것으로 오늘의 모임이 그림처럼 오래 남기를 바라

119 閔馨男, 『青風禊帖』, 성호기념관 소장본.

는 마음을 그리고 있다. '무릉인武陵人'은 도연명의 「도화원기桃花源記」 속 무릉도원에 사는 선계의 사람들을 말하는 것으로 오늘 모인 동료들을 신선으로 만들고 청풍계를 무릉도원으로 묘사한 것이다.

청풍계 시회의 모습을 담은 『청풍계첩青楓溪帖』은 시회에 참석한 이들이 하나씩 나누어 가졌는데 그중 이상의가 가져갔던 것이 현전하는 『청풍계첩』이다. 이상의의 증손 성호 이익은 1740년(영조 16) 집안에 전해오던 『청풍계첩』을 발견하고 이를 새로이 보수하였다.

> 을묘년(1735년) 초봄 先廟에 일이 생겼는데 일이 처리된 후 집안에 전해오는 옛 물건들을 찾다가 「青楓溪軸」을 발견하였다. 이것은 우리 증조부 貳相公[이상의]와 石樓公[이경전] 등 여러 공이 청풍계 시냇가의 태고정에 노닐면서 시를 지어 차례로 쓰고 그림으로 그려 후세에 보여주고자 한 것이다. 지금부터 116년 전의 것이기에 낡고 해짐을 면할 수 없었다. 이에 장정을 바꾸어 첩으로 만들고, 글씨를 모사하고 그림을 고쳐 새롭게 만들어 영원히 보존하고자 하였다.
>
> 아, 이것을 어루만지며 시를 읊조리자니 후손으로 누군들 감흥이 일어나지 않겠는가. 시내와 산은 그대로인데 수목과 정자 가운데 어떤 것들은 변하였기에 그림을 보고 손가락으로 가리키며 "어떤 것은 옛날에는 있었는데 지금은 없고, 어떤 것은 지금도 옛날 모습으로 똑같이 있구나."라고 하기도 하고, 참여한 몇몇 분들에 대해서는 그 모습을 상상하며 그리워하기를 "저 몇몇 분은 우리 선조와 함께 조정에서 벼슬하고 같은 곳을 노닐었지."라고 하였다. 당시에 서로 따르면서 담소를 나누던 모습을 여기에서 볼 수 있는데, 모두 대대로 벼슬을 하여 명문세족이 되었다. 또 손가락을 꼽아 헤아리며 말하기를 "아무개는 아무 분의 증손, 현손이고 아무개는 아무 분의 자손이다."라고 하였다. 혹 서로 만나기라도 하면 옛일을 이야기하며 모두가 기뻐하였으니, 이것이 실로 시화첩을 만든 의도이다.[120]

120 李瀷, 「敬書青楓溪帖後」, 『星湖全集』 卷56. "歲乙卯孟春, 有事于先廟, 旣利成, 搜家

위의 글은 「경서청풍계첩후敬書青楓溪帖後」로 이익이 『청풍계첩青楓契帖』을 다시 보수하며 쓴 글이다. 이 글을 통해 이익이 우연히 발견한 『청풍계축』을 오래도록 보존하기 위해 『청풍계첩』으로 보수했으며, 당시 시회에 참석한 후손들과 함께 선조들의 일을 회고하기 위해 만들었음을 확인할 수 있다. 이익은 이들의 후손들과 함께 청풍계를 방문하고 시회를 이어가고자 하였으나 병으로 인해 참석하지 못하고 재종손再從孫 청담清潭 이중환李重煥(1690~1752)이 참석하였다. 이익은 이때의 아쉬움을 증조부 이상의의 시 〈제청풍계축후題青楓溪軸後〉에 차운하여 달래었다.

예전에 올랐던 누대 아직 있으니	往昔登臨尙有臺
공들은 여기에서 함께 술잔을 나누었지	羣公簪盍此傳桮
맑은 향기 아직 지금 사람의 이야기로 남아있고	清芬未沫今人話
고운 시는 아직도 오래된 종이 뭉치에 남아 있는데	佳什猶存故紙堆
육십갑자 두 번 돌아 세월 멀어졌지만	甲子屢周應歲遠
경신년 다시 돌아오고 또 봄이 오니	庚申重返又春來
누가 알았겠는가 백여 년이 지난 뒤	誰知百有餘年後
자손들 다시 올라 함께 취하게 될 줄을	苗裔躋扳共醉回
단풍 숲 예전 같고 시내 온통 그윽하니	楓林依舊一溪幽
후손들 찾아와 모여 다시 노니네	後屬招尋合再遊
지난 자취 화표주에 남아 사라지지 않고	往蹟不磨餘鶴柱

傳舊物, 得青楓溪軸者. 卽我曾王考貳相公與石樓諸公, 遊于溪上太古亭, 賦詩列書, 作圖示後也. 距今一百一十有六年之久, 而不免有殘缺. 於是易糊爲帖, 傳模改畫以新之, 爲永遠之謀. 嗚呼, 摩挲諷誦, 其在後孫, 孰不有緬然興感. 溪山自在而物或變遷, 樹木亭榭之間, 按圖而指點之曰; '某也古有而今無也, 某也今有而古亦同也.' 其於數公者, 像想景慕之曰; '彼數公者與我祖仕同朝遊同迹.' 當時之徵逐懽讌, 卽此可見, 而皆簪紱相傳, 爲世名族. 又屈指而歷數之曰某也是某公之曾玄, '某也是某公之雲仍.' 或與之遇, 語及舊事, 而無不懽如也, 此實作帖之意也."

명성의 근원 여우 기댄 언덕처럼 잊기 어렵네	名源難忘等狐丘
세월이 좋으니 붉은 꽃 만발하고	流光好趁緋紅綻
즐거운 기운은 아득히 이어진 푸른 봉우리에 떠있네	喜氣遙連翠黛浮
봄바람 속 모두 참석한 자리에 홀로 가지 못한 채	孤負春風同賦席
병중에 중선루 향해 고개 돌리네	病中回首仲宣樓[121]

위의 시는 〈왕재만력경신모춘往在萬曆庚申暮春 증왕고이상공여동조제공동유어청풍계부시작도曾王考貳相公與同朝諸公同遊於青楓溪賦詩作圖위전가물爲傳家物 금력일백이십유일년今歷一百二十有一年 이갑자재주의而甲子再周矣 종인약속당일宗人約束當日 동유제공지후손同遊諸公之後孫 복회어계상復會於溪上 진환이파盡歡而罷 여병불능부余病不能赴 추차선조운지감追次先祖韻志感〉으로 이익이 증조부 이상의의 시에 차운한 시이다. 제목을 통해 1620년 청풍계 시회를 재현하고 시회를 이어가고자 했음을 알 수 있다. 첫 번째 시는 60갑자가 두 번이나 돌아 120여 년의 시간이 흐른 후 다시 맞이한 경신년에 청풍계를 다시 방문한 후손들의 감회를 그리고 있다. 두 번째 시에서는 청풍계 시회를 추억할 수 있는 화표주나 청풍계의 흔적이 그대로 남아있어 선조先祖에 대한 흠모의 정을 더욱 크게 느끼는 감회를 서술하였다. 이익은 병으로 인해 모임에 참석하지 못한 안타까운 마음을 중선루를 향해 고개를 돌리는 행위로 묘사하였다. 중선루은 왕찬王粲이 동탁董卓의 난을 피해 형주荊州에 있을 때 강릉江陵의 성루에 올라가 고향으로 돌아갈 것을 생각하며 〈등선부登樓賦〉를 지은 것에서 유래한 것으로 여기에서는 청풍계를 의미한다.

121 李瀷, 〈往在萬曆庚申暮春 曾王考貳相公與同朝諸公同遊於青楓溪賦詩作圖 爲傳家物 今歷一百二十有一年 而甲子再周矣 宗人約束當日 同遊諸公之後孫 復會於溪上 盡歡而罷 余病不能赴 追次先祖韻志感〉, 『星湖全集』 卷4.

다음으로 살펴볼 곳은 수명정水明亭이다. 수명정은 소북계열 비천泌川 박이서朴彛敍(1561~1621)가 세운 누정으로 아들 노직魯直 박노朴篭(1584~1643)에 이어 손자 초정草亭 박수현朴守玄(1605~1674)이 경영하며 소북계열 문인들이 자주 모여 시회를 열곤 했었다.[122] 수명정은 마포에 위치해 있었는데 한강을 한눈에 조망할 수 있는 명승지로 이름이 높았다. 이곳은 소북계열 문인뿐만 아니라 북인계 남인 문인들도 찾던 곳이다. 이민구는 1647년(인조 25) 11년간의 유배를 마치고 돌아온 후 다음해인 1648년 수명정으로 거처를 옮겨 살았다. 수명정에 대해 3편의 시[123]와 1편의 기문[124]을 남기고 있어 수명정에 대한 사랑이 남달랐음을 보여준다. 이민구는 수명정의 아름다운 정경을 시로 읊기도 하였다.

높다랗게 언덕에 자리 잡아	岧嶢據曾阿
광활하게 먼 강물 내려다보네	曠豁臨遙浸
멀어서 세 번 쉬어야 오를 수 있고	邃可步三休
높아서 천지 사방 바라볼 수 있네	高宜望六祲
벌어진 골짝 따라 물은 북으로 내닫고	峽呀川北奔
울퉁불퉁 산은 봉우리가 서쪽으로 내밀었네	山巘峯西闖
윤기 나는 물가에 아침 조수 불어나고	渚潤早潮肥
빈 백사장에 봄비 스미누나	沙虛春雨滲
맑은 밤에 흰 아지랑이 걷히고	澄宵素靄褰
갠 저녁에 붉은 노을 스며드네	霽夕彤霞沁
조잡한 그림 단청과 어우러지고	村畫雜丹青

122 김묘정(2019), 위의 논문, p.54.

123 李敏求, 〈水明亭移居〉·〈水明亭聯句體〉, 「西湖錄」 2, 『東州集』 시집 卷13.; 〈水明樓十二詠〉 「西湖錄」 6, 『東州集』 시집 卷17.

124 李敏求, 〈水明亭記〉, 『東州集』 문집 卷3.

배들이 다투어 종횡으로 오간다　　舟梭競織紝
잠두봉이 선인장처럼 버텨서고　　蠶崖仙掌撐
공석이 억센 어금니처럼 막아섰네　　孔石獰牙噤
힘찬 모습 거령의 위엄이고　　奰贔巨靈威
높이 솟은 것은 두터운 땅의 짐이네　　嶪峨厚載任
거듭된 효가 습감의 상으로　　重爻象習坎
지척에 궁궐과 이웃했네　　尺五隣嚴禁
지세는 긴 강과 닿았고　　地紀控長源
하늘빛은 아래 그늘로 이어받네　　天光承下蔭[125]
…(후략)…

이 시는 〈수명정연구체水明亭聯句體〉로 수명정 주변의 풍경과 수명정에서의 생활을 핍진하게 그리고 있는 시이다. '연구체聯句體'는 시의 처음부터 끝까지 2개의 구가 대를 이루는 형식이다. 1~20구까지는 수명정 부근의 풍경을 매우 사실적으로 묘사하고 있다. 수명정이 오르려면 세 번씩이나 쉬었다가 올라야 할 만큼 수명정이 높은 곳에 위치해 있음을 알 수 있다. 산과 강과 모래사장이 어우러진 수명정의 낮과 밤의 아름다운 풍경을 섬세하고 입체적으로 그리고 있다. 이민구는 이외에도 〈수명루십이영水明樓十二詠〉[126]에서 수명정 부근의 풍광을 12개로 노래하였다.

수명정을 자주 찾았던 북인계 남인 문인은 이경전이다. 이경전은 수명정에서 김두남·이덕형·박정현 등과 함께 시를 지으며 친목을 다졌다.

125 李敏求, 〈水明亭聯句體〉, 「西湖錄」 2, 『東州集』 시집 卷13.
126 李敏求, 〈水明樓十二詠〉, 「西湖錄」 6, 『東州集』 시집 卷17.

숭정 을해년 초여름에　　崇禎乙亥歲首夏
나는 남호에서 울적하게 지냈는데　　余在南湖抱伊鬱
늦봄 되도록 꽃과 버들 적막하게 지나고　　三春花柳寂寞過
벽 가득한 먼지는 책 위에 쌓였지　　滿壁塵絲散書秩
때때로 기지개 펴니 천정에 머리 닿고　　時時欠伸屋打頭
가끔 나가려해도 타고 갈 말이 없는데　　往往欲出無騎率
두세 명 친구들이 성 너머에 있으니　　二三親舊隔重城
보고 싶고 그리운 것이 마치 초월에 있는 것 같네　　欲見相思如楚越
파강 어른은 다행히 무사하고　　巴江丈人幸無事
한 달에 두세 번 오시니 막힌 것이 트이네　　月再三來敍阻闊
바람따라 불현듯 좋은 소식 얻었으나　　因風忽得好音耗
생각해봐도 누가 멀리 나가려고 하나　　有意阿誰謀遠出
평생 의를 나눈 의곡 박정현　　平生分義朴義谷
늙을수록 깊은 정 교칠처럼 되어가고　　投老深情轉膠漆
나의 종친이자 마음으로 맺은 죽천 이덕형　　吾宗心契竹泉李
마음속 깊은 사랑은 무쇠처럼 견고하다네　　篤愛中腸堅似鐵
서로 손잡고 물외유를 본떠서 시 짓고　　相携擬作物外遊
좋은 일은 기다리지 않고 한마디 말로 결정하여　　好事不待片言決
마부가 줄지어 가는 강가 길을 피해　　聯翩騶御辟江路
대도에 포장해 기로소를 세우네　　大都鋪張耆府設[127]
…(후략)…

이 시는 〈사월이십팔일四月二十八日 계유수명정繼遊水明亭〉으로 1635년(인조 13) 초여름 김두남・박정현・이덕형과 함께 수명정에서 노닐며 지은 시이다. 이 시는 88구에 이르는 칠언 장편고시로 고시에 뛰어났던 이경전의 시적 역량을 잘 보여주는 작품이다. 제목을 통해 유추할 수

127 李慶全, 〈四月二十八日 繼遊水明亭〉, 『石樓遺稿』 卷2.

있듯이 이번의 모임이 처음이 아님을 알 수 있다. 이 시에서는 벼슬에서 물러나 한거하던 자신을 보러 일부러 멀리서 찾아와 준 벗들에 대한 고마움과 반가움을 한 사람씩 지목하며 곡진하게 표현하고 있다. 이때의 모임과 관련해 김두남이 「노호선유기露湖船遊記」를 썼는데 이경전에 여기에 발문을 써 주었다. 이를 통해 당시 모임의 흥취를 자세히 엿볼 수 있다.

> 내가 호숫가에 우거한 지 벌써 어언 1년이 지났다. 도성에 있는 몇몇 벗들이 어찌 실로 진심으로 그리워하여 한 번 찾아오려 하지 않았겠는가마는, 간혹 오고 가는 길에 겸사로 들러 두루두루 안부를 묻는 정도만 있었다. 일부러 말에 멍에를 씌워 특별히 시간을 내어 일부러 찾아오는 경우는 지금까지 전혀 없었으니 우정이 깊지 못해서가 아니라 형세가 그러하기 때문이다. 성문에서 10리 길은 가까운 거리가 아니다. 그런데 또 거주하는 곳이 호수의 남쪽 기슭에 있고 강 수면은 매우 넓어 출렁거리는 파도를 배로 건너야 하니 위험과 고생이 몇 번 숨을 몰아쉬면 되는 평지의 굽이진 곳에 비해 배가 된다. …(중략)… 그러나 먼저 시를 짓지 않으면 화답할 길이 없으니 먼저 주관하여 일을 추진한 자는 의곡 박정현이요, 즐거워하며 권하여 이루게 한 자는 죽천 이덕형이다. 두 분은 모두 세 가지 존경[三達尊]을 겸하였고 지위와 명망이 매우 두터운데 가뿐히 몸을 날려 용감히 나와 기꺼이 앞장섰으니, 도성[京兆]과 남원[帶方]의 풍류와 의기를 지닌 자들이 어찌 이를 듣고서 따라오지 않을 리 있겠는가. 협률랑은 곧 어릴 적 함께 노닐던 친구이며, 청주 사람과 내 아들은 항상 따라다니는 무리들이니, 모두들 인연이 남다르다. 스스로 공덕을 일삼는 자는 바로 파강 김두남이다. 아! 성대하도다. …(중략)… 죽천이 먼저 시 한 수를 지었는데 '양화진에서 뒷날을 기약하다[楊花後期]'의 '期'자로 운을 삼으니 여러 공들도 모두 차운하여 즐거워하였다.[128]

---

128 李慶全, 「金巴江露湖船遊記跋」, 『石樓遺稿』 文集 卷1. "自余寓來湖上, 已浹歲年于

위의 글은 「김파강노호선유기발金巴江露湖船遊記跋」의 일부분으로 이경전이 남호에 우거한 지 1년 정도 지난 후에도 지속적으로 찾아오는 벗들의 면모와 이들이 모여서 시회를 열고 즐겼던 정황들이 잘 묘사되어 있다. 박정현은 이산해의 문인으로 이경전의 가까운 벗 중의 한 사람이다. 김두남은 이경전의 고모부인 김응남의 사촌 형제로 그와 주고받은 시가 여러 수 있어 상당히 친분이 두터웠음을 알 수 있다. 이날 모임에는 세 사람 이외에 협률랑·청주인·아들이 함께 했던 것으로 보인다. 이 글은 이경전과 가까운 지인들이 서로 모여서 운을 띄우고 차운하며 시흥을 즐기는 모습을 홍겹게 전하고 있다.

다음으로 살펴볼 곳은 몽오정夢烏亭이다. 몽오정은 남이공의 별업으로 미사리 부근의 한강가인 미호渼湖[129]에 있어 풍광이 아름답기로 이름났었다. 몽오정은 남이공을 비롯한 소북계열 문인들이 시회를 열었던 곳으로[130] 이원진을 비롯한 북인계 남인 문인들에게도 사랑받는 명소였다.

> 이 정자는 강산의 승경에 위치해 한 나라의 으뜸이 된다. …(중략)… 내가 보니, 겹진 바위는 푸른빛이 돌고 나는 듯한 누각이 하늘 높이 솟아

茲. 在京若干親舊, 豈果無誠心相憶, 欲一來訪, 而或因往來, 兼遂歷問則有之矣. 至於有意整駕, 專期委顧, 則至今蓋闕如也, 非情之淺, 勢之然矣. 城門十里之程, 不爲近矣. 抑寓在湖之南岸, 江面最闊, 波濤之澎湃, 舟舫之渡涉, 其傾危勞苦, 有倍於平地數息之迂迤.…(중략)… 雖然, 不有唱之, 無以和之, 主張而經營者, 義谷朴公也, 忻悅而勸成者, 竹泉李公也. 兩公皆尊兼三達, 位望甚重, 而輕身勇往, 樂爲之先, 則以京兆·帶方風流義氣, 果安有聞而不從之理. 協律郎少小同遊之舊, 靑州暨吾兒是焉往之流, 而大都因緣擅越, 竊自以功德爲業者, 巴江其人也. 吁其盛哉. …(중략)… 竹泉先題一詩, 以楊花後期之期字爲韻, 諸公皆次而樂之."

129 미호는 渼湖 혹은 迷湖로 표기하기도 한다. 이원진의 『태호시고』에는 迷湖로 표기되어 있다.

130 김묘정(2019), 위의 논문, pp.41~46.

> 있고, 옥 같은 물결이 구불거리고, 기름진 들판이 펼쳐져 있었다. 마주한 봉우리 물가를 굽어보고 돛대가 어렴풋이 창문에 보이며, 구름 안개가 처마 기둥에 서렸다 걷혔다. 그 탁트인 형상, 맑고 시원한 기운, 깨끗하고 선명한 빛깔이 가슴을 씻어주고 오장을 단련시켜서 더러운 것을 쏟아내며 우울한 기분을 풀기에 충분하였다.[131]

위의 글은 허적의 「몽오정기夢烏亭記」 일부분으로 몽오정의 수려한 풍광이 잘 묘사되어 있다. 몽오정이 있는 위치와 누각의 모습, 주변의 풍경을 매우 경쾌하고 시원하게 그리고 있다. 몽오정의 원래 이름은 납호당納灝堂으로 남이공의 증조부인 남세건南世健(1484~1552)이 지었는데 남이공이 새로 보수하면서 몽오정으로 이름을 바꾸었다.[132] 여기에는 다음과 같은 사연이 전한다.

> 몽오정은 본래 판서 남이공의 별업이었다. 남이공이 일찍이 꿈을 꾸었는데, 까마귀가 뜰의 나무에 모여 웅크리고 있으면서 떠나지 않았다. 남이공이 싫어해서 활을 당겨 쏘았다. 남이공은 본래 활을 잘 쏘아 번번이 명중시켰지만, 이때는 세 발이나 화살을 쏘았는데도 모두 명중시키지 못하자 괴이하게 여겨 "너희들은 무슨 수가 있어 나의 화살을 피했느냐."라고 물었다. 까마귀가 "저희들은 黨爭의 渦流에서 용감하게 물러났으므로 해를 멀리할 수 있었을 뿐입니다."라고 하였다. 남이공이 그 꿈에 감동하여 마침내 정자의 이름으로 지었다고 한다.
>
> 남이공은 후사가 없었는데 나의 재증종조인 태호공께서 사위가 되어서 몽오정이 공에게 돌아갔다. 몽오정은 미피강 가에 있었는데 절경이었다.

131 許穪, 「夢烏亭記」, 『水色集』 卷7. "是亭也, 擅江山之勝, 爲一邦之冠. …(중략)… 余觀夫層岩聳翠, 飛閣淩虛, 瓊波委蛇, 溽野蟺衍. 對岑岫俯汀洲, 帆檣隱見於軒窓, 雲煙舒卷於簷楹. 其敞豁之狀, 淸冷之氣, 澄鮮之色, 足以澡胸練藏而瀉洩濁紓鬱邑也."

132 안대회 · 박진욱 · 김세호(2017), 「18세기 漢江의 樓亭 조사 연구 - 嚴慶遂의 「沿江亭謝記」를 중심으로 - 」, 『한국전통조경학회지』 35, 한국전통조경학회, p.88.

> 태호공은 문재와 풍류가 일대를 비출 정도였다. 호수와 산의 승경을 마음대로 다니며 머물면서 술잔을 들고 음영하였고, 필묵이 나는 듯했다. 당시 문인 명사들이 모두 여기 몽오정을 동남 제일의 명승으로 여겼다. 태호라는 호도 이곳을 가리킨다. 연대가 오래 지나 몽오정은 지금 황폐해져 볼 수 없어 이리저리 살펴보니 옛날의 서글픔을 견기디 어렵다.[133]

위의 글은 목재木齋 이삼환李森煥(1729~1813)의 100운 시 〈무인춘戊寅春 여한경선광전배연객허장승주소협與韓景善光傳陪烟客許丈乘舟溯峽 공차홍치경곤제주행연구백운共次洪致卿昆弟舟行聯句百韻〉의 39~40구 '정오귀적적亭烏歸寂寂, 임작원추추林雀怨啾啾'와 41~42구 '잠두증유지岑杜曾遊地, 능하차도두菱荷此渡頭'의 주석으로 '몽오정'의 유래와 이원진이 몽오정을 소유하게 된 사연을 소개한 것이다. 당쟁이 치열했던 정국에서 소북계열이었던 남이공은 대북계열과의 정치적 갈등으로 인해 힘겨운 날을 보내고 있었는데 이 꿈을 꾸고 깨달음을 얻었다고 한다. 이삼환은 성호 이익의 종손從孫이자 이원진의 종증손從曾孫으로 성호 이익을 직접 모시면서 학문을 전수받았으며, 성호학을 이은 중요 인물이다. 이삼환이 시의 주석으로 몽오정에 대해 자세히 다룬 것은 몽오정이 선조先祖인 이원진과 깊은 인연이 있는 곳이기 때문이다.

아들이 없었던 남이공은 몽오정을 사위 이원진에게 물려주었다. 이원진은 몽오정을 좋아해서 이곳을 자주 찾았는데 '태호'라는 그의 호도

133 李森煥, 〈戊寅春 與韓景善光傳陪烟客許丈乘舟溯峽 共次洪致卿昆弟舟行聯句百韻沿江上下 多名區勝蹟 帆船所到 隨境紀述 但趁韻排次 語多牽强 覽者幸毋以聲病約之也〉, 『少眉山房藏』 卷1. "夢烏亭, 亭本南判書以恭別業. 南嘗夢有烏集庭樹, 蹲留不去. 南惡之, 援弓射之. 南本善射, 射輒命中, 至是三發矢皆不中, 怪而詰之云. '爾有何術, 能避吾箭.' 烏云, '我急流中勇退, 故能遠害爾.' 南感其夢, 遂以名亭云.", "渼陂南無後, 我再從曾祖太湖公卽其女壻, 故亭歸于公, 亭在渼陂上, 風景絶奇. 太湖公, 文彩風流照映一代. 擅湖山之勝, 留連觴詠, 筆墨飛動, 當時文人勝流, 皆以此亭爲東南第一名區. 太湖之號, 亦指此地, 年代旣遠, 亭今荒廢無可觀, 徘徊瞻眺, 不勝感舊之悲."

몽오정 일대에서 나온 말이다. 다음의 시는 이원진의 〈몽오정〉으로 몽오정에 담긴 의미를 잘 보여주는 작품이다.

큰 꿈같은 인간 세상 작은 진리 깨닫고 보니	大夢人間覺少眞
꿈속의 꿈을 이룬 것은 본래 이유가 많았지	夢中成夢本多因
학이 도사가 되었다는 말 농담이 아니고	鶴爲道士言非戲
오유선생의 말 더욱 신기하네	烏有先生語更神
용기있게 물러남이 혹시라도 전약수 같다면	勇退倘如錢若水
이소를 어찌 꼭 굴원에게 배우겠나	離騷寧學屈靈均
흰 갈매기 이제와서 황량의 꿈 너머가 되었으니	白鷗今化黃粱外
만 리 푸른 물결에 따를 수 없구나	萬里滄波不可馴[134]

이 시는 '몽夢'과 '오烏'자를 통해 몽오정에 담긴 의미를 전한 시이다. 이 시는 1621년(광해군 13) 3월 이전에 지은 것으로 보인다. 『태호시고』에서 이 시 다음에 배치된 〈삼월삼일적여상사한식상치음백양동三月三日適與上巳寒食相値飮白壤洞〉이 3월 3일에 쓴 시로 확인되기 때문이다. 남이공은 1615년(광해군 7) 폐모론에 반대하다 유배를 갔다가 1619년(광해군 11) 4월 방귀전리放歸田里 되었으니 이 무렵 남이공은 은거 중이었다.[135] 남이공은 1621년 4월 21일에 풀려났는데 이 시는 풀려나기 직전에 이원진이 장인 남이공의 처지를 생각하며 쓴 것이다.

이 시는 '몽夢'이 중심어로 대몽大夢은 깨우치기 어려운 것임을 전하고 있다. '몽중성몽夢中成夢'은 남이공이 꿈속에서 본 까마귀의 말을 실천하는 것을 말한다. 함련은 '오烏'에 관한 내용으로 소식의 〈후적벽부

134 李元鎭, 〈夢烏亭〉, 「前藁錄」 下, 『太湖詩藁』 卷2.

135 『光海君日記』 卷56, 光海君 13년(1621년), 4월 21일(壬辰), 3번째 기사. "祕密傳敎, 放送南以恭・李貴."

後赤壁賦〉와 사마상여의 〈자허부子虛賦〉를 인용하여 몽夢과 오烏의 의미를 풀어냈다. 소식이 적벽강 가에서 본 학이 그날 밤 꿈에서 만난 도사의 현신이었고, 오유선생은 까마귀에 의탁한 인물로 〈자허부〉에 등장하는 가공의 인물이다. 여기에서는 남이공의 꿈에 나타났던 까마귀를 가리키는 것으로 보인다. 경련은 전약수錢若水(960~1003)와 굴원屈原의 이야기를 인용하여 자신의 뜻을 드러내고 있다. 전약수는 송나라 때 사람으로 벼슬이 높은 곳에 오르자 급류에서 용감하게 물러나는 것처럼 미련 없이 벼슬에서 물러났다. 굴원은 참소를 입어 쫓겨난 심정을 〈이소離騷〉에 담았다. 이는 당시 유배 중인 남이공의 처지를 비유한 것이자 자신의 뜻을 함께 드러낸 것이라 할 수 있다. 미련은 '황량지몽黃粱之夢'[136]의 고사를 인용한 것으로 역시 꿈을 소재로 하고 있다. '백구白鷗'는 은거를 의미하는데 아직은 이것이 황량지몽의 꿈 너머에 있고 만리 푸른 물결에 막혀 따를 수 없는 어려운 일임을 토로하고 있다.

허적의 시에서도 '몽오'에 담긴 뜻을 살펴볼 수 있다.[137] 허적은 몽오정을 자주 방문했던 것으로 보인다. 앞서 살펴본 〈몽오정기夢烏亭記〉를 비롯하여 몽오정과 관련된 시가 『수색집水色集』에 여러 수 수록되어 있어[138] 몽오정에 대한 애정을 엿볼 수 있다.

136 '黃粱之夢'은 부귀영화와 짧은 인생의 덧없음을 뜻하는 말로 盧生이 邯鄲의 객점에서 객점 주인이 메조밥[黃粱]을 짓는 것을 보고 도사가 주는 베개를 베고 잠이 들었는데, 꿈속에서 수십 년 동안 부귀영화를 다 누리고 깨어 보니 아직 메조밥이 채 익지 않았다는 고사에서 나온 말이다.

137 許穡, 〈過美吟江月夜 泛舟雪蓑夢烏亭下 次前韻 雪蓑時仕在朝〉, 『水色集』 卷4. "危欄江上碧層層, 一抗塵容更不憑. 落日寒風動虛幌, 中宵明月替華燈. 憂愁秖欲流爲枕, 歡樂都忘谷變陵. 夢裏烏言猶在耳, 臨危勇退是誰能."

138 許穡, 〈夢烏亭 次李實之韻 贈主人雪蓑翁〉·〈月夜泛舟東湖夢烏亭下 聞彈瑟觀懸燈又次壁上韻 寄主人雪蓑翁〉·〈過美吟江月夜 泛舟雪蓑夢烏亭下 次前韻 雪蓑時仕在朝〉, 『水色集』 卷4.

이원진은 1620년(광해군 12) 남이공·이식 등과 함께 몽오정에 모여 시회를 가졌던 것으로 보인다. 몽오정에는 체소體素 이춘영李春英(1563~1606)의 시[139]가 걸려있는데 이날 시회에서 이들은 이춘영의 시에 차운하여 시를 지었다.

높은 난간 아득하게 구름 뚫고 솟아나	危欄縹緲出雲層
양주와 광주 만나는 곳에 홀로 기대었네	楊廣之交獨自憑
학을 타는 꿈 성글어지니 강을 베개로 만들고	騎鶴夢疎江作枕
무지개 타던 놀이 끊어지자 달이 등불 되었네	駕虹遊斷月爲燈
예전에 누관을 열었으니 원래 선위였는데	昔年開觀元僊尉
오늘은 낚시 드리웠으니 또한 자릉이라네	今日垂綸又子陵
한원이 남긴 시편 벽 위에 남아 있는데	韓苑遺篇留壁上
영중의 고상한 노래 누가 화답할 수 있겠나	郢中高唱和誰能[140]

이 시는 〈몽오정차체소운夢烏亭次體素韻〉으로 이 시 바로 뒤에 이춘영의 원운시와 남이공의 차운시 〈차운次韻〉, 이식의 차운시 〈경차敬次〉가 나란히 이어지고 있어 이들이 함께 모여 시회를 열었음을 확인할 수 있다. 이춘영의 원운시는 매우 유명하여 이 시에 차운한 경우가 많다. 이 시는 몽오정이 높은 곳에 위치하고 양주와 광주가 만나는 곳에 있음을 소개하면서 시상을 전개하고 있다. 함련의 학을 타는 꿈이나 무지개를 타고 놀던 일들은 이상理想을 뜻한다. 이러한 일들이 소원해

139 李春英, 〈次納灝堂韻〉 3수, 『體素集』 上. "其二 長松偃蓋石層層, 十二雕闌向晚憑. 漢水春風吹客棹, 斗津疏雨亂漁燈. 五雲西北瞻宸極, 獨鳥東南認廣陵. 物色付君籠絡盡, 病夫才退百無能." 납호당은 몽오당의 옛 이름으로 南以恭의 증조부 南世健(1484~1552)이 세운 정자이다. 南以恭이 낡고 허물어진 납호당을 개축하고 몽오정으로 이름을 바꾸었다(안대회·박진욱·김세호(2017), 위의 논문, p.88.).

140 李元鎭, 〈夢烏亭 次體素韻〉, 「前藁錄」 下, 『太湖詩藁』 卷2.

지고 끊어졌다는 것은 이상이 좌절됨을 의미한다.

이 시는 1620년에 쓰여졌는데 이 시기는 이원진이 아직 등과 전으로 부친 이지완의 상을 겨우 마친 상태였고, 함께 참석한 장인 남이공은 방귀전리放歸田里를 명을 받아 은거 중이었다. 몽오정 아래의 강물을 베개 삼고 달을 등불 삼았다는 것은 현실의 좌절감을 몽오정의 경관을 통해 위안받고 있음을 뜻한다. 경련은 과거와 현재의 상황을 대비하여 남이공의 처지를 묘사하였다. '개관開觀'은 남이공이 몽오정을 보수하여 다시 열었던 옛일을 말한다. '선위仙尉'는 남창 현령南昌縣令을 지냈던 한漢나라의 매복梅福을 가리킨다. 왕망이 정권을 잡자 매복이 산에 들어가 신선이 되었다는 말에서 유래한 것이다. '자릉子陵'은 엄광嚴光의 자字이다. 엄광과 한나라 광무제는 동문수학한 절친한 사이였다. 광무제가 즉위한 후 여러 차례 엄광을 불렀으나 가지 않고 부춘산富春山에 은거하여 몸소 농사짓고 낚시질 하면서 살았다.

'한원韓苑'은 이춘영을 가리킨다. 이춘영은 예문관 검열을 지낸 적이 있는데 예문관을 한림원이라고 불렀다. 이춘영이 남긴 시가 몽오정에 걸려 있어 많은 문인들이 여기에 차운하였다. 영郢은 초나라의 도읍을 말한다. 고창高唱은 곡조가 매우 고상하고 어려운 〈양춘곡陽春曲〉과 〈백설곡白雪曲〉을 가리키는 것으로 화답하기가 매우 어려웠다고 한다. 이 시는 마지막에 '누가 화답할 수 있겠냐'라고 질문을 던지며 시상을 맺고 있는데 여기에는 시회에 참석한 남이공과 이식은 이 노래에 화답할 수 있는 능력이 있음을 내포하고 있어 이들의 시재를 은연 중에 높인 것이다.

이원진은 채유후와 함께 몽오정에서 시를 지으며 교유의 정을 더했다. 다음의 시는 이원진이 순천 부사직을 마치고 돌아와 조정에 복귀하기 전까지 미호迷湖에 머물 때 지은 시이다.

돌을 베개 삼고 꽃으로 자리 삼아 한가로이 잠들었는데 枕石閑眠花作茵
갑자기 문 두드리는 소리에 놀라니 반가움이 새롭네 忽驚剝啄青眼新
칠송이라고 늙은 처사 스스로 부르고 七松自號老處士
오류는 어떤 사람인지 알지 못하네 五柳不知何許人
날듯한 칼 길게 뽑아 비단빛 생선회 뜨고 飛鍔長抽錦縷鱠
흐르는 잔 가득 채운 나부춘을 마시네 流觴滿酌羅浮春
그대의 시가 매우 섬세함을 사랑했는데 愛君詩律十分細
문장은 원래 신묘했음을 깨닫게 되네 轉覺文章元有神[141]

이 시는 〈호정차채백창운湖亭次蔡伯昌韻〉 2수 중 첫 번째 시로 한가로운 생활 중에 찾아온 반가운 벗과의 즐거운 한때를 그리고 있다. 호정湖亭은 미호에 있던 몽오정을 가리킨다. 5년간의 순천 부사직을 마치고 내직에 복귀하기 전까지 잠시 한가한 틈을 보내고 있는 여유로운 생활이 수련에 잘 나타난다. '청안青眼'은 진나라 완적阮籍이 반가운 이가 오면 청안을 뜨고, 마음에 들지 않는 이가 오면 백안白眼을 떴다는 고사에서 나온 말로 반가운 눈빛을 말한다. 잠결에 갑자기 방문한 채유후의 방문이 그저 반갑고 반가울 뿐이다. '칠송七松'은 당나라의 정훈鄭薰을 가리키는 것으로 은퇴한 후 소나무 일곱 그루를 심고 스스로 칠송처사라 자호했다고 한다. '오류五柳'는 진나라 도연명이 집 앞에 버드나무 다섯 그루를 심고 이를 호로 삼았다는 고사를 인용한 것이다. 경련은 채유후가 오자 회를 뜨고 술잔을 띄워 술을 나누는 흥취를 보여준다. 이원진은 채유후의 시재를 아끼고 그의 시를 매우 좋아했다. 미련은 이와 같은 이원진의 시흥과 채유후를 향한 존경의 마음을 잘 보여준다. 이 시 다음에 이어지는 〈호정우차백창운湖亭又次伯昌韻〉에서도 두

141 李元鎭, 〈湖亭次蔡伯昌韻〉 2수, 「迷湖錄」, 『太湖詩藁』 卷4.

사람의 교유를 살펴볼 수 있다. 이외에도 이원진은 몽오정과 관련된 시 〈부옹초도일취음시남여앙婦翁初度日醉飮示南汝昻〉[142] · 〈몽오정차이학사광윤운夢烏亭次李學士光胤韻〉 · 〈호정우음湖亭偶吟〉 등을 남기고 있어 몽오정을 자주 찾았음을 알 수 있다.

채유후도 몽오정을 애호하였는데 남이공과 함께 이곳을 자주 찾았던 것으로 보인다. 다음의 시는 채유후가 쓴 남이공의 만시로 몽오정에서의 추억을 담고 있다.

깨끗한 명성 전후로 이조를 뒤덮었으니	淸名前後掩東銓
영욕의 부침은 모두 하늘에 달린 것이네	榮辱升沈盡在天
경박한 이들 옛 덕을 가벼이 여김을 오래전 알았고	久識薄夫輕舊德
현인들 중 장수한 분 누구인지 또한 바라보네	且看賢輩孰長年
어부의 도롱이에 의탁한 흥취 되려 얕지 않고	漁蓑托興還非淺
승려의 시권에 쓴 시는 전하기를 구하지 않았지	僧卷題詩未要傳
마을의 계주 모임 따라갔던 일 떠오르니	里社憶從鷄酒會
몽오정 아래 석양 속에 배 띄우고 놀았지	夢烏亭下夕陽船[143]

이 시는 〈남판서이공만南判書以恭挽〉으로 1640년(인조 18) 남이공의 죽음을 애도하며 지은 시이다. '동전東銓'은 문관의 인사를 담당하는 이조吏曹의 별칭이다. 남이공은 1599년(선조 32) 이조전랑으로 있을 때 홍여순이 대사헌이 되는 걸 반대하다가 오히려 탄핵당했던 적이 있었다.[144] 수련은 불의에 굽히지 않았던 남이공의 기개를 묘사한 것이다.

---

142 남여앙은 南以恭의 동생 南以信(1562~1608)의 아들 南斗瞻(1590~1656)으로 南以恭의 조카이다.

143 蔡裕後, 〈南判書以恭挽〉, 『湖洲集』 卷4,

144 『宣祖實錄』 卷114, 宣祖 32년(1599년), 6월 11일(戊子), 4번째 기사.

이 시는 남이공의 공적을 칭양하며 몽오정에서 함께 했던 추억을 소환하여 애도의 깊이를 더하고 있다. 채유후와 남이공의 교유는 소북계열 문인 강백년의 시에서도 찾아볼 수 있다.

호주 공과 설사 공이 갈매기 벗 삼아	蓑翁鷗友與湖洲
맑은 강 한 굽이를 나누어 가졌는데	分占淸江一曲流
그때의 영고성쇠 지금은 꿈같아	當日榮枯今一夢
저물녘 하늘 텅 빈 채 강물만 유유히 흐르네	暮天寥廓水悠悠[145]

이 시는 〈과동호남설사몽오정급둔지過東湖南雪蓑夢烏亭及遁地 박처사선응朴處士善應 채대학호주구서蔡大學湖洲舊墅 불감창연주중구호不堪愴然舟中口號〉로 강백년이 몽오정을 지나며 처연한 감정이 일어 쓴 시이다. 이 시는 채유후와 남이공이 죽은 뒤 쓴 것으로 보인다. 남이공과 채유후는 각각 1640년과 1660년에 운명하였다. 강백년은 두 사람의 추억이 아직도 남아있는 몽오정만 강가에 덩그러니 남아있는 허전함을 무심히 흘러가는 강물로 표현하여 쓸쓸함을 증폭시켰다.

이수광도 몽오정에 관한 시를 남겼고,[146] 경정敬亭 이민성李民宬(1570~1629)은 「몽오정기夢烏亭記」와 시를 남기고 있어[147] 몽오정이 북인계 남인들과 소북계열 문인들의 주요 교유 장소였음을 알 수 있다.

몽오정은 남이공 사후 이원진이 물려받았다가 고모부인 이소한이 잠시 거처로 빌려 사용하였다. 이소한은 역마를 함부로 이용했다가 유배를 갔는데 이때 몽오정에서 우거한 적이 있었다.[148] 이소한은 이원진의

145 姜栢年, 〈過東湖南雪蓑夢烏亭及遁地 朴處士善應 蔡大學湖洲舊墅 不堪愴然 舟中口號〉, 「驪江錄」, 『雪峯遺稿』 卷5.

146 李睟光, 〈夢烏亭次李實之韻〉, 『芝峯集』 卷4.

147 李民宬, 「夢烏亭記」, 『敬亭集』 卷13.; 〈次夢烏亭韻〉, 『敬亭集』 卷11.

고모부라는 연유로 몽오정에서 머물게 된 듯하다. 몽오정은 이후 이원진의 아들 이자李滋(1598~1645)가 물려받았는데 제대로 관리되지 못한 듯하다.[149] 훗날 이원진의 재종증손再從曾孫 옥동玉洞 이서李漵(1662~1723)는 주인 잃은 몽오정을 보며 다음과 같은 시를 남겼다.

설사 노인 계실 때 몽오정의 물결과 簑老當時浪夢烏
한마음이었지만 그래도 높은 벼슬 사양하지 않았는데 一心猶未謝名途
토옹이 가버린 후 지금 주인이 없으니 兎翁去後今無主
적막하구나 우리 종친 태호공이여 寂莫吾宗李太湖[150]

이 시는 〈제몽오정題夢烏亭〉으로 이서가 몽오정의 주인이었던 남이공과 이원진을 떠올리며 지은 시이다. 이서는 이원진이 소유했던 몽오정에 대한 감회가 남달랐는데 이 시 이외에도 〈차몽오정운次夢烏亭韻 찬태호선생贊太湖先生〉[151]·〈차몽오정운次夢烏亭韻〉[152]을 지어 몽오정을 추억하였다. 하지만 시간이 지나 몽오정은 점차 쇠락해 갔고 그 이후 사라졌던 것으로 보인다. 정약용은 1758년(영조 34)에 몽오정 가를 지나며 〈주과몽오정舟過夢烏亭〉[153]을 남겼는데 여기에는 쇠락해 겨우

148 李昭漢, 「放逐錄」, 『玄洲集』 卷4. "以濫騎, 被譴, 配平丘驛, 借寓南尙書以恭夢烏亭."

149 김세호(2016), 「南以恭의 夢烏亭」, 『문헌과 해석』 77, 태학사, p.16.

150 李漵, 〈題夢烏亭〉, 『弘道遺稿』 卷4.

151 李漵, 〈次夢烏亭韻 贊太湖先生〉, 『弘道遺稿』 卷1. "宦津風浪起層層, 莫放輕帆入此憑. 隱鼉性貪迷藥餌, 飛蛾無智撲殘燈. 三山暮勢當西極, 一鴈寒聲自穆陵. 推幻轉常眞早事, 此翁之後繼誰能."

152 李漵, 〈次夢烏亭韻〉, 『弘道遺稿』 卷1. "削立雲空大一層, 湖山千里畫中憑. 蒼茫林抹黃昏月, 明滅波心㳻夜燈. 卜宅偶然同五柳, 潔身非是學於陵. 從今怡養江湖上, 經濟山林或是能."

153 丁若鏞, 〈舟過夢烏亭〉, 『茶山詩文集』 卷7. "興廢偏傷過客心, 夢烏亭子隱高林. 荒蹊半沒羊蹄綠, 破瓦猶殘鴨脚陰. 白馬淸流空涕淚, 黃驪舊族劇銷沈. 水邊臺榭多新主, 欲賦靈光悵獨吟."

흔적만 남은 몽오정을 보며 애잔해 하는 마음이 담겨있다.

몽오정은 빼어난 경관과 함께 '몽오夢烏'라는 이름에 담긴 의미로 인해 많은 문인들이 찾던 곳이었다. 몽오정은 소북계열인 남이공에게서 북인계 남인인 사위 이원진에게 전해지면서 북인계 남인과 소북계열 문인들이 자주 찾아 시를 짓고 교유했던 시 창작 공간이 되었다. 북인계열의 분당과 폐모론, 인조반정과 같은 정쟁들이 끊이지 않았던 시절 '용퇴勇退'의 교훈을 담고 있는 몽오정에 담긴 뜻이 정치적 입지가 불안정했던 북인계 남인 문인과 소북계열 문인들에게 더 크게 다가왔던 것이 아닌가 한다. 이원진이 몽오정의 주인이 된 이래 이곳은 이서, 이삼환 같은 후손들에게 더욱 의미있는 장소가 되었으며, 나아가 정약용 같은 근기 남인계열 문인들에게도 친연성 있는 장소가 되었던 것으로 보인다.

3부

북인계北人系 남인南人의 문학 경향과 시세계

1. 북인계 남인의 문학 경향 개관

작가의 시세계는 대개 작가의 삶과 밀접한 연관을 지닌다. 북인계 남인 문인들은 16세기 말~17세기 전반의 양란兩亂을 경험했고, 정치적 부침을 겪었다는 공통분모를 지닌다. 이들이 겪었던 시대 상황과 삶의 질곡은 시세계에 직·간접적으로 반영되어 나타난다. 이 장에서는 북인계 남인의 시세계 양상을 본격적으로 조망하기에 앞서 북인계 남인 대표 문인들의 개별적인 문학 경향을 살펴 여기에서 포착되는 동이점同異點들을 바탕으로 북인계 남인 문인의 문학 경향을 개괄하고, 17세기 시단의 경향에 대해 살펴본 후 이들의 시세계를 본격적으로 다루고자 한다.

문학 경향은 작가의 문학세계를 구축하는 기반이 되고 실제 창작과 연계된다는 점에서 이에 대한 검토는 북인계 남인 문인들의 시세계를 본격적으로 조망하기 위한 사전 단계로 유의미하다. 이 과정은 정치적·학문적 동질성을 바탕으로 동시대를 살았던 북인계 남인 문인들의 문학 경향에 어떤 차이가 있는지, 17세기 전반 문단의 문학 경향과 어떤 상관관계가 있는지, 나아가 후대 근기 남인계열 문단에 어떠한 영향을 끼쳤는지 등을 이해하는 데 도움이 될 것이다.

앞서 언급한 것처럼 석루石樓 이경전李慶全(1567~1644)·동주東州 이민구李敏求(1589~1670)·동명東溟 김세렴金世濂(1593~1646)·태호太湖 이원진李元鎭(1594~1665)·호주湖洲 채유후蔡裕後(1599~1660)는 17세기 전반 북인계열에서 남인계열로 전향한 관료 문인들로 양란과 정치적 부침 속에서 문학세계를 이루어 나갔고, 후대 근기 남인계열의 문학 경향 형성에 영향을 끼친 문인들이다. 이들이 보여주는 시세계는 18세기 근기 남인계열 문단이 보여주는 보수성과 참신성의 두 가지 모습을 모두 지녔다는 점에서 대표성이 있다고 할 수 있다.

북인계 남인이 등장했던 17세기 전반 조선의 시단은 당풍唐風이 주류로 자리한 가운데 명明의 전후칠자前後七子가 소개되면서 '문필진한文必秦漢, 시필성당詩必盛唐'의 복고주의가 전개되던 시기이다. 문장에서는 선진양한先秦兩漢의 고문古文을, 시에서는 성당풍盛唐風과 한위고시漢魏古詩의 창작을 추구하는 경향이 나타났다. 16세기 후반 명과의 사신교류, 명의 임진왜란 참전 등으로 명과의 인적·물적 교류가 확대되는 가운데 서적의 유입 또한 활발해졌고, 이에 따라 전후칠자前後七子·당송파唐宋派·양명좌파陽明左派·공안파公安派 등 다양한 사상들이 유입되었다. 이 중 전후칠자는 조선의 문단에 큰 영향을 끼쳤는데 특히 후칠자에 속하는 이반룡李攀龍(1514~1570)과 왕세정王世貞(1526~1590)의 영향력이 가장 컸다.[1] 이와 같은 시단의 흐름 속에서 북인계 남인 문인들은 당대의 문학 경향을 수용하고 이를 바탕으로 자신들의 시문학 세계를 구축해 나갔다.

이경전은 가학을 통해 화담·남명·퇴계의 학문을 익혔다. 고려말

1 강명관(1995), 「16세기 말~17세기 초 擬古文派의 수용과 秦漢古文派의 성립」, 『한국한문학연구』 18, 한국한문학회, p.290.

의 명문장가 목은牧隱 이색李穡(1328~1396)의 후손인 이경전의 가계는 문명文名이 뛰어난 문한가文翰家였다. 남용익南龍翼은 「호곡만필壺谷漫筆」에서 아계鵝溪 이산해李山海(1539~1609)·이경전·이후李厚(1585~1612)·이구李久(1586~1609)로 가문의 명성이 이어졌다고 하였다.[2] 이경전은 여러 차례 문형을 지낸 당대의 문인 이산해의 문학적 재능을 이어받아 어린 시절부터 뛰어난 시재를 발휘하였다.[3] 이산해는 이경전이 어린 시절에 지은 〈영설詠雪〉·〈영귤詠橘〉·〈견폐시犬吠詩〉를 보고 감탄하며 '나는 따라갈 수 없다'라고 할 정도였다.[4]

이경전은 뛰어난 문장력을 인정받아 인조반정 직후 북인계열이었음에도 불구하고 책봉주청사로 선발되어 사행의 책임을 완수하였고, 문형으로 제수되어 삼전도비의 찬자로 지목될 정도였다. 그러나 이경전의 문학 경향을 확인할 수 있는 자료는 많이 남아 있지 않아 전모를 파악하기 어려운 실정이다. 따라서 일부 남아 있는 자료와 작품들을 통해 그의 문학 경향을 유추해 보고자 한다.

> 이경전은 일찍이 사물에 마음을 두었으니, 유독 가장 좋아하는 것은 서적이었다. 어릴 때부터 손에서 책을 놓지 않았으며, 만년에는 『중용』과 『대학』을 좋아하여 하루에 한 번씩 외우곤 하였다. 글을 짓는 데는 미리 구상하거나 초를 하는 일이 없었으나 글을 쓰면 도도하여 일삼는 것이 없는 듯했고, 시에 더욱 능하였다. 자제에게 반드시 육경을 근본으로

2 南龍翼, 『壺谷漫筆』 卷3. "李鵝溪山海子慶伯慶全, 全子厚久, 諸人皆繼家聲." 이산해는 5남을 두었는데 그중 장남 이후와 차남 이구는 약관의 나이에 급제해 가문의 기대를 한몸에 받았다. 하지만 두 사람 모두 일찍 세상을 떠났다.

3 홍만종은 『소화시평』에서 이경전이 9세 때 지은 작품과 11세 때 지은 작품을 소개하면서 아버지 李山海 못지않게 뛰어난 詩才를 지녔음을 언급하였다.

4 蔡濟恭, 「崇祿大夫行議政府左參贊兼判義禁府事知經筵事弘文館提學韓平君李公神道碑銘」, 「神道碑」, 『樊巖集』 卷48. "有詠雪詠橘詠犬吠詩, 議政公歎曰; '非吾所及也已.'"

삼도록 권하였다.[5]

> 공은 문장으로 임금에게 인정을 받았는데, 글을 쓸 때는 생각해서 엮지 않았지만 드러나는 것이 마치 전장의 군마와 바람을 탄 돛단배와 같았다.[6]

위의 글은 이경전의 아들 과암果菴 이무李袤(1600~1684)가 쓴 행장行狀과 번암樊巖 채제공蔡濟恭(1720~1799)이 쓴 신도비神道碑 중 일부이다. 이 글을 통해 이경전이 어려서부터 독서를 즐겼으며 만년에 『대학』과 『중용』 등 성리학 서적을 가까이하며 학문을 수행했음을 알 수 있다. 이는 이경전이 성리학을 학문의 기본으로 두고 있음을 보여준다. 하지만 이보다 더 중요하게 생각했던 것이 육경六經이라고 할 수 있다. 이경전은 자녀들이 학문을 익힐 때 육경을 근본으로 삼도록 했는데, 이것은 학문을 배울 때 육경을 먼저 익힌 이후에 성리학서를 익히게 했다는 의미로 유추할 수 있다. 또한 글을 쓸 때는 미리 구상하거나 엮지 않고 일필휘지로 쓸 만큼 문장력이 탁월했음을 짐작할 수 있다. 다음의 글은 남용익의 『호곡시화』 중 일부분으로 이경전의 시 경향을 살펴볼 수 있다

> 석루 이경전의 시는 호방하여 어떤 것은 형식에 구애받지 않고 재빠르기가 부름에 응답하는 듯 하였는데 절구가 제일 좋다.[7]

위의 글에서 남용익은 이경전의 시풍이 호방하고, 어떤 것은 형식에

5 李袤, 「先考行狀」, 『果菴集』. "嘗留意於物, 獨最樂者書籍. 自少手不釋卷, 晩好庸學, 一日篇誦. 爲文不構思起草, 下筆滔滔, 行其所無事, 尤長於詩. 勸子弟以六經爲本."

6 蔡濟恭, 「崇祿大夫行議政府左參贊兼判義禁府事知經筵事弘文館提學韓平君李公神道碑銘」, 「神道碑」, 『樊巖集』 卷48. "公以文章結主知, 爲文不構思, 其出如陣馬風檣."

7 南龍翼, 『壺谷詩話』. "李石樓慶全之詩, 豪放或不循彀率, 而如應呼, 絶句最佳."

구애를 받지 않는 경우도 있다고 하였다. 그리고 시를 빠르게 짓는 능력을 칭찬하며 절구絶句가 좋다고 하며 칠언절구 〈제화응題畵鷹〉 2수와 〈제설題雪〉을 예시로 들었다. 『석루유고』에는 칠언절구 302수가 수록되어 있는데 이는 전체 902수의 시 중 30% 정도의 비중을 차지한다.[8] 이에 비해 오언절구는 1수에 불과해 이경전이 칠언절구를 매우 선호했음을 알 수 있다. 〈제화응〉은 『석루유고』에 〈응안화기이제독여송鷹雁畵寄李提督如松〉이라는 제목으로 수록되어 있다.

흰 깃털 막 털고 쇠같은 부리 단련하더니	霜毛新拂淬金牙
가을바람 흘겨보며 나뭇가지에 기대있네	側目西風倚樹柯
그림 속 매에게 그 모습 한 번 빌리고 싶은 것은	欲向畫中容一借
세간의 여우와 토끼들 너무 설치기 때문이오	世間狐兎太紛拏[9]

이 시는 〈응안화기이제독여송鷹雁畵寄李提督如松〉 2수 중 첫 번째 시로 임진왜란이 일어난 지 2년 뒤 1594년에 지은 것이다. 이 시는 임진왜란 때 조선에 왔던 명나라 장수 이여송李如松(1549~1598)에게 보낸 것으

8 『石樓遺稿』에 수록된 시를 형식별로 분류하면 다음과 같다.

권	오언절구	칠언절구	오언율시	칠언율시	오언고시	칠언배율	칠언고시	기타	계
1	1제 1수	70제 106수	34제 37수	125제 169수	2제 2수	-	1제 1수	1제 1수	230제 317수
2	-	37제 60수	13제 13수	143제 199수	-	11제 11수	1제 1수	-	207제 284수
3	-	39제 58수	20제 20수	89제 117수	2제 2수	5제 5수	1제 1수	-	156제 203수
「江都錄」	-	64제 78수	5제 7수	11제 13수	-	-	-	-	80제 98수
계	1제 1수	210제 302수	72제 77수	368제 498수	4제 4수	16제 16수	3제 3수	1제 1수	673제 902수

이 외에도 『石樓逸稿』에 130여 수의 시가 수록되어 있다.

* 1제의 연작시 안에 시형식이 다른 시가 여러 수로 구성되어 있는 경우 각각의 시형식에 합산하였으므로 권별 합계와 시형식별 합계가 차이가 나는 경우가 있다. 이 경우 권별 합계의 수량에 따른다.

9 李慶全, 〈鷹雁畫 寄李提督如松〉, 『石樓遺稿』 卷1.

로. 당시 이산해는 평해에 유배 중이었는데 이경전도 아버지를 모시고 함께 유배지에 있었다. 이 시는 그림 속의 매를 보고 쓴 것인데 흰 깃털에 쇠처럼 단단한 부리를 지니고 매서운 눈빛으로 나뭇가지에 앉아있는 용맹한 매의 모습을 묘사한 것이다. 이 시에서 매는 이여송을 가리키고, 여우와 토끼는 임진왜란을 일으킨 왜적을 의미한다. 매의 힘을 빌어 여우와 토끼들을 혼내고 싶다는 말에서 나라를 걱정하는 이경전의 마음을 엿볼 수 있다.

이경전의 시는 당풍唐風을 바탕으로 하고 있다. 허균은 이산해의 시에 대해 "근래 관각의 문장은 이산해가 최고이다. 초년부터 당唐을 배웠으나 만년에 평해에 유배되어 비로소 그 극치에 이르렀다."[10]라고 평하였다. 이를 통해 이산해가 당시唐詩를 익혔음을 알 수 있다. 아버지에게서 학문을 익힌 이경전도 이산해의 영향으로 자연스럽게 당시를 수용했을 것으로 보인다. 그의 시에도 당풍의 경향을 보이는 작품들이 많으며 두보시를 차운하거나 용사한 작품이 여러 수 있다. 또한 이경전은 촌은村隱 유희경劉希慶(1545~1636)의 문집 『촌은집村隱集』의 인引에서 "일찍이 평소 음영한 수백 편을 갈무리하여 나를 찾아와 보여주니 청고淸高하고 소창疎暢함이 옛 당나라 사람들의 절조와 풍격을 잃지 않았다."[11]라고 하면서 당시에서 주로 나타나는 청고淸高와 소창疎暢을 비평의 기준으로 제시하였다. 이로 볼 때 이경전이 당시에 조예가 깊었음을 짐작할 수 있다. 당풍의 경향을 지닌 시들은 청풍계나 초연정에서 지은 시, 주변의 산수를 완상하며 지은 시들에서 살펴볼 수 있다.

---

10 許筠, 〈經歷險難得江山之助然後文章可以入妙〉, 「惺叟詩話」, 『惺所覆瓿藁』 卷25. "近代館閣, 李鵝溪爲最, 其詩初年法唐, 晩謫平海, 始造其極."

11 李慶全, 〈村隱集引〉, 『村隱集』. "嘗袖其平日所吟詠累百言, 過示余, 淸高疎暢, 不失古唐人調格".

이경전은 호음湖陰 정사룡鄭士龍(1491~1570)의 시를 좋아했던 것으로 보인다. 『석루유고』에는 〈설후차호음운雪後次湖陰韻〉·〈병자오월이십삼일대우후丙子五月二十三日大雨後 차호음운次湖陰韻〉·〈차호음백마강운次湖陰白馬江韻〉 등 정사룡의 시에 차운한 시가 있는데 정사룡은 해동강서시파海東江西詩派로 알려져 있다. 해동강서시파의 시는 호방하고 기발한 상상력을 바탕으로 묘사 자체의 공교로움을 지향하는 경우가 많은데, 특히 율시에서 이러한 공교로움을 드러내는 경우가 많다.[12] 교산蛟山 허균許筠(1569~1618)은 정사룡의 시 〈황산역黃山驛〉에 대해 '기걸혼중奇傑渾重'[13]하다고 평가하기도 하였다. 정사룡의 시에 대한 흠모는 이경전의 시가 호방하다고 평가받는 것과 연관성이 있는 것으로 여겨진다. 해동강서시파에 대한 관심은 다음의 글에서도 확인할 수 있다.

> 우리나라 문장의 성대함은 마땅히 이용재[李荇]·박읍취[朴誾]·남지정[南袞] 등 몇 분 만한 사람이 없는데, 주옥같은 시어와 빛나는 작품은 「蠶頭泛月錄」에서 가장 성대하게 보인다.[14]

위의 글은 「김파강노호선유기발金巴江露湖船遊記跋」의 일부분이다. 이경전은 1636년 무렵 남호南湖에 물러나와 살았는데 이때 자신을 보러 온 파강巴江 김두남金斗南(1559~?)·의곡義谷 박정현朴鼎賢(1562~1637)·죽천竹泉 이덕형李德泂(1566~1645)과 배를 타고 노닐며 마포 양화진에 있는 잠두봉蠶頭峯을 보며 위의 글을 썼다. 이경전은 용재容齋 이행李荇

12 이종묵(2002), 「조선 전기 한시의 당풍과 송풍」, 『한국 한시의 전통과 문예미』, 태학사, pp.441~442.

13 許筠, 「惺叟詩話」, 『惺所覆瓿藁』, 卷25. "奇傑渾重, 眞奇作也."

14 李慶全, 「金巴江露湖船遊記跋」, 『石樓遺稿』 文集 卷1. "若我國朝文章之盛, 宜莫如李容齋·朴挹翠·南止亭數公, 而珠璣光焰, 最藉於蠶頭泛月之錄."

(1478~1534)・읍취헌挹翠軒 박은朴誾(1479~1504)・지정止亭 남곤南袞(1471~1527)의 문장을 높이고, 「잠두범월록蠶頭泛月錄」[15]을 높이 평가하였다. 이행・박은・남곤은 정사룡과 같은 해동강서시파에 속하는 문인들로 이들의 추앙은 이경전의 시문학 경향이 당시唐詩와 송시宋詩를 동시에 수용하고 있음을 짐작하게 한다. 이는 소식蘇軾의 시에 차운한 〈차동파운次東坡韻〉과 소식의 시 구절을 인용한 〈동파역東坡驛〉・〈무제無題〉・〈태고정太古亭〉 등에서 확인할 수 있다.

17세기 전반 시단은 명 복고파의 영향으로 한위고시漢魏古詩를 추구하는 분위기였지만 이경전의 경우 상대적으로 고시의 창작이 많지 않은 편이다. 『석루유고』에는 오언고시 4수, 칠언고시 3수가 수록되어 있다. 『석루일고』에 수록된 〈청풍계시靑風溪詩〉는 칠언 100구의 장편 고시이고, 『석루유고』에 수록된 〈사월이십팔일계유수명정四月二十八日繼遊水明亭〉 역시 칠언 88구의 장편 고시이다. 〈청풍계시靑風溪詩〉와 〈사월이십팔일계유수명정四月二十八日繼遊水明亭〉은 이경전이 시회詩會를 즐겼음을 잘 보여주는 시로 시회에 참여한 동료들에 대한 고마움과 시회를 즐기는 흥취가 잘 나타나 있다.

이경전은 중국의 역사적 고사나 인물을 소재로 한 영사시詠史詩와 역사의 현장을 지나며 감회를 읊은 회고시懷古詩를 창작하였다. 『석루유고』에는 중국 고사의 인물을 소재로 한 영사시가 13편[16] 수록되어

15 「蠶頭錄」이라고 한다. 蠶頭는 蠶頭峯을 가리키는 것으로 楊花津 동쪽 언덕에 있는 산이다. 1502년(연산군 8) 임술년에 이행・남곤・박은 세 사람은 서호의 잠두봉 아래에서 뱃놀이를 하며 시를 짓고 놀았는데 이행이 이때 지은 시들을 모아놓은 것이 「蠶頭泛月錄」이다. 「잠두록」은 이행의 문집 『容齋集』 卷4에 수록되어 있다.

16 이경전의 詠史詩는 모두 칠언절구로 이루어져 있으며 중국 고대 인물과 그에 얽힌 고사를 소재로 하고 있다. 영사시의 소재가 된 인물은 豫讓・魯仲連・諸葛亮・王昭君・宋高宗・漢光武・太公望・荊卿・伊尹・老聃・項羽・范增・夷齊 등으로 송 고종을 제외한 이들이 모두 秦漢 이전의 인물이다.

있는데 시의 소재가 된 인물들 중 송宋 고종高宗을 제외한 이들이 모두 진한秦漢 이전의 인물들이다. 이경전의 아들 이무의 『과암집』에는 〈회고擬古〉라는 제목으로 100수의 영사시가 수록되어 있는데 여기에는 이산해와 이경전의 영사시가 포함되어 있다. 이무의 영사시가 〈회고〉라는 제목으로 이경전의 영사시를 수록하였다는 점에서 영사시를 이경전의 의고적인 작품으로 볼 수 있을 듯하다. 이경전의 영사시는 양적으로 많지 않으나 역사 의식과 당대 현실을 함유하고 있다는 점에서 주목을 요한다.[17]

이경전은 평소 독서를 중요시 여겼고, 육경을 근본으로 삼았으며 당시를 바탕으로 두보의 시를 전범으로 삼았다고 보인다. 또한 송풍인 해동강서시파의 시에 관심을 지녔으며, 소식의 시 구절을 인용하는 등 송시를 함께 수용하는 양상을 보였다. 이에 따라 이경전의 시문학에 관한 선행 연구에서 이경전의 시세계를 '객수와 '고주孤舟'의 이미지', '깨끗하고 광막한 산수'·'전란과 역사 의식'·'「강도록」의 위상과 의미'로 정리하여 살피거나,[18] 이경전이 천부적으로 창작 능력을 타고났음을 언급하며 이경전의 시세계를 '관료적 삶에 대한 긍정적 인식'·' 서정의 발현과 당풍'·'역사를 통한 감계'로 나누어 살펴보기도 하였다.[19] 선행 연구와 지금까지 살펴본 이경전의 문학 경향을 견주어 보았을 때 이경전 시의 첫 번째 특징적인 양상은 관료로서 나라를 위하고 맡은 바 책임을 다하며 동료 관원들을 향해 지극한 관심을 드러내는 관료 의식의 표출이다. 다음은 붕당으로 인한 정쟁의 심화 속에서 당색을 바꾸어야

---

17 이은주(2003), 「석루 이경전의 삶과 시」, 『한국한시작가연구』 5, 한국한시학회, pp.418~422.

18 이은주(2003), 위의 논문, pp.410~427.

19 박용만(2010), 위의 논문, pp.581~596.

만 했던 정치에 대해 환멸을 느끼고 정치 일선에서 한발 물러나 산수 자연의 완상을 통해 현실의 시름을 잊고 초연한 삶을 살아가고자 하는 초월 의식이라고 할 수 있다.

이민구는 부친 지봉芝峯 이수광李睟光(1563~1628)과 함께 당대 문명이 상당히 높았다. 그의 시문은 일찍이 제가들의 호평을 받았다. 호곡壺谷 남용익南龍翼(1628~1692)은 "이민구의 시가 격조를 지녀 부친 이수광보다 뛰어나다",[20] "온담溫談한 부친의 시와 달리 한광閑曠하다"[21]라고 하였다. 또한 백곡柏谷 김득신金得臣(1754~1822)은 "이수광과 이민구가 모두 문한文翰의 명가名家라고 일컬어졌는데, 이수광은 시에 뛰어났고, 이민구는 부에 뛰어났다."[22]라고 하였다. 현묵자玄默子 홍만종洪萬宗(1643~1725)은 "동주 이민구는 지봉 이수광의 아들로 어릴 적부터 문장을 익혔는데 시부에 가장 뛰어났다."[23]고 하였다. 성호星湖 이익李瀷(1681~1763)은 "이민구는 사장詞章에서 문재를 발휘하여 그가 지은 문과 시, 장편, 단장이 상자에 넘치고 시렁에 가득하였다. 사람들의 입에 오르고 이목을 놀라게 하였으니, 세상에 간행되어 집집마다 전하여 불리고 있다."[24]라고 하였다. 이처럼 일찍이 문명을 떨쳤던 이민구의 문학 경향은 다음의 글에 집약되어 나타난다.

> 글을 짓는 것이 공교롭지 못하면 반드시 먼 후대까지 전해지지 못한다.

---

20 南龍翼, 『壺谷詩話』. "李芝峯一生政唐, 閑淡溫雅, 多有警句, 而所乏者氣力, …(중략)… 其子觀海敏求, 尙明而有格調, 或可謂跨竈耶, 然造詣未必及."

21 南龍翼, 『壺谷詩話』. "李芝峯睟光之溫談 …(중략)… 子觀海敏求之閑曠."

22 金得臣, 『終南叢志』. "李芝峯睟光・東州敏求父子, 俱以詞翰名家稱, 芝峯長於詩, 東州長於賦,"

23 洪萬宗, 『小華詩評』 下卷. "李東州敏求, 芝峯之子也. 自少業文章而最長長者詞賦也."

24 李瀷, 「分沙集序」, 『星湖全集』 卷50. "唯觀海翁癢技詞場, 若文若詩, 長篇短章, 溢篋盈架, 騰口舌而震耳目, 刊而行之, 家傳而戶誦."

> 그러므로 육경에 근거하여 재료로 삼고, 제자백가의 글에서 더듬어 틀을 삼아야 한다. 여러 성인들이 지어 남긴 글과 노자·장자·좌구명·굴원·사마천·매승·추양·가의·회남왕·유안·사마상여·양자운·반고·진사·한유·유종원·구양수·소식 등이 지은 글로부터 위아래로 수천 년 사이에 재인과 과부와 지사들이 지은 글에 이르기까지, 전아하면서도 법도가 있고 복잡하게 얽혀 있으면서도 결이 있으며, 방자한 듯하면서도 거만하지 않고 아름다우면서도 음란하지 않다.[25]

위의 글은 「문유설文喩說」 중 일부이다. 이민구는 글이 후대까지 전해지기 위해서는 육경을 근본으로 삼고 제자백가의 글에서 더듬어 틀을 삼아야 한다고 하였다. 즉 노자·장자와 사마천을 비롯한 진한고문에서 한유와 유종원, 구양수와 소식을 비롯한 당송고문에 이르기까지 폭넓게 문장을 익힐 것을 피력한 것이다. 이 글을 통해 이민구는 기본적으로 진한고문을 수용하는 의고적擬古的 문학 경향을 지녔고, 여기에 당송고문까지 포함하여 전범의 범위를 폭넓게 확장하고 있음을 알 수 있다. 이민구가 추구했던 의고적 혹은 상고적 문학 경향이란 고古에 무조건적인 가치를 두는 것이 아니라 금今과의 소통을 통해 고古에 가치를 부여하고 있는 것으로 볼 수 있으며, 이는 타고난 자질을 바탕으로 선대의 다양한 문학 경향을 익혀 새로운 문학 작품을 창작하고자 하는 것을 의미한다.[26] 이와 같은 문학 경향은 택당澤堂 이식李植(1584~1647)이 육경과 사서 이외의 모든 글을 이단異端으로 삼고 멀리해야 한다고 주장한 것과 대비된다. 이식은 "학자는 경전에 마음을 가라앉히고

25 李敏求, 「文喩說」, 「說」, 『東州集』 卷4. "爲之也若不工, 傳之也必不遠. 故根據六籍以爲材, 搜剔百家以爲械. 彼群聖人所著遺書與夫老·莊氏·左氏·屈氏·太史氏·枚乘·鄒陽·賈誼·淮南·相如·子雲·班固·陳思·韓·柳·歐·蘇氏所作, 及至上下數千年才人夸夫志士之所爲, 典而有法, 紆而有理, 肆而不倨, 婉而不淫."

26 윤재환(2012), 위의 책, p.226.

오로지 정주程朱의 학설에 정신을 집중해야 하고, 이단의 주장을 언급하면서 아울러 채택하고 병용하려는 생각을 가져서는 안 될 것이다."[27] 라고 하였다. 이는 오직 정주학程朱學에만 전념해야 당대의 학문적·사상적 병폐에서 벗어날 수 있다고 본 것이다. 이식이 말하는 '이단'은 유가儒家의 학문과 사상이 아닌 노불老佛을 비롯한 제자백가의 학문과 사상을 뜻한다. 이와 같은 생각이 당시 성리학의 주류적인 사고라면 육경고문六經古文과 제자백가의 사상을 수용하는 이민구와 같은 생각은 정주학程朱學 중심의 성리학적 신념을 흔들어 놓는 위험 요소일 수밖에 없다.[28]

이민구의 시 경향은 당풍唐風을 바탕으로 하고 있다. 이수광과 이민구 부자는 각기 당시唐詩와 관련된 여러 편의 저술들을 남겼다. 이수광은 『당시휘선唐詩彙選』과 『당시품휘唐詩品彙』를 엮었고, 이민구는 당시 중에서 칠언율시만을 뽑아 만든 시선집 『당율광선唐律廣選』[29]을 엮었다. 이민구는 당시를 최고의 시로 인정하였는데 이는 다음의 글을 통해서 확인할 수 있다.

> 당시가 네 번의 변화가 있었던 것은 글을 짓는 사대부라면 잘 알 것이다. 초당의 시는 꽃이 아직 피지 않고 국이 아직 조리되지 않는 듯하지만 원기는 본받을 만하다. 성당의 시는 체제가 갖춰지고 기세가 완전해져 더할

27 李植, 「追錄」, 「雜著」, 『澤堂集』 卷15. "學者潛心經傳, 專意程朱學的, 不可旁及異端, 有兼採竝用意也."

28 신승훈(2004), 「16세기 후반~17세기 전반 문학 이론의 다양화 양상 - 柳夢寅·李睟光·申欽·許筠을 중심으로」, 고려대학교 대학원 박사학위논문, p.32.

29 『당율광선』은 唐詩 가운데 칠언율시만을 뽑아서 선집한 唐詩選集으로 총 163명의 시 926수가 수록되어 있다. 이는 중국 최초의 칠언율시 시선집 『唐詩鼓吹』보다 많은 시인과 작품을 수록한 것이다. 이에 관해서는 허현주(2006), 「東州 李敏求의 『唐律廣選』 硏究」, 경북대학교 교육대학원 석사학위논문. 참조.

> 것이 없는 상태이니 법도를 본받을 만하다. 중당에 이르러 소리와 격식이 느슨해지고 체재가 점차 어긋났으나 그 풍조는 맑아 오히려 문단의 고수가 되었다. 만당의 시는 비루하고 연약하며 힘이 빠지고 세밀함이 너무 심해 완전한 편과 온전한 격조는 없지만 사물을 끌어와 시흥을 일으키고 시의 경계를 취하여 뜻을 부침은 그래도 모색할만하다. 그러니 당시를 알고 구절을 취하는 것이 옳을 것이다.[30]

위의 글은 이민구의 『당율광선』 서문 중 일부이다. 이민구는 당시를 시대적 변화에 따라 초당·성당·중당·만당으로 나누고 각각의 시기에 대한 장·단점을 논하면서 성당의 시가 가장 완벽하고 본받을 만한 것이라고 하였다. 여기에 초당·중당·만당의 시가 완전하지는 않지만 그래도 본받거나 모색할만한 가치가 있음을 피력하면서 당시가 최고임을 인정하였다. 이민구는 성당을 추구하였으므로 두보의 시를 전범으로 삼았고, 스스로도 두보를 숭상한다고 하였다.[31] 이민구의 시에 두보의 시 구절을 인용하거나 용사用事한 경우가 상당히 많은 점은 성당을 추구했던 그의 시 경향을 보여준다. 또한 이민구는 산수 기행을 좋아해 다량의 산수시를 창작하였는데 여기에는 당풍의 특징 중 하나인 회화적 요소가 잘 드러나 있어 당풍의 시 경향을 확인할 수 있다. 금강산 기행시를 엮은 「동유록東遊錄」은 산수시의 백미이다.

이민구는 11년에 이르는 유배 생활은 관료로서 책임을 다하지 못했다는 자책감과 가장으로서 가족을 지키지 못했다는 자괴감으로 견디기 힘든 고통의 시간이었다. 이민구는 유배지에서 느끼는 괴로움과 외로

30 李敏求, 「唐律廣選序」, 『唐律廣選』. “唐有四變, 操觚之士類, 能知之. 其始也, 天葩未敷, 大羹未調 元氣可襲也. 其盛也, 體貶氣完, 蔑以加矣, 軌度可則也. 中迺聲格稍緩, 體裁稍別, 然其風調瀏瀏, 猶爲匠門之高手也. 晩則卑弱欠力, 其細已甚, 無完篇, 無全格. 然其援物寓興, 取境寄意, 猶爲摸索, 知唐摘句則可也.”

31 金得臣, 『終南叢志』. “東州曰; ‘先人詩尙摩詰, 余詩尙杜陵.’”

움, 그리고 자신을 잊지 않고 소식을 전해주던 벗들과 이웃의 고마움 등을 진솔하게 시에 담았다.

이민구는 오언고시에 뛰어났다고 평가받았는데[32] 2,400여 수의 시 중 오언고시 380여 수, 칠언고시 62수로 고시가 적지 않은 비중을 차지한다.[33] 이민구는 11년에 이르는 유배 생활의 고달픈 처지와 정치적 상황, 현실의 모순 등을 고시로 토로하였는데, 고시가 근체시에 비해 서사성을 띤 긴 이야기를 서술하는 데 유용한 형식이었기 때문에 이 형식에 주목했다고 보인다. 특히 17세기 전반 문인들은 한위고시의 학습을 중시하였는데 그 이유는 명대明代 복고파復古派가 오언고시의 전범을 한위漢魏에 두었고, 칠언가행七言歌行의 전범을 성당에 두었으므로 이를 배우려 했기 때문이다.[34] 한위고시의 학습을 통해 당풍을 구현하려는 시도는 원래 성당 시대가 지닌 복고적 성향에 기인한 것으로 초·성당의 시인들은 남조 말기의 화려華麗하고 부박浮薄한 시풍을 탈피하기 위해 '건안풍골建安風骨'로 대표되는 고아高雅하고 강건剛健한 '한위고풍漢魏古風'을 계승하고자 하였다.[35] 이민구의 고시 선호는 삼당시인으로 대표되는 16세기 당풍의 유약함을 극복하고 성당풍을 추구하려는 노력의 일환이라고 할 수 있다. 다음의 시는 〈차진공장유람次陳孔璋游覽〉으로 건안칠자 중의 한 명인 진림陳琳(?~217)의 시 〈진림유람시陳琳游覽詩〉에 차운한 오언고시이다.

---

32 南龍翼, 「東詩」, 『壺谷漫筆』 卷3. "各家又各有所長, …(중략)… 五言古則容齋石洲谿谷觀海."

33 이민구의 『東州集』에 수록된 시는 모두 1,704제 2,404수로 그중 7언율시가 762수, 5언율시 548수, 5언 고시 387수가 수록되어 있다(유명석(2017), 위의 논문, pp.3~4.).

34 任埅, 「歌行六選序」, 『水村集』 卷8. "自雪樓弇園譚詩, 五言古體則必曰漢魏, 七言歌行則必曰盛唐, 詩家者流, 至今執作左契."

35 장유승(2002), 「17世紀 古詩 硏究」, 한국정신문화연구원 한국학대학원 석사학위논문, p.9.

나그네 길 계절의 풍경에 감회 일어 羈游感時景
산과 골짜기로 멀리 가고픈 마음 이끄네 山壑延遠心
흐르는 냇물에 물소리 울리고 逝川有流響
맑은 바람은 기이한 소리 일으키네 淸飆振奇音
까마귀는 가지를 고르지도 않고 寒鴉不擇枝
다만 옛 숲으로 돌아가려하네 但欲歸故林
이슬 맺혀 서리 벌써 하얀데 露結霜已白
우는 학은 부질없이 그늘에 있네 鳴鶴空在陰
누가 만리 나그네로 하여금 誰令萬里客
근심스럽게 흉금을 아프게 하나 惄然傷幽襟[36]

이 시는 1626년(인조 4) 이민구가 좌부승지로 승정원에 근무할 당시 편파적으로 죄인을 옹호했다는 죄로 임천 군수로 좌천[37]되었을 때 지은 것으로 외지로 쫓겨나 함께 하는 이가 없는 자신의 서글픈 처지를 그린 시이다. 8구는 『주역』의 〈중부괘中孚卦〉 구이九二에 나오는 "우는 학이 그늘에 있으니 그 새끼가 화답하는구나. 나에게 좋은 벼슬이 있으니, 내가 그대와 함께 하리[鳴鶴在陰, 其子和之. 我有好爵, 吾與爾靡之]"에서 가져온 것으로 동류들이 서로 응하는 것을 뜻한다. 그러나 이민구는 '공空'이라는 시어를 넣어 함께하는 동류가 없는 현재 자신의 처지와 쓸쓸한 심정을 묘사하였다. 이 시 이외에도 위魏나라 조식曺植의 시에 차운한

36 李敏求, 〈次陳孔璋游覽〉, 「嘉林錄」, 『東州集』 전집 卷4.

37 『仁祖實錄』 卷13, 仁祖 4년(1626년) 윤6월 6일(丙午), 2번째 기사. 경상 감사 元鐸이 유생 李有道가 경상 관찰사를 모욕하였다고 하여 그를 가두고 고문을 하다가 죽게 하는 일이 발생하였다. 이에 이유도의 친척인 이홍중이 院中의 여러 유생들과 함께 통문을 돌려 원탁을 비방하였다. 이 일로 조정에서 이홍중 등을 붙잡아와 세 차례에 걸쳐 고문하였는데, 당시 좌부승지로 있던 이민구는 이홍중이 무더운 날씨에 혹시 상할 수도 있어 염려된다며 고문을 멈추고 법에 의해 논단하는 것이 옳다고 건의하였다가 죄를 물어 임천 군수로 좌천되었다.

〈차진왕송응씨次陳王送應氏〉와 진晉나라 고영顧榮의 시에 차운한 〈차고언선증부次顧彦先贈婦〉 등이 있어 한위고시에 대한 이민구의 관심을 볼 수 있다.

이민구는 부친 이수광과 스승 상촌象村 신흠申欽(1566~1628)의 영향으로 학명學明을 추구하였다. 서포西浦 김만중金萬重(1637~1692)은 이민구가 학명으로 일가를 이루었다고 평가하였고,[38] 임렴任廉(1779~1848)은 「양파담원暘葩談苑」에서 명明에 가깝다고 하였다.[39] 이수광은 『지봉유설』에서 이반룡과 왕세정의 글을 자주 인용하였고, 신흠은 이반룡과 왕세정의 문학을 창작의 전범으로 삼았다.[40] 이수광과 신흠에게서 학문을 익힌 이민구의 시는 명대의 시에 연원을 두었을 가능성이 높다.[41] 이민구의 『독사수필讀史隨筆』은 왕세정의 문장을 다수 차용하고 있는데 이는 그의 문학이 왕세정과 관련이 있음을 짐작하게 한다.[42] 하지만 이민구의 『동주집東州集』에는 이반룡이나 왕세정 등 명나라 의고파와 관련된 작품들이 보이지 않아 실제 창작으로 이어지지 않은 것으로 보인다.

이민구는 육경을 근본으로 진한秦漢과 당송唐宋 제가諸家의 문장과 성당의 시를 기본 전범으로 삼았고, 두시를 본받고자 하였다.[43] 또한 제자백가의 다양한 사상과 명대明代의 문학 경향을 수용하고 자신의

38 金萬重, 『西浦漫筆』. "若學明一派, 濫觴於月汀玄軒諸公, 近代李子時, 其成家, 蓋東詩橫出之枝也."

39 任廉, 「暘葩談苑」, 『小華叢林』. "李東洲敏救, 自小業文章而最長者詞賦也. 其詩初以佶屈爲主, 脫廢江外, 益肆力焉, 而漸近明."

40 강명관(1995), 위의 논문, p.300.

41 부유섭(2009), 위의 논문, p.106.

42 부유섭(2009), 위의 논문, p.106.

43 윤재환(2012), 위의 책, p.226.

문학세계를 이루어 나간 인물이라고 할 수 있다. 선행 연구에서는 이민구의 시문학에 대해 '울울한 현실과 탈속의 지향'·'산수미의 인식과 완상'·'유배지에서의 비애와 우국애민의 정'·'현실 참여의 좌절과 그 대응'이라고 하거나[44] '현실의 부조리에 대한 인식과 독백'·'생활 주변의 관조'·'개성적 표현을 통한 독창성 추구'로 보았다.[45] 이와 같은 선행 연구와 지금까지 살펴본 이민구의 문학 경향으로 견주어 보았을 때 이민구 시의 특징적인 양상은 관료적 삶을 지향했던 이상理想이 유배로 인해 좌절된 현실에 대한 자탄과 비판, 백성들의 곤궁한 삶에 대한 관심과 연민, 그리고 산수 자연의 완상을 통한 서정의 표출이라고 할 수 있다.

김세렴 역시 당대 시문에 뛰어난 문장가로 어려서부터 재예才藝가 탁월해서 일찍이 문명을 알렸다. 미수眉叟 허목許穆(1595~1682)은 「동명집서東溟集序」에서 "그의 시는 넉넉하고 아름다우며 우아하고 반듯하여 세속의 경박하고 요염한 기운이 섞이지 않아 옛사람의 소리를 깊이 체득하였다."[46]라고 하였고, 우복愚伏 정경세鄭經世(1563~1633)는 김세렴의 문장과 절조가 지금 세상에 견줄 사람이 없다고 평가하였다.[47] 다음의 글은 어우당於于堂 유몽인柳夢寅(1559~1623)이 쓴 「송김정언세렴동귀원주서送金正言世濂東歸原州序」로 김세렴의 시와 문장의 경향을 잘 보여준다.

> 시는 한나라와 위나라 시풍을 전공하고 안연지와 사령운, 심약과 포조를 아울렀으며 아래로는 이백과 두보에게 미쳤다. 문장으로 오경과 사서

44 이남면(2006), 위의 논문, pp.33~80.

45 유명석(2017), 위의 논문, pp.42~82.

46 許穆, 「東溟集序」, 『東溟集』. "其詩贍麗雅正, 不雜時俗浮靡媚艶氣, 深得古人聲韻."

47 許穆, 「東溟集序」, 『東溟集』. "時之天官卿鄭公經世白上曰; '世濂文章節操, 於今世無此人比云."

> 를 근본으로 하되 사마천과 반고의 문장을 힘써 공부하고 아래로는 한유와 유종원에게 미쳤다. 시와 문 양쪽에 모두 뛰어나니 진실로 행한 일과 쌍벽을 이룬다 할 수 있다.[48]

위의 글에서 유몽인은 김세렴이 시에 있어 한위고시와 안연지顔延之(384~456)·사령운謝靈運(385~433)·심약沈約(441~513)·포조鮑照(420~479)에 이르는 육조六朝 시인의 시에서 이백, 두보에 이르는 당시까지 두루 섭렵하여 뛰어나다고 하였다. 그리고 문장은 오경과 사서를 근본으로 하고 사마천, 반고에서 한유, 유종원을 전범으로 삼아 공부했다고 하였다. 그렇다면 김세렴 역시 앞서 살펴본 이경전·이민구와 같이 육경을 학문의 근본으로 삼고 있음을 유추할 수 있다. 하지만 시에 있어서 당송까지 전범으로 삼았던 채유후와 달리 김세렴은 한위육조漢魏六朝에서 이백과 두보에 이르는 당시까지를 시의 전범으로 삼았고, 문장도 사마천과 반고의 양한兩漢에서 한유와 유종원에 이르는 당대唐代까지를 그 하한선으로 하고 있음을 알 수 있다. 이는 17세기 전반 문단의 보편적인 경향으로 김세렴의 문학 경향은 당대 시단의 흐름을 충실히 따르고 있다고 하겠다. 김세렴이 당시와 한위고시에 뛰어났던 점은 다음의 글에서도 확인할 수 있다.

> (가) 다니면서 구경한 것과 수창한 것을 시로써 펼쳐 내었는데, 고시는 선체에 가깝고, 율시와 절구는 당시를 본받아 한 권을 완성하니 구슬이 울리는 듯 맑고 깨끗하여 수천 리에 있는 산천과 풍속이 눈앞에 있는 것 같았으니 그 역시 성대한 일이로다.[49]

---

48 柳夢寅, 「送金正言世濂東歸原州序」, 『於于集』 後集 卷3. "詩則專攻漢·魏, 兼顔·謝·沈·鮑而俯逮于白·甫, 文則源五經四書, 而力攻馬·班, 下之及於韓·柳, 其高尙於兩柄, 信乎與行事相伆矣."

(나) 공의 시를 살펴보면 고시는 사령운[康樂]에게 가깝고, 율시는 성당에 가깝고 절구는 장적 · 왕건[張 · 王]의 체를 얻었으며, 성운은 또한 이백 · 왕창령[太白 · 龍標]과 백중함이 있으니 이는 우리나라 수백 년래에 있지 못한 것들이다.[50]

(다) 공의 작품은 대체로 성정에 근본하여 새기거나 꾸민 바가 없고, 그 절구는 곧바로 풀어낸 것이 많고 칠언은 더욱 청월하고 또 호탕한 맛이 있으며, 율시는 형식과 내용이 잘 어우러져 모두 저절로 성당의 체격이 되었고 고시와 악부는 바로 건안의 기개이다.[51]

(라) 이름은 세렴으로 재종형 하곡 허봉의 외손자이다. 처음에 나에게 수학하였는데, 어려서 과거에 장원급제해 청현직을 두루 역임하였다. 언관으로 시세에 휘둘리지 않다가 마침내 멀리 유배를 갔었는데 지금 해배되어 돌아와 강가에 머물며 진한의 시문을 읽으며 스스로 즐겼다. 〈협객행俠客行〉을 지어서 나에게 보여주어 내가 운을 따라 지어 부쳤다.[52]

(가)는 이식이 쓴 「서동명사상록후書東溟槎上錄後」의 일부분으로 김세렴의 시 경향에 대해 서술한 것이다. 이식은 김세렴의 고시가 선체選體에 가깝다고 평하였다. 선체는 『시경詩經』과 『초사楚辭』를 이어 당대

---

49 李植, 「書東溟槎上錄後」, 「槎上錄」, 『東溟集』 卷4. “凡所歷覽酬應, 率以詩發之, 古詩逼選, 律絶擬唐, 勒成一卷, 琳琅鏘然, 數千里山川風俗, 如在目前, 其亦盛矣.”

50 權仗, 「敬題槎上錄後」, 「槎上錄」, 『東溟集』 卷4. “見古逼康樂, 律近盛唐, 絶句則最得張 · 王之體, 而聲韻亦有魯衛於太白龍標者, 此其吾東數百年來所未有也.”

51 未詳, 「東溟槎上詩集序」, 「槎上錄」, 『東溟集』 卷4. “公所作, 大抵皆本性情, 無所雕鏤, 其絶句多直致, 七言更淸越, 且有豪宕, 律詩文質極彬彬, 皆自爲盛唐體格, 而古詩樂府直是建安骨氣.”

52 許穡, 〈次金道源韻以爲寄〉, 『水色集』 卷4. “名世濂, 卽再從兄荷谷之外孫, 初受學於余, 少捷巍科, 歷敭淸顯, 以言官不撓於時, 遂被遠謫, 今則放歸, 旅次于江上, 讀秦漢詩文以自娛. 作俠客行以視余, 余步韻以寄.”

唐代 이전까지 주류를 이루었던 한위육조漢魏六朝의 오언고시를 지칭하는 것으로 질박하고 간엄하여 고풍古風을 구현하기에 적합한 양식이다.[53] 이는 김세렴의 고시가 한위육조의 고시를 따르고 있음을 시사한다. 또한 율시와 절구는 당시를 본받았다고 하였다.

(나)는 권칙權侙(1599~?)이 쓴 「경제사상록후敬題槎上錄後」 중 일부분이다. 권칙은 권필權韠(1569~1612)의 조카로 통신사행의 이문학관吏文學官에 추천되어 김세렴과 함께 일본에 다녀왔다. 그는 김세렴의 고시는 육조의 시인 사령운에 가깝고, 율시는 성당에 가깝다고 하였고, 성운은 이백李白·왕창령王昌齡과 백중할 정도라고 하였다. 왕창령은 칠언절구에 뛰어나 이백과 쌍벽을 이룬다는 평가를 받은 시인으로 그와의 비교는 김세렴이 칠언절구에 뛰어났음을 말해준다. 이와 같은 권칙의 평가는 김세렴이 한위고시와 당시에 능했음을 확인시켜 준다.

(다)는 작자 미상의 「동명사상시집서東溟槎上詩集序」로 김세렴의 사행시집 「사상록槎上錄」 서문이다. 작자는 김세렴의 시가 조탁하지 않고 칠언에 뛰어났고, 율시는 성당의 체격을 이루었다고 하였다. 또한 고시와 악부는 건안의 기개라고 하였다. 건안은 후한 말기, 헌제獻帝 연간(196~220)의 연호이다. 이 시기 흔히 건안칠자[54]라고 불리는 이들이 활약하였는데 이들은 오언고시를 문학의 주류로 삼아 활동하였다. 이들과의 비교는 김세렴의 고시가 한나라의 고풍을 지니고 있음을 뜻한다.

(라)는 김세렴의 스승 수색水色 허적許穡(1563~1640)의 〈차김도원운이위기次金道源韻以爲寄〉에 부기된 병서이다. 허적은 김세렴이 진한秦

53 장유승(2002), 위의 논문, p.26.

54 建安七子는 後漢의 獻帝의 建安 연간(196~220)에 활약한 뛰어난 문인 7명을 말한다. 曹丕의 『典論』에 의하면, 魯나라의 孔融, 廣陵의 陳琳, 山陽의 王粲, 北海의 徐幹, 陳留의 阮瑀, 汝南의 應瑒, 東平의 劉楨 등이다. 이들은 鄴땅에 모여, 曹丕·曹植 형제와 더불어 중국에서 가장 일찍 문학집단을 형성하였다.

漢의 시문을 즐겨 읽었다고 하였다. 김세렴이 지은 〈협객행俠客行〉[55]은 칠언가행으로 〈차김도원운이위기次金道源韻以爲寄〉에 원운시로 부기되어 있어 그 내용을 살펴볼 수 있다. 김세렴은 〈협객행〉 이외에 여러 수의 악부시를 창작하기도 하였다.[56] 허적은 허균의 재종형으로 오언고시에 매우 뛰어났다.[57] 김세렴은 허적에게서 한위고시를 익혔는데 『동명집東溟集』[58]에는 50수의 오언고시와 12수의 칠언고시가 수록되어

55 金世濂, 〈俠客行〉, 『水色集』 卷4. "君不見太華嶺上三尺雪, 白日照之難爲節. 又不見漢水江頭十丈氷, 青春受謝終應減. 世間翻覆亦如此, 萬事有盛還有歇. 千鍾取醉欲自適, 誰能碌碌事干謁. 有目不見七貴面, 有足不入五侯宅. 猖狂一世掉頭行, 會是悲歌燕趙客. 袖裏空餘朱亥鐵, 銅盤未歃毛生血. 澠池昔日會秦趙, 披却相如三寸舌. 惜哉時無雄俊士, 坐令豎子收奇烈. 海內卽今何言平, 壯士相逢膽欲裂. 百駟於我何有哉, 富貴莫道黃金埒. 低頭乃與噲等伍, 裂冠不作兒曹列. 一片中原白日暮, 何人識得心中苦. 大笑出門不知處, 六日衡山晦風雨."

56 金世濂, 〈黃鵠辭〉·〈塞下曲〉·〈苦寒行〉·〈子夜吳歌〉, 『東溟集』 卷1.; 〈秋閨怨〉·〈遊仙謠〉·〈採蓮曲〉, 『東溟集』 卷2.; 〈子夜春歌〉·〈仙詞〉·〈江陵詞〉·〈塞下曲〉, 『東溟集』 卷3.

57 許䈭, 「水色集序」, 『水色集』. "唯吾, 再從兄自賀氏, 少小攻古文, 一志勤苦, 晩透天竅, 遂爲上駟, 文章甚簡重, 而詩出入於漢樂府·魏晉古詩·景龍·開元近體之間, 勁悍幽邃, 然自成一家. 其賦最峻麗, 深得楊·馬·鮑·謝之旨, 國朝以來, 作賦者莫之逮焉. 世之人, 非徒不知貴, 又從而之, 毋其名位, 不能動人而然耶. 亦可已. 子敏亢不滿人於目, 而推子賀氏爲最杰, 而石洲亦以古瓦尊·銅彝比之."

58 『東溟集』에 수록된 554제 732수의 시를 형식별로 분류하면 다음과 같다.

권	오언절구	오언율시	오언배율	오언고시	칠언절구	칠언율시	칠언고시	기타	계
1	3제 5수	26제 31수	3제 3수	17제 27수	11제 14수	9제 16수	8제 8수	-	75제 104수
2	2제 4수	29제 30수	15제 15수	8제 8수	9제 9수	19제 26수	1제 1수	2제 2수	82제 95수
3	-	22제 24수	14제 15수	6제 8수	18제 19수	77제 99수	2제 2수	-	137제 167수
4	5제 5수	19제 22수	29제 51수	6제 6수	25제 84수	33제 52수	1제 1수	5제 5수	119제 226수
5	3제 5수	73제 86수	13제 17수	1제 1수	21제 28수	24제 29수	-	1제 1수	136제 167수
계	13제 19수	169제 193수	74제 101수	38제 50수	84제 154수	162제 222수	12제 12수	8제 8수	549제 759수

* 권5를 제외한 나머지 권수의 연작시 중 일부는 2개 이상의 시체로 구성된 경우가 있다. 이 경우 각각의 시체에 포함하여 중복 계산하였으므로 각 권의 시체별 합계와 권별 실제 합계가 다르게 나타난다. 이 경우 권별 합계에 따른다.

있다.[59] 김세렴은 허적의 문집 『수색집水色集』에 비평을 하기도 했는데, 그의 비평을 살펴보면 당나라 시인뿐만 아니라 우리나라 시인도 비평의 기준으로 삼고 있음을 알 수 있다.[60]

위의 글들을 통해 김세렴은 한위육조漢魏六朝의 고시古詩를 따르고 칠언절구에 뛰어났으며, 율시는 성당의 체격을 갖추고 있음을 알 수 있다. 김세렴의 시에는 〈의고擬古〉·〈효고傚古〉·〈고의古意〉 등의 의고시들과 좌사左思·왕우승王右丞·이백李白·맹호연孟浩然·사강락謝康樂·소옹邵雍 등의 시체詩體를 모의한 시[61]들이 여러 수 있어 김세렴이 이들의 시를 전범으로 삼았음을 알 수 있다. 김세렴의 오언고시 한 수를 살펴보도록 하겠다.

아름다운 나무에는 녹음 어우러지고	嘉樹綠陰合
고운 동산 도리화 길 났지만	芳園桃李蹊
세모의 차가운 바람 이르자	歲晏寒飆及
시들어 진흙 위에 떨어지네	零落委沙泥
빼어난 빛은 쉽게 초췌해지고	秀色易憔悴
번화는 시들어 사라지지만	繁華有凋滅
홀로 저 남산의 소나무는	獨有南山松
서리와 눈 무릅 쓰고 푸르디 푸르다네	靑靑冒霜雪[62]

59 김세렴은 오언고시 이외에 오언배율이 101수로 오언장편의 창작 비중이 율시와 절구에 비해 높게 나타난다.

60 『수색집』 비평에 대해서는 다음의 논문이 참고가 된다. 장유승(2001), 「水色 許穡의 古風詩 小考」, 『한국한시연구』 9, 한국한시학회.; 윤호진(2002), 「『水色集』의 頭評에 대하여」, 『한문교육연구』 19, 한국한문교육학회.

61 金世濂, 〈倣古〉·〈古意〉·〈擬高達夫體〉·〈擬古 阮步兵〉 6수·〈樂府〉, 『東溟集』 卷1.; 〈倣王右丞〉·〈擬古〉·〈效孟浩然〉·〈擬古〉·〈倣古〉·〈倣康節首尾吟〉·〈擬古〉·〈古詞〉·〈臨瀛歌 效李白秋浦體〉·〈倣李白體 仍用其韻〉·〈擬古〉, 『東溟集』 卷2.; 〈擬左太沖招隱〉·〈效孟浩然〉·〈擬古〉·〈古詞〉, 『東溟集』 卷3.

이 시는 〈잡시雜詩〉로 1618년(광해군 10) 김세렴이 평안도 곽산으로 유배 갔다가 해배된 후 한거하며 지은 시이다. 자신을 남산 위에 독야청청獨也靑靑하는 한 그루의 소나무에 빗대어 현재 겪고 있는 정치적 시련을 견디고자 하는 의지를 드러낸 시이다. 마지막 구절의 '설상雪霜'은 폐모론에 반대해 정계에서 쫓겨난 정치적 시련을 은유적으로 비유한 것이다. 세상의 모든 일들이 흥망성쇠가 있음을 화려하게 피었다가 지는 도리화에 견주어 현재의 불우한 처지를 견디고자 하는 의지를 표출하였다.

고시와 악부에 대한 높은 관심은 17세기 시단의 특징이라고 할 수 있는데 이는 명나라 복고파들이 시경체詩經體의 한시나 고악부체古樂府體를 선호했던 것을 조선의 시인들이 배웠기 때문이다.[63] 한위고시를 따랐던 김세렴의 시는 명대 의고론자의 전형을 취하고 있음을 볼 수 있다.

김세렴의 시문학에 대해 선행 연구에서는 관료로서 현실에 적극적으로 참여하려는 입지立志와 애민과 목민관의 자세, 그리고 명·청 교체기와 두 차례의 호란에 따른 존명배청 의식, 사행을 통한 대일인식의 변화 등을 중심으로 한 관료 의식과 산수와 자연의 완상을 통해 한정閒情과 흥취興趣를 추구한 개인의 서정抒情 표출로 정리하였다.[64] 특히 김세렴의 사행시에 대해서는 임진왜란이 끝나고 국교가 재개된 이후 처음으로 이루어진 통신사행이라는 점에서 소명 의식이 강하게 나타나며, 긍정적인 대일인식의 변화를 보여준다고 보았다. 또한 사행시의 형

62 金世濂, 〈雜詩〉, 『東溟集』 卷1.

63 이종묵(2000)a, 「16-17세기 漢詩史 연구 - 시풍의 변화양상을 중심으로」, 『정신문화연구』 23-4, 한국학중앙연구원, pp.92~93.

64 박소연(2018), 위의 논문, pp.62~172.

상화 양상으로 '세밀한 관찰을 통한 풍속의 사실적 묘사'·'색채어를 통한 회화적 이미지의 강조'·'도가적 시어 활용을 통한 신비로운 공간의 묘사' 등으로 정리하였다.[65] 이와 같은 선행 연구와 지금까지 살펴본 김세렴의 시문학 경향으로 보았을 때 김세렴 시의 특징적인 양상은 관료로서 현실을 수용하고 맡은 바 임무에 충실히 하고자 하는 자세와 백성을 향한 연민의 마음이 잘 나타난 관료 의식, 그리고 해배 이후 한거기에 주변의 산수와 자연을 완상하며 울적한 마음을 위로하고, 이국異國의 풍경과 감회를 묘사하는 서정성抒情性이라고 할 수 있다.

이원진은 어려서부터 재주가 뛰어나 백사白沙 이항복李恒福(1556~1618)은 "훗날 큰 인물이 될 것이다."[66]라고 하였고, 조부祖父 소릉少陵 이상의李尙毅(1560~1624)도 이원진의 재주를 알아보고 훗날 반드시 재상이 되어서 가문을 지켜나갈 것이라고 큰 기대를 하였다.[67] 허목은 이원진이 편찬한 『황려세고黃驪世稿』의 서문序文에서 "참찬공의 장남이 바로 동호 이 참의인데, 역시 문학으로 저명하였다."[68]라고 밝히고 있어 이원진이 부친 두봉斗峯 이지완李志完(1575~1617)과 함께 문학적으로 뛰어났음을 짐작할 수 있다.[69] 그러나 이원진의 문학 경향을 구체적으로 살필 수 있는 자료가 거의 전하지 않아 그의 문학 경향을 파악하기 어려우므로 여기에서는 일부 남아있는 자료와 작품들을 통해 문학 경향을 유추해 보고자 한다.

---

65 졸고(2018)b, 위의 논문, pp.107~120.

66 李瀷, 「從祖叔父太湖公行錄」, 「行錄」, 『星湖全集』 卷67. "白沙李相見之曰後生有人."

67 李尙毅, 「寄兒輩書」, 「簡牘」, 『少陵集』 卷3. "近觀元鎭器局不淺, 必爲他日宰相, 扶持門戶. 願勤教史畧及論孟, 以期成就, 不但以文藻勸之也."

68 許穆, 「序」, 『黃驪世稿』. "參贊公長男, 東湖李參議見也, 亦以文學顯."

69 이지완에 대한 연구는 졸고(2019)b, 「斗峯 李志完의 詩世界 考察」, 『동아시아고대학』 54, 동아시아고대학회. 참고

이원진이 『주역』을 중요하게 여기고 박학을 추구했음은 앞서 살펴보았다. 그가 실제로 익혔을 서적들은 그의 조부 이상의가 자손들에게 보낸 편지에서 살펴볼 수 있다. 이상의는 아들과 손자에게 여러 차례 편지를 보냈는데 여기에는 독서를 게을리하지 말 것을 당부하는 내용이 대부분이다. 이상의가 자손들에게 읽기를 권했던 책은 육경六經과 사서四書·이경二經·『좌씨전左氏傳』·『춘추전春秋傳』·『소학小學』·『통감通鑑』·『사기史記』 등이다.[70] 이 중에서 특히 '육경六經에 투철透徹해야 한다'[71]라고 하며 육경을 강조하기도 하였다. 이상의의 독서 경향은 손자인 이원진에게 직접적인 영향을 끼쳤을 것으로 생각된다.

이원진의 시 경향에 대해 홍만종은 『소화시평小華詩評』에서 〈영한고조詠漢高祖〉를 두고 "호쾌하고 굳세며 얽매임을 벗어나서 남들이 말하지 못한 이치를 말했다."[72]라고 평하였고, 남용익은 『호곡만필』에서 "시의 뜻이 기이하고 오묘하다."라고 평하였다.[73] 〈영한고조詠漢高祖〉는 『태호시고』[74]에 〈영사詠史〉라는 제목으로 수록되어 있다. 기구의 내용

70 이상의의 『少陵集』에는 15편의 편지가 수록되어 있는데 이중 장남 지완에게 보낸 것이 2편, 지굉에게 보낸 것이 5편, 지녕에게 보낸 것이 2편, 손자 원진에게 보낸 것이 1편이다. 六經과 四書, 二經, 左氏傳과 春秋傳, 小學, 通鑑, 史記 등의 독서에 매진할 것을 경계하고 있다.

71 李尙毅, 「寄志定書」, 「尺牘」, 『少陵集』 卷3. "只願汝幽棲好讀, 透徹六經."

72 洪萬宗, 『小華詩評』. "豪健脫纒, 道人所未道."

73 南龍翼, 『壺谷漫筆』. "李元鎭題漢高祖曰; '莫道入關無所欲, 祖龍天下勝秋毫.' 語意奇妙."

74 『太湖詩藁』에 수록된 시를 형식별로 살펴보면 다음과 같다.

시체	오언절구	칠언절구	오언율시	칠언율시	오언고시	칠언고시	계
시제 시수	14제 21수	100제 125수	60제 67수	99제 14수	9제 9수	6제 6수	281제 342수
연작시	3제 10수	10제 35수	8제 15수	11제 26수	-	-	24제 86수

* 표에 나타난 시제의 총계는 289제이나 2개 이상의 시체로 구성되어 중복 계산된 8제는 1제씩 계산하였으므로 실제 총계는 281제가 된다.

이 조금 상이하나 두 시는 같은 시이다. 〈영한고조〉의 기구 '산동융준기웅호山東隆準氣雄豪'는 한고조 유방의 외모를 직접적으로 묘사하고 있는 반면 〈영사〉의 기구 '신요묘예패중호神堯苗裔沛中豪'는 한고조의 외모를 간접적으로 묘사하고 있다. 〈영사詠史〉의 전문을 살펴보도록 하겠다.

신성한 요임금 후예 패땅의 호걸이	神堯苗裔沛中豪
한 번 삼장을 약속하니 제왕의 업 높아지네	一約三章帝業高
함곡관 들어가 범할 것 없다고 누가 혹은 말하겠나	誰道入關無所犯
진시황 천하를 가을 털끝처럼 지나가네	祖龍天下過秋豪[75]

이 시는 한고조의 웅장하고 호방한 기상과 한고조가 함곡관에 먼저 들어가 점거하지 않고 진나라 백성들에게 3가지 약속을 하고 물러나 오히려 진나라 백성의 마음을 얻었던 사건을 읊은 것이다. 특히 전구와 결구는 시의詩意를 겉으로 드러내지 않고 깊은 뜻을 내포하고 있어 '호건탈전豪健脫纏, 도인소미도道人所未道', '어의기묘語意奇妙'라는 평을 받았다. '조룡祖龍'은 진시황을 가리킨다. '천하天下'는 한 고조가 차지했던 진秦나라 땅을 의미한다. 이 시 이외에도 〈호남좌수영湖南左水營〉·〈침운대沒雲臺〉·〈해상행즉사海上行卽事〉·〈등풍악망고대登楓嶽望高臺〉 등은 호방하고 기개 높은 성당의 풍격을 지닌 시들로 이원진이 성당의 시를 추구했음을 보여준다.

이원진은 학당學唐을 통해 성당을 추구했다고 보인다. 14~24세까지의 시를 수록하고 있는 『전고록前藁錄』 상上[76]에는 당풍의 규정체閨情體

75 李元鎭, 〈詠史〉, 「前藁錄」 上, 『太湖詩藁』 卷1.

76 이원진의 문집 『太湖詩藁』는 연대순으로 묶은 18개의 소집으로 구성되어 있다. 소집의 제목을 살펴보면 「前藁錄」上·「前藁錄」下·「東行錄」(辛未)·「春坊錄」 壬

와 궁사체宮詞體[77], 그리고 여주이씨의 본향인 여주의 마암馬巖을 읊은 장편고시 〈마암馬巖〉 등이 수록되어 있어 이원진의 학당學唐을 보여준다. 또 염정풍의 시들은 당풍의 낭만성을 그대로 보여준다. 이와 함께 맑고 깨끗한 시상 역시 당풍적 요소를 잘 보여준다.

이원진의 시문학에 대한 선행 연구에서 이원진은 시를 자신의 내적 정서를 표출하여 개인적 욕구를 해소하기 위한 수단으로 보았다고 하였으며, 이에 따라 표출되는 정서 역시 한흥閒興・유흥幽興 정도라고 보았다.[78] 또한 이원진은 울울한 정치적 현실을 직접적으로 토로하기보다 '청정세계淸淨世界 향유享有를 통한 자위自慰'를 통해 위로하였고, '전쟁의 체험과 우국충정憂國忠情'에서 관료 의식을 드러내었다고 보았다.[79] 선행 연구와 함께 지금까지 살펴본 이원진의 문학 경향으로 보았을 때 이원진 시의 특징적인 양상은 관료로서 맡은 바 임무를 다하고 우국충정의 마음을 드러내는 관료 의식과 아름다운 산수를 완상하며 현실의 울울함을 잊고 심리적 위안을 얻으려 했던 것으로 정리할 수 있다.

채유후는 당대 문형을 2번이나 지낼 정도로 문명이 높았다. 그의 문장에 대해 "이식은 '채유후의 「해곡적표嶰谷笛表」[80]는 참으로 『파방집播芳集』에 실린 고수들의 솜씨다.'고 하였고, 학곡鶴谷 홍서봉洪瑞鳳(1572

申・「關西錄」 壬申・「玉堂錄」上(癸酉)・「平陽錄」・「迷湖錄」・「玉堂錄」中・「西行錄」・「玉堂錄」下・「蓬萊錄」 乙酉以後・「銀臺錄」丙戌以後・「龍山錄」 戊子以後・「關東錄」 庚寅・「耽羅錄」 辛卯以後・「龜山錄」 甲午以後・「眞珠錄」 丙申・「槎亭錄」 丁酉以後 등이다.

77 李元鎭, 〈效宮詞體〉 4수・〈效閨情體〉・〈王昭君〉 2수・〈次李郎中師孟用東文選教坊小娥韻〉・〈效宮詞體〉 3수, 「前藁錄」 上, 『太湖詩藁』 卷1.

78 윤재환(2008), 위의 논문, pp.404～411.

79 졸고(2019)b, 위의 논문, pp.107～120.

80 『播芳集』은 表箋의 전범들을 모아놓은 책이다.

~1645)은 '채군의 변려문은 세상에 드문 뛰어난 재주이다.'라고 하였으며, 채유후가 어렸을 때 지은 「두황상사배절도사표杜黃裳謝拜節度使表」를 본 사람들은 '후일 반드시 문병을 주관할 것이다.'라고 하였다. 참판 한형길韓亨吉(1582~1644)이 경기 감사가 되었을 때 내린 교서는 채유후가 지은 것인데 당시 사람들이 '고문誥文의 체제를 얻었다.'"고 하였다.[81] 이경전은 채유후를 '사원종장詞苑宗匠'이라고 평가하였고,[82] 귀록歸鹿 조현명趙顯命(1690~1752)은 채유후의 시가 당시에 핍진逼眞하였고, 변려문에 더욱 뛰어났다고 하였다.[83] 이와 같은 평가들을 종합해보면 채유후는 어려서부터 시문이 뛰어났고 변려문에 특장이 있었으며, 특히 당시에 뛰어났음을 알 수 있다. 채유후의 시문 경향은 다음의 글에서 살펴볼 수 있다.

> 공의 시는 당시의 소리를 지녔으면서 송시의 전아함을 본받았고, 문은 육경에 근본하면서 양한兩漢에서 법칙을 취하였다.'라고 하였고, 변려문은 학곡 홍서봉이 '세상에 드문 뛰어난 재주'라고 하였으니, 실로 식견이 있는 말이다.[84]

위의 글은 동산東山 윤지완尹趾完(1635~1718)이 쓴 「호주집서湖洲集

81 蔡彭胤, 「從祖祖父湖洲先生集後遺事」, 『希菴集』 卷29. "澤堂嘗與公同在試院, 謂公曰; '公嶰谷笛表, 眞播芳高手.' 洪鶴谷瑞鳳曰; '蔡君騈偶之文, 曠世絶藝.' 公兒時, 作杜黃裳謝拜節度使表, 見者曰; '異日必主文.' 韓參判亨吉之按圻輔也, 敎書公所撰也. 有曰; '性質固異剛柔, 勿忘互濟之義. 君臣卽同父子, 可無相儆之言.' 時謂之得誥體."

82 蔡彭胤, 「從祖祖父湖洲先生集後遺事」, 『希菴集』 卷29. "公在東湖有詩曰; '白沙如雪水如天, 永夜寒窓獨不眠. 柳外人聲時入耳, 月明知有上灘船.' 李韓平慶全書諸壁曰; '詞苑宗匠.'"

83 趙顯命, 「蔡湖洲諡狀」, 『歸鹿集』 卷17. "其爲詩, 逼唐人, 騈儷尤絶藝."

84 尹趾完, 「湖洲先生集序」, 『湖洲集』. "詩則有唐之音響而體宋之典雅, 文則本諸六經而取則於兩漢, 騈偶之文則鶴谷洪公瑞鳳謂之曠世絶藝, 實知言也."

序」의 일부로 채유후의 시와 문이 지닌 경향을 보여준다. 채유후의 문장은 육경에 근본을 두고 양한兩漢에서 법칙을 취하였는데 이는 명대 전후칠자의 의고론에 바탕을 두고 있음을 보여준다. 그의 「우재소기寓齋小記」 등의 산문 작품에서도 이와 같은 점을 확인할 수 있다.[85] 위의 글을 통해 채유후의 시 경향이 당시와 송시를 함께 수용하고 있음을 볼 수 있는데[86] 이는 당대唐代 이하 송대宋代의 시문을 폄하하던 당시 시단의 분위기와는 다른 면모라고 할 수 있다. 이식은 당대의 율시를 참작하지 않으면 송대의 상투적인 격식으로 떨어진다[87]고 하였고, 동명東溟 정두경鄭斗卿(1597~1673)은 송시를 배울 필요가 없다고 하였다.[88] 이러한 시단의 분위기에서 송시의 전아함을 본받았다는 채유후의 시 경향은 다른 면모라고 할 수 있다. 다음의 글은 채유후의 시 경향을 보다 확실하게 보여준다.

> 공이 일찍이 술에 취했을 때 말씀하시기를, "우리나라에 문장가 세 사람이 있으니, 그 하나는 사가 서거정이고, 그 하나는 택당 이식이고, 그 하나는 바로 나다."라고 하였다. 사람들이 좋은 글을 한 마디라도 얻으면 곧 경솔하게 말하기를 "한나라 때의 것이다. 당나라 때의 것이다."라고 하면서 송나라 이하는 말하지도 않는데, 하물며 근세 사람에 있어서이겠는가. 그런데 지금 공은 여러 장점을 모아 소유해서 각각 그 지극한 경지에 이르렀다.[89]

85 공근식(2014), 「湖州 蔡裕後 漢詩 譯主」, 고려대학교 대학원 박사학위논문, p.6.

86 蔡裕後는 宋詩 중에서 소식·황정견·진사도·진여의의 작품을 보는 것을 좋아하였다(蔡彭胤, 「從祖祖父湖洲先生集後遺事」, 『希菴集』 卷29. "喜觀蘓·黃兩陳詩, 左右置紫陽綱目.").

87 李植, 「學詩準的」, 「雜著」, 『澤堂集』 別集 卷14. "然不參以唐律, 則自不免墮於宋格."

88 鄭斗卿, 「東溟詩說」. "當以盛唐諸子爲法, 趙宋諸詩, 雖多大家, 非詩正宗, 不必學也."

89 蔡彭胤, 「湖洲集跋」, 『湖洲集』. "公嘗醉矣曰; '我國有三文章, 其一四佳, 其一澤堂, 其

위의 글은 희암希菴 채팽윤蔡彭胤(1669~1731)이 쓴 「호주집발湖洲集跋」의 일부분으로 자신을 조선의 삼문장 중의 한 명으로 주저없이 꼽는 채유후의 자부심이 잘 나타나 있는 글이다. 이 글에서 중요한 것은 한당漢唐의 시문 이외에는 가치를 두지 않던 시대에 채유후는 여러 장점을 모아 소유해서 각각 그 지극한 경지에 이르렀다고 한 점이다. 채유후가 송시를 포함한 다양한 시대의 글을 수용했다는 것은 자신의 문학세계를 보다 깊고 넓게 구축해 나갔음을 의미한다.

채유후는 당시에 뛰어났고 그의 시는 당풍의 색채가 매우 짙게 나타나는데 다음의 글은 이러한 점을 잘 보여준다.

> 공이 동호에서 지은 시에 '흰 모래는 눈빛 같고 강물은 하늘빛 같으니, 긴 밤 차가운 창가에서 홀로 잠 못 이루네. 버드나무 너머 사람 소리 때때로 들려오니, 달빛 밝아 여울 위에 배 있음을 알겠네.'라는 것이 있었는데, 한평군 이경전이 벽에 '詞苑宗匠'이라고 썼다. 또 한평군이 '외로운 구름 저물녘 골짜기에 떠 있고, 가랑비는 차가운 가을날에 내리네.'라는 한 구절을 벽에 써 놓고 '이것은 채학사의 시이니, 내가 일찍이 외우는 것이다'라고 하였다. 택당 이식 공은 "성근 숲에 가을 다 간 뒤 비 내리고, 황량한 객점은 밤 깊어 등불 밝구나.'라는 시구는 구절마다 당시에 매우 가깝다.' 라고 하였다.[90]

위의 글은 채팽윤이 쓴 「종조조부호주선생집후유사從祖祖父湖洲先生

一我是也.' 夫人得一言之幾乎作者, 輒沾沾然曰漢曰唐, 宋以下不道也. 況於近世之人哉. 今公集衆長而有之, 各臻其極."

90 蔡彭胤, 「從祖祖父湖洲先生集後遺事」, 『希菴集』 卷29. "公在東湖有詩曰; '白沙如雪水如天, 永夜寒窓獨不眠. 柳外人聲時入耳, 月明知有上灘船.' 李韓平慶全書諸壁曰; '詞苑宗匠.' 韓平書一聯於壁曰; '孤雲衆壑暮, 小雨一秋寒. 此蔡學士詩也, 吾嘗誦之.' 李澤堂植謂公曰; '踈林秋盡雨, 荒店夜深燈之句, 亹亹逼唐.'"

集後遺事」의 일부분으로 채유후의 시에 대한 이경전과 이식의 평가를 담고 있다. 이경전은 채유후를 '사원종장詞苑宗匠'이라고 칭찬하였고, 그의 시를 벽에 써 놓고 외울 정도로 채유후의 시를 높이 평가하였다. 또한 이식도 채유후의 시가 당시에 매우 가깝다고 하였다. 위의 글에 인용된 시는 〈동호東湖〉[91] · 〈도중途中〉[92] · 〈향해미도수원우우向海美到水原遇雨〉[93]로 회화적 이미지와 서정성이 짙은 당풍의 특성을 잘 보여준다.

채유후는 두보를 매우 좋아해 두보의 오칠율시를 손수 베낄 정도였다.[94] 채유후의 『호주집湖洲集』[95]에는 두보의 시에 차운하거나 시적 정취가 비슷한 시들이 다수 있어 두보를 추앙하고 성당을 지향했음을 알 수 있다. 두보의 시에 차운한 시 한 수를 살펴보도록 하겠다.

늙어서 관모 쓰고 병을 보낼 방법 찾는데	老着朝冠病送尋
새벽 닭울음 소리에 세월만 흘러가네	曉鷄聲裏度光陰

91 蔡裕後, 〈東湖〉, 『湖洲集』 卷1.

92 蔡裕後, 〈途中〉, 『湖洲集』 拾遺. "孤雲衆壑暮, 小雨一秋寒. 全篇逸."

93 蔡裕後, 〈向海美到水原遇雨〉, 『湖洲集』 卷2. "已分征途苦, 胡然旅思增. 疏林秋盡雨, 荒店夜深燈. 倦僕嫌頻喚, 羸驂怯遠乘. 回思妙寂月, 淸磬對山僧."

94 蔡彭胤, 「從祖祖父湖洲先生集後遺事」, 『希菴集』 卷29. "公好讀論語, 手書老杜長篇五七言律詩."

95 『湖洲集』에 수록된 시를 형식별로 분류하면 다음과 같다.

권	오언절구	칠언절구	오언율시	칠언율시	오언배율	칠언배율	오언고시	육언고시	칠언고시	기타	계
1	41제 49수	118제 136수	-	-	-	-	-	1제 1수	-	-	160제 186수
2	-	-	87제 98수	-	-	-	-	-	-	-	87제 98수
3	-	-	-	75제 99수	-	-	-	-	-	-	75제 99수
4	-	-	-	64제 78수	14제 14수	4제 4수	11제 11수	-	4제 4수	-	97제 111수
拾遺	-	10제 10수	5제 5수	10제 10수	-	-	-	-	-	3제 3수	28제 28수
계	41제 49수	128제 146수	92제 103수	149제 187수	14제 14수	4제 4수	11제 11수	1제 1수	4제 4수	3제 3수	447제 522수

조칙을 날마다 받드니 왕명이 절실하고	絲綸日奉王言切
잔치 자리에서 때때로 들으니 임금의 말씀 깊네	筵席時聞聖訓深
외롭게 읊조려 봐도 흥취 풀기 어렵고	縱有孤吟難遣興
좋은 술 있어도 마음 즐겁지 않네	非無佳醞未娛心
순식간에 떠오르는 동호의 꿈 가장 사랑스러우니	最憐一霎東湖夢
달 떠올라 층진 물결 만 이랑 금빛이지	月出層波萬頃金[96]

이 시는 〈용두공부춘일성중운用杜工部春日省中韻 봉료결제장인구교奉僚契諸丈人求敎〉로 두보의 시 〈제성중원벽題省中院壁〉[97]에 차운한 시이다. 두보의 시는 임금께 보탬이 되지 못하는 신하의 부끄러운 마음을 담고 있다. 반면에 이 시는 현재 늙어서도 관직에 있어 임금의 말씀을 듣고, 연회 자리에 참석하여 좋을 술을 마실 수 있지만 이보다 더 좋은 건 꿈에서 보았던 고운 달빛에 일렁이는 강물을 바라보는 은거의 삶임을 은근하게 드러내고 있다. 현실의 삶과 은거의 꿈을 대비하여 감상적으로 그린 시이다.

채유후는 육경을 근본으로 삼아 양한고문兩漢古文과 당시와 송시를 아울러 수용하는 폭넓은 시문학 경향을 지녔는데 특히 당시에 핍진하다는 평가를 받았다. 이와 같은 시문학 경향은 17세기 전반 '문필진한文必秦漢, 시필성당詩必盛唐'을 주장했던 시단의 흐름과 부합하는 면모를 보이지만 당시 이외에 송시까지 전범을 확대하고 있는 것은 다른 점이라고 할 수 있다.

채유후의 시문학에 대해 선행 연구에서는 담박한 시어로 사환 생활

96 蔡裕後, 〈用杜工部春日省中韻 奉僚契諸丈人求敎〉, 『湖洲集』 卷3.

97 杜甫, 〈題省中院壁〉, 『集千家註杜工部詩集』 卷4. "掖垣竹埤梧十尋, 洞門對雪常陰陰. 落花遊絲白日靜, 鳴鳩乳燕靑春深. 腐儒衰晚謬通籍, 退食遲回違寸心. 袞職曾無一字補, 許身媿比雙南金."

의 서정과 심회를 자연스럽게 표출하였다고 보았다. 채유후는 '관각'이라는 공간에서 관료로서 우국애민과 비분강개의 시를 창작하였고, 환로의 애환에 대한 반동으로 탈속과 한아閒雅를 개인 서정의 영역에서 추구하였다고 보았다.[98] 선행 연구와 함께 지금까지 살펴본 채유후의 시문학 경향으로 보았을 때 채유후 시의 특징적인 양상은 관료로서 전란 당시 척화를 주장하며 우국충정을 표출하거나 동료 관원과의 교유 관계를 중요시 여기는 시를 다수 창작하였다는 것이다. 그리고 해배 이후 한거하는 동안에는 주변의 풍경과 산수의 완상을 통해 개인의 서정을 발현하는 양상을 보였다.

이처럼 이 책에서 논의의 대상으로 하는 북인계 남인 문인들은 17세기 시단의 주류인 당시를 기본으로 성당을 추구하고자 하였으며, 한위고시와 경우에 따라서 송시까지 수용하여 시 창작의 전범을 확장하는 양상을 보였다. 이와 같은 북인계 남인의 문학 경향은 정주학程朱學 이외의 학문을 이단시했던 남인계열과 서인계열의 학문 경향과는 결을 달리하는 것이라고 할 수 있다. 육경을 근본으로 삼아 한위고문과 제자백가의 사상을 수용하고 이를 실천하려는 북인계 남인의 문학 경향은 이후 근기 남인계열 시단의 특징적인 문학관 형성에 영향을 미친 것으로 보인다.

북인계 남인 문인들의 문학 경향을 검토해 봤을 때 북인계 남인 문인들의 시문학에는 공통적인 면모와 변별적인 모습들이 나타난다. 이들의 시는 관료 의식을 드러내고 있다는 공통점을 지닌다. 그러나 이 관료 의식이 이들 각각의 시에서 구현되는 양상에는 차이가 있다.

98 공근식(2013), 「湖洲 蔡裕後의 仕宦生活과 詩世界」, 『영남학』 3, 경북대학교 영남문화연구원, pp.74~90.

서정성을 드러낸 시에서도 이경전과 채유후는 관료 의식을 바탕으로 동료 관원들에게 보내는 증여·송별시와 이들의 죽음을 애도하는 만시를 상당수 창작하였으며, 이를 통해 이들이 동료들과의 결속과 교유관계 유지를 중요시 여겼음을 알 수 있다. 또한 이민구·김세렴·이원진은 산수 자연의 완상을 통해 울울한 현실을 위로받고자 하였으며, 이경전·이민구·채유후 등의 시에는 자신이 처한 현실에서 벗어나 초연한 삶을 살고자 하는 초월 의식이 잘 나타난다.

사행의 경험은 북인계 남인 문인들이 지닌 공통적인 경험으로 이들의 사행시에는 북인계 남인 관료들이 지녔던 소명 의식이 나타난다. 또한 관료로서 체험했던 정묘·병자호란에 대한 경험과 척화의 의지를 표명했다는 점은 이들 모두의 시에서 나타나는 공통적인 모습이다. 그리고 관료로서 현실의 모순을 재현하여 시대를 고발하는 모습도 공통적으로 볼 수 있다.

이처럼 북인계 남인 문인들의 시에서 공통적으로 찾아낼 수 있는 모습은 개인적인 서정을 드러내는 서정 세계와 관료 의식에 관계되는 현실 세계에 관한 것으로 구분해 살펴볼 수 있다. 서정 세계는 개인의 서정이 구현된 것으로 이는 '이별의 진정眞情과 그리움'·'자연의 완상과 심리적 위안'·'현실의 초탈과 초월 의식'과 같은 세 가지 양상으로 나누어 볼 수 있으며, 현실 세계는 관료 의식이 구현된 것으로 '현실의 재현과 시대 고발'·'전란의 체험과 척화 의지'·'사행의 경험과 소명 의식'과 같은 세 가지 양상으로 나누어 볼 수 있다. 따라서 다음 장에서 북인계 남인 문인들의 시세계를 크게 '인간人間과 자연自然에 서린 서정抒情 세계世界'와 '경험經驗과 의지意志로 엮은 현실現實 세계世界'로 나누어 살펴보겠다.

2. 인간人間과 자연自然에 서린 서정抒情 세계世界

이 장은 북인계 남인 문인들의 시 중 인간과 자연을 대상으로 삼아 서정抒情을 담은 시들을 다룬 것이다. 인간관계에서 헤어짐은 슬픔과 그리움의 서정을 동반한다. 사별死別 혹은 생별生別이라는 이별은 애도哀悼와 그리움의 정서를 동반한다. 북인계 남인 문인들은 북인계열과 남인계열, 그리고 서인계열까지 두루 아우르는 폭넓은 교유 양상을 보였다. 시문학을 통해 교유를 이어가는 가장 보편적인 방법 중의 하나가 증여·송별시와 만시의 창작이라고 할 수 있다. 만시와 증여·송별시는 교유관계를 전제로 창작되는 만큼 인간을 향한 관심과 정감이 중요한 창작 동기가 된다고 할 수 있다. 만시와 증여·송별시가 많다는 것은 주변 사람에 대한 관심과 애정이 많았음을 보여주는 것이라고 할 수 있으며[99] 시의 대사회적 기능을 적극 활용한 경우라고 할 수 있다. 이경전과 채유후의 경우 만시와 증여·송별시의 창작 비중이 높아 이들이 교유관계에 있어 시를 적극적으로 활용했음을 알 수 있다. 이들은 시를 통해 단순한 메시지 전달에 그치는 것이 아니라 상대에 대한 여러 가지 감정을 시적으로 형상화하여 자신의 감정을 충실히 전달하려 하였다.

또한 정치적으로 어려운 처지에 놓였던 북인계 남인 문인들은 주변의 아름다운 산수 자연의 완상을 통해 심리적으로 위안을 받았다. 이원진과 김세렴의 경우 이와 같은 양상이 뚜렷하게 나타난다. 이경전·이민구·채유후의 경우 울적한 현실에서 초탈하여 모든 기심機心을 내려놓고 초연해짐으로써 마음의 평안을 얻고자 하는 초월 의식을 보였다.

이 장에서 논의하고자 하는 서정 세계는 북인계 남인 대표 문인 모두

99 윤재환(2010), 『매산 이하진의 삶과 문학 그리고 성호학의 형성』, 문예원, p.94.

에게서 나타나는 시세계이지만 작가의 개성에 따라 특장을 보이는 양상이 다르게 나타난다. 따라서 특장을 보이는 문인을 우선적으로 배치하여 논의하고자 한다. 또한 각 문인별로 창작한 작품 분량 역시 편차가 나타나는 관계로 여기에서 소개하고자 하는 작품의 분량도 문인별로 조금씩 편차가 있음을 미리 밝힌다. 이는 다음 장인 '경험과 의지로 엮은 현실 세계'의 경우도 동일하게 적용된다.

1) 이별의 진정眞情과 그리움

인간사에 있어 죽음으로 인한 이별은 인간의 근원적 슬픔이라고 할 수 있다. 우리 문학의 전통에서 구체적인 대상의 죽음을 맞이하여 이를 슬퍼하며 지은 시가 만시挽詩이다.[100] 살아남은 이들은 만시를 통해 애끓는 통곡의 심정을 토해내기도 하고, 망자의 행적을 칭양함으로써 오랫동안 망자를 기억하려 하였다. 떠나는 자와 남아있는 자 모두를 위로하는 시가 만시인 것이다.[101] 만시는 망자에 대한 의례적인 칭찬이나 상투적인 표현 등의 남발로 인해 그 문학성을 크게 인정받지 못한 경향이 있었다. 그러나 북인계 남인 문인들의 만시는 대개 망자와 함께 나누었던 사적인 경험을 토대로 지어진 경우가 많아 비탄의 애끓는 심정을 진정성 있게 전하는 특징을 보인다.

증여·송별시는 상대방에게 자신의 마음을 전달할 수 있는 가장 보편적인 방법 중의 하나이다. 북인계 남인 문인들은 이별의 슬픔을 시에 담아 건네기도 하고 때로는 맡은 바 임무를 다 해낼 것을 당부하고 격

100 최재남(1997), 『한국 애도시 연구』, 경남대학교 출판부, p.21.

101 김영수·김효정(2014), 「錦帶 李家煥의 만시 연구」, 『동아시아고대학』 36, 동아시아 고대학회, p.132.

려하는 마음을 담아 보내기도 한다. 증여·송별시는 교유관계를 파악할 수 있는 중요한 자료인 동시에 헤어짐에 대하는 서정의 표출을 살펴볼 수 있다는 점에서 작가적 역량을 살펴볼 수 있는 장르이기도 하다.

이경전과 채유후의 경우 만시와 증여·송별시를 다량으로 창작하고 있어 이들이 교유관계를 이어가는 데 있어 시를 적극적으로 활용하고 있음을 알 수 있으며 개별성을 보이는 장르라고 할 수 있다. 따라서 이 절에서는 논의의 순서를 작품의 창작 비중에 따라 이경전·채유후·이민구·김세렴·이원진의 순서로 진행하고자 한다.

이경전의 만시는 그 대상이 동료 관원들이 대부분이다. 대개 만시의 대상이 공적 관계에 있는 경우 상투적이고 의례적인 표현으로 형상화되는 경우가 많다. 하지만 이경전의 만시는 동료들과의 사적인 친분관계가 강하게 작용되어 망자와 공유했던 기억을 토대로 구성되어 있어 진정성을 주고 있다는 특징을 보인다. 증여·송별시의 경우 역시 외직 혹은 사행을 나가는 관원들이 주요 대상으로 평소 사적인 친분을 알 수 있는 과거의 기억들을 소환하여 엮음으로서 이별의 진정眞情을 담았다.

이경전의 만시는 100제 110수로 그 대상은 대부분 동료 관원들이다. 이들은 대개 사적으로 친분을 맺고 있어 이들을 위해 지은 만시는 망자의 개인적인 삶에 대한 칭양과 비탄의 감정이 함께 나타나고 있다. 이는 생전에 맺었던 망자의 관계가 공적인 관계에서 그치지 않고 사적으로도 서로 깊은 교감을 나누던 관계였음을 보여준다.

이경전의 만시는 칠언율시로 창작된 것이 대부분이지만 특별히 망자에 대해 하고 싶은 말이 많은 경우 연작시보다는 칠언배율과 칠언고시의 형식을 취해 창작하였다. 『석루유고』에는 3수의 칠언고시와 16수의 칠언배율이 남아있는데 이 중 16수가 만시이다.

이경전의 만시 특징 중 하나가 시제에 망자의 이름보다 직책이나 관직을 수행했던 지역을 나타내고 있다는 점이다. 이는 이경전이 생애의 대부분을 관직에 있었으므로 그의 교유 대상 대부분이 관원이었음을 보여준다. 동료 관원 이외에도 여성을 대상으로 하고 있는 만시도 15수가 있다. 이경전의 부친 이산해의 경우도 만시의 창작이 많았는데 특히 자식을 잃은 슬픔을 그린 만시가 많아 비애감이 크게 나타났다.[102] 하지만 이경전의 경우는 세 아들을 일찍이 잃었음에도 불구하고 이들을 대상으로 하고 있는 만시는 없어 대조를 이룬다.

내가 있는 교외 한가롭고 적막한데	屬我郊墟閑寂寞
공이 야위고 초췌하다 들어 견디기 어려울까 두려웠는데	聞公羸瘁恐難支
진실로 운수소관에 관계되어 어찌할 수 없음을 알지만	固應關數知無奈
그래도 다시 정에 끌려 의원인가 바라보네	猶復牽情望或醫
이별의 말이 벌써 이르렀지만 어찌 끝날 수 있겠는가	訣語已低那袞袞
이별할 때에 너무 아쉬워 주저주저 했었지	辭時强惜且遲遲
지금 서울 텅 비어 무엇이 있겠는가	只今都大空何有
다시 태어나더라도 또 당신을 따르겠네	能卜他生倘更隨
괴로운 시절은 원래 부여받은 바인데	苦節由來根所賦
맑은 이름 죽은 뒤에 끝내 누가 비방하리	淸名身後竟誰疵
날아오를 듯한 당당한 걸음으로 하늘을 뛰어넘고	飛騰步武超霄漢
시사에 신경쓰지 않았지만 동년배를 뛰어넘었는데	洒落詩詞絶等夷
책같이 보고 잠같이 잔 지 얼마나 되었는지 탄식하고	螢榻衾連嗟幾日
계원의 장원급제했던 당시 사람들에 딱 맞았는데	桂園魁望洽當時

102 이산해는 임진왜란 중에 딸과 며느리, 아들을 잃는 슬픔을 겪었다. 이산해는 29제의 만시를 지었는데 이중 가족, 인척이 12명에 이른다. 〈哭女〉·〈哭婦〉·〈憶萬年兒〉, 「箕城錄」, 『鵝溪遺稿』 卷1 ; 〈哭子〉·〈憶子〉·〈哭兒子草殯〉·〈哭兒子草殯〉·〈哭子〉, 「箕城錄」, 『鵝溪遺稿』 卷2.

무리 지어 수염 기르고 세상살이 즐거웠었고 頤鬚同隊人間樂
속 터놓고 집안끼리 오가며 세상일 알았네 肝肺通家世上知
늘 만났던 장소는 옛날 같고 每到逢場常似昔
이야기하던 곳은 쇠락함을 잊은 듯하네 却因談處便忘衰
…(중략)…
꿈속의 배나무 거리는 옛길을 헤맸었는데 夢裏梨街迷舊路
자릿가 비 뿌리니 가을 못에 어둑하네 席邊荷雨暗秋池
봄이 오면 창강 물가로 노 저어 春來一棹滄江渚
부평초에 눈물 흘리며 홀로 술잔 들겠구나 淚濕蘋花獨薦巵[103]

이 시는 〈설사만雪蓑挽〉으로 남이공을 위해 지은 만시이다. 남이공은 소북계열의 영수를 지냈던 인물로 이경전과 친분이 두터웠다. 『석루유고』에는 남이공과 주고받은 시 14제 23수가 남아있어 이들이 교분이 매우 두터웠음을 알 수 있다. 칠언 32구의 장편배율인 이 시에는 남이공과 함께 보냈던 일들을 회상하며 혼자 살아 남아있는 자의 비애감이 짙게 묻어있다.

이 시는 1640년(인조 18)에 쓰여진 것인데 이 시기 이경전은 벼슬에서 물러나 우천牛川에서 지낼 즈음이었다. 74세의 노구였던 이경전은 76세였던 남이공이 병으로 야위고 초췌해졌다는 소식을 듣고 매우 걱정하였다. 1~4구는 걱정하는 이경전의 모습을 보여준다. 고령의 남이공이 잘 버텨주기를 바라는 간절한 마음이 잘 나타나 있다. 5~10구는 남이공이 죽고 없는 빈 세상을 서글퍼하는 이경전의 심정을 그리고 있다. 하늘 아래 아무도 없는 듯하고 다음 생에도 함께 따르겠다는 말에서 평소 망자를 의지하고 따랐던 심정의 크기를 헤아려볼 수 있다. 11구~12구에서 이경전은 남이공이 평소 시사詩詞에 신경 쓰지 않았어도 동년

103 李慶全, 〈雪蓑挽〉, 『石樓遺稿』 卷2.

배 사이에서 뛰어났을 정도라며 망자의 뛰어난 시재詩才를 칭양하고 있다. 이어서 남이공과 함께 지냈던 추억을 소환하여 서술하고 있다.

이경전과 남이공은 1590년(선조 23) 함께 과거에 급제하였는데 그때 남이공은 증광 문과에 장원급제하였다. 14~15구는 이때의 일을 서술한 것이다. 같은 해 급제해 서로 어울리며 청운의 꿈을 키웠던 시절을 소환함으로써 남이공과의 관계가 매우 긴밀했음을 보여주고 있다. 더욱이 이들의 집안은 오래전부터 통가通家했으므로 두 사람의 관계는 출사 이전부터 가까웠음을 알 수 있다.

17~18구는 남이공과 함께했던 장소는 변함없이 여전하지만 이곳에서 함께 만나 이야기했던 남이공의 부재는 덧없는 인생의 무상함을 보여주고 있다. 29~30구는 남이공을 그리워하며 쓸쓸해 하는 심정을 그리고 있다. 내리는 비와 어둑한 가을 연못가는 이경전의 짙은 슬픔을 묘사한 것이라고 할 수 있다. 이 구절을 통해 남이공이 가을에 사망했음을 알 수 있다.[104] 31구~32구는 남이공을 보내고 혼자 살아남아 있는 생자生者의 외로움과 슬픔을 보여준다. 다가올 미래를 남이공과 함께 할 수 없다는 애끓는 슬픔이 마지막 구절의 '누습淚濕'·'빈화蘋花'·'독천치獨薦巵' 등의 시어 속에 담겨 있다.

총총거리며 원주로 가던 날	原州去日悤悤路
내 집에 찾아와 잠깐 들렀었지	訪我閑扉作意過
잠시동안의 정담도 다하지 못했는데	半餉情談殊未已
평생의 세교를 우러러본들 어찌하겠나	平生世分仰如何
청량산 빛은 오래도록 의구하고	淸涼山色長依舊

104『仁祖實錄』卷41, 仁祖 18년(1640년), 7월 18일(丁酉), 1번째 기사. "南以恭卒. 命復其官爵."

태백천 근원은 가득히 흘러만가네　太白川源漫逝波
서글퍼 그대를 곡하니 눈물 흐르고　悒悵哭君遙灑淚
벌레 가득한 시든 풀 위로 비 떨어지듯 눈물 소리 커져가네　亂蛩衰草雨聲多[105]

이 시는 〈만예안이원주挽禮安李原州〉으로 원주 목사를 지냈던 동료를 위해 지은 만시이다. 이경전의 만시는 관직명이나 부임지 이름만 시제로 삼고 있는 경우가 많아 만시의 대상을 정확히 파악하기 어려운 점이 있다. 이 시 역시 예안, 원주라는 지명만 노출되어 있어 망자가 누구인지 확인되지 않는다. 하지만 두 사람은 세교를 통해 오래전부터 정을 나누었음을 알 수 있다.

망자가 원주로 가면서 이경전의 집에 들려 정담을 나누었던 옛일을 떠올리며 망자와의 헤어짐을 안타까워하고 있다. 아마 이때의 만남이 망자와 생전에 나누었던 마지막 만남이었던 것으로 추정된다. '반향半餉'은 밥을 먹을 정도의 짧은 시간을 의미한다. 이경전은 망자가 일부러 찾아와 주었던 마지막 만남의 순간이 짧았었던 것이 못내 마음에 걸린 것이다. 이경전은 망자와 세교를 통해 오랫동안 교분을 나누었던 만큼 여러 가지 일들을 함께 했을 것이다. 하지만 이경전의 머릿속에 가장 기억되는 장면은 망자와의 마지막 만남이었던 것이다. 망자가 떠나고 없는 세상은 아무일 없다는 듯 여전한 산빛과 강물은 이경전의 마음을 더욱 아프게 만들고 있다. 결국 망자에 대한 절절한 비탄의 심정은 눈물과 곡소리로 표출되어 나타난다. 그리고 그 슬픔의 크기는 눈물 떨어지는 소리가 마치 비 떨어지는 소리처럼 크게 들리는 것으로 형상화되어 나타난다.

105 李慶全, 〈挽禮安李原州〉, 『石樓遺稿』 卷1.

하나의 강물 가운데 나뉘어 아래위로 굽이치고	一水中分上下隈
두 정원에서 마주하고 늘 머리 맞대었네	兩園相對首常擡
여러 해 약을 먹었어도 오히려 병들었는데	經年藥物猶關病
중양절 임정에서 억지로 술잔 쥐었었지	九日林亭强把杯
소식이 거짓말인 듯 어찌 그리 쉽게 부음을 주는가	消息似虛那易信
죽고 사는 게 꿈같기만 해 슬픔을 견딜 뿐이네	死生如夢只堪哀
봄바람에 눈물 흘리며 이전 놀던 곳에 오니	春風洒淚曾遊地
금대에 꽃이 흐드러졌는데 필마만 돌아오네	花滿琴臺匹馬廻[106]

이 시는 〈향우만鄕友挽〉으로 이경전의 고향 친구를 위한 만시이다. 이경전은 정계에서 물러나 있을 때마다 고향인 보령에 자주 머물렀다. 이 시는 어린 시절의 추억과 여러 해 병을 앓았던 친구의 사정을 떠올리며 벗의 죽음을 슬퍼하고 있다. 이경전과 벗의 집은 마당을 사이에 두고 머리를 맞댈 만큼 가까웠던 것으로 보인다. 경련은 오랫동안 병을 앓았던 벗의 사정과 이경전이 중양절에 고향에 내려오자 몸이 좋지 않았음에도 불구하고 함께 술잔을 나눴던 기억을 소환하여 그리고 있다. 하지만 이것이 마지막으로 벗을 본 모습이었던 것으로 보인다. 함련은 얘기치 않았던 벗의 부음을 듣고 좀처럼 믿기지 않아 망연해하는 이경전의 모습을 그리고 있다. 벗의 죽음을 쉽게 실감하지 못하는 이경전의 심정이 그저 슬픔을 견디는 것으로 나타난다. 하지만 결국 더이상 슬픔을 견디지 못하고 눈물을 흘리는 이경전의 모습과 화사한 봄꽃이 흐드러지게 핀 금대 주변의 봄 풍경이 대비되어 애도의 절절함을 극대화시키고 있다.

이경전의 증여・송별시는 127제 정도로 만시와 더불어 상당히 많은

106 李慶全, 〈鄕友挽〉, 『石樓遺稿』 卷1.

분량을 차지하고 있다. 증여·송별시의 주요 대상은 외직으로 부임하는 관원들로 이경전의 교유 대상 대부분이 관직에 있던 동료들임을 알 수 있다. 이경전의 경우 시제에 시의 대상자 이름보다는 부임지나 관직명만을 표기하는 경우가 많아 대상자의 신원을 구체적으로 확인하기 어려운 경우가 많다. 이는 관직을 중요시 여기는 이경전의 인식이라고 여겨진다. 이들을 대상으로 한 시에는 헤어짐의 아쉬움과 그리움의 서정이 담겨 있다. 또한 지방관의 임무에 충실할 것을 당부하는 진정眞情을 담고 있다. 그중에는 일본과 중국으로 사행을 떠나는 관원들에게 주는 송별시가 다수 있어 이경전이 외교 업무 분야에 인맥이 넓었음을 보여준다.[107] 이경전의 증여·송별시는 동료 관원들이 주요 대상이지만 평소 사적인 친분을 알 수 있는 과거의 기억들을 소환하여 엮음으로서 이별의 슬픔과 그리움의 진정성을 느끼게 하는 특징을 보인다. 반면에 친인척이나 가족을 대상으로 한 작품은 많지 않은 편이다.

세상에 친구가 몇 명이나 있는가	故人於世幾人存
나와 두 사람 동곳에 벌써 흰 눈 섞였네	我二人簪雪已渾
만리 연경은 가까운 길이 아니지만	萬里燕京非近路
일행이 요동과 계주 수레로 달리니 좋네	一行遼薊好驅轅
다가온 위태로움 어찌 말로 할 수 있겠는가만은	時危到底那容說
이제부터 세상일 듣고 싶지 않네	世事從今不欲聞
그대 위해 아름다운 국화 부지런히 심을테니	佳菊爲君勤手植
꽃 피는 날 기다려 여기서 술 한 잔 하세	待花開日是開樽[108]

107 李慶全, 〈送朴南宮書狀〉·〈送朴右尹秋信使〉 4수·〈送日本信使〉 金道源 二首·〈送日本信使從事〉 二首·〈送韓泰而正朝瀋陽〉·〈朴魯直還入瀋陽〉·〈送柳員外書狀朝天〉 2수, 『石樓遺稿』 卷3. 등이 있다.

108 李慶全, 〈送朴重老謝恩使〉, 『石樓遺稿』 卷2.

이 시는 〈송박중노사은사送朴重老謝恩使〉로 1625년(인조 3) 사은사로 떠나는 의곡義谷 박정현朴鼎賢(1562~1637)을 전송하며 쓴 시이다. 박정현은 이산해의 문인으로 이경전과 가장 가까운 벗 중의 한 사람이다. 이경전은 박정현과 수명정·초연정 등에서 함께 시주를 나누며 돈독한 우의를 다졌다. 이 시에서도 두 사람의 남다른 친분이 잘 나타난다. 당시 박정현은 부사 정운호鄭雲湖(1563~1639), 서장관 남궁경南宮檠(1562~?) 등과 함께 명나라 사행길에 올랐는데 도중에 도망칠 염려가 있다는 이유로 탄핵을 받았다가 인조의 신임으로 겨우 북경에 다녀오는 곡절을 겪었다. 경련은 이때의 상황을 묘사한 것으로 보인다. 미련은 우여곡절을 겪고 사행을 떠나는 박정현이 무사히 돌아와 술 한 잔 같이하기를 바라는 이경전의 애틋한 심경을 잘 보여준다.

아득한 세상사에 눈같은 흰머리 동곳에 비추고	萬事悠悠雪映簪
수없이 많은 갈림길에서 헤어짐에 익숙했던가	幾多岐路慣分襟
만일 이별의 한에 가볍고 무거움이 없게 한다면	若敎別恨無輕重
누가 알겠는가 인정에 깊고 얕음이 있음을	誰識人情有淺深
강가 제비 추사일 되어 추워지니 돌아가려하고	江燕欲歸秋社冷
물가의 꽃은 저물녘 어두워지는 하늘에 피려 하네	水花將發暮天陰
그리운 마음 눈에 가득한 모두 시의 재료가 되니	相思滿目皆詩料
홀로 남루에 올라 종일토록 읊조리네	獨上南樓盡日吟[109]

이 시는 〈송황횡성送黃橫城〉 2수 중 두 번째 시로 횡성으로 부임하는 동료를 위해 쓴 시이다. 이 시는 『석루유고』에도 수록되어 있는데 지방관으로 떠나는 동료에 대한 안타까움이 잘 드러나 있다. 수없이 많은 관원들을 외지로 전송하면서 이제 헤어짐에 익숙할 만도 한데 여전히

109 李慶全, 〈送黃橫城〉 2수, 『石樓遺稿』 卷1.

이별의 정한情恨은 경중輕重도, 천심淺深도 없다는 이경전의 읊조림에 이별의 아쉬움이 짙게 배어있다.

경련은 이 시의 시・공간적 배경을 잘 보여준다. 사일社日은 입춘立春과 입추立秋 뒤의 다섯 번째 무일戊日을 가리키는데 춘사일春社日에는 제비가 날아오고, 추사일秋社日에는 제비가 떠나간다고 한다. 이 시는 추사일이 되자 따뜻한 남쪽으로 제비가 떠나가려는 장면과 저물녘 어둑해지는 물가에 막 피어나는 꽃을 한 폭의 그림을 그리고 있어 당풍의 이미지를 잘 구현하고 있다. 이별의 정한을 이기지 못한 시인이 시를 짓기 위해 홀로 남루에 올라 하루 종일 읊조리는 장면은 이별의 아쉬움을 긴 여운으로 남기고 있다.

채유후는 100여 수의 만시를 창작하였는데 이는 전체 시의 약 24%에 이르는 분량이다. 만시의 주요 대상은 벗과 동료 관원으로 오언율시가 많으며 망자와 함께 경험했던 사실을 바탕으로 창작되어 애도의 진실성을 높이고 있다. 증여・송별시의 경우 지방관으로 떠나는 벗과 동료들이 주요 대상으로 이별의 서정과 관직을 충실히 수행해 줄 것을 당부하였다.

만시의 주요 대상은 벗과 동료들이다. 40여 년간 관직에 있었던 채유후의 이력은 그의 교유 대상 대부분이 관직에 있는 인물이었음을 말해준다. 채유후의 만시는 오언율시가 많은 특징을 보인다. 주로 두 사람 사이에서 직접 경험했던 사실을 바탕으로 만시를 창작하고 있어 애도의 진실성을 높이고 있다.

그대 곡하며 흘리는 눈물 황천까지 통하고	哭君零淚徹黃壚
흰머리 빗에 비쳐도 한스럽지 않네	未恨霜毛白映梳
풍진 세상 만년을 기약하며 함께 하자 했었고	共向風塵期晚節

수레 타고 은거지를 물으며 몇 번이나 수고했던가	幾勞車馬問幽居
따사로운 봄 같은 도량 참으로 가식 아니었고	陽春氣宇眞非假
운몽택 같이 그대의 흉금 절로 넉넉하였지	雲夢胸襟自有餘
깊은 밤 술 마시던 곳 늘 생각나니	每憶夜深呼酒處
지금쯤 꽃나무가 섬돌에 가득하겠지	至今花樹滿階除[110]

이 시는 〈오감사단만吳監司端挽〉 4수 중 첫 번째 시로 1640년(인조 18) 당시 황해 감사였던 동암東巖 오단吳端(1592~1640)의 죽음을 애도하며 쓴 시이다. 오단은 오백령의 아들로 오정일의 부친이다. 오정일은 채유후의 동생 채진후가 이이와 성혼의 문묘 종사를 반대하는 상소를 올릴 때 함께 참여했던 인물로 채유후와도 친분이 두터웠다. 채유후의 만시는 단형시 혹은 장편고시 형식으로 창작된 것이 대부분이다. 2수의 연작 만시가 5편, 3수 연작은 1편으로 100여 수가 넘는 만시 중 연작 만시의 창작은 별로 없다. 더욱이 이처럼 4수의 연작시로 지은 작품은 이 시가 유일하다. 연작시는 각각의 시가 독립성을 이루면서도 전체적으로 하나의 그림으로 연결할 수 있다는 장점이 있어 망자에 대하여 하고 싶은 많은 이야기를 담아내는 데 적합한 형태라고 할 수 있다.[111]

이 시에서는 채유후가 망자와 함께했던 추억 중 가장 크게 각인되었던 일들이 함련과 미련에 묘사되어 있다. 오단은 채유후가 해배 후 한거하고 있을 때 일부러 여러 차례 찾아왔던 것으로 보인다. 채유후에게 그때의 일이 매우 고맙게 느껴졌던 것으로 생각된다. 따뜻하고 넉넉한 품성을 가진 오단을 추억하는 채유후의 깊은 애도의 심정이 절로 느껴진다. 함께 술을 마시며 정을 쌓던 벗은 가고 없는데 예년과 변함없이

110 蔡裕後, 〈吳監司端挽〉 4수, 『湖洲集』 卷4.

111 김영수 · 김효정(2014), 위의 논문, p.147.

꽃을 피운 나무의 무심함을 마지막 구절에 배치함으로써 인생의 무상함을 쓸쓸히 그리고 있다.

스물여덟 나이는 길지 않은 생애라	生年廿八未多時
객관에서 초혼하니 더욱 비통하네	旅舍招魂益可悲
어린 아내 하늘에 호소해도 하늘은 묵묵부답	幼婦呼天天不應
늙은 아비 자식을 곡하나 자식이 어이 알리	老親哭子子何知
집에서 효도하고 우애하니 난제라 할 만했고	居家孝友難爲弟
남을 대할 땐 겸손하고 공손하니 절로 모범이었지	接物謙恭自作師
후일 두 아이가 손때 묻은 유품 볼 것이니	他日兩兒看手澤
해서 약간과 정음의 시라네	小楷書又正音詩[112]

이 시는 〈조생만휘용주제趙生挽徽龍洲弟〉로 1640년(인조 18) 용주龍洲 조경趙絅(1586~1669)의 동생 조휘趙徽(1613~1640)를 애도하며 쓴 만시이다. 조경의 문집 『용주유고龍洲遺稿』 권13에 「제망제문祭亡弟文」이 수록되어 있어 이때의 정황을 살펴볼 수 있다. 제문에는 조휘의 이름이 조구趙絿로 되어있다. 조구는 유복자로 조경의 유일한 형제였다. 제문에는 조구가 평소 혈증이 있어 건강이 좋지 못하였는데 시골에 있으면 약이 좋지 못하여 치료가 어려울 수 있다고 여겨 서울로 치료하러 나섰다가 며칠 만에 죽었다고 기록되어 있다. 9살과 돌도 지나지 않은 어린 두 아이를 두고 황망하게 떠난 동생에 대한 애절한 슬픔이 곡진히 기록되어 있다.

이 시는 28세라는 젊은 나이에 황망하게 객지에서 죽은 젊은 남편을 두고 하늘을 향해 애절하게 호소하는 어린 아내의 비탄과 아들의 죽음에 통곡하는 늙은 아비의 곡소리가 애절한 비탄의 현장을 사실적으로

112 蔡裕後, 〈趙生挽 徽龍洲弟〉, 『湖洲集』 卷4.

그리고 있어 비애감을 더하고 있다. 더욱이 조구의 어린 두 명의 자식이 훗날 아버지의 유품인 글씨와 시를 통해서 겨우 아버지의 흔적을 찾아야 하는 상황의 묘사는 오늘의 죽음이 앞으로도 오랫동안 슬픔으로 기억됨을 현실감 있게 그리고 있다. 이 시는 상투적인 만시의 의례적인 표현에서 벗어나 남겨진 가족들의 슬픔에 초점을 맞추고 그 모습을 사실적으로 그리고 있다는 점에서 진정성을 주고 있다.

경신년을 생각해보니　　憶在庚申歲
처음 그대와 나 서로 만났는데　　始與君相遇
서로 만나면 곧 기뻐하고　　相遇卽驩然
흉금을 터놓고 서로 거리낌이 없었지　　胸襟兩無忤
예장에서 함께 문장을 다투고　　同場鬪儷文
함께 술 마시며 시구를 찾았는데　　共酌搜詩句
나는 그대의 격조가 빼어나다 했고　　我謂君格秀
그대는 나에게 재주를 갖췄다고 칭찬했지　　君稱我材具
다행히 일찍 명성을 얻어　　幸得早蜚英
긴 길을 함께 나란히 달렸네　　長途一竝騖
때로는 고금의 일을 논함에　　有時論古今
생각이 다른 것을 면하지 못할 때도 있었고　　未免有乖互
간혹 서로 힐난할 때도 있었지만　　縱或相詰難
결국에는 하나로 일치하여 돌아왔지　　終然歸一趣
인생 만사 있지 않은 게 없으니　　萬事無不有
슬픔과 기쁨을 얼마나 겪었던가　　悲歡經幾度
그대 장흥으로 유배 가던 날　　君謫長興日
내가 복성에서 달려가　　我從福城赴
천 리 길 밤에 문 두드리니　　千里夜叩門
신발 거꾸로 신고 일어나다 엎어져　　倒屣起還僕
부축하고 이끌며 마루에 오르더니　　扶攜入升堂

괴로운 심정 나에게 토로했지　苦懷向我吐
그대 귀양에서 돌아온 후에도　遠君賜環後
찾아와 자주 만났는데　亦來數相聚
세상일 얽히고설킴이 심해서　世故劇嬰纏
강가에도 비바람이 심했네　江干足風雨
평생 정안렴과　平生丁按廉
아득히 운수의 정 막혔으니　迢遞阻雲樹
돌아보니 세 사람만 남아　環顧只三人
늘 처음 약속 잘못됨을 탄식했는데　每歎初約誤
그대 고질병이 도졌단 소식 듣고　聞君宿痾發
급히 강변으로 달려갔는데　倉卒向沙步
병이 이미 어찌할 수 없게 되어　疾已不可爲
다정히 이야기도 나누지 못했네　無以成良晤
이별할 때 세 번이나 손을 잡고　臨別三握手
머뭇거리다 저녁이 되었지　遲回抵曛暮
생각도 못했는데 끝내 이 지경에 이르러　不料竟至斯
갑자기 흉한 부고를 받게 되었네　遽爾承凶訃
생각하니 그대 깊은 한을 품고　念君抱深冤
근심에 잠겨서 숨을 거두었을 텐데　沈憂仍作故
이번 일이 더욱 가슴 아파　此事尤可傷
푸른 하늘 아득하여 호소하지도 못하네　蒼穹杳莫訴
나의 편지 정군에게 부쳤는데　我書寄丁君
슬퍼하는 말이 서찰에 가득하였네　哀辭溝尺素
정군의 답장이 와서　丁君報書至
뜯어보니 두 줄기 눈물이 흐르네　拆視淚雙注
혼백은 이를 아는지 모르는지　魂能知此否
이제 그만이구나 금양의 무덤이여　已矣衿陽墓
끝으로 돌아가지 않으면 안되니　莫不歸於盡
뜬 인생 아침 이슬과 같네　浮生等朝露

나 역시 얼마나 남았을까	我亦能幾何
만날 기약 황천길에 있네	交期在泉路[113]

이 시는 〈심청봉만沈晴峯挽〉으로 1660년(현종 1) 절친한 벗 청봉晴峰 심동귀沈東龜(1594~1660)의 죽음을 애도하며 지은 오언 52구의 장편 고시이다. 채유후는 심동귀·정언황과 매우 친했다. 이들이 처음 만난 것은 경신년(1620년, 광해군 12)이다. 이 시의 1~14구는 이들의 처음 만남에서부터 친해지는 과정, 두 사람 사이에 있었던 사적인 일들을 서술함으로써 친밀감을 강조하고 있다. 또한 서로 의견이 맞지 않는 경우도 많았지만 결국 화해하고 의견을 조율해 가는 과정을 보여줌으로써 이들의 친밀성을 강조하는 면모를 보인다. 15~26구는 심동귀가 귀양 갔을 때 채유후가 한걸음에 천 리 길을 마다하지 않고 갈 만큼 서로의 정이 두터웠음을 서술하고 있다. 27~42구는 심동귀가 중병이 들어 급히 찾아가 만났던 일을 회고하고, 결국 병을 이기지 못해 죽음을 맞이하게 된 슬픈 사연을 서술하고 있다. 43~52구는 남아있는 자들의 서글픔과 슬픔을 서술하며 저승에서 다시 만나자는 기약을 담고 있다.

이 시는 심동귀와의 첫 만남에서부터 함께 해온 시간들을 술회하듯 서술하는 서사적인 기법을 통해 심동귀와의 진실한 관계를 드러내고 애도의 슬픔을 진정성 있게 표현하고 있다.

채유후의 증여·송별시는 상당히 많은 비중을 차지한다. 전체 444제의 시 중 95제가 증여·송별시로 약 24%에 해당하는 분량이다. 시의 주요 대상은 지방관으로 떠나는 벗과 동료들이 대부분으로 이별의 서글픔과 맡은 역할을 충실히 해낼 것을 당부하는 내용이 주요 시상을 이루고 있다.

113 蔡裕後, 〈沈晴峯挽〉, 『湖洲集』 卷4.

술동이 앞에 두고 밝은 해 가을산으로 지는데	樽前白日落秋山
고을 수령 행장 차리고 구름바다 사이로 간다네	五馬行裝雲海間
속세에 내가 남아 무슨 일을 하겠는가	塵世我留將底事
그대 이제 돌아오지 않는 건 아니지요	君今未始不爲還[114]

이 시는 〈별창강別滄江〉으로 창강滄江 조속趙涑(1595~1668)이 고을 수령으로 나가게 되자 헤어지며 쓴 시이다. 조속은 채유후와 인척 관계에 있는 인물로 채유후가 가장 의지하고 따랐던 인물이다. 그와 교유한 시가 30여 수 남아있어 교유의 깊이를 짐작할 수 있다. 술을 좋아했던 채유후는 평소 조속과 함께 시주를 즐기며 마음속 이야기를 진솔하게 터놓곤 했다.

이 시의 기구는 이별을 앞둔 두 사람이 낮부터 해질 때까지 오랫동안 술을 마시며 석별의 정을 나누었음을 보여준다. 오마五馬는 태수가 타는 마차를 뜻하는 것으로 조속이 지방 수령으로 나가게 됐음을 의미한다. 하지만 구체적으로 어떤 지역으로 나가게 되었는지는 밝히지 않고 있다. 전구와 결구는 조속을 보내고 혼자 남게 된 채유후의 심정을 그린 것이다. 조속이 없는 허전한 마음이 혼자 아무것도 할 수 없다는 탄식으로 나타난다. 결구는 혼자 남게 되는 시인의 불안감을 잘 보여준다. '미시불위환未始不爲還'은 이중부정 어법을 사용한 질문으로 여기에는 강한 긍정의 확답을 바라는 의미가 담겨 있다고 할 수 있다. 조속이 꼭 돌아오기를 바라는 간절함과 이별의 아쉬움이 진하게 묻어있는 작품이다.

다음의 시는 이별의 서정과 당부의 진정, 우국충정의 마음이 복합적으로 섞여 있는 시로 당시 조선이 처한 정치적 상황에 따른 채유후의

114 蔡裕後, 〈別滄江〉, 『湖洲集』 卷1.

복잡한 심경을 짐작해 볼 수 있다.

고금의 어떤 왕조 성쇠가 없었겠냐만	古今何代不成虧
살아서 세자께서 북으로 거둥하심을 보네	生見春宮北幸時
요동의 추위와 모래바람 참으로 이역이니	遼寒風沙眞異域
심양에서 연석할 줄 어찌 예전에 기약했겠는가	瀋陽筵席豈前期
높은 명성 수행이 바빠도 절로 부합할 것이니	高名自合煩調護
장대한 눈물 이별의 아쉬움 때문이 아니네	壯淚非關惜別離
세자를 호위하고 돌아올 날 있을 줄 아니	扈駕東還知有日
동루의 옛 동료들 뒤쫓아 따르며 좋아하리	銅樓舊列好追隨[115]

이 시는 〈송박인보보덕지행送朴仁甫輔德之行〉으로 1637년(인조 15) 소현세자가 청나라에 볼모로 갈 때 보덕으로 배행한 박철영朴哲榮(1597~?)을 전송하며 지은 시이다. 병자호란의 패배로 인해 심양에 볼모로 가는 세자를 배행하는 동료를 전송하는 채유후의 심정은 이별의 정을 넘어 울분에 찬 설움이 북받쳤을 것이다. 수련과 함련은 현실의 기막힌 상황에 대한 채유후의 심정을 묘사하였다. 고금의 역사에서 왕조의 흥망성쇠는 언제나 있었지만 조선이 오랑캐 취급을 하던 청나라에게 머리를 조아리며 세자가 볼모로 끌려가게 될 줄은 누구도 상상하지 않았을 것이다. 수련은 이처럼 참담한 장면을 살아서 봐야 하는 채유후의 허탈한 심정이 잘 나타나 있다. 함련은 심양의 척박한 환경을 묘사한 것으로 이런 곳에서 소현세자와 신하들이 살아야 하는 현실은 상상조차 하지 못한 일임을 보여준다. 함련의 '연석筵席'은 임금과 신하가 모여 묻고 대답하는 자리를 말하는 것으로 조정에서 이루어져야 할 일이 심양 땅에서 이루어지게 됨을 말해준다.

115 蔡裕後, 〈送朴仁甫輔德之行〉, 『湖洲集』 卷4.

경련은 박철영의 능력과 충심을 칭양하며 세자를 잘 보필할 것을 당부하는 마음과 이별의 슬픔을 그리고 있다. 미련은 박철영이 세자를 모시고 꼭 돌아오기를 간절히 바라는 마음을 잘 보여준다. 동루는 동용루銅龍樓의 준말로 한나라 태자궁에 있던 누각의 이름이다. 세자를 비롯하여 세자를 보필하던 신하들도 다함께 무사히 돌아오기를 바라는 마음이 잘 나타나 있다.

이민구의 만시는 가족과 벗이 주요 대상으로 그 비애감의 체감도가 높으며, 증여·송별시는 오랫동안 교분을 나눈 이들을 대상으로 하고 있다. 이민구는 병자호란 당시 부인과 두 아들, 조카들을 잃었다. 가족을 잃은 애끓는 비통함이 구체적인 묘사를 통해 애도의 체감도를 높이고 있으며, 오랜 유배로 인해 형과 벗들의 죽음조차 지켜볼 수 없었던 자신의 처지는 비애감을 더욱 증폭시켰다.

평생을 마음에 품었는데　平生在懷抱
죽어서 풀숲에 버려졌구나　死葬棄草莽
바람 모질고 산에 눈 깊어도　風嚴山雪深
네 유골은 고통이 없겠구나　爾骨得無苦
하늘이여 네가 무슨 죄가 있겠냐　天乎汝何辜
생각건대 나를 아비로 삼은 것이네　諒以我爲父
귀엽고 예쁘게 헤어질 때 했던 말　婉孌別時語
분명하게 마음에 새겼는데　鑿鑿鏤肝腑
맑고 고운 눈매가　淸揚好眉眼
며칠 만에 흙이 되었네　幾日化爲土
깊은 정을 누가 면할 수 있으리　情鍾誰可免
온통 애달픈 마음 영원하리　一哀足千古[116]

116 李敏求, 〈至哀〉, 「嶺南錄」, 『東州集』 전집 卷3.

이 시는 〈지애至哀〉로 딸을 잃은 슬픔을 담은 시이다. 이민구는 1624년 2월~1625년 4월까지 영남 관찰사로 재임하였는데 이 시는 이때 쓴 것으로 어린 딸을 잃은 애절한 슬픔이 절절하게 묻어있다. 이 시 앞에 편차된 〈도요悼夭〉와 〈우곡연又哭鷰〉도 모두 딸을 위한 만시여서 딸에 대한 애정이 남달랐음을 알 수 있다. 이민구는 부인이 딸아이를 가졌을 당시 선위사宣慰使로 동래에 있었고, 임무를 마치자마자 북방지역의 막부 종사관으로 부임하였다. 그리고 곧이어 영남 관찰사로 부임하는 등 연이어 외직에 있었던 까닭에 딸아이가 태어나는 것도 죽는 것도 보지 못했다. 1~6구는 딸아이를 장사 지낸 후 아비를 잘못 만난 탓에 일찍 요절했음을 자책하는 넋두리가 서글프게 묘사하고 있다. 7~10구는 영남 관찰사로 부임할 때 헤어지던 딸아이의 모습을 회상하고 딸의 죽음을 쉽게 실감하지 못하는 모습을 보여주고 있어 비애감을 더하고 있다. 한창 재롱부리며 사랑받을 나이에 황망하게 떠나버린 어린 딸을 가슴에 묻고 평생 놓지 못하는 아버지의 애절한 비탄의 심정이 깊게 남아있다.

다음의 시는 가장 친한 벗인 낙전당樂全堂 신익성申翊聖(1588~1644)을 애도하며 쓴 만시로 지음知音을 잃은 슬픔이 잘 나타나 있다.

인생에 이미 형제도 없고 　　 人生既終鮮
세상에 오직 이 한 몸뿐이네 　　 四海唯一身
노년에 송백의 그늘에서 　　 桑榆蔭松柏
오직 그대와 친하게 지냈고 　　 獨於夫子親
헤어져 지낸 만년의 기약 　　 契闊暮年期
맑은 한강 가에서 나와 약속했었네 　　 約我清漢濱
나의 귀환에 어찌 날짜가 있겠는가 　　 我歸豈有日
다만 도의의 순후함을 깨달았네 　　 但感道義淳

막다른 길에서 온갖 일로 찢겨지니　窮途萬事裂
여러 가지로 마음이 괴로웠었지　百端中酸辛
오래도록 백운루 바라보아도　永望白雲樓
배 맬 곳 아득해 없겠구나　繫舟杳無因
횡성의 불모지로　橫城不毛田
조만간 나도 돌아갈 것이니　朝夕返吾眞
아득한 강 위로 노 저어 가면　依依上江楫
황천길에 당연히 만나겠지　泉路當會神[117]

이 시는 〈곡회옹哭淮翁〉 4수 중 네 번째 시로 1644년(인조 22) 절친한 벗이었던 신익성의 죽음을 애도하며 지은 시이다. 이민구는 신익성의 아버지 신흠에게서 학문을 익혔고, 신익성과 젊은 시절부터 마음을 터놓고 지냈다. 두 사람의 친분은 딸과 아들을 혼인시킴으로써 인척 관계로 이어졌다. 오언배율 4수 연작시로 구성된 신익성의 만시는 망자에게 하고 싶은 말이 많았음을 의미한다. 당시 이민구는 아산에 유배 중이었으므로 신익성의 장례에 참석하지 못했다. 이것이 못내 마음에 걸렸는지 이민구는 발인하는 날 신익성의 꿈을 꾸고 〈몽동양시일발인夢東陽是日發引〉을 짓기도 하였다. 신익성은 유배지에 있는 이민구에게 자주 시를 써서 보내기도 하고, 영변의 유배지를 찾아가 이민구를 만나기도 하였다.[118]

1~2구는 부모 형제가 모두 죽고 홀로 남은 자신의 처지를 서술한 것이다. '종선終鮮'은 『시경』「양지수「揚之水」의 "끝내 형제가 드물어 오

117 李敏求, 〈哭淮翁〉, 「牙城錄」 1, 『東州集』 시집 卷8.

118 신익성은 1643년 심양에서 조사를 받고 돌아오는 길에 영변에 들러 이민구를 만나기도 하였다. 이때 이민구가 지은 시가 〈東陽尉被查自瀋回來訪〉이다(「鐵城錄」 7, 『東州集』 시집 卷7.).

직 나와 너뿐이네[終鮮兄弟, 維予與女]."에서 나온 말로 형제가 적은 것을 말한다. 이민구의 형 이성구는 1644년에 운명하였다. 하나뿐인 형을 잃고서 얼마되지 않아 절친한 벗을 잃은 이민구의 허망한 넋두리에 비애감이 진하게 묻어있다. 3~6구는 신익성과 맺었던 '도의지교道義之交'의 약속을 떠올리며 서술한 것이다. 백운루는 신익성이 지은 정자로 이민구는 「백운루기白雲樓記」[119]를 쓰기도 하였다. 11구~12구는 백운루에 가도 함께 배를 타고 노닐 벗이 없음을 한탄하는 마음이 잘 드러난다. 13구~14구에서 횡성으로 돌아간다는 것은 자신도 신익성의 뒤를 죽을 날이 머지 않았다는 의미이다. 이민구는 횡성을 자신의 장지로 정한 적이 있다.[120] 평생 가장 많이 의지하고 우정을 나누었던 벗의 죽음을 맞이한 노년의 이민구는 곧 저승에서 벗을 만나기를 바라는 마음을 마지막 구절에 담담하고 차분하게 서술하고 있다.

이민구의 증여·송별시는 100여 수 정도로 전체 2,400여 수에 비하면 큰 비중을 차지하지 않지만 적지 않은 양이다. 증여·송별시가 큰 비중을 차지하지 않는 것은 11년에 이르는 긴 유배 기간과 해배 이후에도 관직에 서용되지 못한 채 생을 마감했던 그의 환로와 관계가 있는 것으로 여겨진다. 이민구의 증여·송별시의 대상은 유배 시기에는 딸과 조카, 사위 등을 비롯한 친인척과 자신을 찾아오거나 소식을 전해주던 절친한 벗이 대부분으로 이별의 정한情恨과 이들을 향한 그리움이 주요 시상을 이룬다. 이민구는 사위, 손자와 조카들에게 면학에 힘써 나라의 동량이 될 것을 당부하기도 하였다.

증여·송별시는 해배되어 한양으로 돌아온 이후 양적으로 증가하는

119 李敏求, 〈白雲樓記〉, 『東州集』 문집 卷3.

120 『東州集』 전집 卷6에 수록된 시 〈龍護山自卜壽葬〉 아래에 "後改卜橫城"이라는 주석이 있다.

양상을 보이는데 약 70%가 해배 이후에 지어졌다. 중국으로 사행을 가는 친인척과 지방 현감으로 나가는 조카, 벗들을 전송하며 쓴 시가 많다. 이민구의 증여・송별시는 칠언율시와 오언배율, 오언고시로 창작된 것이 대부분이다. 이민구가 오언고시에 뛰어나다는 평가와 상통하며, 오언배율의 긴 시구에 많은 이야기를 서술하듯이 담아내는 특징을 보인다.

평소 때라면 높은 지위에 있으면	時平居大位
자손들이 그 성공에 힘입어	子孫蒙其成
쌀밥에 살진 고기 질리게 먹고	持粱厭肥肉
화려한 집에서 편히 누워 쉴 텐데	息偃在華楹
어찌하다 혼란한 세상을 만나서	奈何遭世亂
연약한 네가 편안함 얻지 못했네	弱植不獲寧
심양이라는 곳은	瀋陽底處所
컴컴하고 비릿한 바람먼지 이는데	黯慘風塵腥
네 나이 겨우 열여섯에	汝纔二八齡
비로소 한양에서 나와	始出長安城
자그마한 육 척의 몸으로	藐然六尺軀
나부끼는 바람에 정벌 길을 가네	飄颻事徂征
…(중략)…	
끼니 잘 챙기도록 하고	努力加飯食
병나지 말아라	勿受憂患攖
형님께서 영의정을 맡으셨으니	伯氏任棟梁
널 아낌에도 보낸 것은 정이 모자라서가 아니라	割愛非寡情
나라가 위급해 진실로 망할까 두려한 것이니	邦危實懼亡
집안과 나라는 경중이 달라서이지	家國殊重輕
이런 말로 너의 마음을 위로해 보지만	持此慰汝意
쓰러질 듯 몸도 마음도 놀라네	塌焉心骨驚

눈물 닦으며 가는 길 바라보니　　收淚視往路
하늘은 아득히 높고 멀기만 하네　　天宇莽崢嶸
산천이 끝없이 넓으니　　山川曠無極
한맺힌 마음 어찌하면 평안해질까　　恨恨那由平[121]

이 시는 〈송유자석규질심양送猶子碩揆質瀋陽〉으로 1642년 심양에 질자質子로 가는 조카 이석규李碩揆(1627~1666)를 전송하며 지은 오언배율 38구 중 일부이다. 병자호란 이후 조선은 6조판서와 좌우참찬, 한성판윤에 이르는 구경九卿의 아들을 청나라에 볼모로 보내야 했다. 당시 이민구의 형 이성구는 영의정의 지위에 있었으므로 그의 아들도 청나라에 볼모로 보내야 했으나 장남은 병자호란 중에 사망하였고, 2남 이동규李同揆(?~1677)는 심양에서 막 돌아온 상태였다. 3남 이당규李堂揆(1625~1684)는 평소 몸이 약하고 병이 많아 심양까지 갈 수 없었다. 이때 당시 16세였던 4남 이석규가 자청하여 심양으로 가겠다고 나섰다. 어린 조카를 먼 타국에 볼모로 보내야만 하는 숙부 이민구의 애절한 이별의 슬픔이 구절마다 짙게 배어 있다.

1~6구는 평상시라면 영의정의 아들로 편하게 살았을 조카의 모습을 가정하여 묘사함으로써 시절을 잘못 만나 어린 나이에 고생길을 가야 하는 현재 상황의 비애감을 더하고 있다. 7~32구는 직접 화법 형식을 취해 조카에게 질자로 가야만 하는 상황을 설명하고, 심양에서 건강하게 지낼 것을 당부하고 있다. 이와 같은 직접 화법의 사용은 전달력과 사실감을 높이는 효과를 준다.

33~38구는 어린 조카를 보내야만 하는 이민구의 애끓는 슬픔을 절절하게 그렸다. 자그마한 몸으로 먼 길을 떠나는 어린 조카의 뒷모습을

121 李敏求, 〈送猶子碩揆質瀋陽〉, 「鐵城錄」 6, 『東州集』 시집 卷6.

보며 눈물을 흘리는 이민구의 모습은 당시 조선의 백성들이 지위 고하를 막론하고 겪어야 했던 전쟁의 참상을 고스란히 보여준다.

몰락하여 쓸모없는 사람이 서쪽 성에 사니	飄零樗散寄西城
객지의 위태로운 넋이 꿈에서도 자주 놀라네	客土危魂夢屢驚
단칸방의 생애 장중울 같고	一室生涯張仲蔚
평생의 심사 정강성과 같았네	百年心事鄭康成
막힌 산 숲에서 시인이 바라보니	囚山草木騷人望
역로의 먼지 속으로 사신이 가네	驛路塵埃使者行
늘그막 변방의 근심에 이별의 한 겸하니	暮境邊虞兼別恨
그대 생각에 눈물만 줄줄 흐르네	憶君唯有淚縱橫[122]

이 시는 〈서회기별오여완書懷寄別吳汝完〉으로 죽남竹南 오준吳竣(1587~1666)과 이별하며 지은 시이다. 오준의 딸은 이민구의 장남 이원규와 혼인하였으므로 두 사람은 사돈지간이 된다. 병자호란으로 이원규가 사망하였지만 이민구와 오준의 교유는 지속적으로 이루어졌다. 오준은 여러 차례 사행을 수행하면서 연경으로 가는 경우가 많았는데 이민구는 이때마다 오준을 전송하며 시를 써 주었다.[123]

이 시는 1640년 1월~2월 사이에 지은 것으로 보인다. 경련의 내용으로 보아 오준이 사행 가는 길이었음을 알 수 있는데 『승정원일기』에 1640년(인조 18) 윤1월 10일 오준이 원손을 모시고 심양에 갔다가, 8월 4일에 돌아왔다는 기록이 보인다.[124]

122 李敏求, 〈書懷寄別吳汝完〉, 「鐵城錄」 4, 『東洲集』 시집 卷4.

123 李敏求, 〈送吳判書 汝完 使燕〉, 「西湖錄」 2, 『東州集』 시집 卷13.; 〈寄吳汝完件送北使在龍灣〉, 「西湖錄」 3, 『東州集』 시집 卷14.; 〈送吳判書再赴燕都〉, 「西湖錄」 5, 『東州集』 시집 卷16.

124 『承政院日記』 仁祖 18년(1640년), 윤1월 10일(壬辰), 5번째 기사. "且左副賓客李行

수련은 영변에서 유배 생활하는 자신의 처지를 읊은 것이다. '저산樗散'은 '저력산목樗櫟散木'의 준말로 재목으로 쓸 수 없는 가죽나무와 상수리나무를 뜻하는데 전하여 능력이 부족한 사람을 말한다. 장중울張仲蔚은 후한 때의 은자로 매우 박식하고 시부에 능했는데 빈한하고 검소한 생활을 했다고 한다. 강성康成은 정현鄭玄(127~200)의 자字이다. 정현은 동한東漢의 경학가로 평생 처사로 지내면서 훈고학과 경학에 조예가 깊었다. 이민구는 현재 자신의 처지를 장중울과 정현에 비유한 것이다.

경련은 이민구가 오준과 헤어질 때의 모습을 묘사한 것으로 당시 오준이 사행 중이었음을 알 수 있다. 미련은 오준이 떠난 후 이민구가 겪은 이별의 슬픔이 매우 컸음을 보여준다. 오준을 생각하며 하염없이 흘리는 눈물은 유배 생활의 고단함과 벗에 대한 그리움이 복합적으로 뒤섞인 상징이라고 할 수 있다.

김세렴의 만시는 대개 동료 관원과 벗들을 그 대상으로 하고 있으며, 증여·송별시는 벗이 주요 대상으로 오언시를 주로 창작했다는 특징을 보인다. 김세렴의 만시는 13제로 많지 않은 편이다. 760여 수에 가까운 시수에 비해 현저하게 낮은 비중이라고 할 수 있다. 13제의 만시 중 1제는 동일인의 천장遷葬 당시 지은 만사이므로 실제 만시의 대상자는 12명이다. 만시의 대상자는 대개 동료 관원과 벗들이며 친인척은 당숙堂叔인 김극빈金克鑌(1600~1628)의 만시가 유일하며, 여성을 대상으로 한 만시도 1제에 불과하다. 김세렴의 만시는 7제가 오언율시로 창작되었고, 1제는 오언배율 3수 연작시로 창작되어 있어 오언시를 선호하는

遠, 曾有申得淵出來後入往之教, 而吳竣陪護元孫, 仍赴瀋陽, 則王世子行中, 只有賓客一員, 事體苟簡.";『承政院日記』仁祖 18년(1640년), 8월 4일(癸丑), 9번째 기사. "賓客吳竣以下, 及京畿監司朴篬入來."

특징을 보인다.

일대의 풍류로 청춘을 비추었고	風流一代照青春
우리 집안에서 자리의 보배였는데	自是吾家席上珍
적자의 흉악한 모의 이제 어찌 생각하리	賊子凶謀初豈念
이전 조정의 부마로 충분히 친함을 논했는데	先朝駙馬足論親
입으로 전하는 길거리의 말 믿기 어렵고	流傳道路言難信
황홀한 용모 꿈속에서 진짜가 아니네	恍惚形容夢不眞
세상에 홀로 서서 흰머리 다되어	獨立人間頭白盡
몇 줄의 서찰에 슬픈 눈물 옷에 가득하네	數行哀淚滿衣巾[125]

이 시는 〈도당숙일선위悼堂叔一善尉〉으로 1628년 당숙인 김극빈을 애도하며 지은 시이다. 김극빈은 김세렴의 종조부 김이원金履元(1553~1614)의 아들로 선조의 딸인 정근옹주와 혼인하여 일선위一善尉가 되었다. 김세렴은 당숙인 김극빈과 자주 교유했던 것으로 보인다. 〈저도차당숙회고운楮島次堂叔懷古韻〉·〈관창정당숙觀漲呈堂叔〉·〈차당숙次堂叔〉 등은 김극빈과 주고받은 시로 두 사람의 관계가 돈독했음을 보여준다.

김극빈은 풍채가 좋고 집안에서 촉망받는 인재였다. 석상진席上珍은 『예기禮記』「유행儒行」에 "유자는 자리 위의 보배처럼 임금이 불러주기를 기다리는 사람이다[儒有席上之珍以待聘]."라고 한데서 나온 말로 재주가 뛰어난 인재를 말한다. 1613년(광해군 5) 정근옹주가 혼인한 지 2년 만에 사망하자 김극빈은 혼자가 되었다. 이후 1628년(인조 6) 광해군의 처남 유희분의 조카 유효립이 반역을 도모한 일에 휘말려 조사를 받다 고문 끝에 사망하였다.[126] 경련과 함련은 김극빈이 역모에 휘말

125 金世濂, 〈悼堂叔一善尉〉, 『東溟集』 卷3.

린 사건이 진짜가 아님을 표명하고, 망자를 꿈에서나 볼 수 있는 현실의 부재를 토로한 것이다. 망자가 없는 세상에 홀로 서서 쓸쓸히 늙어가는 김세렴의 처지와 망자가 남긴 몇 줄의 서찰을 보며 옛 추억에 눈물 흘리는 김세렴의 모습이 처연한 잔상을 남기며 비탄의 심정을 전하고 있다.

김세렴의 증여·송별시는 40여 편으로 많지 않은 편이다. 대개 벗과 헤어지며 쓴 경우가 많아 헤어짐의 아쉬움과 그리움의 정서를 담고 있는 경우가 많으며, 인척 관계에 있는 이를 대상으로 한 시는 거의 보이지 않는다. 김세렴의 증여·송별시는 공적 관계에 있는 동료들을 대상으로 한 증여·송별시가 많지 않다는 점과 오언시의 창작이 많다는 특징을 보인다.

한강가에서 삼 년을 지내다	三年漢水上
오늘은 다시 여강에 있네	此日又驪江
초가집은 모래 언덕에 의지하고	草屋依沙岸
사립문은 돌다리 마주하고 있네	柴門面石矼
오랜 벗과 이별 더욱 서글프고	還憐別舊友
깊은 술잔에 취할 일 다시 없겠네	無復醉深缸
그리움 담은 글자 부치고 싶지만	欲寄相思字
아득한 하늘가로 기러기 한 쌍 날아가네	遙天雁一雙[127]

이 시는 〈동자방자산경백차유미호송별운同子方·子山·敬伯次柳迷湖送別韻〉으로 유흠柳欽을 전송하며 그의 시에 차운한 시이다. 유흠은 김

126 『仁祖實錄』 卷18, 仁祖 6년 1월 3일(乙丑), 6번째 기사. "兩司以一善尉 金克鏞緊出賊口, 請加刑訊, 累啓而始從之. 克鏞及學生柳養善·司直李廷哲·出身金就礪·前縣監閔瀞·中軍李繼先等二十人, 皆不服而斃."

127 金世濂, 〈同子方·子山·敬伯 次柳迷湖送別韻〉, 『東溟集』 卷2.

세렴의 처남이자 유형원의 부친이다. 이 시는 이경의·유흠·子山·김세렴이 함께 어울려 지내다 유흠이 돌아가게 되자 이를 아쉬워하며 지은 것으로 이별의 서글픔이 깊게 배어 있다. 김세렴은 1619년(광해군 11) 유배에서 돌아와 1623년(광해군 15) 재서용 될까지 한거하는 동안 원주와 강릉, 한양을 오가며 이경의·유흠·자산 등과 자주 만났는데 이 시는 그 시기에 지은 것으로 보인다.

수련과 함련은 김세렴이 머물고 있는 곳을 설명한 것으로 여강驪江가에 초가집을 짓고 한거하고 있는 생활을 보여준다. 여강은 경기도 여주·이천 일대를 흐르는 강으로 빼어난 경관을 자랑하는 곳이다. 김세렴을 포함한 4명의 벗들은 여강驪江에서 술을 마시며 석별의 정을 나누었던 것으로 보인다. 술잔을 나누며 이제 헤어지면 지금처럼 다같이 모여 술 마시는 일이 쉽지 않음을 안타까워 하고 있다. 기러기는 소무의 고사 이후 소식을 전하는 상징이 되었는데 이미 하늘가 저 멀리 날아 가버린 기러기 한 쌍과 김세렴과의 거리는 그리운 마음을 편지로 보내는 일조차 여의치 않음을 암시한다. 이별의 슬픔에 소식조차 제대로 전하지 못하는 안타까움이 더해져 이별의 서글픔이 더욱 진하게 나타난다.

이원진의 만시는 가까운 동료와 벗들이 주요 대상이며 시제에 '만挽'보다 '곡哭'을 주로 사용하고 있는 점도 특징적이다. 이원진은 모두 13제의 만시를 창작하였는데 그중 1제는 장인 남이공의 부탁으로 지은 대인만代人挽[128]이다. 이원진 만시의 주 대상은 가까운 동료와 벗들로 혈연관계에 있는 사람의 만시는 보이지 않는다. 백부인 이상홍의 처남 이경전의 만시가 인척관계에 있는 인물의 만시로 유일하다.

128 李元鎭, 〈代婦翁挽兪方伯昔曾〉, 「前藁錄」 下, 『太湖詩藁』 卷2.

붓 잡고 무슨 마음으로 이 시를 짓는가	把筆何心作此詩
시력을 잃자마자 끊어진 줄을 끌어안고 슬퍼하네	喪明仍抱絶絃悲
인간 세상에서 붕성의 곡소리 차마 듣겠는가	人間忍聽崩城哭
지하에서 내 아이 보면 응당 알겠구나	地下應知見我兒[129]

이 시는 〈곡박노직哭朴魯直〉으로 1643년 대호大瓠 박노朴篬(1584~1643)의 죽음을 애도하며 지은 시이다. 박노직은 비천泌川 박노서朴彝敍(1561~1621)의 아들로 소북계열 관료이다. 당시 이원진은 아들을 잃은 지 얼마되지 않아 벗의 죽음을 맞이한 것으로 보인다. 이 시는 칠언절구의 짧은 시이지만 벗의 죽음을 아들의 죽음과 연관 지어 묘사함으로써 비탄의 심정을 절절히 그리고 있다.

기구에서 붓을 들고 무엇을 써야할지 망연해하는 이원진의 모습은 벗을 잃은 상심과 비탄의 심정이 커서 마음을 추스르지 못하고 있음을 보여준다. 승구와 전구는 고사를 이용해 비탄의 심정을 그리고 있다. '상명喪明'은 『예기禮記』 「단궁檀弓」 상上에 "자하가 아들을 잃고 실명했다[子夏喪其子而喪其明]"라고 한데서 나온 말로 아들의 죽음을 의미한다. '절현絶絃'은 『열자列子』 「탕문」에 거문고의 명인 백아伯牙가 친구인 종자기鍾子期가 죽자 이제 자신의 음악을 알아줄 사람이 없다고 한탄하며 거문고 줄을 끊어버렸다는 고사에서 나온 말이다. 아들과 친구의 연이은 죽음에 슬퍼하는 이원진의 애끓는 심정을 고사를 인용해 표현하고 있다. '붕성곡崩城哭'은 남편을 잃은 아내의 슬픔을 뜻하는 것으로 제나라 장공莊公의 대부代父인 기량杞梁이 전사하자, 그의 아내가 성 아래에서 통곡하니 성이 무너졌다는 고사에서 나온 말이다.

이 시에서 가장 절절한 슬픔을 표현한 구절은 결구이다. 아들과 벗이

129 李元鎭, 〈哭朴魯直〉, 「玉堂錄」 下, 『太湖詩藁』 卷5.

지하에서 서로 만나서 알아볼 것이라는 표현은 두 사람의 죽음을 매우 현실적으로 느끼게 한다는 점에서 애도의 마음이 진심에서 우러나온 것임을 보여준다.

조용히 어른을 모시며 예전에 뒤를 따랐는데	從容杖屨昔追隨
외직으로 돌아다니느라 오래도록 이별했네	州府回翔久別離
도잠의 귀거래부 따라 지으려 했는데	擬作陶潛歸去賦
반악의 도망시가 홀연히 전해왔었네	忽傳潘嶽悼亡詩
철원의 감당나무 아래에서 노년을 보냈고	黑金原上甘棠老
창옥병 앞에서 흐르는 세월을 서글퍼 하였지	蒼玉屛前逝水悲
이번 생애 어느 곳에 타루비가 몰려있나	何處此生偏墮淚
손수 지은 학성의 비석이 일찍이 있다네	手題曾有鶴城碑[130]

이 시는 〈곡김철원확哭金鐵原矱〉으로 철원 부사 김확金矱(1572~1633)을 애도하며 쓴 시이다. 김확은 이민구의 외조부 김대섭의 아들로 이민구에게 외숙이 된다. 그의 묘갈명은 이민구가 지었다.[131] 또한 김확은 허균과 처남 매부 지간이 된다. 허균은 김효원의 딸과 혼인하였으나 사별한 후 김대섭의 딸과 재혼하였다. 이러한 인연으로 김확은 허봉에게서 수학하였다. 김확은 1618년(광해군 10) 증광 문과에 급제하여 원주 목사와 순창 군수, 철원 부사를 역임하였다.

'장구杖屨'는 지팡이와 신발을 가리키는 것으로 노년에 왕래하거나 어른 모시는 것을 뜻한다. 김확은 이원진보다 22세 연상으로 이원진이 거의 아버지처럼 모시고 따랐고, 잦은 외직 근무로 인해 자주 찾아뵙지 못해 헤어져 있던 시간이 길었음을 알 수 있다. 함련은 김확이 평소

130 李元鎭, 〈哭金鐵原矱〉, 「關西錄」, 『太湖詩藁』 卷3.

131 李敏求, 〈舅氏尚衣院正金沙金公墓碣銘〉, 「墓碣銘」, 『東州集』 문집 卷10.

도연명의 귀거래부를 좋아했고, 이원진도 이를 좇았음을 보여준다. 도망시悼亡詩는 죽은 아내를 위해 지은 만시로 김확의 부인이 먼저 죽었음을 알 수 있다.

경련은 김확의 노년을 묘사한 것이다. '감당甘棠'은 팥배나무를 말하는데 『시경』「소남召南」〈감당甘棠〉에 주나라 소공 석이 감당나무 아래에서 민원을 처리해 주자 후세 사람들이 감당나무를 베지 못했다는 고사가 있다. 김확이 철원 부사로서 민원을 잘 처리했음을 알 수 있다. 창옥병蒼玉屛은 경기도 포천에 있는 절벽이다. 포천은 김확의 고향이다. 김확은 철원 부사를 지내다 병이 들어 사직하고 1633년(인조 11) 포천으로 돌아와 그곳에서 운명하였다. 그의 무덤은 현재 포천에 있다.[132] '타루墮淚'은 진晉나라 장군 양호가 양양태수襄陽太守로 있을 때 마을 사람들이 현산峴山에 세웠다는 선정비를 가리키고, '학성비鶴城碑'는 김확이 원주 목사로 재임할 때 세워진 선정비를 말한다. 학성은 강원도 원주 주천 지역이다. 경련과 미련은 김확이 목민관으로 훌륭했음을 선정비를 통해 확인시켜 준다.

이원진의 증여·송별시는 36제 38수로 전체 시수의 약 10%의 비중을 차지한다. 대개 벗과 동료들을 대상으로 하고 있으며 친인척은 4명 정도이다. 스님에게 보낸 증여·송별시가 5수 정도 있다. 명나라 장군, 청나라 화원, 일본에서 사신으로 온 승려에게 준 시가 있어 교유의 폭이 상당히 넓음을 알 수 있다. 이들은 사행과 접반사 등의 업무 과정 속에서 교유하게 된 인물로 이원진이 외교 전문가로 활약했음을 보여준다. 이는 사행 경험이 풍부한 가계의 영향이 있었음을 짐작할 수 있다. 절반 이상인 21수의 시가 칠언율시로 창작되었고, 11수의 시가 칠언

132 디지털 포천문화대전(pocheon.grandculture.net).

절구로 창작되어 증여·송별시는 거의 칠언시를 중심으로 창작하였음을 볼 수 있다. 이별의 아쉬움과 그리움이 주요 정서를 이루는 가운데 지방 관원으로 나가는 벗과 동료들을 격려하는 마음을 담은 시도 여러 수 보인다.

이번 이별 벌써 괴롭다 말했었는데	此別已云苦
하물며 다시 행장 꾸리기도 바빴네	況復行色忙
닻줄 푸는 날짜 정해져 있어	解纜有定期
의복을 바느질할 겨를조차 없었고	未暇縫衣裳
스스로 풍파에 맡겨야만 하니	自可任風波
어찌하면 눈서리를 막을까	何以禦雪霜
신선 뗏목 팔월에 띄우면	僊槎泛八月
북경에는 일양이 생겨날 즈음이겠네	帝京生一陽
그대 생각하니 만리 밖에서 정이 일어	念子萬里情
염려하는 맘 가슴 속에 있으리	耿耿在中腸[133]

이 시는 〈송김좌랑도경送金佐郎赴京〉으로 북경으로 사행을 떠나는 김좌랑을 전송하며 쓴 시이다. 송별의 대상자인 김좌랑이 누구인지 정확히 알 수 없으나 이원진 친분이 상당히 두터웠던 것으로 보인다. 이 시는 1623년(광해군 15)에 쓴 것인데 당시 명나라 사행은 육로가 아닌 해로를 통해 이루어지고 있었다. 해로 사행은 1621년(광해군 13)부터 후금이 요동지역을 차지한 이후 이루어졌는데 평안도 선사포宣沙浦에서 배를 타고 출발해 산동山東의 등주登州를 거쳐 육로를 이용해 북경까지 가는 경로였다. 해로 사행은 1637년(인조 15) 명나라와 외교가 단절되기 전까지 17년간 이루어졌는데 1627년 이후부터 해로 사행의 출발지가

133 李元鎭, 〈送金佐郎赴京〉, 「前藁錄」 下, 『太湖詩藁』 卷2.

평안도 선사포에서 석다산石多山으로 변경되었다. 이원진의 시 〈연광정차동악운練光亭次東嶽韻 내증선향석다산지행仍贈先向石多山之行〉[134]은 1627년 석다산에서 출발하는 사행단을 송별하며 쓴 시이다.

이 시의 수련과 함련은 사행 준비의 분주함과 해로 사행에 대한 걱정을 묘사한 것이다. 배가 출발하는 날짜가 정해져 있으므로 여기에 맞춰 일정을 준비해야 하는 분주함은 옷 한 벌 제대로 지어 입지 못하는 상황으로 표출된다. 해로 사행은 항해 중 풍랑으로 인해 배가 전복될 가능성이 높아서 기피하는 경우가 많았다. 실제로 해로 사행 도중 목숨을 잃는 경우도 여러 번 있었다.[135] 경련에서 풍파와 눈서리를 걱정하는 이원진의 마음은 해로 사행의 두려움을 잘 보여준다. 북경에 도착하는 시기가 동지 즈음인 것으로 보아 이번 사행의 목적은 동지사冬至使인 것으로 보인다. 만리 밖에서 동료의 길고 위험한 사행길을 염려하는 이원진의 마음이 잘 나타나 있다.

다음의 시는 이원진이 만주晩洲 정창위鄭昌胄(1606~1664)에게 보낸 시로 그리움을 가득 담고 있다.

3년의 괴로운 이별의 한 담기 어려워	三年苦別恨難裁
바다 저편에서 백곡의 술로 부질없이 그리워하네	隔海空思百斛醅
가을 달빛에 이슬꽃은 시로 움직이고	秋月露華詩上動
봄 연못의 풀빛은 꿈속에서 재촉하네	春澤草色夢中催

134 李元鎭, 〈練光亭次東嶽韻 仍贈先向石多山之行〉, 「關西錄」, 『太湖詩藁』 卷3.

135 해로 사행은 1621년~1636년까지 총 33회 진행되었는데 이중 8차례의 사행에서 선박이 침몰되거나 사행단이 익사하는 일이 발생할 정도로 험난한 길이었다. 특히 1620년 11월 17일 조선을 출발한 2차 사행은 정사 姜昱, 부사 朴彝敍, 서장관 鄭應斗가 귀환 도중 풍랑을 만나 목숨을 잃었다(윤재환(2017), 「17세기 초 대명 해로사행의 해상 사행시 - 대명 해로사행문학 연구의 기반과 토대 구축을 위한 시론」, 『한국문학과 예술』 22, 숭실대학교 한국문학과예술연구소, p.35.).

인동의 옛 마을에서 아버지께 배우러 들어와　　仁同古府趨庭入
지리산 명산에서 약초 캐고 돌아왔었지　　智異名山採藥廻
곡구로 돌아가 농사짓기 언제나 알려나　　谷口歸耕知幾日
자색 구름에서 수레 오기 기다려야겠네　　紫雲須待版車來[136]

이 시는 〈답기담주사군정사흥答寄潭州使君鄭士興〉으로 이원진이 제주 목사로 재임할 때 담양 부사로 있던 정창주에게 보낸 시이다. 정창주는 소북팔문장小北八文章[137] 중의 한 명으로 시문이 뛰어났다. 정창주의 부친 정시망鄭時望(1586~1662)은 이원진의 종조부 이상홍의 사위이다. 이 시는 정창주가 보낸 시에 답하여 보낸 시로 3년간의 이별에서 오는 괴로움과 그리움을 가득 담고 있다.

이원진은 1651년 7월~1653년 10월까지 3년간 제주 목사로 재임했었는데 이 시는 재임 말기에 쓰인 것으로 보인다. 수련은 3년간 이별의 괴로움이 매우 컸음을 보여준다. 제주에 있으면서 이별의 괴로움을 잊기 위해 마신 술이 백곡이나[138] 될 정도로 컸음을 비유적으로 표현하였다.

정창주의 부친 정시망은 1649년 8월에서 1653년 3월까지 인동 부사로 있었는데 이때 정창주도 그곳에서 함께 지내면서 아버지께 학문을 익히고, 지리산을 방문했던 것으로 보인다. 인동은 현재 경상북도 구미 지역이다. 정창주는 인동에서 지내면서 지리산으로 약초를 캐러 다녀오기도 했었던 것으로 보인다. '곡구谷口'는 서한 말엽의 고사高士인 정

136 李元鎭, 〈答寄潭州使君鄭士興〉, 「耽羅錄」, 『太湖詩藁』 卷8.

137 소북팔문장은 17세기 소북계열의 뛰어난 문인 8명을 지칭하는 것으로 沈𪊨(1597~1649), 姜栢年(1603~1681), 朴守玄(1605~1674), 任翰伯(1605~1664), 鄭昌冑(1606~1664), 李休徵(1607~1677), 南翧(1609~1656), 申濡(1610~1665) 등이다.

138 斛은 용량을 세는 단위로 1곡은 10말에 해당된다.

자진鄭子眞이 숨어 살면서 농사짓던 곳으로 은거지를 의미한다. 이는 은거하며 살고 싶다는 이원진의 내면을 보여준다. '자운紫雲'은 노자가 푸른 소를 타고 함곡관을 지날 때 자색 구름이 깔렸었다는 고사에서 유래한 말로 정창주의 방문을 기다리는 마음을 보여준다.

2) 자연의 완상과 심리적 위안

북인계 남인 문인들은 현실을 중요시 여겼던 학문 성향으로 인해 '수기修己' 보다는 '치인治人'에 역점을 두었고, '경세제민經世濟民'을 추구하였다. 북인계 남인들이 남인계열로 전향하여 정계에서 지속적으로 활동하고자 했던 것도 여기에 근원이 있다고 보인다. 광해군 대는 대북계열이 정권을 장악하여 계축옥사와 폐모론을 일으켰고, 소북계열과 남인계열은 이를 반대하며 대북계열과 대립하였다. 이로 인해 북인계 남인 대부분이 유배를 가거나, 혹은 산직散職에 있거나 외직으로 멀리 내쳐지기도 하였고, 벼슬에서 물러나 한거하는 등 정치적 좌절과 소외를 경험하게 된다. 이와 같은 정치 현실은 인조반정 이후 서인계열이 정권을 잡으면서도 지속적으로 이어졌다. 이와 같은 당대의 정치 현실은 좌절감과 소외감을 주었고, 이로 인해 북인계 남인 문인들은 울적한 심정으로 실의에 빠진 나날을 보내기도 하였다. 북인계 남인 문인들은 부임지의 명승지 혹은 한거하는 동안 주변의 소박한 정경의 완상을 통해 울적한 심정을 위로받았다.

이경전은 부임지나 주거지 주변의 소박한 풍경을 완상하며 시름을 달래었고, 이민구는 유배지 부근 산수의 소박한 아름다움을 통해 유배로 인한 시름을 위로받고자 하였다. 김세렴은 한거기 시절 강릉과 원주를 오가며 그곳의 경관들을 완상하면서 정치적 소외로 인한 좌절감을 위로받고자 하였다. 이원진은 부임지 주변의 아름다운 산수와 누정樓亭을 청정세계로 인식하고 마음의 평정을 얻고자 하였다. 채유후는 1638년 해배 이후 3년간 한거하면서 주변의 풍경과 일상을 통해 우울한 마음을 잊고자 하였다.

이경전은 치열한 정쟁의 틈바구니에서 여러 차례 정치적 탄압을 받았다. 정치에 염증을 느끼고 괴로워할 때 그를 위로해 준 것은 주변의 아름다운 산수였다. 이경전은 산수 유람을 일부러 다니기보다 부임지나 주거지 주변의 소소한 풍경 속에서 울울한 현실을 잊고 위안을 받았다.

소고산 산 그림자 너른 바다의 입구에 어리고	小孤山影大洋頭
탁 트인 난간에 상렴은 백 척의 갈고리같네	軒敞緗簾百尺鉤
달은 구름을 헤치고 마름은 시들고	寶鏡撥雲菱葉老
달빛은 이슬을 뿌리고 계수나무 꽃은 가을 들었네	銀蟾泣露桂花秋
풍이굴은 차가운 빛에 깨끗이 씻기고	寒輝洒落馮夷窟
백옥루엔 상서로운 기운 영롱하네	瑞氣玲瓏白玉樓
응당 신선이 있어 한밤중에 왔다가	應有仙翁來半夜
황학 타고 옥퉁소 불며 방주를 지나가리	玉蕭黃鶴過芳洲[139]

이 시는 〈사동수월헌沙銅水月軒〉으로 1593년(선조 26) 이산해의 평해 유배 시기에 지은 시이다. 이경전은 당시 아버지를 모시고 함께 유배지에서 지냈다. 이 시는 평해平海에 있는 사동의 수월헌에서 지은 것으로 수월헌과 주변의 경치를 선계로 묘사하여 괴로운 현실을 잠시 잊어보고자 하였다. 평해는 현재 강원도 울진 지역으로 명승지가 많은 곳으로 알려져 있다. 특히 평해는 이경전의 조부인 이지번이 1535년(중종 31)

139 李慶全, 〈沙銅 水月軒〉, 『石樓遺稿』 卷1.

유배 온 적이 있어 남다른 의미를 지닌 곳이다.

수련은 수월헌과 주변 풍경을 묘사한 것이다. 소고산은 울진에 있는 산으로 용이 하늘로 올라갈 때 치고 간 산이 두 동강 나면서 생겨났다는 전설을 지니고 있다. '상렴緗簾'은 누르스름한 빛깔이 나는 주렴으로 수월헌에 드리워진 주렴을 가리킨다. 함련은 이 시의 시간적 배경을 보여준다. 달빛이 하얗게 빛나는 가을날 밤을 배경으로 하고 있다. '은섬銀蟾'은 달을 의미하는 것으로 달에 토끼와 두꺼비가 산다는 전설이 있다. 경련의 풍이궁은 물의 신이 사는 궁전을 말한다. 풍이는 전설상 황하黃河의 수신水神인 하백河伯을 가리키는데 전의하여 물의 신을 이른다. 여기에서는 수월헌 앞바다를 아름다운 비경을 비유한 것으로 보인다. 백옥루는 선계에 있는 누각인데 여기에서는 수월헌을 선계의 공간인 백옥루로 비유하였다. 수월헌은 선계의 공간이므로 이곳에 신선이 오는 것은 당연한 일일 것이다. 이경전은 자신을 수월헌에 들른 신선으로 비유하여 선계의 비경을 향유하는 것으로 묘사함으로써 현실의 우울함을 상쇄하고자 하였다.

구월 가을바람에 화창한 경치 시원하고	九月西風霽景涼
깨끗한 물가 흰 모래 강물은 푸르디푸르네	渚淸沙白水蒼蒼
마포의 천 개 낚싯대 상선은 숲을 이루고	千竿麻浦森商船
용산의 한 면은 석양이 반이나 되네	一面龍山半夕陽
읊조릴 시구 얻으니 절로 자부심 일고	吟得句時還自負
취하여 형체를 잊으니 이곳은 누구의 고향인가	醉忘形處是誰鄕
지척의 겹진 성이 천 리 같으니	重城咫尺如千里
어지러운 세상일 건너편으로 아득하네	世事紛紛隔杳茫[140]

140 李慶全, 〈西風〉, 『石樓遺稿』 卷1.

이 시는 〈서풍西風〉으로 노량에서 한거하며 지낼 때 쓴 시로 보인다. 9월 가을바람이 시원하게 부는 마포와 용산의 풍경을 한 폭의 그림처럼 그리고 있다. 화창한 날씨와 맑고 깨끗한 강물과 흰모래는 투명한 색채감을 주어 상쾌한 느낌을 주고 있다. 함련은 당시 마포의 풍경을 생생하게 보여준다. 수없이 늘어선 낚싯대와 물건을 실어 나르는 상선들로 꽉 차 북적거리는 마포의 일상을 그리고 있다. 여기에 석양이 물들어가는 용산의 모습은 이경전이 이곳의 풍경을 즐기느라 한참을 머물러 있었음을 짐작하게 한다. 경련은 마포의 일상적인 모습을 바라보며 시주詩酒를 즐기는 이경전의 모습을 묘사하였고, 미련은 어지러운 세상사를 일상의 풍경을 완상하며 멀리하고 싶은 마음을 잘 보여준다.

이민구는 산수 유람을 좋아해 두 차례에 걸쳐 금강산을 유람하고, 이때 지은 시를 「동유록東遊錄」으로 엮었다. 하지만 유배기에는 일부러 산수 유람을 나설 수 없는 상황이었으므로 주변 산수의 소박한 아름다움을 통해 유배로 인한 시름을 위로받았다.

가을 산에 친구도 이웃도 없지만	秋山無伴復無隣
날이 개니 하늘 높아 상쾌한 기운이 새롭네	日霽天高爽氣新
흐르는 물은 남쪽 계곡 굽이에 머물지 않고	流水不留南磵曲
지는 해는 작은 성문에 아직 남아있네	夕陽猶在小城闉
쑥이 단경을 따라 날리니 나그네 같고	蓬隨斷梗如行客
잎이 빈 숲에 떨어지니 사람이 있는 듯하네	葉落空林似有人
둥지의 새들아 놀라서 짹짹거리지 마라	棲鳥莫須驚磔磔
저물녘 그윽한 뜻 정말 서로 친하구나	晩來幽意正相親[141]

이 시는 〈추산秋山〉으로 영변 유배 시절에 지은 시이다. 이 시는 유

141 李敏求, 〈秋山〉, 「鐵城錄」 4, 『東州集』 卷4.

배지 주변의 가을빛 물든 산을 완상하고 외로움을 위로받고자 하는 이민구의 심리를 보여준다. 수련은 가을산 주변의 정경과 화창한 날씨를 그린 것이다. 이민구는 산 주변에 아무것도 없는 정경을 친구도 없고 이웃도 없는 것으로 묘사하여 산과 자신의 처지가 같다고 보았다. 함련은 시냇물이 흐르는 저물녘 가을 산속의 정경을 묘사하였다. 경련의 '단경斷梗'은 복숭아나무로 만든 인형인 도경桃梗을 뜻한다. 가을날 쑥이 단경을 따라 날리는 것이 마치 떠도는 나그네 같다고 비유한 것이다. '공림空林'은 아무도 없는 텅 빈 숲을 말한다. 나뭇잎이 떨어지는 작은 움직임이 마치 사람의 인기척처럼 보이는 상황을 묘사한 것이다. 미련에서 이민구는 나뭇잎이 떨어지는 움직임에 놀라 짹짹거리며 날아가는 새들에게 조용히 할 것을 당부하였다. 고즈넉한 가을산의 감상을 방해받지 않고 싶은 심정을 잘 보여준다.

깊은 시골 쑥대는 좁은 길에 우거지고	深巷蓬蒿細徑紆
외딴 마을 밥짓는 연기 작은 산 모퉁이에 오르네	孤村煙火小山隅
농가의 젊은 아낙 기장으로 밥을 짓고	田家少婦能炊黍
어부네 아이들 부들자리 짤 줄 아네	漁戶兒郎解織蒲
꿈은 흰 갈매기와 함께 푸른 바다에서 노니는데	夢與白鷗游碧海
걸음은 누런 송아지 따라 푸른 풀밭에 이르렀네	行隨黃犢到青蕪
옅은 구름 이어져 하늘 구름 빛깔 되니	輕陰點綴天雲色
좋구나 서호 한 폭 수묵화같으니	好是西湖水墨圖[142]

이 시는 〈사망四望〉 2수 중 두 번째 시로 1645년(인조 23) 아산 유배기에 지은 시이다. 이 시는 함경도 영변에서 충청도 아산으로 이배된 지 2년이 되는 해에 지은 것으로 아산의 목가적인 풍경이 한 폭의 그림처

142 李敏求, 〈四望〉 2수, 「牙城錄」 2, 『東州集』 시집 卷9.

럼 묘사되어 있다. 유배기 동안에 쓰여진 대부분의 시들은 자신의 현재 처지에 대한 탄식과 백성들의 어려운 삶을 그려낸 작품들이지만 아산으로 이배된 후에는 심리적으로 많이 안정되고, 거친 삶에도 익숙해진 듯 주변의 아름다운 풍광을 보며 현실의 울울함을 위로받고자 하는 모습들이 자주 포착된다.

이 시에는 이민구가 살고 있는 아산 서호西湖의 일상 풍경이 자세하게 그려지고 있다. 아산은 농어촌 지역으로 옛부터 농사와 어업이 주요 생계수단이었다. 이 시에는 농부와 어부의 집이 함께 있는 마을 전경에서부터 농가의 아낙, 어부의 아이들, 갈매기, 송아지에 이르기까지 다양한 인물과 동식물이 등장한다. 또한 이민구의 시선 역시 마을 - 농가 - 바다 - 풀밭 - 하늘 등 다양한 장소로 이동하고 있어 마을의 풍경을 매우 생동감 있게 그리고 있다.

'심항深巷'·'고촌孤村'은 이민구가 살고 있는 곳이 큰 마을에서 뚝 떨어진 외진 마을임을 보여준다. 수련이 마을의 전경을 그린 것이라면 함련은 마을에 사는 사람들의 분주한 일상을 그린 것이다. 부지런히 밥을 짓는 젊은 아낙네와 아이들도 손을 보태 부들자리를 짜는 모습은 농가의 정경을 보여준다. 경련은 이민구 자신의 모습을 묘사한 것으로 보인다. 마음은 바닷가에서 흰갈매기를 벗삼아 한가로이 노닐고 싶지만 현실은 송아지에게 풀을 먹이기 위해 송아지를 몰고 풀밭을 찾아가야만 한다. 하지만 이민구는 이것이 싫지 않다. 평화로운 시골 마을의 일상 속에서 위로받으며 안정을 찾는 이민구의 편안한 마음을 느낄 수 있다.

김세렴은 1619년(광해군 11) 해배된 이후 1623년 인조반정으로 재등용될 때까지 강릉과 원주를 오가며 주변 경관의 완상을 통해 정치적 좌절과 소외로 인한 울울함을 위로받고자 하였다. 김세렴은 당풍에 뛰어났던 만큼 회화적 이미지를 한껏 살린 작품들이 다수를 차지한다.

열흘 넘어 병을 앓느라 흰머리 생겼으니	憂病經旬白髮生
그 누가 한 잔 술로 떠도는 마음을 위로해줄까	一杯誰慰旅遊情
창을 여니 가을 산 좋음을 문득 깨달으니	開窓斗覺秋山好
치악산 온 봉우리 비단에 수놓은 듯 환하네	雉岳千峯錦繡明[143]

이 시는 〈망추산望秋山〉으로 1619~1623년 사이 한거기에 지은 작품으로 가을이 든 치악산의 아름다움을 감상하며 근심 걱정을 털어내는 모습을 보여준다. 김세렴은 1616년(광해군 8) 증광 문과에 장원급제하였다. 다음해 폐모론에 반대하다가 유배를 간 지 2년 만에 해배되어 돌아왔다. 해배 이후 재등용 되지 못하고 서울과 원주, 강릉을 오가며 지냈다. 청운의 꿈을 채 펴지도 못한 채 날개가 꺾인 젊은 관료가 겪어야 했던 좌절감과 기약없는 기다림은 몸과 마음의 병을 주기에 충분했다. 이 시기 주변의 아름다운 산수는 김세렴의 울적한 마음을 위로해 주는 치료제였다.

이 시에서 김세렴은 병이 나서 열흘을 고생하다가 겨우 몸을 추스르니 흰머리가 났다고 하였다. 당시 김세렴은 27세의 청년이었으므로 흰머리가 났다는 말은 사실이 아닐 수도 있다. 하지만 그만큼 김세렴이 겪고 있는 시름이 무척 힘겨웠음을 말해준다. 쓸쓸한 객지 생활에 몸까지 아프니 서러움은 더욱 컸을 것이다. 더욱이 함께 술 한 잔 나누면서 위로해 주는 이가 아무도 없는 현실은 외로움의 크기를 더욱 크게 만든다. 이처럼 외롭고 힘겨운 김세렴을 위로해 주고 시름을 덜어준 것은 가을빛이 곱게 물든 치악산이었다. 창문 밖으로 보인 치악산은 어느새

143 金世濂, 〈望秋山〉, 『東溟集』 卷2.

가을 단풍이 곱게 들어 비단 수를 놓은 듯 화려한 자태를 드러내고 있었다. 병을 앓느라 그동안 제대로 보지 못했던 치악산의 아름다움을 새삼 느끼며 현실의 울울함을 위로받는 김세렴의 모습이 잘 나타난다. 다음의 시는 강릉에 머물며 지은 시로 봄빛이 완연한 주변의 풍경과 이를 완상하는 김세렴의 모습을 잘 보여준다.

임영에 꽃이 만발하고	臨瀛花滿發
계절의 풍경은 벌써 봄이 한창이네	節物已三春
봄날의 시름 헤아릴 수 없어	春愁不可度
홀로 남쪽 성곽 문을 나왔네	獨出城南闉
긴 시내 잔잔히 얕게 흘러	長川帶平薄
동해 물가 내려다보네	俯瞰滄海漘
도도히 흐르는 냇물 바라보다가	滔滔川閱水
느긋하게 세상사람 바라보네	冉冉世閱人
봄바람 며칠이나 불까나	東風能幾日
늙고 초라한 이 몸 좋은 계절에 취하네	潦倒醉良辰[144]

이 시는 〈임영가효이백추포체臨瀛歌效李白秋浦體〉 5수 중 첫 번째 시로 이백李白의 〈추포가秋浦歌〉를 본떠 악부형식으로 지은 시이다. 〈추포가〉는 이백이 만년에 귀양에서 풀려나 추포秋浦에 와서 지은 17수 연작시로 거울 속에 비친 흰머리 가득한 자신을 보고 지은 시이다. 이 시는 5수의 연작시로 첫 번째 시는 오언10구의 고시이고, 두 번째 시는 오언율시, 세 번째~다섯 번째 시는 오언절구로 이루어져 있어 〈추포가〉 형식[145]을 따르고 있음을 알 수 있다. 임영은 강릉의 옛 이름이다.

144 金世濂, 〈臨瀛歌 效李白秋浦體〉, 『東溟集』 卷2.

145 이백의 〈추포가〉는 17수의 연작시로 1수는 오언10구, 2수는 오언율시이고, 3수 이

김세렴은 〈추포가〉를 읊던 이백의 처지와 지금 자신의 처지가 같음에 더욱 울적한 마음이었을 것이다. 하지만 봄꽃이 만발한 임영의 아름다운 풍광은 시름겨운 김세렴의 심사를 오히려 더 깊게 만든다. 결국 봄날의 흥취를 이기지 못한 김세렴은 성을 나선다. 김세렴의 눈에 들어온 임영의 봄풍경은 잔잔히 흘러가는 시내와 넓은 동해 바다, 그리고 그 사이를 지나는 사람들이다. 무한히 흘러가는 물줄기와 그 사이를 오가는 유한한 존재인 사람들을 보면서 김세렴은 자신이 처한 현재의 근심 또한 유한한 것임을 깨달았는지도 모른다. 결국 지금 불어오는 봄바람도 시간이 지나면 곧 사라지는 것임을 깨닫고 지금의 좋은 계절을 마음껏 즐기며 시름을 잊으려는 작가의 흥취가 물씬 묻어있다.

이원진의 경우 울적한 현실을 토로하여 드러내기 보다는 부임지나 거주지 주변의 아름다운 산수를 통해 스스로 위로하는 경향이 강하게 나타난다. 인조반정으로 인해 북인계열이 몰락하고 서인계열 중심으로 재편되는 정치 상황에서 출사한 이원진의 환로는 녹록치 않았다. 잦은 지방관 부임과 전라도 함열咸悅로의 유배 등은 그가 처했던 정치적 현실을 보여준다.

아름다운 산수를 배경으로 하고 있는 누정은 이원진에게 맑고 깨끗한 청정세계로 인식되어 신선들이 노닐었던 낭만적인 공간이자 현실의 괴로움을 잊을 수 있는 안식의 공간으로 표출되어 나타난다. 그는 부임지나 유배지의 아름다운 산수와 누정 속에서 음영吟詠하며 세상의 근심을 잊고 스스로 마음을 정화시키려 하였다. 청정세계에 더 머물고 싶어하는 이원진의 행동은 현실 속 그의 고뇌가 컸음을 짐작하게 한다.

후의 시 중 11수를 제외한 나머지 시는 오언절구로 구성되어 있다.

나그네 섬진강에서 들어오고	客自蟾江入
스님은 치악산으로 돌아가네	僧從稚嶽回
맑은 바람 대숲 길 따라 불고	淸風隨竹徑
흐르는 물 꽃핀 누대를 감싸도네	流水繞花臺
성긴 발 산을 보려고 걷고	疎箔看山捲
빈 창은 달을 기다려 여니	虛窓待月開
여기에서 마음 씻기 좋아	洗心良以此
이틀 묵고도 돌아가지 않네	信宿不歸來[146]

이 시는 〈척번당차벽상운滌煩堂次壁上韻〉으로 1623년(인조 1) 장인 남이공이 나주 목사로 재임할 당시 나주를 방문하고 쓴 시이다. 이 시의 앞에 편차된 〈중구등금성앙암임씨정重九登錦城仰巖林氏亭〉이 중양절에 쓴 시이므로 이 시는 1623년 중양절 이후에 쓴 시로 보인다. 1623년 3월 인조반정이 일어나자 조부 이상의는 공신 책록이 삭훈되고 벼슬이 강등되었으며,[147] 누이의 시부였던 이이첨과 남편 이익엽이 처형당해 집안은 위기를 맞게 되었다. 앞길이 창창하던 젊은 이원진에게 닥친 현실의 변화는 좌절과 상실감을 가져 오기에 충분했다. 인조반정이 일어난 직후인 1623년 4월 남이공이 나주 목사로 부임하자 이원진은 복잡하고 괴로운 심사를 잠시나마 잊기 위해서 한양을 떠나 나주에 온 것으로 보인다.

'척번당滌煩堂'은 번뇌를 씻는 집이라는 의미를 지닌 당호이다. 아마 이원진은 척번당의 현판을 보는 순간 자신을 향한 말처럼 느꼈을 거라고 생각된다. 척번당의 위치는 정확히 알 수 없지만 이 시의 앞뒤로

146 李元鎭, 〈滌煩堂 次壁上韻〉, 「前藁錄」下, 『太湖詩藁』 卷2.

147 「墓誌」, 『驪江世乘』 卷5. "丙辰正月, 進階輔國崇祿, 封驪興府院君, 兼工曹判書. …(중략)… 癸亥春仁祖反正, 衛聖功罷, 除勳封, 降一資. 夏辭遞贊成, 拜知中樞府事."

편차된 시들[148]이 모두 나주에서 지은 시이므로 척번당도 나주 부근에 있었던 것으로 추정된다. 함련은 척번당 주변의 정경을 묘사한 것이다. 맑은 바람과 대나무 숲길, 그리고 주위를 흐르는 시내와 곱게 핀 꽃은 척번당이 깨끗하고 맑은 청정 공간이며 탈속 공간임을 보여준다. 청정 세계에 머물며 산과 달의 모습을 자세히 보고 느끼기 위해 발을 걷고 빈 창을 여는 행동은 세속의 번뇌를 잊기 위한 적극적인 행위라고 할 수 있다. 이 시에서 가장 핵심이 되는 시어는 '세심洗心'이다. 척번당에 더 머물고 싶은 이유도 여기에 있는 것이다. 스스로 복잡하고 괴로운 마음을 씻고 평정심을 얻고자 하는 이원진의 간절함이 묻어난다. 다음의 시에서도 아름다운 산수 속에서 마음을 위로하고 평정심을 찾으려는 모습을 살펴볼 수 있다.

지세와 풍경이 뛰어난 강남부에서	形勝江南府
머무르며 나그네 마음 위로하니	淹留慰旅情
산은 하늘 기둥과 이어져 장엄하고	山連天柱壯
시내는 바다 문을 향해 잔잔히 흐르며	川向海門平
대숲에 드니 바람 더욱 옅어지고	入竹風逾淡
매화를 마주하니 달빛은 배나 맑네	當梅月倍清
차를 달이려 타는 불길 더하고	烹茶添活火
안석에 기대어 솔바람 소리 듣네	隱几聽松聲[149]

이 시는 〈공북당차지봉운拱北堂次芝峯韻〉 2수 중 첫 번째 시로 1636~

148 〈滌煩堂 次壁上韻〉 바로 앞에 편차된 시는 〈重九登錦城仰巖林氏亭〉이고 그 다음 시는 〈代婦翁輓兪方伯昔曾〉과 〈發錦城宿烏山〉이다. 錦城은 나주를 일컫는다. '婦翁'은 장인 南以恭을 말하는데 南以恭은 당시 나주 목사로 재임하고 있었으므로 〈滌煩堂 次壁上韻〉은 나주에서 지은 시라고 볼 수 있다.

149 李元鎭, 〈拱北堂次芝峯韻 二首〉, 「平陽錄」, 『太湖詩藁』 卷4.

1639년 순천 부사 재임 시절에 지은 시이다. 공북당은 순천부에 있던 관정官亭으로 아사衙舍 동쪽 연지蓮池 위에 있었다고 한다.[150] '공북拱北'은 『논어論語』 「위정爲政」편에 "덕德으로 정치하는 것을 비유하자면 북두성이 그 자리에 있어도 뭇별들이 옹위하는 것과 같은 것이다[爲政以德譬如北辰居其所而衆星共之.]."라고 한 데서 유래한 것으로 뭇별인 신하가 북두성인 임금을 모시는 것을 의미한다.

이 시는 이수광이 순천 부사 재임 시절에 지은 〈서사書事〉[151]에 차운한 시로 풍광이 빼어난 순천에 머물며 '여정旅情'을 위로하고, 은자처럼 조용히 지내고 싶은 마음을 그린 것이다. 순천은 예로부터 소강남小江南으로 불릴 만큼 경치가 좋고 명승이 많기로 유명한 곳이다. 수련에서 이원진은 순천에 머물며 나그네 마음을 위로하고 싶다고 했다. '여정旅情'은 대개 외지에서 지내며 일어나는 객수 혹은 향수를 말하지만 여기에서는 외직에 나와 있는 현실의 울울함까지 포함한 복합적이고 포괄적인 감정으로 보인다.

이원진이 나그네 처지인 자신의 근심을 위로할 수 있었던 것은 순천의 아름다운 산수가 있었기에 가능했다. 함련과 경련은 그 아름다운 경치를 한 폭의 산수화로 그려낸 것이다. 멀리 우뚝하게 솟아 이어진 산과 유유히 바다를 향해 흘러가는 강을 원경遠景으로 처리하고, 여기에 대숲에 이는 잔잔한 바람 소리와 매화를 비추는 은은한 달빛을 근경近景으로 배치하여 공북정을 더욱 맑고 깨끗한 공간으로 그리고 있다. 멀리 산에서부터 시내 - 대숲 - 매화로 이동하는 시선의 변화는 주변의 배경을 입체적으로 느끼게 한다.

---

150 『順天府邑誌』. "拱北堂在衙舍東蓮池上今廢."

151 李睟光, 「昇平錄」, 『芝峯集』 卷18. "病守身多暇, 端居物外情. 筍穿空地少, 荷點小池平. 麥雨侵衣潤, 槐風滿院淸. 翛然驚午夢, 窓外竹鷄聲."

경련의 '은궤隱几'는 '안석에 기댄다'라는 뜻으로 남곽자기南郭子綦의 고사에서 유래한 말이다.[152] 『장자莊子』에 남곽자기와 제자가 사람의 소리와 땅의 소리에 대해 문답하고, 하늘의 소리에 대해 묻는 장면이 나온다. 여기에서 사람의 소리[人籟]는 악기 소리이고, 땅의 소리[地籟]는 대지가 숨을 쉬며 온갖 구멍에서 나오는 소리를 말한다. 은자를 상징하는 안석에 기대어 자신을 잊고 땅의 소리인 솔바람 소리를 들으며 평정지심平靜之心을 찾고자 하는 이원진의 마음을 볼 수 있다.

선계의 경치 먼지 낀 눈을 씻어주고	僊區物色洗塵眸
까마득한 벼랑에 임하니 굽이굽이 흐르네	矗矗崖臨曲曲流
실직의 풍광은 고향을 헤매이게 하고	悉直風光迷故國
두타산의 구름 기운 새 고을을 감싸네	頭陀雲氣護新州
밝은 별 강에 비치니 은하수 같고	明星倒水疑銀漢
하얀 달 난간에 비치니 백옥루 같네	皓月當軒訝玉樓
바람 타고 다니던 열자도 기다림이 있었는데	列子冷然應有待
5일 더 머무름이 뭐가 해롭겠는가	何妨五日更淹留[153]

이 시는 〈죽서루竹西樓〉로 1649년(인조 27) 해배되어 조정에 돌아온 후 곧이어 강원 감사로 부임하여 지은 시이다. 죽서루는 강원도 삼척에

152 남곽자기는 춘추시대 초나라의 은자이다. 어느 날 남곽자기가 안석에 기대앉아서 하늘을 우러러 길게 숨을 내쉬고 멍하게 있는 것이 마치 자신을 잃은 것 같았다. 이 모습을 본 제자가 남곽자기에게 '무엇을 하고 계십니까'라고 묻자 '지금 나는 나의 존재를 잊었다'라고 하며 사람과 땅의 소리에 대해 문답하고 하늘의 소리에 대해 묻는 말이 나온다.[南郭子綦隱机而坐, 仰天而噓, 荅焉似喪其耦. 顔成子游立侍乎前, 曰何居乎. 形固可使如槁木, 而心固可使如死灰乎. 今之隱机者, 非昔之隱机者也. 子綦曰, 偃不亦善乎, 而問之也. 今者吾喪我, 汝知之乎. 女聞人籟而未聞地籟, 女聞地籟而未聞天籟夫. …(중략)… 子游曰, 地籟則衆竅是已, 人籟則比竹是已, 敢問天籟. 子綦曰, 夫吹萬不同, 而使其自已也, 咸其自取, 怒者其誰邪.], 『莊子』, 「齊物論」.

153 李元鎭, 〈竹西樓〉, 「關東錄」, 『太湖詩藁』 卷7.

있는 누각으로 관동팔경 중의 하나로 오십천五十川이 내려다보이는 절벽에 위치해 있다. 수련과 함련은 죽서루의 위치와 주변 풍경을 그린 것이다. 까마득한 절벽 위에 위치한 죽서루는 속세와 떨어진 선계로 인식되기에 충분하다. '진모塵眸'는 먼지 낀 눈을 말하는데 여기에서 먼지는 정당하지 못한 부조리한 현실을 의미하는 것으로 볼 수 있다. 성호 이익이 쓴 「조숙부태호공행록祖叔父太湖公行錄」에는 이원진이 사소한 일에 연좌되어 유배를 갔다고 기록되어 있다.[154] 그렇다면 이원진 자신이 지은 죄로 인해 유배를 간 것이 아니라 당시 정치적인 일에 휘말려 억울하게 유배를 갔던 것이 아닌가 한다. 이처럼 뿌연 먼지와도 같은 현실의 울울함을 깨끗하게 씻어주는 것이 선계와도 같은 죽서루의 풍광이다.

'실직悉直'은 삼척의 옛 지명이고, 두타산은 삼척시와 동해시의 경계에 있는 산이다. 함련의 첫째 구는 실직의 풍광이 고향과 비슷해 마치 고향을 헤매는 것 같다는 의미로, 고향에 대한 향수와 실직에 대한 친근감을 동시에 내포하고 있다.

함련에서 이원진의 시선이 먼 곳을 향해 있다면 경련의 시선은 벼랑 아래로 향하고 있다. 죽서루 아래를 흐르고 있는 오십천에 비친 별과 죽서루에 비친 달은 죽서루와 오십천을 은하수와 백옥루로 만들고 있다. 옥루玉樓는 천상에 있는 누각으로 '백옥루白玉樓'라고도 한다. '냉연冷然'은 『장자莊子』 「소요유逍遙遊」에 나오는 '순오냉연旬五冷然'을 말하는 것으로 전국시대 열자列子가 바람을 타고 돌아다니며 시원하게 잘 지내다가 보름 만에야 돌아왔다는 고사에서 온 말이다. 죽서루에 좀 더 머물고 싶은 마음을 열자의 고사를 차용하여 강하게 드러낸 것이다.

154 李瀷, 「從祖叔父太湖公行錄」, 『星湖全集』 卷67. "戊子坐微事謫咸從, 明年宥還."

채유후는 1638년(인조 16) 해배 후 1641년(인조 19)까지 안산을 비롯하여 벗들의 우거지에 머물면서 울적한 심사를 달래었다. 채유후는 빼어난 명승을 일부러 찾아 나서기보다는 주변의 풍경과 일상을 통해 현실의 울적함을 위로받고자 하는 경향을 보인다. 특히 채유후는 주변의 풍경을 섬세하고 입체적으로 묘사하여 회화성 짙은 시를 잘 구현하였다.

산봉우리 오르는 아침 유람 지루했는데	陟巘朝遊倦
창문에서 보는 저녁 경치에 미혹되네	臨窓夕望迷
이슬 맺힌 복사꽃 붉은 그림자 어우러지고	露桃紅影合
바람맞은 보리 푸른 이삭 가지런하네	風麥碧痕齊
흙을 쌓아 허물어진 둑을 막고	築土防頹塢
샘물 틔워 메마른 밭에 물을 대네	疏泉灌坼畦
한가한 마음 함께 터놓을 사람 없으니	閒情無與晤
그대와 만나길 헤아려야겠네	須子數相携

이 시는 〈몽사후환도안산유작蒙赦後還到安山有作〉으로 1638년(인조 16) 1월 유배에서 풀려나 안산에 머물 때 지은 시이다. 채유후는 해배 이후 한동안 조정에 복귀하지 못하고 한거기를 보냈다. 비록 4개월간의 짧은 유배였지만 채유후의 심사는 매우 괴로웠을 것이다. 하지만 갓 해배되어 맞이한 봄 풍경과 벗을 기다리는 마음은 채유후의 힘겨운 일상을 위로해 주었다.

이 시는 붉은 복사꽃과 푸른 보리밭의 전경이 어우러진 화려한 봄날의 정경을 생동감 있게 그리며 함께 봄놀이 갈 친구를 기다리는 심정을 담고 있다. 수련은 아침에는 산에 오르고 저녁에는 창문을 통해 풍경을 감상하는 채유후의 일상을 보여준다. 매일 아침 산에 올라보던 풍경이 지루할 만하면 저녁 풍경이 자신을 유혹하여 빠져들게 할 만큼 매력적인 풍광임을 시사하고 있다. 함련과 경련은 안산의 봄 풍경을 그리고 있다. 특히 함련은 붉은색과 푸른색의 색채 대비를 사용해 입체적이고 풍성한 장면을 연출하고 있다. 또한 허물어진 둑을 손보고 샘물을 터서 봄 가뭄으로 갈라 터진 밭에 물을 대는 농부들의 부지런한 일상을 자세히 묘사하였다.

봄물 점점 줄어들어 평평한 모래사장 보이니	春流漸落見平沙
낚시터 걸어 내려가 저물녘 뗏목에 올랐네	步下苔磯晚着查
천 년 동안 이 구역 빼어난 승경이라 불렸는데	千載此區稱勝絶
일 년 중 오늘이 고운 꽃피는 때라네	一年今日屬芳華
겹진 호수 푸른 산 그림자 안에 있고	青山影裏重湖水
양 언덕 집 초록 버들 그늘 속에 있네	綠柳陰中兩岸家
나를 가난한 선비라고 크게 비웃지 마시게	莫把儒酸長笑我
양주의 춘삼월 봄꽃에 취하리	楊州三月醉煙花[155]

이 시는 〈출동호용만사이경의운정어은出東湖用晚沙李景義韻呈漁隱〉 2수 중 두 번째 시로 동호東湖에서 나오며 만사晚沙 이경의李景義(1590~1640)의 시에 차운한 것이다. 이경의는 오봉五峯 이호민李好閔(1553~1634)의 조카로 채유후의 절친한 벗이다. '어은漁隱'은 오국헌吳國獻(1599~1627) 말하는 듯하다. 동호는 한강 동쪽을 말하는데 두뭇개라고도 불렸다. 채유후는 동호에 집을 마련해 놓고 파직 당하거나 한거할 때 우거하곤 하였다.[156] 이 시는 동호에서 나오면서 썼으므로 해배 이후 한거기에 쓴 것으로 보인다.

---

155 蔡裕後, 〈出東湖 用晚沙李景義 韻呈漁隱 二首〉, 『湖洲集』 卷3.
156 蔡裕後, 〈寓齋小記〉, 『湖洲集』 卷5. "於漢城之東, 得一隙地而居之, 余之寓也."

이 시는 꽃피는 봄날 동호의 아름다운 광경을 사실적으로 그리며 봄 풍경에 취해 즐기고 싶은 채유후의 마음을 보여준다. 동호는 현재의 성동구 옥수동 부근으로 동쪽에서 흘러드는 한강과 북쪽에서 흘러드는 중랑천의 물이 합류되는 지형이다. '중호重湖'는 이와 같은 두 강물이 흘러드는 모습을 말한 것이다. 채유후는 동호에서 출발해 양주로 향하는 배에 올라 주변의 봄 풍경을 만끽하며 현실의 힘겨움을 잊고자 한 것으로 보인다. '유산儒酸'은 가난한 선비를 말한다. 채유후는 평소 검소한 생활을 했으므로 스스로 가난한 선비라고 칭한 것이다. 하지만 여기에서는 물질적으로 가난한 것뿐만 아니라 현재 자신이 처한 정치적 현실을 비유한 것으로 볼 수 있다. 비록 가난한 선비이지만 여기에 개의치 않고 화사한 봄꽃이 만발한 봄 풍경에 취해 심리적 위안과 평온을 얻고자 하는 마음을 엿볼 수 있다.

3) 현실의 초탈과 초월 의식

북인계 남인 문인들은 모두 유배와 한거라는 정치적 소외를 경험하였다. 이와 같은 정치적 소외는 좌절감과 상실감을 주었고 이는 북인계 남인 문인들의 시세계에 큰 영향을 끼쳤다. 북인계 남인들은 현실 참여 욕구가 강하였고, 경세제민의 뜻을 이루기 바랐다. 하지만 유배와 한거 등으로 인해 현실 참여가 불가능할 경우 이들은 현실 참여에 대한 강한 욕구만큼 초연한 삶을 살고자 하는 모습을 보였다.

이경전과 이민구, 채유후는 초월 의식을 담은 시들을 다수 창작하였다. 이경전은 1630년대 이후 정계에서 한발 물러난 후 초연정超然亭을 짓고 가까운 벗들과 함께 시를 지으며 초연한 삶을 살고자 하였다. 이민구는 11년간의 유배 생활을 겪으며 불운하고 울적한 현실에서 벗어나 마음의 평안을 찾으려는 초월 의식을 보였다. 채유후는 한거기 뿐만 아니라 관직에 있는 동안에도 세속 명리에서 벗어나 은거의 삶을 추구하며 현실에서 초탈하고자 하였다. 이원진은 미호迷湖의 우거지에서 지낼 때 은거의 삶을 바라는 시를 창작하였으며, 김세렴의 경우 한거기 동안 원주와 강릉을 오가며 현재의 처지를 잊고 초연한 삶을 희구하였다.

이경전은 지난至難한 환로宦路 속에서 정치에 대한 환멸을 느끼고 정치 일선에서 한발 물러나 초연한 삶을 살아가고자 하였다. 부친 이산해와 함께 당대 최고의 권력자의 자리에 있다가 실세한 정치가로 만년을 보내는 그의 심정은 그가 거처했던 누대인 '초연대超然臺'의 이름에서 확연히 느낄 수 있다. 이경전은 1632년 노량의 남쪽 언덕 가에 초연정을 세우고 이곳에서 날마다 시를 읊고 이덕형·남이공·박정현·채유후 등과 시주를 마시며 시사를 논했다. 그가 누정에서 절친한 벗들과 시회를 자주 열었던 것도 세상을 잊고 소요하려는 심리를 보여준다. 이경전은 〈초연정기超然亭記〉[157]에서 초연정을 세우게 된 이유와 의미를 밝혔다. 이경전은 여러 차례 정치적 탄핵이 거듭되자 정치권에서 한발 물러나 모든 것을 내려놓은 채 초월하려는 면모를 보였다. 절친한 벗들과의 함께 모여 시회를 열고, 배를 타고 노량 주변을 노닐거나 함박눈이 내린 날 어린아이처럼 눈썰매를 타며 마냥 신나하는 모습들은[158] 상심傷心한 시절에 대한 대응이라고 할 수 있다. 다음의 시들은 초연정을 소재로 쓴 시로 자연 속에서 유유자적하고 한가로이 지내며 마음의 평온을 얻고자 하는 내면을 보여준다.

---

157 李慶全, 〈超然亭記〉, 『石樓遺稿』 文集 卷1.
158 李慶全, 〈露湖乘雪馬記〉, 『石樓遺稿』 文集 卷1.

시옹은 술을 좋아해 목마른 듯 들이키고	詩翁愛酒長如渴
집 창가에 취해 기대 멀리 바라보니	醉倚軒窓眺望賒
봄비 온 뒤 눈과 얼음 녹고	殘雪敗氷春雨後
석양 짙은 따뜻한 모래에 풀은 고운데	暖沙芳草夕陽多
몸과 마음 자유로워 매일 것이 없지만	身心漫浪渾無賴
세상일 아득하니 어찌 끝이 있겠는가	世事蒼茫豈有涯
한거하며 살아갈 일 함께 이야기하면	共說閑居將底術
취한 얼굴 깨지 않고 귀밑머리 더디 센다네	酡顔不改鬢遲華[159]

초연정자 노호 강가에 있어	超然亭子露湖濱
흰머리 푸른 물결에 숨어 살며 늙어가네	白髮滄波老隱淪
여윈 말 타고 홀로 강가 길을 가고	瘦馬獨行江上路
조각배 띄우고 때론 거울 속으로 몸을 싣네	扁舟時載鏡中身
모래밭 고운 풀 한가로이 구분해 보고	平沙細草閑分別
목욕하던 해오라기 졸던 오리 모두 익숙해 친하네	浴鷺眠鷗摠狎親
한평생 유유자적 취할 만하니	消得百年堪取適
한 구역의 물안개만 있으면 가난하지 않다네	一區煙水未全貧[160]

위의 두 시는 〈초연만음超然謾吟〉과 〈초연정超然亭〉으로 1633~1634년 한거하며 지낼 때 쓴 것으로 보인다. 초연정을 배경으로 세속의 명리에 얽매이지 않고 아름다운 자연 속에서 한가로이 유유자적하며 살고 싶은 이경전의 내면이 잘 나타나 있다.

첫 번째 시는 〈초연만음〉 2수 중 두 번째 시로 겨울이 가고 봄이 오는 절기에 초연정에서 바라본 풍경을 그리며 한거의 즐거움을 전하고 있다. 이경전은 술을 좋아해 마음에 맞는 벗들과 함께 술자리를 마련하고

159 李慶全, 〈超然謾吟〉, 『石樓遺稿』 卷1.
160 李慶全, 〈超然亭〉, 『石樓遺稿』 卷1.

시를 읊곤 했었다. 수련은 평소 술을 좋아하는 시인의 모습을 묘사한 것이고, 경련은 초연정의 창문으로 통해서 바라본 노량 강가의 모습을 그린 것이다. 얼음이 녹고 풀이 돋기 시작하는 초봄의 풍경이 고즈넉하게 담겨 있다. 경련과 미련은 '초연'의 의미와 이를 실천하며 살아가는 이경전의 모습을 보여준다. '초연'은 소식蘇軾의 〈초연대기超然臺記〉에서 나온 말로 세속을 벗어나 얽매이지 않고 자유롭게 노니는 삶을 의미한다. 이경전은 물질과 권력 같은 세상의 일은 끝이 없음을 피력하면서 여기에 얽매이지 않는 초연한 삶을 희구하면 노화와 같은 몸의 변화도 쉽게 오지 않음을 이야기하였다.

첫 번째 시가 초연정에서 바라본 전경을 중심으로 전개되고 있다면 두 번째 시는 초연정 주변의 아름다운 경관을 묘사함과 동시에 시인이 초연정 주변에서 했던 행동들을 구체적으로 묘사함으로써 입체감과 사실감을 높이고 있다. 경련의 '수마瘦馬'·'독행獨行'·'편주扁舟' 등의 시어는 외롭고 쓸쓸한 현재 이경전의 심리를 잘 보여준다. 시에는 홀로 말을 타고 강가를 거닐고, 배를 타는 등 아름다운 자연을 즐기는 외적 행동만 드러나지만 홀로 생각하고 물 위에 비친 자신의 모습을 보는 것은 과거를 성찰해보려는 내적 심리 상태를 함의하고 있다고 할 수 있다.

경련은 자신을 향해 있던 시선이 초연정 주변의 식물과 동물을 향하고 이들과 점차 가까워지는 모습을 그린 것이다. 미련은 한 구역의 물안개만으로도 유유자적하며 초연한 마음으로 살아가는 데 부족함이 없다는 독백 속에서 시름겨운 현실을 초탈하여 초연한 삶을 살고자 하는 마음을 엿볼 수 있다. 이와 같은 초월 의식은 이경전의 시에서 자주 포착되는데 다음의 시에서도 이를 살펴볼 수 있다.

아득한 월협 파땅의 잔도를 닦은 듯하고	月峽迢迢巴棧脩
어느 곳을 바라보아도 이곳이 토구같네	望中何處是菟裘
여울 물소리 은은해 나그네 맞아주는 듯하고	灘聲隱隱如迎客
나무는 한들거리니 가을을 벌써 보낸것 같네	樹色依依已送秋
묵은 안개 아직 걷히지 않아 갈매기와 해오라기 젖어있고	宿霧未收鷗鷺濕
아득한 산은 근심 없어 그림처럼 그윽하네	遙山無恙畫圖幽
동화문 지척인데 되려 천리인 듯하니	東華咫尺還千里
10년간 풍진 속에서 멋대로 노닐며 미소짓네	十載風埃笑薄遊[161]

이 시는 〈기미구월이십오일출우천辛巳九月二十五日出牛川〉으로 1641년 9월 25일 우거지였던 우천牛川에서 나오며 지은 시이다. 우천은 경기도 양근陽根에 있는 곳으로 이경전은 1639년(인조 17) 이후 벼슬에서 물러난 후 이곳에서 우거하였다. 이 무렵 이경전은 여러 차례 형조판서에 임명되었으나 늙고 병들었다는 이유로 체직해 줄 것을 간하는 상소를 올렸다. 그러나 대관들은 이경전이 아들을 청나라에 질자로 보내기 싫어 일부러 상소를 올린다고 탄핵하여 파면당한 상태였다.[162] 이경전은 만년에 정치에 뜻이 없어 정치 일선에 적극적으로 나서지 않았다. 정치적 좌절로 인한 상심의 정서는 정치에 대한 미련을 버리고 현실을 초탈한 초월 의식으로 치환되어 나타난다.

이 시는 가을을 맞은 우천의 풍경과 그 속에서 초연한 삶을 살았던 이경전의 모습을 그리고 있다. '파잔巴棧'은 파땅의 잔도를 말하는 것으로 우천의 월협이 좁고 가파른 곳임을 비유한 것이다. 파巴 지역은 예로

161 李慶全, 〈辛巳九月二十五日 出牛川〉, 『石樓遺稿』 卷3.

162 蔡濟恭, 「崇祿大夫行議政府左參贊兼判義禁府事知經筵事弘文館提學韓平君李公神道碑銘」, 「神道碑」, 『樊巖集』 卷48. "拜刑曹判書, 移判敦寧府事, 是後累長秋曹, 兼判義禁府, 皆以老病辭, 臺評以要免淸國質子之役, 請罷之."

부터 험준한 곳으로 유명하여 잔도棧道라는 험로를 지나야만 다른 지역으로 갈 수 있었다. '면구菟裘'는 춘추시대 노魯나라의 지명으로 은거지를 뜻한다. 『춘추좌씨전春秋左氏傳』 「은공隱公 11년」에 "은공이 '내가 장차 도구 땅에 집을 짓고 그곳에서 늙으리라.'"라고 한데서 나온 말이다. '파잔巴棧'과 '면구菟裘'는 우천의 지형이 험한 곳임을 보여준다.

'동화東華'는 송宋나라 궁궐의 동쪽 문으로 관료들이 입조할 때 사용하던 문이다. 이후 동화문은 도성, 조정을 뜻하는 말로 쓰였다. 동화문이 지척이라는 것은 물리적인 거리라고 할 수 있다. 이는 곧 대궐과 조정이 멀지 않아 마음만 먹으면 언제든지 드나들 수 있음을 의미한다. 이는 조정에서 계속해서 이경전에게 벼슬을 제수하고 입조하기를 명하는 것을 의미한다고 할 수 있다. 하지만 이경전은 지척의 거리를 천리처럼 느끼고 있다. 이는 정치권에서 멀어지고 싶은 내면의 심리라고 할 수 있다. '박유薄遊'는 마음 내키는 대로 노니는 것으로 이경전이 세상일에 얽매이지 않은 초연한 삶을 살고자 했음을 보여준다.

이민구는 11년에 이르는 유배 생활을 하는 동안 시를 통해 세상에 대한 원망과 자책, 울분 등의 감정을 쏟아냈다. 하지만 점차 불운하고 울적한 현실에서 초탈하여 마음의 평안을 찾으려는 초월 의식을 보였다. 이민구는 해배 이후 재서용의 논의가 여러 차례 어그러지면서 세속에서 벗어난 초연한 삶을 살고자 하였다.

새벽에 일어나 서쪽 언덕 바라보니　　晨起望西厓
가을 빛깔이 눈에 가득 차네　　秋色浩盈目
무성한 온 숲의 기운　　蔥蘢萬林氣
아득한 비췻빛 손에 잡힐 듯하고　　縹翠藹可掬
연못가의 두 그루 기이한 나무　　臨池兩奇樹
곱게 빛나 정원은 푸른 옥빛이었지　　榮耀園碧玉

푸른 구름처럼 무성한 잎 펼쳐지고　青雲布密葉
단비가 기름지게 씻겨 주었지　甘雨流膏沐
가을바람이 어젯밤에 불어와　商飆昨夜聲
서늘한 기운 쓸쓸하고도 엄숙하네　涼意凄已肅
흰 이슬이 시절을 경계하니　白露戒時節
시들어지는 것은 얼마 남지 않았네　黃落在信宿
나그네는 시드는 만물 서글픈데　客子感徂物
지는 해는 괴롭게도 서둘러 가누나　頹景苦相促
좋은 시절 머물지 않아　韶年忽不駐
얼굴에 고운 윤기 사라졌네　顏采收華渥
초목은 성쇠가 있어　草木有衰盛
구르는 바퀴처럼 돌고 돌지만　循環如轉轂
인명은 천지조화에 맡겼으니　人命寓大化
한 번 가 버리면 어찌 되돌릴까　一往安可復
복식에 정해진 기한 없으니　服食無淹期
삼생을 다시 누가 알까　三生復誰覺
그러므로 현달한 선비만이　故惟賢達士
실컷 마시고 구속을 피하니　沈飮謝羈束
유한한 것을 따르지 않고　不以有盡軀
저 가없는 욕심을 탐하지 않는다네　殉彼無涯欲
인생사 득실은 모두 허상이니　得失俱外幻
다 잊고 처지 따라 살아야지　忘懷任所觸[163]

이 시는 〈망애望厓〉로 영변 유배 시절에 지은 것으로 무한한 자연과 유한한 인생을 비교하여 초연한 삶을 추구하는 모습을 보여준다. 이 시에서 이민구는 새벽녘 가을 든 서쪽 언덕을 바라보고 지난날 푸른

163 李敏求, 〈望厓〉, 「鐵城錄」 4, 『東州集』 卷4.

빛이 무성했던 때를 떠올리며 인생사의 모든 것이 허상임을 깨닫고 욕심과 현실에 매이지 않고 살아가겠다는 초탈한 마음을 보여준다. 이민구는 이 시에서 자연은 성쇠가 있어 바퀴처럼 도는 무한한 존재이지만 인생은 유한하여 한 번 가 버리면 되돌릴 수 없음을 강조하였다. 이어서 현달한 선비만이 유한한 것을 따르지 않고 욕심을 탐하지 않는다고 하였다. 인간사의 모든 득실은 의미가 없는 헛된 것임을 토로하며 욕심을 버리고 초연한 삶을 살아갈 것을 다짐하는 모습을 보여준다.

문 나서니 봄풀 이미 끝없이 돋아있고	出門春草已無際
비 갠 후 꽃은 십 리에 피어 호수와 산 아름답네	晴花十里湖山麗
하늘 아득해 안개는 옅었다가 짙어지고	天虛遙靄淡還濃
따스한 날 잔잔한 물결은 출렁이다 잔잔하네	日暖微波膩更細
강 언덕 돌아가니 물새 지나는 것만 보이고	岸轉唯看沙鳥過
노 저으니 장오가 가는 줄도 몰랐네	櫓搖不覺檣烏逝
어찌 세속의 일로 남은 생에 얽매이리	那將俗事累殘年
다만 마음껏 노래하며 꽃다운 봄날에 취하리	但把狂歌醉芳歲[164]

이 시는 〈강행江行〉으로 1649년(인조 27) 해배 된 후 한강의 서호西湖 부근에 살며 지은 시로 봄꽃이 만발한 강가의 풍경을 한 폭의 그림처럼 그리고 있다. 문밖에 펼쳐진 봄날의 정경이 수련부터 부각되었다. 풀과 꽃의 등장은 푸른색과 붉은빛의 색채어가 직접적으로 등장하지 않아도 저절로 곱고 화려한 빛깔을 연상하게 한다. 온 산과 호수에 가득한 봄꽃과 풀빛의 화사함이 봄날의 화려함을 보여준다. 여기에 안개가 피었다 사라지고 잔잔히 반짝거리는 강물의 정경은 봄의 서정을 더욱 증폭시킨다. 함련이 강물의 잔잔한 움직임을 묘사한 것이라면 경련은

164 李敏求, 〈江行〉, 『東州集』 시집 卷14.

강 위를 오가는 물새와 노를 저어 나가는 배의 모습을 통해 적극적인 움직임을 묘사하였다. 장오檣烏는 돛 위에 있는 까마귀 모양의 풍향계를 말하는데, 여기서는 배를 의미한다. 미련에서 이민구는 세속의 일에 얽매이지 않고 마음껏 노래하며 봄날의 풍경에 취하겠다는 뜻을 표명하였다. 여기에서 '세사世事'는 지금까지 이민구가 겪었던 여러 가지 일들이겠지만 좁게 본다면 해배 이후 서용되지 못해 실의에 찬 날을 보내고 있는 현재의 상황일 것이다. 해배 된 지 3년이 넘도록 정계로 복귀하지 못하고 있는 현실은 이민구의 마음을 무겁게 만드는 얽매임일 것이다. 하지만 이민구는 이제 더 이상 세속의 일에 얽매이지 않고 아름다운 봄날의 풍경 속에서 자오自娛하며 살아가겠다는 초탈한 마음을 보여준다.

채유후의 시에는 세속 명리에서 벗어나 은거의 삶을 지향하는 모습들이 자주 포착된다. 채유후는 1638년 해배 후 1641년까지 안산을 비롯하여 벗들의 우거지에 머물면서 울적한 현실에서 초탈하고자 하는 마음을 드러내었다.

도성 거리에 먼지 일어나는 곳 동화문인데	九街塵土是東華
꿈속에 푸른 비단 이불과 옛날 촛불이 떠오르네	夢裏青綾舊燭花
몹시도 우습구나 세상의 자랑하는 사람들이	堪笑世間夸套子
풍초의 관과 긴 인끈 뽐내고 자랑하는 게	豐貂長組謾矜誇[165]

이 시는 〈취예윤질지선택언지醉詣尹姪趾善宅言志〉 10수 중 6번째 시이다. 〈취예윤질지선택언지醉詣尹姪趾善宅言志〉는 채유후가 조카인 윤지선尹趾善(1627~1704)의 집에서 술을 마시다가 지은 10수 연작시로 벼

165 蔡裕後, 〈醉詣尹姪趾善宅言志〉 10수, 『湖洲集』 卷1.

슬에 미련을 두지 말라는 뜻을 밝히고 있다. 윤지선은 채유후의 처남인 윤강尹絳(1597~1667)의 아들로 채유후의 조카가 된다. 기구와 승구는 관직에 있었던 과거를 회상한 것이다. 동화東華는 송나라 궁궐 동쪽문이었던 동화문을 말하는 것으로 대궐을 뜻한다. '청릉靑綾'은 푸른 비단으로 만든 이불로 대궐에서 숙직하는 것을 의미한다. '촉화燭花'는 숙직하며 밝히던 촛불을 말한다.

전구와 결구에서 채유후는 벼슬에 연연하는 세상 사람들을 향해 일침을 가하고 있다. '풍초豐貂'는 임금을 가까이 보시는 신하들이 쓰던 관의 장식을 말한다. '장조長組'는 도장의 손잡이에 꿴 긴 끈을 말하는 것으로 벼슬을 상징한다. 이 시에서 채유후는 벼슬을 상징하는 다양한 시어를 사용하여 높은 벼슬을 자랑하는 세상 사람들을 향해 벼슬을 뽐내는 것이 의미없는 것임을 전하고 있다.

말머리 저편에 분명히 남산이 보이니	分明馬首見南山
아름다운 기운 붉고 푸른 숲에 꽉 차있네	佳氣蔥蘢紫翠間
한 번 바라보곤 반가운 눈빛으로 기뻐하는 것은	一望便成靑眼喜
이 마음 속세에 연연하지 않기 때문이라오	此情非爲戀塵寰[166]

이 시는 〈노량주중망남산露梁舟中望南山〉으로 채유후가 노량에서 배를 타고 바라본 남산의 풍경을 보며 지은 시이다. 남산의 모습을 붉고 푸른 색채어를 사용해 풍성하게 그렸다. 이 시는 채유후가 타지에서 지내다가 서울로 돌아오면서 지은 것으로 보인다. 오랜만에 보는 남산을 반가운 눈빛으로 볼 수 있었던 것은 속세에 연연하지 않았기 때문이라고 밝혔다. 여기에서 '진환塵寰'은 벼슬, 명리 등을 의미하는 것으로

166 蔡裕後, 〈露梁舟中望南山〉, 『湖洲集』 卷1.

보인다. 정계에서 배제된 현실의 어려움에 연연해하지 않고 남산의 아름다운 경치를 즐기는 여유로움이 느껴지는 작품이다.

추위에 떠는 까치는 나직한 가지에 깃들고	凍鵲棲枝亞
차가운 햇살은 틈 사이로 비치는데	寒暉射隙餘
뱃속을 적시려 얕은 술잔 잡고	澆腸須淺把
눈뜬 뒤로도 되려 읽던 책도 물리치네	開眼却殘書
교유의 정 담박한 것 싫지 않지만	未厭交情淡
세상의 맛 성근 것 유독 가련하네	偏憐世味疏
언제나 명리의 굴레에서 벗어나	何當謝韁鎖
산수에서 나무꾼 어부와 짝할 수 있을까	林水伴樵漁[167]

이 시는 〈우직즉사寓直卽事〉로 숙직하며 일어난 감회를 즉석에서 읊은 시이다. 채유후는 숙직을 하는 동안 동료 관원들과 자주 시를 주고받았던 것으로 보인다. 수련은 숙직하던 곳의 바깥 풍경을 그리고 있다. 숙직하는 사이 밤이 지나고 어느새 아침이 왔음을 까치 소리와 아침 햇살을 통해 알 수 있다. 함련은 숙직하는 채유후의 모습을 보여준다.

이 시에서 가장 중요한 부분은 미련이다. '강쇄韁鎖'는 '명강리쇄名韁利鎖'의 준말로 명리名利의 굴레를 쓰고 이록利祿의 쇠사슬에 묶였다는 의미이다. 이 시는 세상의 명리의 굴레에서 벗어나 산수에서 나무꾼, 어부와 짝해 살 수 있을지 되묻는 채유후의 읊조림을 통해 세상에 얽매이지 않는 삶을 지향했던 채유후의 초월 의식을 잘 보여준다.

이원진은 한강의 미호迷湖에 우거지를 두고 지냈는데 이곳에는 장인 남이공의 별업인 몽오정夢烏亭이 있었다. 이원진은 몽오정을 자주 애용

167 蔡裕後, 〈寓直卽事〉, 『湖洲集』 卷2.

했는데 이곳을 배경으로 창작한 작품 중에서 초월 의식이 담긴 시들을 찾아볼 수 있다.

물가 정자의 흥취에 홀로 기대니	獨倚江亭興
이쪽저쪽으로 조망이 트였네	東西眺望通
관령의 비에 강물 불어나고	水肥關嶺雨
해문의 바람에 돛은 부풀었네	帆飽海門風
세월은 시 위에서 사라지고	日月消詩上
세상은 술 속에서 늙어가네	乾坤老酒中
이 한 몸 한가로이 있으며	一身閑自在
흰 갈매기와 함께하기를 맹세하네	盟與白鷗洞[168]

이 시는 〈강정즉사江亭卽事〉로 이원진이 1640년 5년간의 순천 부사직을 마치고 미호迷湖의 집으로 돌아와 내직으로 복귀하기 전까지 지낼 때 지은 것으로 보인다. 미호는 현재의 한강 미사리 일대로 몽오정이 있던 곳이다. 따라서 이 시에서 강정江亭은 몽오정을 가리키는 것으로 보인다. 수련과 함련은 몽오정 주변의 모습을 그리고 있다. 이 시는 사방이 탁트인 몽오정의 모습과 비가 내려 불어난 강 위로 바람을 맞아 잔뜩 부푼 돛을 안은 채 지나는 배를 보며 시주詩酒를 즐기는 이원진의 한가한 정취를 그리고 있다. 미련의 '맹여백구盟與白鷗'는 육유陸游의 시 〈숙흥夙興〉의 "학의 원망은 누굴 의지해 풀거나, 백구와의 맹세 이미 식었을까 염려되네[鶴怨憑誰解, 鷗盟恐已寒]."라고 한 데서 온 말로 백구와 벗을 삼아 자연에 은거하며 지내겠다는 맹세를 말한다. 몽오정에서 강가의 정취를 즐기며 한가로이 은거의 삶을 살고 싶다는 이원진의 읊조림에서 세상의 근심에서 벗어나 유유자적하는 초연한 삶을 바라는

168 李元鎭, 〈江亭卽事〉, 「迷湖錄」, 『太湖詩藁』 卷4.

내면을 엿볼 수 있다.

석다산에서 옮겨 영청군을 다니는데	石多移作永淸遊
저물녘 성 위의 구름 마을 누각을 짓누르는 듯하네	薄暮城雲壓縣樓
새벽녘 꿈속의 혼은 하늘 북쪽 끝에 있고	五夜夢魂天北極
일 년의 행역에 땅 서쪽 끄트머리 있네	一年行役地西頭
바람은 대궐에서 불어와 나랏일 재촉하고	風來閶闔催王事
달은 관산 옆에서 나그네 시름 일으키네	月旁關山動客愁
글과 검 익힌 반평생 참으로 우습고	書劍半生眞可笑
아득한 기산과 영수 생각하니 소보 허유에 부끄럽네	緬思箕潁愧巢由[169]

이 시는 〈영유차신기재운永柔次申企齋韻〉으로 1632년 평안도 도사 재임 당시 영유현永柔縣에서 기재企齋 신광한申光漢(1484~1555)의 시에 차운한 시이다. '석다石多'는 평안도 증산현甑山縣에 있는 석다산石多山을 가리킨다. 후금이 북쪽 요동을 차지하자 명나라까지 육로로 가는 길이 막히게 되자 1621년(광해군 14)부터 1637년(인조 15)까지 20여 차례에 걸쳐 배를 이용한 해로 사행이 진행되었다. 처음에는 해로 사행 출발지가 선사포宣沙浦였으나 정묘호란 이후 석다산石多山으로 옮겨졌다. 이 시의 바로 앞에 편차된 시가 〈연광정차동악운練光亭次東嶽韻 내증선향석다산지행仍贈先向石多山之行〉으로 당시 평안도 도사였던 이원진은 명나라 사행단을 배웅하기 위해 석다산까지 왔던 것으로 보인다.

이 시는 석다산에서 영무현으로 이동한 후 쓴 시이다. '영청永淸'은 '영무현'의 다른 말이다. 현루縣樓는 마을에 있는 큰 누각을 뜻한다. 수련은 저물녘 바라본 영청현의 모습을 묘사한 것으로 성 위로 낮게 깔린 구름은 이원진의 무거운 마음을 대변하는 듯하다. 함련과 경련은 외직

169 李元鎭, 〈永柔次申企齋韻〉, 「關西錄」, 『太湖詩藁』 卷3.

수행으로 인한 행역의 고단함과 타향에서 일어나는 객수客愁를 그리고 있다.

하지만 미련에서 이원진은 단순히 객수로 인한 괴로움을 토로하는 데 그치지 않고 지금까지 살아온 자신의 삶이 세속의 명리名利를 좇던 부끄러운 삶이었음을 소보巢父와 허유許由의 고사를 차용하여 진솔하게 고백하고 있다. '기영箕潁'은 요堯임금 때 은자인 허유許由가 기산箕山 아래 영수潁水 북쪽에 숨어 살았던 곳으로 현자賢者의 은거지를 말한다. 이원진은 미련을 통해 명리名利에 연연해 하는 현실의 삶에서 벗어나 소보와 허유처럼 초연한 삶을 살고 싶은 마음을 드러내었다.

김세렴은 한거기에 원주와 강릉을 오가며 지냈는데 이 시기 창작한 작품에서 초월 의식이 담긴 시들을 살펴볼 수 있다.

타향의 좋은 계절 맑고 온화하니	異鄉佳節屆淸和
비 그친 원림에 살구꽃 흐드러졌네	雨歇園林放杏花
장대한 뜻 되려 근심 속에 잦아들고	壯志却從愁裏減
나그네 회포는 온통 취한 속에 많아지네	旅懷偏向醉中多
땅은 서쪽까지 이어져 온 봉우리 눈이고	地連西塞千峯雪
하늘 맞닿은 동쪽 바다는 만 리에 파도 이네	天接東溟萬里波
세상사 이제와서 물을 것이 무엇있나	世事卽今何足問
저물녘 강가에서 어부가에 화답하네	日斜江上和漁歌[170]

이 시는 〈배민排悶〉으로 해배 이후 강릉에 머물 때 쓴 시로 보인다. 김세렴은 해배 이후 한양과 강릉, 원주 등을 오가며 지냈다. 이 시는 바닷가를 배경으로 하고 있으므로 강릉에서 지낼 때 지은 것으로 보인다. 제목에서도 알 수 있듯이 이 시기 김세렴은 여러 가지 고민이 많았

170 金世濂, 〈排悶〉, 『東溟集』 卷2.

다. 당시 정국은 폐모론이 더욱 거세지는 가운데 김세렴처럼 폐모에 반대하던 인사들은 유배를 가거나 외직으로 축출되었고, 정국政局은 대북계열이 장악하게 되었다. 현재의 정국은 2년 전보다 더욱 악화된 상황이 된 것이다. 부모 자식 간의 도리를 지키는 것보다 권력을 장악하고 유지하는 게 더욱 중요한 현 조정의 실태는 많은 생각을 하게 한다. 이 시에는 이러한 세속의 번민을 떨치고 초연해지고자 하는 김세렴의 내면을 잘 보여준다.

맑고 따뜻한 봄날씨 속에 흐드러지게 핀 살구꽃은 봄이 한창임을 알 수 있다. 하지만 화사한 봄풍경과 달리 번민으로 가득한 김세렴의 심사는 함련과 경련에서 찾아볼 수 있다. 함련은 장대했던 청운의 꿈이 유배로 인해 꺾이면서 늘어난 근심과 이를 술로써 잊어보고자 했음을 보여준다.

경련의 눈과 파도는 김세렴의 앞을 막고 있는 방해물이라고 할 수 있다. 김세렴에게 지금의 세상은 눈과 파도로 인해 앞으로 나아갈 수 없는 상황으로 인지된 것이다. 미련에서 김세렴은 현재의 불운을 이제와서 물을 것이 있냐면서 모든 번민을 내려놓고 어부가에 화답하는 초연한 모습을 보여준다.

지금까지 살펴본 '인간과 자연에 서린 서정 세계'는 북인계 남인 문인들이 인간과 자연을 시의 대상으로 삼아 여기에서 촉발되는 서정을 담은 시세계이다. '이별의 진정眞情과 그리움'은 사별死別과 생별生別의 헤어짐에서 일어나는 애도哀悼와 그리움의 서정을 담고 있는 것으로 만시와 증여·송별시가 여기에 해당된다. 이경전과 채유후의 경우 만시와 증여·송별시의 창작 비중이 높게 나타나는데 이는 두 사람이 타인에 대한 관심이 많았음을 보여줌과 동시에 시를 교유의 매개체로 적극적으로 활용하였음을 보여준다. 평생을 관직에 있었던 두 사람의 경우 동료 관원이 시의 주요 대상으로 나타난다.

이민구의 만시는 가족과 절친한 벗들이 중요 대상으로 나타난다. 〈지애至哀〉는 어린 딸을 잃고 쓴 만시로 아버지의 애끓는 비탄이 절절하게 담겨있다. 이민구의 증여·송별시의 경우 유배 기간에는 벗과 친인척이 시의 주요 대상이 되고, 해배 이후에는 관직에 있던 지인들이 시의 주요 대상으로 나타난다. 유배지를 찾아온 친구·여동생·조카·사위 등과 나누는 송별시에는 서글픔과 그리움이 가득 담겨 있다.

이원진과 김세렴의 경우 만시의 창작 비중이 높지 않으며, 친인척을 대상으로 하는 경우가 거의 나타나지 않는다는 특징을 보인다. 또한 이들의 송별시는 동료 관원들이 주요 대상으로 나타난다. 이경전과 이원진의 증여·송별시는 사행을 떠나는 동료들에게 준 경우가 많은데 여기에는 험로險路에 대한 염려와 걱정이 담겨 있다. 이원진의 증여·송별시 경우 명나라 장군·청나라 화원·일본에서 사신으로 온 승려에게 준 시가 있어 교유의 폭이 상당히 넓음을 알 수 있다. 이들은 사행과 접반사 등의 업무 과정 속에서 교유하게 된 인물로 이원진이 외교 전문가로 활약했음을 보여준다.

북인계 남인 문인들의 만시는 망자와 있었던 사실적인 경험을 토대로 비탄의 심정을 형상화하는 양상을 보이는데 이는 의례적이고 상투적인 표현으로 문학적 가치를 제대로 인정받지 못했던 만시의 정형성에서 벗어나 만시의 문학성을 추구했다는 점에서 의미가 있다.

'자연의 완상과 심리적 위안'은 산수 자연의 완상을 통해 심리적 위안을 추구한 양상이다. 북인계 남인 문인들은 정치적 좌절과 소외로 인한 울울한 현실을 산수 자연의 완상을 통해 위로받고자 하였다. 이원진의 경우 이러한 경향이 짙게 나타난다. 이원진은 부임지의 산수를 완상하며 즐겼는데 특히 누정은 그에게 청정공간으로 인식되어 자연을 완상하는 장소가 되었다. 〈척번당차벽상운滌煩堂次壁上韻〉·〈죽서루竹西樓〉 등의 시에는 자연 속에서 머물고 싶어 하는 이원진의 모습이 담겨있다. 김세렴은 1619년 해배 되어 1623년 인조반정으로 재등용되기 전까지 원주와 강릉을 오가며 산수 자연을 통해 정치적 좌절로 인한 울울한 심정을 위로받고자 하였다. 〈망추산望秋山〉·〈임영가효이백추포체臨瀛歌效李白秋浦體〉 등의 시에는 치악산과 강릉의 풍경을 즐기는 모습이 잘 나타나 있다. 이민구의 경우 금강산을 두 번이나 여행할 만큼 산수 유람을 좋아했지만 유배 기간 동안에는 주변의 소박한 풍경 속에서 마음의 위안을 얻었다. 〈추산秋山〉은 가을산의 고즈넉한 풍경을 즐기는 모습을 보여주었다. 이경전의 경우도 산수를 적극적으로 찾아 나서기보다 주변의 풍경을 완상하며 위로받고자 하였다. 〈사동수월헌沙銅水月軒〉은 아버지 이산해가 평해로 귀양갔을 때 함께 따라가 지은 작품으로 선계로 치환된 수월헌의 모습을 통해 마음의 위로를 받는 모습이 잘 나타나 있다.

'현실의 초탈과 초월 의식'은 정치적으로 소외되었던 북인계 남인 문인들이 세속의 명리에서 벗어나 초연한 삶을 살고자 했던 초월 의식을 보여주는 것이다. 정치적 부침이 심했던 이경전과 긴 유배 생활을 겪었던 이민구, 관직에 있으면서도 은거를 희망했던 채유후에게서 이러한 양상의 시가 다수 보였다. 이경전은 1630년대 이후 정계에서 한발 물러나 초연정을 짓고 시회를 즐기며 유유자적하는 초연한 삶을 살고자 했다. 〈초연대超然臺〉·〈초연만음超然謾吟〉 등의 시에서 이와 같은 초월 의식을 살펴볼 수 있다. 이민구의 경우 11년간에 이르는 긴 유배기간 동안 세상에 대한 원망과 자책 등의 울분 섞인 감정을 쏟아냈지만 시간이 흐르면서 불운한 현실에서 벗어나 마음의 평온을 찾으려는 초월 의식을 보여주었다. 〈망애望崖〉·〈강행江行〉 등에서 세속과 현실의 욕심에 얽매이지 않고 살아가겠다는 초월 의식을 엿볼 수 있다. 채유후와 김세렴은 유배에서 풀려나 재등용되기 전까지 한거기에 현재의 처지를 잊고 시를 통해 현실에서 벗어나 마음의 평정을 찾으려 하였다.

3. 경험經驗과 의지意志로 엮은 현실現實 세계世界

북인계 남인은 실천 지향적이고 현실을 중요시 여기는 특성을 지녔으므로 현실에 관심이 많았다. 따라서 북인계 남인 문인들의 시세계는 현실과 밀접한 모습을 보인다. 17세기 전반 조선이 맞닥뜨린 가장 큰 현실의 문제는 전쟁과 이로 인해 피폐해진 백성들의 삶이었다. 왜란과 호란으로 이어지는 연이은 전쟁은 국가의 존립을 위협하였고, 그 안에서 백성들의 삶은 참혹하였다. 이와 같은 국가적 위기 속에서 북인계 남인 문인들은 관료 의식을 강화하여 맡은 바 임무에 충실하고 국가의 위기를 극복하려는 의지를 보여주었다. 북인계 남인 문인들은 목민관 혹은 유배객으로 목도한 백성의 삶과 정치 현실을 시를 통해 재현함으로써 당대 현실의 문제를 드러내었고, 전란을 겪으며 척화의 의지를 견지하였다. 또한 시문에 능했던 북인계 남인 문인들은 명・청교체기와 임진왜란 이후 일본과 국교가 재개되는 중요한 시기에 사행을 맡아 남다른 소명 의식으로 외교 업무의 최전선에서 활동하였다.

이 장에서는 관료 의식을 바탕으로 북인계 남인 문인들이 겪었던 경험과 의지가 시 속에 구현된 양상을 살펴보고자 한다. 이 장의 경우도 앞서 살펴본 2장과 같이 특장을 보이는 문인을 우선적으로 배치하여 논의하였고, 이에 따라 작품의 수도 약간의 편차를 보인다. 특별한 언급이 없는 경우에는 생몰연대를 기준으로 한 순서대로 논의를 진행한다.

1) 현실의 재현과 시대 고발

17세기 전반 조선은 당쟁과 전란이라는 어려움에 직면했지만, 당대의 현실 속에서도 각자 느끼는 세상은 다양하였다. 북인계 남인 문인들은 지방관과 유배를 체험하면서 백성들의 고달픈 처지와 정치 현실을 재현하여 현실의 모순을 고발하였고, 백성들의 향한 안타까운 연민의 마음을 보이기도 하였다. 이민구와 김세렴의 시에는 현실의 재현을 통해 시대를 고발한 작품들이 풍부하게 나타난다. 따라서 여기에서는 이민구와 김세렴을 우선 배치하였고, 이어서 이경전・채유후・이원진의 순서로 논의를 진행한다.

이민구는 지방관 재임 시절과 유배 시절 백성들의 힘겨운 삶을 목도하고 이들의 삶을 직접 체험함으로써 백성들이 처한 현실의 어려움을 절감하였으며, 정치적 상황과 현실의 모순을 재현함으로써 시대의 모순을 고발하였다. 김세렴은 1619년 해배된 이후 1623년 인조반정으로 재등용되기 전까지 한거하는 동안 백성들의 삶에 관심을 기울였고, 이들의 삶을 직접 체험하여 이를 바탕으로 창작한 〈경전耕田〉・〈전가즉사田家卽事〉 등을 통해 강한 애민 의식을 보여주었으며, 스스로 목민관임을 잊지 않고 늘 백성들의 형편을 살피고 성찰하는 모습을 보여주었다. 이경전은 한거기와 양란을 겪으며 백성의 삶과 관청의 형편에 관심을 주었고, 정치적 모순을 고발하기도 하였다. 채유후는 지방관 시절 목도한 백성들의 어려운 삶을 재현하고 안타깝게 여기는 연민의 마음을 보여주었고, 이원진은 제주 목사 시절 물이 부족한 제주 백성들의 형편을 재현하고 이를 개선하기 위해 수차를 이용하는 등 현실 문제 해결에 적극적인 면모를 보였다.

이민구는 영남 관찰사와 임천군수 등 지방관 재임 시절과 유배 시절 백성들의 힘겨운 삶을 목도하고 이들의 삶을 직접 체험함으로써 백성들이 처한 현실의 어려움을 절감하였다. 특히 11년간의 유배기간 동안 백성들이 처한 현실과 백성들을 향한 연민의 마음을 담은 시들이 집중적으로 창작되었으며, 이 시기 시를 통해 정치적 상황과 현실의 모순을 재현함으로써 시대의 모순을 고발하였다. 고시에 뛰어났던 이민구는 고시를 통해 현실의 모순을 핍진하게 전달하였다.

거센 바람 강에 불어오니 강물이 거꾸로 흐르고　獰飆攪河河逆流
들판의 나무 쉬지 않고 바스락거리며 울어대네　野樹窣窣鳴未休
모래먼지 문득 일어 누런 흙비가 앞을 가려　塵沙忽起翳黃霾
소와 말이 놀라니 나그네는 근심하네　牛馬猬縮行人愁
영남 관찰사는 높은 관리라　嶺南觀察自達官
오래전에 검은 갖옷 준비해 추위에 대비했지　久辦羔裘營一寒
작년 관서에서도 춥지 않았는데　去年西塞不受凍
오늘 가는 길은 참으로 힘드네　今日行路眞艱難
아아 길가에 부서진 집 한 채　咄哉道傍一破屋
흙솥에 연기 없고 삼 일 동안 곡소리만 나니　土銼無煙三日哭
굶주린 쥐가 곡식 담는 동이 아침마다 뒤집고　飢鼠朝翻盎中糧
누더기 걸치니 몸에 소름 돋아 밤마다 끌어안네　懸鶉夜擁身上粟[171]
…(후략)…

이 시는 〈전고한행前苦寒行〉으로 1624년(인조 2) 영남 관찰사로 부임하는 도중에 지은 칠언고시이다. 이민구는 1624년(인조 2) 2월부터 다음해 4월까지 영남 관찰사로 재임하였는데 이 시는 영남 관찰사로 부임하던 도중 추위로 인해 고통받았던 일을 떠올리며 쓴 시로 굶주림과 추위로 고통받는 백성들의 참담한 모습을 묘사하였다. 1~8구는 영남 관찰

171 李敏求, 〈前苦寒行〉, 「嶺南錄」, 『東州集』 전집 卷3.

사 부임 도중의 날씨와 주변의 스산한 풍경을 자세히 그렸고, 9~12구는 부임 도중 본 부서진 집과 밥을 짓지 못해 굶주림에 울고만 있는 백성의 모습뿐만 아니라 굶주림에 지친 쥐까지 등장시키고 있어 비참한 현실을 그대로 재현하고 있다. 하지만 굶주림과 추위에 떨며 겨울을 지내야 하는 백성들의 궁핍한 삶을 보며 그저 가슴만 태울 뿐 백성들을 구제할 적극적인 행동과 대안을 제시하지 못하고 있다는 한계를 보여준다.

뜨거운 여름 한 해의 절반도 다 지나니　　朱夏歲將半
푸성귀도 죄다 억세지네　　蔬蔌俱已剛
아침저녁 빈 밥상 마주하지만　　朝晡對空案
그릇에 채울 것이 없네　　無以充圓方
비름은 천한 나물이지만　　莧也菜之奴
이것도 다듬으면 음식으로 쓸만하지　　亦備飣餖行
…(중략)…
부잣집은 반찬이 풍성하여　　豪門盛盤饌
돼지도 잡고 양도 잡아　　割彘兼宰羊
고기들이 부엌에서 썩어나가는데　　腥膻腐下廚
이런 채소는 길가에 버려지네　　此物棄路傍
쓰임과 버려짐 각기 때에 따른 것이니　　用舍各隨時
어찌 오래도록 한탄하고 상심하겠는가　　胡乃久歎傷[172]

이 시는 〈식현食莧〉으로 영변 유배 시절에 지은 오언 30구의 장편 고시로 먹을 것이 부족한 백성들의 현실과 고기가 남아 썩을 정도인 부자들의 모습을 대조하여 부유층의 실태를 고발하고 있다. 비름은 어

172 李敏求, 〈食莧〉, 「鐵城錄」 5, 『東州集』 시집 卷5.

린 순을 삶아 된장에 무쳐 먹는 나물로 어디서나 잘 자라고 구하기 쉬워 먹을 것이 늘 부족한 백성들에게 매우 요긴한 먹거리이다. 하지만 부자들에게 비름은 음식으로 취급받지 못하는 그저 쓰레기에 불과할 뿐이다. 밥상에 고기반찬이 늘 떨어지지 않고 심지어 쌓아놓은 고기들을 다 먹지 못해 썩혀서 버리는 부자들의 형편을 지적하여 비판하고 있다. 이와 같은 현실에 대한 고발은 먹을 것이 부족한 백성들의 궁핍한 삶에 대한 관심과 연민의 마음에서 우러나온 것임을 알 수 있다. 이민구의 현실 고발은 부자들뿐만 아니라 정권을 쥐고 있는 권력자들을 향해서도 이어진다.

하늘이 퍼뜨려 양육하여	大鈞播亭毒
만물이 다 갖추어 있으니	萬族靡不有
온갖 벌레 가운데 메뚜기가	蝗於百蟲內
목숨을 받은 것 또한 우연은 아니지	受命亦非偶
나쁜 기운의 도움으로 자라나니	生成資沴氣
이 재앙은 옛날부터 오래되었는데	玆患從來久
반드시 나라의 정치가 잘못되길 기다렸다가	必俟邦政失
재해를 오히려 더 부추기네	爲害猶指嗾
태평성대에도 면하지 못하기도 하는 것은	世泰或未免
아마도 양구를 만나서이리	豈亦遘陽九
아득한 삼황오제 이전에도	邈矣皇王前
이 무리들이 있었던가	厥類已存否
기린과 봉황 후세에 없어졌으니	麟鳳後代無
나쁜 종자들이 잡초처럼 불어났지	惡種滋稂莠
괴이하구나 너희들 하룻밤 사이에	怪汝一夜間
구름처럼 모여 남쪽 밭을 뒤덮어	雲凝蓋南畝
마치 거대한 물결같이 퍼져	瀰漫若洪潮

밭두둑은 이쪽저쪽 구분이 안되고　畔岸迷左右
푸르던 밭이 쓸어낸 듯하니　濯濯野田靑
20 수없는 말에 짓밟힌 듯 참혹하네　酷經萬馬蹂
…(중략)…
33 재앙의 종류 넓고도 많지만　災凶浩多門
불쌍한 건 참으로 가난한 백성들　可哀實窮蔀
35 괴롭고 슬퍼 오장이 다 타니　惻愴肝肺熱
고개 들어 우러르며 늙은이 괴로워하네　瞻印勞白首[173]

이 시는 〈황蝗〉으로 1643년(인조 21) 영변 유배시기에 지은 오언 36구의 장편고시이다. 메뚜기 떼의 공격으로 초토화되는 논밭을 보며 안타까워하는 이민구의 절절한 심정이 시 전편에 흐른다. 또한 농민의 피땀 어린 농작물을 무자비하게 먹어치우는 메뚜기 떼와 잡초를 백성들을 착취하는 조정의 권력자에 빗대어 이들을 성토하고 있다.

'대균大鈞'은 하늘을 뜻한다. 균鈞은 질그릇을 만드는 회전판인 녹로轆轤를 말하는 것으로 녹로가 온갖 그릇을 만드는 바탕이 되므로 만물을 생성하는 하늘과 같은 것으로 보아 하늘을 대균이라고 하였다. '정독亭毒'은 양육한다는 말로 『노자老子』 제51장에 "도는 낳고, 덕은 기른다. 자라게 하고 길러 주며, 양육하고 키워 준다[道生之, 德畜之. 長之育之, 亭之毒之.]"라는 구절에서 나온 말이다. 하늘이 만물을 내고 자라게 하는 것은 자연의 이치이므로 메뚜기도 하늘의 이치로 세상에 존재하는 것인데 해충이 된 것은 나쁜 기운 때문이라고 하여 후천적인 요소를 해악의 근원으로 보았다.

13~14구에서 이민구는 메뚜기 떼가 설치는 것은 기린과 봉황이 없

173 李敏求, 〈蝗〉, 「鐵城錄」 7, 『東州集』 시집 卷7.

기 때문이라고 하여 나쁜 종자들 때문에 벼보다 잡초인 낭유稂莠가 더 많이 불어난다고 하였다. 이는 현재 조정의 정세를 빗대어 말한 것으로 볼 수 있다. 기린과 봉황처럼 뛰어난 인재들을 등용하지 않고 당색을 중요시 여기는 현 조정의 모순을 꼬집어 비판한 것이다. '낭유'는 논에 자생하여 벼에 해가 되는 가라지, 강아지풀과 같은 잡초를 가리킨다. 벼가 자랄 수 있는 양분을 빼앗아 농사를 망치게 하는 잡초들은 마치 백성들의 고혈을 빨아 배를 불리는 탐관오리들과 닮았다. 이민구의 눈에 비친 메뚜기 떼와 잡초들은 모두 백성들의 생업인 농사를 망치는 악한 존재로 백성을 제대로 돌보지 못한 조정의 권력자들 역시 메뚜기와 잡초와 다를바 없는 존재임을 토로하고 있다.

15~20구까지는 메뚜기 떼의 공격으로 피해를 입은 논밭의 모습을 직유법을 사용하여 사실감 있게 묘사하였다. 하늘이 내린 재앙은 여러 가지이지만 그 피해를 받는 건 언제나 가난한 백성이라는 늙은 이민구의 탄식에서 백성들의 곤궁한 삶을 안타까워하는 마음을 느낄 수 있다.

김세렴은 1617년(광해군 9) 폐모론에 반대하다가 유배를 당하였고, 1619년 해배된 이후 1623년 인조반정으로 재등용되기 전까지 한거하면서 백성들의 삶에 많은 관심을 기울였다. 그는 호남어사·현풍 현감·황해도·평안도·함경도 관찰사 등을 역임하였고, 향약을 재정비하기도 하였다. 또한 함경도 지역에 대동법을 실시하는 등 백성들의 삶을 보살폈다. 김세렴은 스스로 목민관임을 잊지 않고 늘 백성들의 형편을 살피고 성찰하는 모습을 보여주었다.

비바람 갑자기 또 오니	風雨忽又來
앞산에 뿌연 안개 날리네	前山走白霧
허리에 낫을 차본들 무엇을 할 수 있나	腰鎌欲何爲

보리 심은 진흙땅에 버려졌으니　麥穗委泥土
오늘 벌써 수확하지 못했는데　今日旣未穫
내일이라도 거둘까 두려우네　明日恐難取
팥농사 역시 이미 늦었고　荳耕亦已晩
논에는 풀만 무성하니　水田草方茂
시름에 겨워 초가집으로 돌아왔는데　愁來返茅舍
아내가 보리술을 내어오는구나　細君進麥酒
거나하게 다시 한 번 취해두고서　陶然復一醉
농가의 괴로움 잠시나마 잊고자 하지만　頓忘田家苦
한 번 쪼으면 진실로 수가 있으니　一啄固有數
해 다가도록 추위와 배고픔이 따라다니네　飢寒從歲暮[174]

이 시는 〈전가즉사田家卽事〉로 김세렴이 한거기에 쓴 시로 김세렴 자신을 농부로 만들어 농부와 완벽히 일체화된 모습을 보여주고 있다는 점에서 의미가 크다. 스스로 농민과 일체화된 모습의 표현은 다른 관료에 비해 강한 애민 의식을 지녔다고 할 수 있다. 이 시는 비가 많이 와서 제대로 농사를 짓지 못하고 있는 농가의 현실을 재현하고 있다. 계속되는 비로 인해 보리농사도, 팥농사도 망칠 상황에 농부의 시름은 깊어만 간다. '세군細君'은 아내에 대한 겸칭으로 소식의 〈상원시음루상上元侍飮樓上〉에 "집에 돌아오니 희미한 등불만 켜져 있는데, 그래도 내려 준 감귤이 있어 세군에게 주노라[歸來一盞殘燈在, 猶有傳柑遺細君]."라고 한 데서 온 말이다. '도연陶然'은 술에 취한 즐거움을 말하는 것으로 도잠陶潛의 〈시운時運〉에 "이 한 잔 들러 마시고, 도연히 스스로 즐긴다네[揮玆一觴 陶然自樂]."라고 한 데서 온 말이다. 아내가 내어주는 보리술에 취해 현재의 괴로움을 잊어보고자 하지만 임시방편일 뿐 근본적인

174 金世濂, 〈田家卽事〉, 『東溟集』 卷2.

해결책은 되지 못한다.

일탁一啄은 '일음일탁一飮一啄'으로 새가 물 한 번 마시고 먹이 한 번 쪼는 것을 말한다. 이는 세상 사람에게는 옷과 음식에 일정한 분량이 정해져 있다는 의미이다. 하지만 언제나 추위와 배고픔이 따라다니는 농민들의 삶은 그렇지 못하다. 한평생 일해도 늘 추위와 배고픔에 시달려야 하는 백성들의 삶을 통해 시대의 모순을 고발하고 있다.

다음의 시는 김세렴이 지방관 재임 당시 지은 시로 목민관으로서 부족한 자신을 성찰하며 백성의 고통을 덜어주기 위해 애쓰는 모습을 보여준다.

농사일 집집마다 서두르니	農作家家急
봄갈이 맑은 저녁까지 이어지네	春耕及晩晴
살구꽃은 마을 너머로 하얗게 피고	杏花村外白
강물은 성곽 앞으로 맑게 흐르지만	江水郭前明
힘쓰고 아끼는 것에서 백성들 풍속 서글프고	勞嗇憐民俗
부르는 노래에서 세상 물정을 보네	歌謠見物情
돌이켜 생각해도 수령으로 부족하니	還思字牧拙
면류관 쓰고 화려한 갓끈 부끄럽기만 하네	露冕愧華纓[175]

이 시는 〈군재춘일용전운郡齋春日用前韻〉으로 1641년(인조 19) 안변부사 시절에 지은 시이다. 김세렴은 병자호란 이후 황해도·평안도·함경도 등의 지방관을 지내며 목민관으로서 책임을 다하려고 노력하였다. 이 시의 수련과 함련은 안변의 관아에서 맞이한 봄날의 정경을 한 폭의 그림처럼 그린 시이다. 하지만 화사한 봄날의 정경과 달리 백성들의 삶은 고단하기만 하다. 노동요를 부르며 논밭을 부지런히 가는 백성

175 金世濂, 〈郡齋春日 用前韻〉, 『東溟集』 卷5.

들의 모습을 바라보면서 느낀 자기성찰의 모습이 미련에 잘 나타난다. '노면露冕'은 면류관을 쓴 모습을 보여준다는 뜻으로 지방관으로 있으면서 선정을 베푸는 것을 의미한다. 『후한서後漢書』에 곽하郭賀가 형주자사荊州刺史로 있으면서 선정을 베풀어 백성들의 칭송이 드높았는데 현종顯宗이 이를 듣고 곽하에게 옷과 면류관을 내리고 순행할 때 수레의 휘장을 걷어 공복을 입고 면류관 쓴 모습을 백성들이 모두 볼 수 있도록 했다는 데서 나온 말이다. 김세렴은 스스로 돌아보니 수령으로서 부족한 점이 많아 안변 부사인 자신의 자리가 부끄럽다는 고백으로 시상을 닫고 있다. 목민관으로서 늘 부족하고 백성들에게 부끄럽다는 인식은 백성들을 아끼는 애민의 마음으로 이어진다.

이경전은 1693년 부친 이산해의 평해 유배 시기 아버지를 따라 함께 지냈고, 해배 이후 한거기와 호란을 겪으면서 백성들의 현실에 관심을 갖게 되었다. 이러한 관심은 정치적 모순에 대한 비판으로 나타나기도 하고 백성의 어려운 삶을 안타까워하는 연민의 마음으로 나타나기도 한다. 다음의 시는 〈용인현龍仁縣〉으로 궁핍하고 열악한 환경에 놓인 관청의 상황을 보여준다.

여기 용인현은	此是龍仁縣
황량한 오래된 마을인 데	荒涼古邑居
무너진 연못에 봄물 가득하고	毀塘春水滿
높다란 나무에 석양빛 희미하네	喬木夕陽虛
대접하는 관아의 종 게을러도	禮數官僮懶
술과 안주 시골의 맛 그대로여서	杯盤野味如
오히려 응접하는 괴로움 많아	猶多應接苦
바쁘기만 하니 한가로움 드무네	役役少閑舒

其二

오래된 고을이지만 고을이 아닌 듯	古縣疑無縣
관아도 시골집과 흡사하네	官家似野家
성근 울타리에 살구꽃 피었고	疏籬杏花發
썩은 대홈통엔 물소리만 요란하네	敗筧水聲多
충청도와 경상도의 목구멍같은 땅이라	湖嶺咽喉地
바퀴와 말발굽 많이도 지나네	輪蹄輻輳過
쓸쓸함 어찌 쉽게 회복될까	蕭條那易復
옛날이 느꺼워 길게 한 번 탄식하네	感舊一長嗟[176]

이 시는 〈용인현龍仁縣〉으로 1616~1617년 사이 지은 것으로 보인다. 이 시기 이경전은 이이첨과 사이가 소원해져 정치적으로 어려움을 겪고 있었다. 당시 폐모론을 주도한 이이첨과 등을 돌리면서 이로 인한 정치적 압박이 심했다. 용인은 교통의 요지로 충청도와 경상도로 가는 길목에 있어 사람들의 왕래가 많았다. 하지만 임진왜란을 겪은 후 이경전의 눈에 비친 용인현은 무너진 연못을 제대로 보수하지 못하고, 시골집처럼 낡고 초라한 관아의 모습처럼 황량하고 살기 힘든 척박한 곳이었다. 관아의 초라한 모습은 당시 궁핍한 국가의 재정 형편을 그대로 보여준다. 더욱이 오가는 관원들을 접대하는 것은 용인현 관아에 속한 관원들과 백성들의 삶을 더욱 힘들게 하는 일이었다. 하지만 현재 이경전이 처한 정치적 상황은 현실의 문제를 보고도 적극적으로 해결할 수 있는 힘이 없다. 관료로서 이를 개탄하는 마음이 탄식으로 표출된다. 다음의 시에서는 백성들의 어려운 삶을 재현하면서 마음 아파하는 연민의 마음을 볼 수 있다.

176 李慶全, 〈龍仁縣〉 2수, 『石樓遺稿』 卷1.

입은 옷은 아청사 뜯은 것이고	鴉靑拆後人人着
곳곳의 집들은 나무 엮어 만든 띠집이네	結木爲茅處處家
이 난리에도 먹고 살 계책 세워야 하니	爲是亂離謀口食
작은 길가에 모여서 어물을 파네	小街相聚販魚蝦[177]

이 시는 〈소시小市〉로 1627년 정묘호란 당시 강화도에 머물 때 쓴 시이다. 당시 강화도에는 인조를 비롯하여 신하들이 전쟁을 피해 머물고 있었다. 전쟁으로 인해 일상의 삶이 어려워진 백성들에게 임금과 고위 관리들의 봉양은 매우 고통스러운 일이었다. 기구와 승구는 당시 백성들의 어려운 삶을 묘사한 것으로 혼례복으로나 쓸 옷감을 뜯어 옷을 해 입어야 할 만큼 의복이 부족했음을 보여준다. '아청鴉靑'은 검푸른 색의 옷감으로 혼례복이나 관복을 만들 때 쓰는 옷감이다. 또한 변변한 집을 지을 형편이 되지 못해 얼기설기 나무를 엮어 임시로 집을 만든 상황은 백성들의 삶이 어려웠음을 보여준다. 전쟁통에도 먹고 사는 문제를 해결해야 하겠기에 작은 골목에 삼삼오오 모여 어물을 파는 모습은 애달프기만 하다. 백성들의 삶을 주의 깊게 살펴보는 이경전의 시선에서 연민의 마음을 느낄 수 있다.

이원진은 평안도 도사·순천 부사·제주 목사·삼척 부사 등 여러 지역의 지방관으로 재직하면서 백성들의 삶을 목도할 기회가 많았다. 하지만 현전하는 그의 작품에서 백성의 삶을 재현하거나 목민관으로서 바라본 시선을 담은 작품은 〈화신교수찬영수차시和申敎授纘詠水車詩〉 1수에 불과하다. 이는 현전하는 그의 문집이 불완전한 상태로 남아있는 것과도 연관이 있겠지만 의도적인 편집의 가능성도 배제하기 어렵다.[178]

177 李慶全, 〈小市〉, 「江都錄」, 『石樓遺稿』 卷3.

바다 밖 탐라는 사방의 이웃과 단절되어　海外耽羅絶四隣
백성들 척박한 땅 의지하니 가난함 견디지 못하네　民依瘠地不堪貧
돌산 위에 흙이 드무니 농사 어찌 할 것이며　土稀岨上耕何給
모래 속에 샘이 숨어 팔 수가 없으니　泉伏砂中掘未因
어찌 주린 밥상 부족함을 걱정할 뿐이겠는가　豈但飢餐憂匱乏
목말라 마시려 해도 어렵고 힘들어 괴롭네　仍教渴飮惱難辛
미산학사의 제방 어디에 쓸 것이며　眉山學士堤安用
소륵장군의 검도 통하지 않네　疎勒將軍劍莫神
밭고랑에서 큰 모의해도 옛날을 회복하기 어렵고　畎澮大謀難復舊
두레박에 남은 법은 거듭 새롭네　桔槹餘法可重新
대롱 머리에 물결 부딪혀 기둥 들어올리고　管頭浪激由提柱
도랑 입구로 물결 쏟아져 바퀴가 돌아가니　溝口波飜在撥輪
채마밭에 모두 도움 주니 몸 기르기에 넉넉하고　農圃並資優養體
물 길어 어깨에 짊 다 없어져 몸이 편안하네　汲擔俱廢足安身
바닷가엔 이미 기심을 잊은 나그네 부끄럽고　海邊已愧忘機客
우물 안에 도리어 동이 안은 사람 부끄럽네　井裏還慙抱甕人
영곡은 어찌 꼭 빼어난 소리로 날리리　郢曲何須飛絶響
월나라 미인 자태 부질없이 찡그림 흉내내네　越姿空遣效姸嚬
늙은이 붓 가는 대로 번거롭게 희롱하니　老夫信筆煩相戱
한 조각 정은 절로 백성을 사랑해서라네　一片情端自愛民[179]

이 시는 〈화신교수찬영수차시和申教授纘詠水車詩〉으로 신찬申纘(1613~1685)이 쓴 시에 화운한 시이다. 당시 이원진은 제주 목사로 재임 중이었다. 이원진은 제주 목사로 재임하면서 읍지인 『탐라지耽羅志』을 편찬하였는데 신찬은 여기에 서문을 써 주었다. 이원진은 박학을 추구하

178 윤재환(2008), 위의 논문, pp.412~413.
179 李元鎭, 〈和申教授纘詠水車詩〉, 「耽羅錄」, 『太湖詩藁』 卷8.

고 현실을 중요하게 여기는 학문 성향을 지녔음에도 현실의 문제에 관심을 두거나 이를 다룬 작품은 이 시 이외에는 보이지 않는다. 이것이 의도적인 편찬의 결과인지 작가의 창작 경향인지 확인하기 어렵지만 이원진이 현실의 문제에 관심을 지녔고 백성을 향한 애민의 마음이 시 창작의 근원에 자리하고 있었음은 분명하다.

이 시는 칠언 20구 배율로 1~6구는 제주에 수차가 필요한 이유, 7~8구는 수차에 얽힌 고사, 9~12구는 수차가 돌아가는 형상, 13~20구는 수차의 이용 효과 등을 서술하면서 백성을 위하는 애민의 마음을 담고 있다. 제주도는 화산섬이라는 토양의 특성상 돌이 많고, 배수가 잘되어 빗물이 지하로 스며드는 특징이 있다. 1~4구는 제주 토양의 특성으로 인해 농사와 우물 파는 것이 어려운 현실을 그려 수차가 필요한 이유를 보여준다. 7구의 미산학사眉山學士는 소식蘇軾을 일컫는다. 소식이 사천성 미산현眉山縣 출신이므로 미산학사로 칭한 것이다. 소식은 항주 태수 시절 제방을 정비한 적이 있는데 이를 말한 것이다. 8구의 '소륵疎勒'은 신강新疆 지역에 있던 성이다. 후한 때 흉노가 침입해서 소륵성을 포위하고 물길을 끊자 소륵성에서는 우물을 팠다. 그러나 결국 성공하지 못했고, 이에 경공이 우물을 향해 절을 하자 그제서야 물이 나왔다. 이 물을 흉노에게 보내자 물러갔다는 고사가 있다.

9~12구는 물이 쏟아져 수차가 돌아가는 형상을 사실적으로 그린 것이며, 이로 인해 채마밭이 적셔지고 무거운 물지게를 질 필요가 없어 몸이 편해지는 효과를 13~14구에서 서술하였다. 15~16구는 기계에 의존해 욕심을 부려서는 안 된다는 경계의 마음을 자공子貢의 고사[180]

180 『莊子』, 「天地」편에 子貢이 길을 지나다 우물을 파서 동이에 물을 퍼 밭에 물을 대던 노인을 보고 '기계를 사용하면 한꺼번에 많은 물을 댈 수 있고 몸도 편할텐데 왜 사용하지 않느냐'라고 묻자 노인은 '기계가 있는 자는 機心이 있고, 기심이 있으

를 통해 보여준 것이다. 17~20구는 이원진의 백성을 향한 애민의 마음을 잘 보여준 구이다. 이 시에서 이원진은 물이 부족해 고통받는 백성의 현실을 재현하는 데 그치지 않고 수차를 활용해 적극적으로 현실의 문제를 해결하기 위한 대안을 제시하고 있다는 점에서 관료로서 민생을 위하는 적극적인 자세를 보여준다.

채유후는 통진 현감·남원 부사·전주 부윤 등의 지방관을 역임하였고, 한 차례의 유배와 한거기를 통해 백성들의 삶을 가까이 보았다. 채유후의 시에서 이때의 경험을 바탕으로 현실의 모순을 직시하고 백성들의 어려움을 안타깝게 여기는 연민의 마음을 담은 시가 보인다.

해질녘 사령에서 가는 길 물어보니	沙嶺斜陽問去程
구름 사이 아득한 수원성 가리키네	雲間遙指水原城
적막한 푸른 산에 외로운 꾀꼬리 우는데	青山寂寞孤鶯囀
어둑한 푸른 들판을 필마로 지나가니	綠野微茫匹馬行
늙은 나무가 빈터를 가려 옛 흔적만 남았고	老樹蔽墟餘舊迹
마른 싹 땅에 버려졌으니 올해 농사를 망쳤겠네	枯苗委地敗新耕
전쟁 후 탕 임금 때처럼 가뭄이 극심하니	湯年旱暵干戈後
백성들 무슨 수로 태평성대를 만날까	黎庶何由見太平[181]

이 시는 〈도중즉사途中卽事〉로 병자호란 이후 지은 것으로 보이나 창작 시기는 정확하지 않다. 이 시는 길 가는 도중 극심한 가뭄으로 한해 농사를 망칠 상황에 놓인 백성들을 보며 지은 시로 백성들을 걱정하는 연민의 마음이 잘 나타나 있다. 수련에서 사령沙嶺의 정확한 위치

면 純白이 갖춰지지 않고 神性이 안정되지 않아 道가 실리지 않는다'고 하면서 기계를 몰라서 사용하지 않는 것이 아니라 부끄러워서 사용하지 않는 것이라고 했다는 고사가 전한다.

181 蔡裕後, 〈途中卽事〉, 『湖洲集』 卷3.

는 알 수 없으나 수원성을 가리키는 것으로 보아 수원성 주변에 있는 고개인 것으로 보인다. 함련의 '고앵孤鶯'과 '녹야綠野'를 통해 이 시의 계절적 배경이 봄임을 알 수 있다. 봄은 한해 농사가 시작되는 계절이다. 하지만 싹조차 마를 정도로 심한 가뭄으로 인해 제대로 파종도 할 수 없어 올해 농사를 망칠 상황이다.

미련의 '탕년한한湯年旱暵'은 우임금과 탕임금 때 있었던 극심한 가뭄을 뜻한다. 『장자莊子』「추수秋水」에 "우임금 10년에 9년은 홍수가 났으나 물이 더 범람하지 않았고 탕임금 때 8년에 7년은 가물었으나 물기슭의 수위가 줄어들지 않았다[禹之時 十年九潦 而水不爲加益 湯之時 八年七旱 而崖不爲加損]"라는 말에서 나온 것이다. 전쟁의 고통이 채 가시기도 전에 극심한 가뭄으로 고통받는 백성들의 삶을 재현하며 이를 걱정하는 채유후의 마음에서 백성을 향한 애민 의식을 엿볼 수 있다.

이와 같은 북인계 남인 문인들의 현실에 대한 관심과 시대 고발 정신은 다음 세대인 이서우의 시에도 잘 나타난다. 이서우는 이민구와 채유후의 뒤를 이어 근기 남인시맥의 종장으로 추앙받는 인물이다. 이서우는 1694년 갑술환국으로 정계에서 밀려난 뒤 청계산의 송파松坡에서 은거하며 을병대기근[182]의 참상을 직접 목도하고 체험하며 이를 시로 표출하였다. 이서우는 대기근 현장의 재현을 통해 참상을 사실적으로 전달하고, 부조리한 현실을 고발하여 민심을 대변하고자 하였다. 그리고 백성들이 겪고 있는 어려움과 상심傷心을 공유하고, 억울한 일이 있어도 제대로 항변하지 못하는 백성들의 처지를 대변하고 위로하고자

182 을병대기근은 1695년(숙종 21) 을해년에서 1699년(숙종 25) 기묘년 사이에 있었던 대기근으로 그 피해와 참상이 막대했다. 을해년 이후 기근과 전염병으로 인해 당시 인구의 약 20%에 해당하는 141만 여명 이상의 인구가 감소할 정도로 인명 피해가 막심했다.

하였다.[183] 이와 같은 면모는 이서우 역시 북인계 남인의 후손으로 현실에 관심에 많았던 북인계 남인의 시문학 경향에 영향받았음을 짐작할 수 있다.

2) 전란의 체험과 척화 의지

16세기 말~17세기 전반의 조선은 임진왜란과 병자호란이라는 국난을 겪게 된다. 전쟁의 체험은 당시 조선에 무엇보다 강렬하고 깊은 상처를 주었으며, 쉽게 잊혀지지 않는 트라우마로 남았다. 17세기 전반 활동한 북인계 남인 문인들은 전쟁을 직접 겪은 세대로 이들의 시문학 속에는 이와 관련된 아픔이 녹아있다. 여기에서 다루고자 하는 북인계 남인 문인들은 당시 현직 관료였으므로 이들이 체험했던 전쟁의 무게는 일반 백성들보다 무거웠다. 이들은 척화론의 입장을 분명히 하였는데 이는 소북계열 관료인 김신국・남이공 등이 주화론의 입장을 취한 것과 대조적이다.[184] 척화론은 실리보다는 이념을 중시하는 입장으로 당시 현실과는 다소 괴리가 있는 것이라고 할 수 있다. 그러나 당시 조경을 비롯한 남인계열이 척화론을 고수하던 정국에서 남인계열로 당색을 바꾼 이들 역시 척화론을 지지함으로써 자신들의 정치적 입장을 표명하였다.

이경전은 전란의 원인을 분석하고 자성自省하거나 주화主和에 대해 반대하는 입장을 드러낸 시가 많다는 특징을 보인다. 이민구는 전란으

183 졸고(2021), 「松谷 李瑞雨의 시세계 일 고찰 - 을병대기근을 묘사한 재난 관련 시를 중심으로」, 『고전과 해석』 33, 고전문학한문학연구학회, 2021.

184 신병주(1992), 위의 논문, p.143.(척화론과 주화론에 있어 북인계열은 대체로 주화론의 입장을 취하였는데 김신국은 최명길의 입장에 적극 동조하였고, 南以恭은 柳碩으로 하여금 척화론자인 김상헌을 탄핵케 하였다.)

로 인한 상심傷心의 토로와 관료의 책임을 다하지 못한 자책과 후회가 강하게 드러나며 주로 오언고시를 통해 서사적으로 기술하였다. 김세렴의 경우 존명배청尊明排淸에 대한 어조가 강하게 나타나는데 특히 존명 의식이 뚜렷하게 드러나는 특징을 보인다. 이원진은 전쟁의 흔적이 남아있는 현장을 직접 방문하고 여기에서 일어나는 비분강개와 우국충정을 표출하는 특징을 보인다. 채유후는 전쟁 당시 척화를 강력히 주장했던 만큼 화친을 반대하고 척화 의지를 강하게 드러내었다.

이경전은 임진왜란과 정묘호란, 그리고 병자호란을 모두 겪었다. 임진왜란 중에는 부친 이산해가 선조의 의주 몽진을 추진했다는 죄로 유배를 가자 부친을 따라 유배지에서 생활하기도 하였다. 이 시기에 창작한 시에는 좌절감이 짙게 묻어 있다. 1627년 정묘호란의 체험은 「강도록江都錄」[185]으로 따로 묶어서 수록할 정도로 그의 생애에서 큰 사건이었다. 전쟁을 직접 체험한 문인들의 시는 전란의 상심傷心을 그대로 풀어내거나, 전란의 원인과 책임을 자성하고 비판하거나, 역사적 사실의 연상을 통해 현실을 반추하는 양상을 보이는 경우가 많은데,[186] 이경전의 경우 전란의 원인을 분석하고 자성自省하거나 주화主和에 대해 반대하는 입장을 드러내었다. 이는 그가 전쟁 당시 현직관료였기 때문에 이와 같은 반응을 보인 것으로 보인다. 정묘호란 당시 인조를 호종하여 강화에 머물면서 전쟁의 진행과 화의의 과정을 직접 목도한 이경전은 주화에 반대하는 입장을 견지하였다.

185 「강도록」은 『石樓遺稿』 권3에 수록된 것으로 1627년 2월 1일에서 5월 3일까지 강화도에 머물며 지은 시 80제 98수의 시가 수록되어 있다. 병자호란으로 인해 대부분 소실되었다고 기록하고 있어 원래 수록된 시는 더 많았던 것으로 보인다. 칠언절구로 지어진 시들이 대부분으로 전쟁의 정황과 관련된 내용들이 주를 이룬다.

186 이남면(2016), 「병자호란의 기억, 그 시적 형상화」, 『동방한문학』 68, 동양한문학회, p.153.

정묘호란은 후금의 침입으로 일어났던 전쟁으로 1627년(인조 5) 1월 3일에서 3월 3일 화의가 성립되기까지 약 3개월간 진행되었다. 당시 중국은 후금이 강력하게 세력을 확장하며 중원의 새로운 강자로 자리매김하고 있었고, 명나라는 국운이 나날이 기울어 멸망 직전에 놓여 있었다. 인조반정으로 집권 세력이 된 서인 정권의 친명배금 정책은 후금과의 관계를 악화시켰고, 결국 후금이 조선을 침략하는 결과를 초래하였다. 후금이 침략하자 인조를 비롯한 신하들은 강화도로 피신하였다. 이경전은 이때 인조를 모시고 강화도에 머물렀다.

적이 물러가니 어찌 다행이 아니겠는가	退賊那非幸
오늘 아침 응당 잔을 드네	今朝合把巵
죽고 사는 위급할 때에	存亡危急際
향불로 맹세할 때인데	香火誓盟時
단지 기미를 계책으로 삼았으니	只爲羈縻計
어찌 전벌의 기약을 잊었는가	寧忘戰伐期
명나라가 이 말을 듣는다면	天朝縱聞此
부자 관계를 다시 어찌 의심하겠는가	父子更何疑[187]

이 시는 〈적퇴賊退〉로 정묘호란 당시 강화도에 피신했을 때 지은 시이다. 이 시는 강화를 맺고 적이 물러나는 상황에서 지은 시로 주화에 반대는 입장이 잘 나타나 있다. 경련의 '기미羈縻'는 적국과 적당히 친선관계를 유지함으로써 외환을 막는 방책이다. 이경전은 조정의 화친론에 반대하며 임진왜란의 예를 들어 경계할 것을 주장하고 있다. '전벌戰伐'은 전쟁 계획을 말하는 것으로 '전벌기戰伐期'는 전쟁에서 이기겠다는 약속을 뜻한다. 이경전은 임진왜란 당시 도움을 받은 명나라의 은혜

187 李慶全, 〈賊退〉, 「江都錄」, 『石樓遺稿』 卷3.

를 잊어서는 안되며 후금과의 기미책은 은혜를 저버리는 일임을 상기시키고 있다.

'천명天朝'는 명나라를 가리키고, '부자父子'는 명과 조선의 관계를 뜻한다. 예전부터 명과의 관계는 군신君臣의 관계였고, 이는 곧 부자 관계와 같은 의미를 지닌다. 이경전은 임진왜란 당시 조선을 도와준 명나라를 아버지의 은혜로 인식하고 있는 것이다. 이경전은 청과 싸우겠다는 의지를 보여주어야 명나라가 의심하지 않을 텐데 지금 기미책을 쓴다면 명나라가 조선을 의심할 것임을 피력함으로써 현재 조정에서 논의하고 있는 기미책에 반대하는 명분을 분명히 하였다. 이 당시 조정은 주화론과 척화론이 대립하고 있었다. 이경전을 비롯한 북인계 남인들은 대부분 척화론을 주장하였다. 하지만 결국 주화론이 우세하여 후금과 강화를 맺고 후금은 물러났다.

또다시 신계에서 전투가 벌어졌다 하니	更說新溪虜箭傳
한나라의 맹약이 또한 헛되었구나	漢家盟血亦徒然
군중에선 화친 이야기 잘못 믿어서	軍中誤信和戎說
대장군이 한밤에 이불 감고 잤었지	大將中宵擁被眠[188]

이 시는 〈적복위신계賊復圍新溪 원수제장부지거처元帥諸將不知去處〉로 강화 협상 이후 물러가지 않던 후금이 다시 공격 태세를 취하는데도 불구하고 성을 지키는 장군이 화친책만 믿고 있다가 기습당한 상황을 비판한 것이다. 1627년 2월 20일 강화도 연미정燕尾亭에서 후금과 화의가 성립되었고, 3월 3일 밤 강화도 서문 밖에서 맹세식을 거행하고 강도화약이 성립되었다. 하지만 후금은 바로 군대를 철수하지 않고 한동안

188 李慶全, 〈賊復圍新溪 元帥諸將 不知去處〉, 「江都錄」, 『石樓遺稿』 卷3.

잔류하면서 불안감을 고조시켰다. 이경전은 2월 1일~5월 3일까지 강화도에 머물렀는데 그의 「강도록」에는 강화講和의 성립 과정과 강화 이후에도 철수하지 않는 후금의 병사들로 인한 긴장감과 불안감 등이 잘 나타나 있다.

당시 신계를 침범한 후금의 기병은 백여 명이 채 되지 않았다. 이에 비해 아군의 군사는 1천여 명이 넘었다. 병력면에서 아군의 기세가 유리한 상황이라고 할 수 있다. 하지만 후금이 신계를 침범했다는 소식에 지레 겁을 먹은 병사兵使 이익李榏(?~?)은 소문만 듣고 달아나기에 이르렀다.[189] 마지막 구절은 화친조약 후 화친책만 믿고 경계심을 풀었다가 기습을 당한 최고 사령관의 안이한 태도를 비꼬며 질타한 것이다. 화약이 이루어졌다고 해도 아직 후금이 완전히 철수하지도 않은 지금의 상황은 경계를 늦추지 말아야 하는데 이를 간과한 사령관의 태도를 비판하고 있는 것이다.

다음의 시에서도 지금의 병화는 조선이 자초한 것이라는 비판과 함께 우국충정의 결의를 다지는 모습을 보여준다.

섣달 다 지나 봄이 돌아오니 해가 또 바뀌고	臘盡春回歲又翻
아침저녁으로 북을 울려 성문을 여닫으니	晨昏鼓吹閉開門
마음 속으로 눈물 흘러 새로운 한을 적시지만	肝腸有淚沾新恨
꿈속에서는 무심하게 고향으로 돌아가네	魂夢無心返故園
성은 험해 일찍이 오래전부터 남한이라 했다는데	城險曾聞古南漢
땅 이름 어째서 금나라 원나라가 정했나	地名何事定金元
안위의 처음과 끝 뒤섞인 것 누구를 탓하리	安危終始渾誰責

189 『仁祖實錄』 卷15, 仁祖 5년, 2월 26일(癸亥), 5번째 기사. “康翎縣監李尙節, 不顧主將, 首先逃走, 瞞報衙門, 動搖軍情. 白衣從軍, 不足以懲其罪, 請邊地充軍. 賊兵之犯新溪者, 未滿百騎, 兵使李榏, 領兵千餘, 望風奔潰. 請令體臣, 量宜施罰, 以勵諸將.”

조정에 뛰어난 공으로 임금께 보답하리 廊廟奇功報至尊[190]

이 시는 『석루유고』에 수록된 〈실제失題〉이다. 이 시의 창작 시기는 정확하지 않으나 시의 내용으로 보아 병자호란 중에 지어진 것으로 보인다. 병자호란은 1636년 12월에서 1637년 1월 30일 인조의 삼전도 항복으로 끝이 났다. 수련에 섣달을 지나 해가 바뀌는 내용은 이때의 시기와 부합된다. 경련의 '남한南漢'은 남한산성을 의미하는 것으로 보인다. 남한산성은 신라시대에 주장성晝長城 혹은 일장성日長城이라 불렸고,[191] 『고려사』에 몽고군이 침입했을 때 광주 부사였던 이세화李世華가 광주성廣州城으로 피신하여 항전했다는 기록이 있어 남한산성이라는 이름은 몽골군 침입 이후 불린 것으로 유추된다. 미련은 1627년 정묘호란 뒤 후금의 재침 가능성이 높았음에도 불구하고 이에 대한 대비를 제대로 하지 못한 자책 섞인 반성과 함께 임금께 뛰어난 공으로 보답하겠다는 우국충정의 마음이 잘 드러나 있다.

이민구는 관직에 나선 후 이괄의 난과 정묘·병자호란 같은 병화를 겪었다. 이민구는 정묘호란과 병자호란의 체험 정도가 달랐다. 정묘호란의 경우 후금의 침략에 대한 비분강개와 우국충정의 결의가 중점적으로 드러난 반면 직접적인 피해를 겪은 병자호란의 경우 전란으로 인한 상심傷心의 토로와 관료의 책임을 다하지 못한 자책과 후회가 드러난다.

병자호란 당시 강도江都 검찰부사檢察副使였던 이민구는 강화도를 수비하지 못하고 도망쳤다는 죄로 함경도 영변과 충청도 아산에서 11년

190 李慶全, 〈失題〉, 『石樓逸稿』 卷1.

191 『三國史記』 卷7, 「新羅本紀」 7, 문무왕 12년(672년). "築漢山州晝長城, 周四千三百六十步."

동안 유배 생활을 하였다. 또한 병자호란으로 부인과 두 아들, 조카딸을 잃는 개인적인 비극을 겪었다. 그의 시에는 이때의 일을 매우 사실적으로 그리며 관료로서, 또 가장으로서 책임을 다하지 못한 자책감과 후회, 척화의 의지와 우국충정의 마음이 진솔하게 담겨있다. 주로 오언고시를 통해 전쟁의 경험을 서사적敍事的으로 술회述懷하는 형식을 자주 사용하였는데, 고시는 근체시에 비해 형식적 제약이 적어 서사성을 띤 긴 이야기를 서술하는 데 유용한 형식이라고 할 수 있다.

오랑캐 기병 천혜의 요새 가볍게 넘어	虜騎輕天險
외로운 성 일찍 포위하였네	孤城早受圍
응당 성인의 무공으로 힘써야 하는데	只應勞聖武
누가 이 전쟁을 이끌 것인가	誰是摠戎機
조정의 계략으로 위급한 걱정 끊었는데	廟略憂危切
변방의 공문 중 승전보 드무네	邊書報捷稀
먼지바람 속에 흰머리 돌려	風塵回白首
서쪽 바라보며 오래도록 눈물 뿌리네	西望涕長揮[192]

이 시는 〈정월십구일문로범의주미복승패正月十九日聞虜犯義州未卜勝敗〉로 1627년 1월 19일 후금이 의주를 침략했다는 소식을 듣고 쓴 시이다. 정묘호란은 후금이 광해군의 보복을 구실로 내세우며 1627년 1월 14일 의주를 넘어 조선을 침공한 전쟁으로 1627년 3월 3일 강화도 서문밖에서 맹세식을 거행하고 강도화약을 맺음으로써 막을 내렸다. 수련은 후금의 기병이 의주를 공략하고 성을 포위한 일촉즉발의 위기 상황을 묘사한 것이다. 함련과 경련에서는 전쟁의 승패에 대한 불안감을 서술하였다. '성무聖武'는 지략을 갖춘 용맹한 무공을 뜻하는데 지금 성

192 李敏求, 〈正月十九日聞虜犯義州未卜勝敗〉, 「嘉林錄」, 『東州集』 전집 卷4.

무의 힘으로 전쟁을 이끌어나갈 인물이 없음을 걱정하며 의주의 승전보를 기다리는 초조한 심리 상태를 보여준다. 이와 같은 위기감은 미련의 '풍진風塵'과 '체장涕長'으로 형상화되어 나타난다. 풍진은 대개 세상, 속세라는 의미를 갖고 있지만 여기에서는 전쟁터에 부는 먼지바람을 의미하는 것으로 보는 게 좋을 듯하다. 서쪽은 의주가 있는 곳을 의미한다. 승전보를 기다리며 오래도록 흘리는 눈물에서 이민구의 깊은 우국충정의 마음을 느낄 수 있다.

멸망의 위기 모두 하늘과 관련될 필요 없지만	危亡不必摠關天
사람의 계책이 재앙에 앞서 먼저 알지 못했네	只爲人謀昧禍先
누가 어리석은 자를 보내 이병에 참여시켰나	誰遣癡兒參利病
끝내 나라가 피비린내로 물들었네	竟令宗國染腥膻
푸른 숲 봄나무에 깃들 제비 맴돌고	青林燕繞春巢木
푸른 피는 떠도는 혼이 되어 한밤 시내에서 통곡하네	碧血魂游夜哭川
한나라 때 오랑캐 정벌하러 자주 장수 출정했지만	漢代征胡頻出將
가생은 눈물 흘리며 그때 상황에 실망했지	賈生流涕失當年[193]

이 시는 〈견분遣憤〉으로 1638년 병자호란이 끝난 직후 쓴 시이다. 이 시에서 이민구는 전쟁의 책임에 대한 비판과 더불어 유배 온 자신에 대한 울분을 토로하고 있다. 병자호란의 패배는 조선에게 크나큰 치욕이었다. 이민구는 하늘의 재앙을 모두 막을 수는 없지만 이에 대한 대비책이 있어야 했음을 역설하면서 병자호란의 참화가 천재天災가 아닌 인재人災임을 밝히고 있다. '이병利病'은 이로움과 병폐를 말하는 것으로 후금과의 협상을 의미한다. 결국 후금과의 관계를 제대로 운영하지 못한 조정의 무능이 온 나라를 피비린내로 가득하게 만든 것이다.

193 李敏求, 〈遣憤〉, 「鐵城錄」 2, 『東州集』 시집 卷2.

경련에서 처마 밑에 둥지를 틀어야 할 제비가 나무에 둥지를 틀기 위해 숲을 맴도는 것은 전란으로 고향을 떠나 떠도는 백성들의 삶을 묘사한 것이다. 또한 '벽혈碧血'은 충신 열사들이 흘린 피를 말한다. 밤새도록 곡소리가 시냇가에 그치지 않음은 충신 열사의 통곡 소리로 가득함을 의미한다. 가생賈生은 한나라의 가의賈誼를 가리킨다. 가의는 뛰어난 능력으로 나라를 위한 여러 가지 정책을 올렸으나 간신들의 시기로 장사長沙의 태부太傅로 쫓겨났었다. 여기에서 가생은 이민구 자신을 묘사한 것으로 오랑캐 정벌에 참여하지 못하고 변방으로 쫓겨나 눈물만 흘렸던 가생의 처지에 자신의 상황을 의탁해 비분강개한 심정을 담아내고 있다.

이민구는 유배지에 있으면서도 조정의 정국 운영에 관심을 가지고 청에 대한 척화의 의지를 보여주었다. 척화의 의지는 〈사회이십운寫懷二十韻〉·〈경진시월회기사庚辰十月晦紀事〉·〈김청음이상소척화압부심정金淸陰以上疏斥和押赴瀋庭〉 등의 시에서도 살펴볼 수 있다.

객지에서 살다보니 어느새 늙고 병들어	客裏居然老病侵
봄날 상심한 마음 꽃이 만발한 숲에 눈물 뿌리네	傷春淚灑百花林
산하에는 아직도 비린내 기운 남아있고	山河尙帶腥膻氣
배와 노들은 고각 소리 전하는데	舟楫仍傳鼓角音
우리나라 몇 년이나 조공 바치며 내왕했는가	下國幾年通職貢
유민들 오늘날 관리를 부끄럽게 여기네	遺民今日愧冠簪
흰머리의 서생 세상 끝에 있으니	書生白髮風塵際
푸른 바다 동쪽 어귀에서 온갖 마음이 드네	滄海東頭萬種心[194]

이 시는 〈춘모春暮〉 5수 중 다섯 번째 시로 1640년(인조 18) 영변 유배

194 李敏求, 〈春暮〉 5수, 「鐵城錄」 4, 『東州集』 시집 卷4.

4년째에 쓴 시이다. 이 시에는 병자호란 이후 명과 청이 대치하고 있는 대외정세로 인해 여전히 전쟁이 재발할 수 있는 불안한 정세와 지난날 관리로서 나라를 지키지 못한 자책감과 회한이 담겨 있다.

수련은 유배지에서 상심의 세월을 보내고 이민구의 현재 모습을 묘사한 것이다. 함련은 아직도 전흔이 가시지 않은 불안한 정세를 그리고 있다. '주즙舟楫'은 세상을 건지는 조정의 신하들을 비유한 것이다. '고각鼓角'은 군대에서 호령할 때 쓰는 북과 나발을 가리키는 것으로 여기에서는 전쟁의 기운이 아직 남아있음을 보여주는 상징물이다.

경련은 패전 이후 청나라에게 조공을 바치게 된 치욕적인 현실을 서술한 것이다. 병자호란의 패전은 한순간에 국가의 위신과 자존감을 무너뜨린 일이었다. 여기에 청나라에 조공을 바치게 된 일은 백성들도 부끄럽게 여기는 일인 것이다. 이 시에는 이처럼 참담한 결과를 초래한 조정과 관리들을 부끄럽게 여기는 백성들의 시선 속에서 전쟁에 대한 책임을 통감하고 자책하는 이민구의 심정이 함께 담겨 있다. 미련은 수련에 이어 상심에 젖어 회한 가득한 이민구의 현재 모습을 묘사한 것으로 시름겨운 여운을 남기고 있다.

김세렴의 시는 존명배청尊明排淸에 대한 어조가 강하게 나타나는데 특히 존명 의식이 뚜렷하게 드러나는 특징을 보인다. 김세렴은 1627년 정묘호란 발발 당시 뜻하지 않은 탄핵으로 정계에서 물러나 있어야 했다. 1629년 다시 조정에 복귀할 때까지 한거하면서도 당시의 시사時事에 매우 관심이 많았다. 특히 명과 후금의 전황에 민감한 반응을 보였고, 척화의 강한 의지를 보였다. 병자호란 당시 김세렴은 일본 통신사행을 마치고 귀환하는 도중이었다. 김세렴은 부산에 도착해서야 전쟁의 비보를 듣고 비분강개하였다. 귀국 직후 북방지역인 황해도, 평안도, 함경도 관찰사를 역임하면서 국방과 척화에 대한 강한 의지를 보여주었다.

하늘의 뜻과 인간의 일 알기 어렵지 않은데	天心人事不難知
고난하고 위급하여 임금이 욕된 때에 통곡하네	慟哭艱危主辱時
오랑캐와 맹약은 지키기 어려운데	羯虜要盟難可保
조정은 대책 없이 기미책만 논하네	廟堂無策但羈縻
북쪽 변방 아득하고 먼지로 자욱한데	蒼茫北塞煙塵暗
중원의 승패는 소식 아주 더디네	勝敗中原消息遲
평생 가의에게 가장 감동 받았으니	賈誼平生最感慨
어릴 적 높은 뜻 누가 이상하다 하겠는가	少年高議有誰奇[195]

이 시는 〈시사時事〉로 1629년(인조 7) 예조정랑에 제수되어 조정으로 다시 돌아온 이후 쓴 것으로 보인다. 김세렴은 1627년(인조 5) 체찰사 이원익의 종사관으로 전주까지 소현세자를 배행하였는데[196] 조모祖母가 갑자기 돌아가시는 바람에 이원익의 주선으로 역마를 타고 강릉으로 가게 되었다. 하지만 역마를 함부로 이용했다는 이유로 탄핵을 받고 물러났다가 1629년(인조 7) 예조정랑에 제수되어 조정으로 돌아왔다. '요맹要盟'은 힘으로 강제적으로 맺은 맹약을 말하는 것으로 정묘호란 당시 후금과 맺었던 정묘조약丁卯條約[197]을 뜻한다. 당시 후금은 조선에게 형제국으로 지낼 것을 요구하였다. 하지만 조정에서는 이를 지키지 않았고 일촉즉발의 긴장감은 커져 갔지만 이에 대한 적극적인 대책은

195 金世濂, 〈時事〉, 『東溟集』 卷3.

196 『承政院日記』 17책, 仁祖 5년(1627년), 1월 24일(壬辰), 7번째 기사. "世子陪從人, 領府事李元翼, 左相申欽, 從事官金世濂·睦性善, 贊畫使李植, 中軍李英達, 別將李宗義, 講官金堉·鄭弘溟·李景憲·趙絅·尹墀·吳達升·柳棐·李淑·韓好問·吳瓚·李聖求·李命俊."

197 丁卯條約은 1637년 3월 3일 맺었던 후금과의 조약으로 화약 후 후금군이 철병하고 압록강을 넘지 않을 것과 양국은 형제국으로 지낼 것 등을 조건으로 채택하였다.

세우지 못한 채 회유책이나 화친책만을 논의하고 있었다. '기미羈縻'는 굴레와 고삐로 회유하거나 구슬리는 것을 의미한다.

경련은 후금과 명의 대치 상황을 묘사한 것이다. 후금은 1630년 1월 산해관을 공격하여 명과 치열하게 싸웠다. 당시 후금은 산해관을 점령하지 못했지만 후금과 명의 전투 결과는 조선의 국운이 걸린 중요한 일이었다. 후금과 명의 전투 결과를 기다리는 초조함이 잘 나타나 있다.

오랑캐가 계주의 경계를 포위했으니	羯胡擁薊垣
요양에는 날마다 피가 흘렀겠구나	遼陽日流血
하나의 성도 되찾을 수 없는데	一城不可復
하물며 웅거한 곳 무너뜨릴 수 있겠는가	況得擣窟穴
만 리가 벌레에 시달리는 것은	萬里困蜚輓
십 년 동안 없애는 데 실패해서라네	十年失勦滅
격문이 서쪽에서 날아오니	羽檄從西來
어제 관문을 침범해서지	昨者犯關闑
칼을 어루만지며 홀연 죽을 것도 잊으니	拊劍忽忘死
열사는 간담이 찢어지려 하는구나	烈士膽欲裂
천심은 반드시 따르는 자를 돕는다는	天心必助順
이 말이 아마도 빈말인 듯하네	此言恐虛說
누가 홀로 난리에 뛰어들어	何人獨赴難
나라를 위해 뛰어난 절개를 바치겠는가	爲國效奇節
우리나라는 누가 다시 세웠는가	我東孰再造
그대는 임진년의 혹독함 생각해보게	君思壬辰烈[198]

이 시는 〈문로기범산해관聞虜騎犯山海關〉으로 1630년 1월 후금이 산해관을 공격했다는 소식을 듣고 쓴 시이다. 1~10구는 명과 후금의 전

198 金世濂, 〈聞虜騎犯山海關〉, 『東溟集』 卷3.

쟁 상황과 위험에 놓인 명나라의 처지를 묘사하였다. 산해관은 만리장성 동쪽 끝에 자리한 관문으로 북방 이민족의 침입을 방어하는 매우 중요한 군사적 요충지이다. 만리장성은 중화와 오랑캐를 구분 짓는 경계로 그 상징성이 크다. 산해관이 무너지면 중국 본토가 오랑캐의 수중에 들어가게 된다. 당시 명나라는 멸망 직전으로 겨우 버티고 있는 상황이었다. 11~12구는 위기에 처한 명나라의 전세가 갈수록 불리해지는 안타까운 상황을 묘사한 것이다. 현재 명나라와 청나라의 대치 상태를 선악善惡의 구도로 본다면 명나라는 선善이고 청나라는 악惡일 것이다. 천심天心이 있다면 분명히 선善이 이겨야 한다. 하지만 현실의 상황은 그 반대의 상황인 것이다. 이 구절은 이러한 상황을 묘사한 것이다. 13~15구는 임진왜란 당시 군대를 파병해 조선을 도왔던 명나라에 대한 재조지은을 강조하며 불리한 상황에 처한 명나라를 위해 나서서 도와야 한다는 뜻을 보여준다. 이 시는 명과 청의 전쟁 상황을 걱정하며 재조지은再造之恩을 강조하고 있어 김세렴의 확고한 존명尊明 의식을 볼 수 있다. 이와 같은 존명 의식은 다음의 시에서도 확인할 수 있다.

수양의 못가 해서의 물가에서	首陽池館海西濱
밤마다 높은 누각에서 북신을 바라보네	夜夜高樓望北辰
만 리의 사행길 너른 바다 탁 트였었는데	萬里乘槎溟海闊
일 년 만에 부절 쥐니 귀밑머리 하얘지네	一年持節鬢絲新
땅 건너 청주 제주의 누선 아름다웠는데	青齊地隔樓船絶
추운 날씨에도 요양 계주 가는 사신행차 자주 있네	遼薊天寒使蓋頻
태평성대 지금 전쟁을 걱정해야 하니	聖代卽今憂戰伐
누가 웅검으로 변새의 먼지 가라앉힐까	孰將雄劍靜邊塵[199]

199 金世濂, 〈首陽館〉, 『東溟集』 卷5.

이 시는 〈수양관首陽館〉으로 1638년(인조 16) 황해도 관찰사 시절에 지은 시이다. 수양관은 황해도 관찰사가 머물며 지내던 관사이다. 1636년 일본에 통신사로 갔던 김세렴은 1637년 2월 사행을 마치고 동래에 도착해서야 병자호란의 발발 소식을 들었다. 3월 조정에 돌아온 김세렴은 그해 6월 황해도 관찰사로 부임하였다. 이때 외직에 부임하게 된 것은 예전 간관 시절 역마를 함부로 이용했던 전적 때문이었는데, 관찰사 부임 직후에도 김세렴은 계속 탄핵을 받았다. 최명길도 이와 같은 처사는 심한 일이라고 하였다.[200] 함련은 지난해 통신사행을 다녀오자 바로 황해도 관찰사로 부임한 일을 묘사한 것이다. '지절持節'은 부절을 잡는다는 말로 황해도 관찰사로 부임한 것을 뜻한다.

경련은 중국의 정세에 따른 사행길의 변화를 묘사한 것이다. 황해도 지역은 예로부터 중국으로 오가는 사행단이 지나는 곳으로 이들을 접대하는 일은 매우 큰 고역이었다. '청제靑齊'는 산둥지역에 있는 청주와 제주를 가리키고, '요계遼薊'는 요양과 연경을 둘러싼 계주를 가리키는 것으로 중국 연행로를 의미한다. 17세기 들어 후금이 강성해지면서 요동 지역을 차지하자 육로를 이용한 명나라 사행길이 막히게 되었다. 이에 배를 이용한 해로 사행이 이루어졌다. 배를 타고 산동 지역인 등주登州에 도착해 북경까지 육로로 이동하였는데 첫 구는 이를 묘사한 것이다. 병자호란 이후 후금으로 가는 육로 사행이 시작되었는데 둘째 구는 이를 묘사한 것으로 후금으로 가는 사행이 자주 있었음을 의미한다.

미련에서 김세렴은 후금을 몰아내고 싶은 심정을 서술하였다. 1638년(인조 6)은 아직 청나라와 명나라가 대치하는 상태로 언제 다시 전쟁

200 『仁祖實錄』 卷37, 仁祖 16년(1638년), 7월 22일(癸未), 1번째 기사. "鳴吉曰; 金世濂, 用之外內, 無所不可. 曾以諫官時事, 出爲黃海監司, 旋又論劾, 可謂已甚矣."

이 재발할지 모르는 불안한 시기이다. 김세렴은 이를 상기하면서 지금은 잠시 전쟁이 멈춘 시기이지만 긴장의 끈을 늦추지 말고 청나라를 몰아내야 한다는 뜻을 표명하였다.

이원진의 시는 전쟁의 기억이 남아있는 현장을 직접 방문하고 그곳에서 일어나는 비분강개함과 우국충정을 표출하는 특징을 보인다. 병자호란 이후 소현세자를 따라 심양까지 배종했던 이원진에게 국방은 매우 중요한 사안이었다. 이원진은 군사 지역을 돌아보며 우국충정의 마음을 드러내고 북벌의 의지를 피력하기도 하였다.

다음의 시는 1635년~1639년 순천 부사 재임 시절에 지은 시로 임진왜란 당시의 전황과 전쟁이 끝난 현재의 상황을 비교하며 청나라를 정벌할 것을 피력한 시이다.

진례산 빙 둘러서 바닷가에 있는데	進禮山蟠積水涯
한나라는 바다 가로질러 수군을 거느렸었지	漢家橫海領舟師
파도 소리 맹렬한 장군도	濤聲澎湃將軍島
바위 빛깔 아득한 통제비	石色蒼茫統制碑
왜적 떼 멀리 사라지니 봄날의 놀람도 그쳤고	鯨鬣遠藏春息警
호아기 높이 거니 날마다 기쁨이 펼쳐지네	虎牙高揭日張嬉
남쪽 지방 다행히 근심 없는 시절에 속했으니	南方幸屬無虞際
용하에서 북방 평정할 때를 함께 기다리네	共待龍河北定時[201]

이 시는 〈호남좌수영湖南左水營〉이다. 호남좌수영은 여수에 있던 전라좌수영을 말하는 것으로 이곳은 임진왜란 당시 이순신 장군이 활약했던 곳이다. 진례산은 호남좌수영 북동쪽에 있는 산이고, '한가漢家'는 임진왜란 때 군사를 보냈던 명나라를 말한다. 당시 명나라는 육군과

201 李元鎭, 〈湖南左水營〉, 「平陽錄」, 『太湖詩藁』 卷4.

수군을 함께 파병했었는데 수련은 이때의 상황을 묘사한 것이다. 장군도는 여수 앞바다에 있는 작은 섬으로 연산군 때 전라 좌수사 이양李良(1446~1511) 장군이 왜구의 침입을 막고자 해저 석성을 쌓았다고 하여 '장군도'라고 불렀다. 통제비는 전라좌수영 안에 있던 이통제비李統制碑를 말하는 것으로 임진왜란 당시 이항복이 이순신 장군에 대해 쓴 내용이 기록되어 있다.

경련은 전쟁이 끝나고 평화가 찾아온 기쁨을 묘사한 것이다. '경련鯨鬣'은 고래의 갈기로 바다의 도적을 비유하는 말인데 여기에서는 임진왜란을 일으킨 왜적을 뜻한다. '왜적 떼가 멀리 사라졌다'는 것은 1597년 정유년에 왜적이 물러간 것을 뜻한다. '봄날의 놀람'은 임진왜란이 발발했던 4월을 뜻하는 것으로 '봄날의 놀람이 그쳤다'는 것은 전쟁이 끝났음을 의미한다. '호아虎牙'는 장수의 군영에 세우는 깃발인 호아기虎牙旗를 말한다.

미련은 청나라를 정벌하겠다는 호방한 기상을 보여준다. 임진왜란 당시 호남지역은 이순신 장군의 활약 덕분에 왜적의 침입에서 무사할 수 있었는데 미련의 첫째 구는 이를 말한 것이다. 이 시에서 북정北征의 대상은 청나라이며, 함께 때를 기다리는 상대는 명나라이다. 명나라는 1644년에 멸망했으므로 이 시가 쓰인 때에는 아직 명과 청이 대치하고 있는 상황이었다. 청나라를 정벌의 대상으로 여기고 때를 기다리는 이원진의 호방한 기상과 척화의 의지를 느낄 수 있다.

다음의 시는 〈애강도哀江都 이수二首〉 중 첫 번째 수로 이원진이 순천 부사를 마치고 옥당으로 복귀한 1639년(인조 17) 이후 강화도를 방문했을 때 쓴 시로 보인다. 강화도는 병자호란 당시 왕비와 세자, 대군 등이 피난해 있던 곳으로 청의 공격으로 함락되어 수많은 백성들이 희생을 치른 아픔의 현장이다.

부족한 이가 외람되이 장수가 되었으니	弟子叨分閫
우리나라의 국세가 기울어졌네	吾東國勢傾
배 안 사람이 도리어 적군이 되었으니	舟中翻作敵
성 밑에서 저절로 맹약이 이루어졌네	城下自成盟
천혜의 요새 오히려 믿기 어렵고	天險猶難恃
사람의 계책도 가벼울 순 없다네	人謨未可輕
나직이 읊조리며 세상을 바라보다	沈吟瞻宇宙
백발이 머리 가득 생기네	白髮滿頭生[202]

이 시는 강화도 함락과 남한산성의 굴욕적인 항복을 떠올리며 나라를 걱정하는 신하의 심정을 그리고 있다. 수련은 함락 당시 강화유수였던 취애翠崖 장신張紳(?~1637)의 실책을 말한 것이다. 장신은 형조판서를 지낸 서촌西村 장운익張雲翼(1561~1599)의 아들이자 우의정 장유張維의 동생으로 명문가의 자제였다. 그는 1636년 강화유수가 되어 강화도의 방위를 맡았으나 날마다 음주가무를 즐기며 방어 계책을 소홀히 하다 청군이 강화도에 들이닥치자 이를 막지 못하고 왕실과 가족들을 버리고 배를 타고 도망갔다.[203] 전쟁이 끝난 후 사헌부의 탄핵을 받아 결국 사형을 당했다.

'분곤分閫'은 장수가 임금을 대신하여 지방에서 군대를 통솔하는 것을 말한다.[204] '제자弟子'는 부족한 사람을 뜻한다. 제자가 장수가 되었

202 李元鎭, 〈哀江都 二首〉, 「玉堂錄」 中, 『太湖詩藁』 卷5.

203 鄭蘊, 〈奉常寺正李公墓誌銘〉, 『桐溪集』 卷4. "時判尹金慶徵·參判李敏求·留守張紳等, 受撿察之命, 當鎭守之任, 而日荒于酒, 謾不念防守之事. 虜旣渡江, 則三將者乘戰艦遠走, 致令國步幾滅."

204 閫은 대궐문을 말하는 것으로 '분곤'은 대궐문을 안과 밖으로 나눈다는 뜻이다. 즉 장수가 임금을 대신해 지방으로 나가 군대를 다스리는 것을 의미한다. 고대에 임금이 출정하는 장수를 보낼 때 꿇어앉아 수레바퀴를 밀며 "궐문 안은 과인이 다스리고 궐문 밖은 장군이 다스린다."고 했던 데서 나온 말이다. 『前漢書』 卷50, 「馮唐傳」.

으니 당연히 전쟁을 막아내지 못하고 국운이 기울 수밖에 없는 것이다.

함련은 고사를 차용하여 강화도가 함락되고, 남한산성에서 항복했던 일을 말한 것이다. 첫 구의 '주중번작적舟中飜作敵'은 전국시대 위나라 무후武侯와 오기吳起의 고사[205]에서 온 말로 아무리 험준한 천혜의 요새가 있어도 사람이 이를 지키지 못하면 소용없다는 의미를 담고 있다. 또한 배를 타고 도망갔던 장신의 일을 중의적으로 비유한 것으로 볼 수 있다. 둘째 구는 '성하지맹城下之盟'의 고사[206]를 차용한 것으로 힘에 굴복하여 굴욕적인 조약을 맺는 것을 비유한 말이다. 여기서는 병자호란의 패배로 남한산성에서 굴욕적인 항복을 했던 일을 말한다. 경련은 천혜의 요새만으로는 사람의 계책을 이길 수 없음을 다시 한 번 시사한 것이다.

임금이 머리를 조아리며 항복하는 광경을 직접 목도한 신하의 심정은 참담하기 그지없었을 것이다. 전쟁이 끝난 직후 찾은 강화도에서 절치부심하는 이원진의 깊은 탄식은 '침음沈吟'으로 나타난다. 나라의 안위를 걱정하다 보니 어느새 하얗게 변해버린 이원진의 머리에서 우국충정의 깊이를 느낄 수 있다.

채유후는 병자호란 직후 수행했던 심양 사행에서 일으킨 문제로 유배를 갔으므로 그의 시에는 전쟁과 유배의 체험이 맞물려 자책과 울분을 토로하는 경향이 짙게 나타난다. 또한 전쟁 당시 척화를 강력히 주장

205 전국 시대 魏나라의 武侯가 배를 타고 가다가 吳起를 돌아보며 산천이 험한 것이 위나라의 보배라고 자랑을 하였다. 이에 오기는 "사람의 덕에 달려 있지, 산천의 험한 것에 있는 것이 아니다. 만약 임금이 덕을 닦지 않으면 이 배 안에 있는 사람들이 모두 적국의 사람이 될 것이다[在德不在險, 若君不修德, 舟中之人盡爲敵國也.]"라고 하였다. 『史記』 卷65, 「孫子吳起列傳」.

206 '城下之盟'은 楚나라가 絞나라를 정벌할 때 초나라 병사를 나무꾼으로 위장시켜 성 안으로 들어가게하는 술책을 써서 교나라를 크게 이긴 후 성 아래에서 교나라의 항복을 받고 맹약을 맺은 데서 나온 말이다. 『春秋左氏傳』, 「桓公 12年」.

했던 만큼 화친을 반대하고 우국충정을 표출한 양상도 함께 나타난다.

늙은이 재주 없는데 얽힌 것 풀 수 있을까　投老無才可解紛
새벽부터 저녁까지 늘 술동이에 의지하네　每憑尊酒了晨曛
젊은 시절에 강서의 달 보며 읊었는데　青春泣向江西月
백발 나이엔 한북의 구름 시름겹게 바라보네　白首愁看漢北雲
심양에서 통곡한 일 작은 잘못이 아니니　燕市失聲非薄過
조정에서 죄를 논한 것이 어찌 심한 벌이라 하겠는가　聖朝論罪豈深文
평생 충성하는 마음으로 시절을 근심하니　平生耿耿憂時念
누가 나의 말을 임금께 들려드릴까　誰採愚言一上聞[207]

이 시는 〈근체만성록정일지近體漫成錄呈一之〉 4수 중 네 번째 시이다. 채유후는 1637년(인조 15) 10월 심양 사행길에 술을 마셨다는 이유로 평안도 강서江西에 유배되었다. 4개월 남짓한 유배는 겉으로 보면 사행 중 술을 마셨다는 개인적인 잘못이 원인이라고 할 수 있다. 하지만 병자호란 직후 소현세자가 볼모를 끌려갔던 당시 상황을 놓고 보면 그가 통곡했던 일이 주사酒邪가 아니었음을 알 수 있다. 채유후는 심양에서 이시해李時楷・이회李禬와 술을 마시며 〈애강남부哀江南賦〉를 읊다가 마지막 구절인 '사귀공자思歸公子'에 이르자 대성통곡하였다. 이를 듣고 청나라 사람들이 대노하자 조정에서 유배를 보낸 것이다.[208] 〈애강남부〉는 북주北周의 유신庾信이 서위西魏에 사신을 갔다가 고향으로 돌아오지 못하게 되자 고향을 그리며 지은 것으로, 마지막 구절은 초楚나라

207 蔡裕後, 〈近體漫成 錄呈一之〉 4수, 『湖洲集』 卷3.

208 蔡彭胤, 〈從祖祖父湖洲先生集後遺事〉, 『希菴集』 卷29. "從駕南漢, 時和議日盛, 公面陳其失, 請絶之. …(중략)… 丁丑秋, 昭顯世子在瀋舘, 公以書狀赴瀋, 月夜從諸宮官飮, 李公時楷・李公禬在座. 酒酣誦哀江南, 至末句 '思歸公子', 公進握二李手, 涕泣汍瀾. 已而, 失聲大哭. 瀋人聞之怒, 朝廷遂責公配江西."

경양왕頃襄王의 태자太子 완完이 진秦나라에 볼모로 잡혀서 고국으로 돌아가고자 하는 염원을 노래한 것이다. 일국의 왕자로 적국의 볼모가 된 소현세자와 태자 완의 처지가 같음에 채유후는 신하로서 비분강개한 마음을 이기지 못했던 것이다.

위의 시에는 채유후가 심양에서의 통곡에 대해 자성自省하는 모습을 보인다. 병란으로 시름겨운 조정에 곤란한 일을 더한 것 같아 죄스러워하는 마음이 조정의 논죄가 심한 것이 아니라는 말로 표출되었다. 시절을 걱정하는 마음과 임금을 향한 우국충정이 잘 나타나 있다.

관서의 일을 들어보니	聽說關西事
화친은 잘못된 것임을 거듭 깨닫네	和親重覺非
위태로운 시국에 계책 올려야 하는데	時危須上策
나의 말이 어쩌다 미친 시가 되었는가	吾道豈狂詩
경세제민의 충심 깨어지고	經濟丹心破
강호에 지내려던 소원도 어긋났네	江湖素願違
확실히 두 가지 모두 잘못되었으니	居然成兩失
온갖 감회 일어 양 미간이 찡그려지네	百感鎖雙眉[209]

이 시는 〈차오봉상공운次五峯相公韻 증현오상인贈玄悟上人〉 3수 중 두 번째 시로 이호민의 시에 차운하여 현오 스님에게 준 것이다. 시를 준 대상이 스님임에도 불구하고 정치적인 시국에 관한 내용이 주를 이루고 있어 이 시기 채유후의 가장 근심거리가 무엇인지 잘 보여준다. 수련에서 채유후는 화친은 잘못된 것이라며 강하게 주화론을 비판하였다. 함련에서 화친을 반대하는 의견[210]을 여러 차례 올려도 미친 시처럼

209 蔡裕後, 〈次五峯相公韻 贈玄悟上人〉, 『湖洲集』 卷2.

210 『承政院日記』 54책, 仁祖 14년(1636년), 12월 21일(辛卯), 21번째 기사. "兩司請對.

소용없는 말이 되고 있음을 서술함으로써 현 정국의 상황을 강하게 비판하는 모습을 보인다. 결국 청나라와 화친이 이루어짐에 따라 자신이 바라던 삶의 지표가 꺾이는 좌절감이 경련에 나타난다. 관료로서 경세제민 하겠다는 의지도, 꿈꾸던 은거의 삶도 모두 실행할 수 없는 좌절감이 '파破'와 '위違'라는 시어와 찡그린 양미간에 응축되어 나타난다. 화친에 강력하게 반대하는 채유후의 인식을 잘 보여주는 작품이다.

조정이 청담으로 잘못되어	朝著淸談誤
나라의 운세가 어려워졌으니	邦家曆數屯
오랑캐 큰 돼지 되어 먹으려 하자	虜爲封豕食
말이 한 마리 용으로 변했네	馬化一龍眞
북쪽에서 전쟁 소식 들려오니	北斗聞戈甲
남쪽에서 관리들에게 의지하였는데	南隅寄搢紳
어찌 한가로움 많아 마음껏 노닐겠냐만	遨遊豈多暇
제비들 지저귀는 소리에 서로 친해졌네	燕語且相親
눈을 들어보니 흐릿해져 예전이 아니니	擧眼渾非舊
상심하여 각자의 두건이 눈물에 젖네	傷心各濕巾
종산은 공연히 한나라 땅을 막고	鐘山空阻漢
비수는 진나라와 통하지 않으니	淝水未通秦
천하는 끝내 누구의 물건인가	區宇終誰物
좋은 경치 또 절로 봄이네	風煙又自春
시절을 구제할 계책 아득하지만	蒼茫救時策
임금님께 보답할 이 몸은 감격하네	感激報君身
주의가 어찌 탄식이 없으리오마는	周伯寧無歎

大司諫金槃, 執義蔡裕後, 掌令李厚源, 正言趙壽益. 槃曰; '和事之不可成, 明矣, 而聞馬賊之來, 使重臣出接云, 極爲駭異 何可與彼更爲酬酢乎.'…(중략)…裕後曰; '大司憲金壽賢, 以病不得入, 而兩司之意同然矣.'"

관중 같은 사람이 있었으니 夷吾卽有人
이제부터 눈물 흘릴 마음 거두면 從今收淚意
왕업이 날마다 새로워지리 王業日應新[211]

이 시는 〈신정회집新亭會集〉으로 이백李白의 〈금릉신정金陵新亭〉을 모티프 삼아 지은 시이다. 금릉은 오나라와 동진, 남조의 송宋·제濟·양梁·진晉의 도읍지였던 곳이다. 신정新亭은 금릉부 남쪽 15리에 있던 정자로 동진의 재상 왕도王導를 비롯한 신하들이 모여 국운이 쇠퇴함을 탄식하며 눈물을 흘렸다는 곳이다. 이 시는 흉노의 침입으로 서진이 멸망하자 강남으로 내려가 동진을 세웠던 고사를 소재로 삼아 임금에게 충심을 다하고 왕조가 번성해지기를 바라는 마음을 그린 시이다. 청의 공격으로 위망의 곤란을 겪었던 현실의 상황을 고사를 통해 재현하였다.

'청담淸談'은 위진남북조 시대에 유행했던 담론으로 노장사상에 심취하여 현실을 외면한 현학적인 이야기들을 말한다. 당시 진晉나라의 지도층들은 청담을 일삼다가 결국 흉노의 침입을 받아 수도인 낙양을 버리고 남쪽으로 내려가 건강建康에 도읍을 정하고 동진을 세웠다. 4구의 '마화일용진馬化一龍眞'은 새로운 나라를 세웠다는 의미로, 서진의 황족인 사마씨司馬氏의 다섯 친왕親王이 강남으로 내려가 동진東晉을 세운 일을 두고 "다섯 필의 말이 장강을 건너가, 한 마리의 말이 용이 되었네[五馬游渡江, 一馬化爲龍]"라는 동요가 유행했다[212]는 고사에서 나온 말이다. 15구의 주백周伯은 동진 초기 상서좌복야尙書左僕射를 지냈던 주의

211 蔡裕後, 〈新亭會集〉, 『湖洲集』 卷4.

212 『晉書』 卷28, 「五行志中 言不從 詩妖」. "童謠曰; '五馬游渡江, 一馬化爲龍.' 後中原大亂, 宗籓多絶, 唯琅邪·汝南·西陽·南頓·彭城同至江東, 而元帝嗣統矣."

周顗를 가리킨다. 주의는 신정에서 고국의 멸망을 슬퍼하며 시를 짓고 탄식하였다. 이오夷吾는 춘추시대 제나라의 재상이었던 관중管仲을 말한다. 관중은 제환공을 도와 패자로 만들었던 명재상이다. 채유후는 집회에 모인 여러 신하들을 관중에 비유하고 앞으로 눈물을 흘리지 않고 나라를 위해 힘쓸 것을 각오하는 결연한 의지를 보여주었다.

3) 사행의 경험과 소명 의식

북인계 남인 문인들은 시문에 뛰어나 사신에 발탁되는 경우가 많았다. 특히 17세기 전반 명・청 교체기의 불안한 대외정세와 인조반정 등의 정치적 격변 속에서 그들은 사행의 중임을 맡아 소임을 다하고자 노력하였다. 또한 임진왜란 이후 포로 송환을 위한 회답사 파견에 이어 국교가 재개되고 통신사행이 본격적으로 이루어지면서 일본과의 외교 또한 중요 사안으로 떠올랐다. 이경전・김세렴・이원진・채유후 등은 중국과 일본 사행을 직접 경험하였고, 이민구는 선위사・접반사와 같은 외교업무를 직접 수행함으로써 외교 일선에서 큰 활동을 하였다.

사행의 경험은 여느 여행이나 유람과 달리 그 자체가 새로운 지식의 습득을 가져오기도 하고,[213] 이국異國의 낯선 풍정들이 시심을 자극하는 요소가 되어 활발한 시 창작으로 이어지기도 한다. 북인계 남인 문인들도 사행을 통해 다수의 사행시를 남겼다. 이들의 사행시에는 사행 임무를 충실하게 수행하여 맡은 바 소임을 다하고자 하는 소명 의식이 강하게 나타나 있어 관료 의식을 잘 보여준다. 특히 김세렴과 이경전의 사행시에서 소명 의식이 두드러지게 나타난다. 소명 의식은 정기적인

213 윤재환(2010)b, 「少陵家의 使行 經驗과 詩的 形象化 - 少陵 李尙毅・太湖 李元鎭・梅山 李夏鎭을 중심으로」, 『동양한문학연구』 31, 동양한문학회, p.200.

사행이 아닌 특별한 임무를 띤 사행의 경우에 더욱 강조되어 나타난다.

이 절에서는 논의의 순서를 비교적 풍부한 사행시를 남긴 이경전과 김세렴을 우선적으로 살펴보고 이어서 이원진·채유후·이민구의 순으로 진행한다. 이 순서는 사행을 다녀온 시기와도 일치한다. 이민구의 경우 사행이 아닌 접반의 업무를 수행한 것이므로 마지막에 배치하였다. 이경전의 경우 인조반정으로 왕위에 오른 인조의 책봉 인준을 명나라에게서 받아야 했고, 김세렴의 경우 임진왜란 이후 일본과 국교가 재개된 불안한 외교 상황 속에서 이루어진 통신사행의 임무를 완수해야 했다. 김세렴은 사행 경험을 통해 대외인식에 변화가 오기도 하였다. 이원진의 경우 소현세자가 심양에 볼모로 잡혀있는 시기에 사행을 다녀왔으므로 소현세자를 향한 충심을 보여주었으며, 채유후의 경우 사행 업무를 무사히 완수하기를 바라는 소명 의식을 보여주었다. 이민구의 경우 명나라 감군監軍 황손무黃孫茂의 접반을 맡아 그를 극진히 예우하여 접반 업무를 성공적으로 완수하려는 소명 의식을 보여주었다.

이경전은 1623년 4월 27일에서 1624년 4월 20일까지 인조의 책봉주청사冊封奏請使 정사正使로 사행을 다녀왔다.[214] 이때 사행의 부사副使는 백사白沙 백훤尹暄(1573~1627), 서장관書狀官은 경정敬亭 이민성李民宬(1570~1629)[215]이었다. 당시 사행의 목적은 인조의 왕위 책봉을 정식으

214 사행 일정을 자세히 살펴보면 1623년 4월 27일 서울 출발→5월 18일 평안도 선사포 도착→24일 항해 시작하여 요동반도 연안의 석성도·광록도·삼산도·황성도·묘도 등 여러 섬 경유→6월 13일 산동반도 등주 도착→ 제남 도착, 육로로 북경으로 가려 했으나 홍수로 길이 막힘→ 배를 타고 7월 19일 天津 도착→7월 27일 북경 도착→12월 18일 인조 책봉 비준→ 북경 여러 곳을 유람한 뒤 1624년 3월 3일 귀로에 오름→3월 20일 등주 도착→3월 25일 등주 출발→4월 6일 선사포 도착→4월 21일 경희궁 융정전에서 복명함(김지현(2015), 「敬亭 李民宬의 『癸亥朝天錄』 小考」, 『온지논총』 42, 온지학회, pp.17~18.).

215 이민성의 문집 『敬亭集』의 卷6~8은 「燕槎唱酬集」 上·中·下로, 인조반정 후 奏

로 인준받는 것으로 반정에 대해 의구심이 많았던 명나라의 인준을 받는 것은 쉽지 않은 일이었다. 대개의 사행이 6~7개월 정도 소요되었던 것에 비해 이때의 사행은 1년이나 걸렸을 만큼 인조의 책봉 허락은 쉽지 않은 일이었다. 이경전은 뛰어난 외교력과 시문 능력을 바탕으로 무사히 임무로 마치고 귀환하였다. 당시 명나라 사행은 요동 지역이 후금에게 점령당한 뒤라 육로가 아닌 해로를 통해 이루어졌다. 이경전의 『석루일고』에는 이때 지은 사행시 62제 104수가 수록되어 있다. 이경전은 사행하는 동안 부사 윤훤, 서장관 이민성과 서로 수창하며 시를 지었다. 이경전의 사행시는 사행 임무를 반드시 완수하겠다는 소명 의식과 이국의 풍정을 보며 느끼는 감회가 많은 양상을 보이며, 객수와 풍정이 섞인 경우도 다수 창작되었다. 이경전의 사행시는 칠언절구 형식을 취한 경우가 많으며 〈이이우첩전운而已偶疊前韻〉 9수・〈계해중추기망봉차경정사백운癸亥中秋旣望奉次敬亭詞伯韻〉 4수・〈추석秋夕〉 9수 등의 연작시가 눈에 띤다.

대궐에서 배알하고 나오니	拜出明光殿
향로의 향내음 소매에 가득하네	鑪香滿袖携
용안을 지척에서 뵙지 못했지만	龍顔違咫尺
임금님 말씀 아직도 아련하네	天語尙依俙
만릿길에 가을바람 일찍 부는데	萬里秋風早
온 산은 장맛비로 뿌옇네	千山積雨迷
임금님 근심 만일 풀지 못한다면	主憂如未釋

聞使 書狀官으로 중국에 다녀오는 동안 지은 시들을 수록한 것인데, 함께 갔던 李慶全, 尹暄과 수창한 시들을 수록하고 있다. 1623년 책봉주청사행 관련 기록들은 살펴보면 李慶全의 『석루선조조천록』, 주청부사 尹暄의 『白沙公航海路程日記』, 서장관 이민성의 『계해조천』 등이 전한다.

신하로서 어찌 감히 돌아간다 말하리오 臣子敢言歸[216]

이 시는 〈배출拜出〉로 1623년 4월 27일 인조의 책봉주청사로 사행을 떠나면서 배알하고 나와서 쓴 시이다. 이 시에는 책봉주청사의 사행 임무를 반드시 완수하고 돌아오겠다는 결연한 소명 의식이 잘 나타나 있다. 명광전明光殿은 한나라 때의 궁궐로 미앙궁 서편에 있었다고 한다. 금과 옥, 진주 등으로 발을 만들어 항상 밝게 빛났기 때문에 '명광전'이라고 불렸는데 전의하여 궁궐을 가리킨다. 사행을 떠나는 날 이경전은 인조를 배알하기 위해 대궐에 들었지만 인조를 지척에서 만나지 못한 것으로 보인다. 당시 이경전에게 사신의 업무를 맡긴 것에 대해 조정의 논의는 분분했다. 하지만 김류와 신흠, 이정귀 등의 강력한 추천으로 주청사에 발탁되었다.[217] 인조반정으로 대북계열이 완전히 실각하면서 축출된 정계의 상황은 북인계열 출신인 이경전에게 불리하게 작용하였다. 이와 같은 조정의 분위기는 경련의 날씨와 닮아있다고 할 수 있다. 뿌연 장맛비는 사행길에 방해가 되는 요소이자 근심과 걱정으로 가득한 이경전 내면의 형상이라고도 할 수 있다. 이 시에서 가장 핵심이 되는 부분은 미련이다. 미련에서 이경전은 인조의 근심을 풀지 못하면 돌아오지 않겠다는 결연한 의지를 보여주고 있다. 이번 사행은 인조와 조선의 앞날이 걸린 국가적 사명을 띤 남다른 소명 의식이 요구된다고 할 수 있다. 다음의 시 역시 사행 업무 수행의 성공에 대한 이경전의 소명 의식이 잘 나타나 있다.

216 李慶全, 〈拜出〉, 『石樓遺稿』 卷1.

217 蔡濟恭, 「崇祿大夫行議政府左參贊兼判義禁府事知經筵事弘文館提學韓平君李公神道碑銘」, 『樊巖集』 卷48. "朝廷將遣奏請使難其人, 申象村欽 · 金昇平瑬皆以爲當世文章專對, 莫如李某, 素閒中國事, 亦莫如李某, 首薦之."

■■■■■■■

뗏목에 오르니 ■■이 가장 좋네 乘槎■■最玆遊

한나라 사신 삼천계에서 돌아와 歸來漢使三千界

안주의 백척 누각 좋은 곳에 있네 好在安州百尺樓

빈관의 송별연회 창포주 저녁에 마시고 賓館別筵蒲酒夕

연경에서 돌아올 땐 국화 핀 가을이겠지 帝鄉回旆菊花秋

남아로 품었던 큰 뜻 역력한데 男兒歷歷桑弧志

이곳에 이르니 마음속 근심이 배가 되네 到此胸襟一倍愁[218]

이 시는 〈천계계해사월이십육일사天啓癸亥四月二十六日辭 조도간피곤소막무령영의朝途間疲困索莫無呤咏意 도안주부사윤백사훤령공우백상루차비제운이시부득무화到安州副使尹白沙暄令公遇百祥樓次鄙題韻以示不得無和〉로 부사 윤훤의 시에 차운한 것이다. 이 시의 수련 첫째 구 전체와 두 번째 구 일부는 결자이지만 이경전의 소명 의식을 살펴보는 데는 무리가 없다. 이 시는 안주의 백상루에서 지은 시로 사행단이 백상루에 도착했을 때 이들을 위한 연회가 벌어졌던 것으로 보인다. 이경전을 비롯한 사행단은 백상루에서 창포주를 마시며 사행을 마치고 국화꽃이 핀 가을에 돌아오는 상상을 하였다. 하지만 이들은 이듬해 4월에 돌아왔다. 평소의 사행보다 2배나 긴 시간이 소요됐던 것이다. 그만큼 인조의 책봉을 인정받는 것이 쉽지 않았다.

'상호桑弧'는 '상호봉시桑弧蓬矢'의 준말로 큰 뜻을 품도록 다른 사람을 권면할 때 쓰는 말이다. 『예기禮記』「사의射義」에 "남자가 태어나면 뽕나무 활 6개와 쑥대 화살 6개로 천지 사방에 쏘았으니 남자가 큰 뜻을 갖는 의미라 한다."라고 한 데서 유래하였다. 처음 사행의 임무를

218 李慶全, 〈天啓癸亥四月二十六日辭 朝途間疲困索莫無呤咏意 到安州副使尹白沙暄令公遇百祥樓次鄙題韻以示不得無和〉, 『石樓逸稿』 卷1.

맡았을 때 반드시 성공시키겠다는 큰 포부를 가졌지만 점차 중국에 가까워지면서 성공에 대한 부담감이 커졌을 것이다. 점차 커지는 근심 속에는 사행 임무를 반드시 완수하여 소명을 다하겠다는 의지가 담겨있다.

김세렴은 1636년(인조 14) 병자통신사행단丙子通信使行團의 부사副使로 정사正使 임광任絖(1579～1644), 종사관從事官 황호黃㦿(1604～1656)와 함께 일본에 다녀왔다. 이때의 사행은 1636년 8월 11일 한양을 출발하여 다음해인 1637년 3월 9일 복명하기까지 사행 인원 478명, 사행 기간 207일, 8개월에 걸친 대규모 사행이었다. 병자통신사행은 임진왜란 이후 일본과 본격적으로 이루어진 최초의 통신사행으로 김세렴은 이때의 사행을 일기형식의 「해사록海槎錄」과 사행시집인 「사상록槎上錄」 두 가지 형태로 남겼다. 「사상록」은 통신사행시만을 모아놓은 최초의 시집이라는 점에서 의미가 남다르다.[219]

「사상록」에는 119제 226수의 시가 수록되어 여기에는 김세렴이 일본 사행을 통해 느꼈던 여러 가지 감정과 의식들이 담겨있다.[220] 사행 중 일어나는 객수와 사신으로서의 소명 의식, 그리고 일본의 풍속과 경관을 읊거나 사신으로 응대하며 지은 증시贈詩, 일본인 문사들과 주고받은 수창시酬唱詩 등과 대일인식對日認識, 성리학적 도道의 구현 의지 등이 시 전편에 걸쳐 담겨 있다. 대개의 사행시에는 행역의 고단함으로

219 「사상록」에 관한 연구는 다음의 논문이 참조가 된다. 정도상(2002), 「東溟 金世濂의 「槎上錄」 - 澤堂 李植의 批評을 中心으로」, 『한문학논집』 20, 근역한문학회, pp.177～198.; 졸고(2018)b, 「東溟 金世濂의 『槎上錄』 考察」, 『동양한문학연구』 51, 동양한문학회, pp.311～344.

220 『사상록』에 수록된 시를 정도상은 122제 226수, 정영문은 120제 246수(趙絅의 시 1수 포함)로 보았다. 그러나 필자가 재차 확인한 바로는 119제 226수가 김세렴의 시이다(차운시의 경우 원시와 이에 차운한 수창자의 시가 함께 수록되어 있는데 이는 제외하였다. 그리고 마지막에 부기된 趙絅의 시 역시 제외하였다.).

인한 객수가 많은 비중을 차지한다. 그러나 김세렴의 사행시에는 객수에 대한 감회[221]보다는 사신으로서의 소명 의식이 두드러지게 나타난다. 1636년(인조 14) 병자통신사행은 명·청 교체기로 인해 조선의 대외 정세가 매우 불안하던 시기에 이루어진 사행이었다. 일본 역시 도쿠가와[德川] 막부幕府가 정국을 완전히 장악하지 못한 불안정한 시기였다. 양국의 안위가 달린 이번 사행에서 중책을 맡은 김세렴은 그 무엇보다 사신으로서의 사명감을 중요시 여겼다.[222] 그가 남긴 사행시에는 사신으로서의 소명 의식과 성공적인 사행의 완수를 굳게 다짐하는 관료로서의 모습이 곳곳에서 포착된다. 특히 종사관 황호, 이문학관吏文學官 권칙과 함께 수창한 차운시[223]에서 남다른 각오와 소명 의식을 살펴볼 수 있다.[224]

…(전략)…

7 고국은 아득히 벌써 멀어지고	故國邈已遠
너른 바다는 푸른 하늘과 이어져 있네	滄海連天碧
물결이 갑자기 부딪쳐 출렁거리고	陽侯忽盪漾

221 客愁를 읊은 시는 〈次從事鰐浦夜泊韻〉·〈次權學官詠橘韻〉·〈客懷 十絶〉·〈舟中示二僧〉·〈次從事紀夢〉·〈道中紀事〉·〈人日〉·〈經琵琶湖〉·〈上元〉·〈春江曲〉 5수·〈赤間關〉 등으로 조선을 떠날 때와 사행을 마치고 돌아가는 길에 주로 창작되었다.

222 정영문(2011), 『조선시대 통신사 문학 연구』, 지식과 교양, p.29.

223 세 사람이 서로 수창한 시는 김세렴의 『사행록』에 51제 90수, 황호의 『만랑집』에 52제 89수가 남아있다. 권칙의 문집은 현재 전하는 것이 없어 확인이 되지 않는다. 그러나 김세렴과 황호의 차운시 중 권칙의 원운시가 상당히 많은 비중을 차지하고 있어 권칙의 시작 능력이 출중하였음을 짐작할 수 있다.

224 사신으로서의 소명 의식을 다짐하는 시로는 〈次外弟許岱韻〉·〈次權學官韻〉·〈次權學官韻呈上使〉·〈渡海〉·〈鰐浦阻風〉·〈次權學官韻〉·〈道中奉從事〉·〈大源〉·〈冬至詠懷〉·〈岡崎〉·〈次權學官〉 3수 이외에 다수가 있다.

천오가 다투듯 뛰어오르는 듯하니	天吳爭奮擗
사방이 모두 낯빛을 잃고	四座咸失色
배 안에서 서로 놀라 물러서네	舟中互辟易
목숨 버리는 것이 진실로 이와 같으니	舍去固如斯
정성과 공경이 참으로 여기에 있네	誠敬實所宅
이 몸은 이미 나라에 허락했으니	是身旣許國
오랑캐와 질병을 어찌 가리겠는가	夷病安可擇
은혜를 우러러보니 늘 떨리고 황공하며	瞻恩每震惕
분수를 돌아보니 몸둘 곳 없네	顧分徒跼蹐
넓고 크게 마음 가는 대로 맡기고	浩然任所如
오랑캐들 조용히 시킬 생각만 하네	惟思靜蠻貊[225]

이 시는 〈도해渡海〉로 1636년 10월 27일 부산 초량에서 출발해 일본으로 가는 여정에 쓴 시이다. 바다를 건너며 본격적인 사행이 시작된 것이다. 이날은 파도가 몹시 높았는데, 9구~14구는 높은 파도의 모습과 배 안에서 우왕좌왕하던 상황들을 묘사하였다. '양후陽侯'는 수신水神의 이름으로 물결을 말한다. '천오天吳'는 머리가 8개, 꼬리가 10개, 호랑이의 몸을 하고 있는 바다의 신이다. 높은 파도로 인해 배가 크게 요동치자 배 안에 있던 사람들이 놀라 어쩔 줄 몰라 하는 모습을 포착하여 그리고 있다. 일본 통신사행 길이 목숨을 걸어야 하는 어려운 길임을 보여준다. 15구~20구는 나라를 위해 목숨을 바칠 각오와 어떠한 어려움이 있더라도 사신의 임무를 다하겠다는 소명 의식을 보여준다. '국척跼蹐'은 머리가 하늘에 닿을까 봐 허리를 굽혀서 조심조심 걷는 것으로 몸둘 바 몰라 하는 모습을 비유한 것이다. 사신의 임무를 내린 임금의 은혜에 대한 신하의 마음을 보여준다. '만백蠻貊'은 남만南蠻과

225 金世濂, 〈渡海〉, 「槎上錄」, 『東溟集』 卷4.

북적北狄을 가리키는 것으로 오랑캐를 의미한다. 이 시를 통해 김세렴은 당시 일본을 '오랑캐'의 나라로 인식하고 있음을 알 수 있다.

…(전략)…
13 집 떠난 지 어제 같은데 去家如昨日
눈서리 어느덧 무성히 내리네 霜雪忽已繁
15 서민들은 언제나 먹고사는 데만 매달리지만 衆庶每馮生
뜻있는 선비는 목숨 바칠 생각뿐이니 志士思喪元
행역의 수고로움을 어찌 아끼겠는가 豈惜行役苦
18 나라 위세 높아지길 바랄 뿐이네 願得國勢尊[226]

이 시는 〈대원大源〉으로 1636년 11월 23일 대원 지역을 지나며 쓴 시이다. 이 시는 나라를 위해 목숨을 바칠 각오와 함께 나라의 위세가 높아지기를 바라는 사신으로서의 소명 의식이 잘 나타나 있다. 이 시의 1~12구까지는 대원의 풍경을 매우 사실적으로 그리고 있다. 당시 대원에는 큰 부교浮橋가 놓여져 있었는데 이 시의 3~4구에 백 척의 배를 연이어 만든 부교의 모습을 묘사하였고, 5~8구는 드넓은 대원의 논밭과 수로의 모습을 묘사하였다.

이 시가 지어진 시기는 11월로 겨울이 본격적으로 시작된 때이다. 눈서리가 한창 내리는 날씨는 겨울이 한창임을 말해준다. 김세렴이 통신사행을 떠난 때는 8월 11일로 여름이었다. 사행의 여정이 여름과 가을을 지나 겨울에 이른 것이다. 13~14구는 사행을 떠나 겨울을 맞이하는 감회를 담고 있다. 15구는 『사기史記』「백이열전伯夷列傳」에서 가의賈誼의 〈복조부鵩鳥賦〉에 나오는 '중서풍생衆庶馮生'으로 평범한 서민들

226 金世濂, 〈大源〉, 「槎上錄」, 『東溟集』 卷4.

은 그날그날 먹고사는 것에만 매달려 사는 것을 말한다. 16구의 '상원喪元'은 『맹자孟子』 「등문공滕文公 하下」의 "뜻있는 선비는 자기의 시체가 도랑에 굴러다니는 것을 잊지 않으며, 용감한 선비는 자기의 머리를 잃을 것을 잊지 않는다[志士不忘在溝壑, 勇士不忘喪其元]"에서 나온 말로 목숨을 바친다는 뜻이다. 지사志士의 삶을 추구하며 나라를 위해 목숨을 바칠 수 있다는 각오와 의지를 보여준다. '정역征役'은 행역行役으로 여기에서는 사행의 어려움을 뜻한다. 행역의 수고로움을 아끼지 않고, 나라의 위세가 높아지기만을 바랄 뿐이라는 김세렴의 바람 속에서 이번 사행에 대한 각오와 소명 의식을 볼 수 있다.

김세렴이 사행 이전 일본에 대해 갖고 있던 인식은 부정적이었다.[227] 당시 조선에게 일본은 예로부터 '오랑캐 나라'이자 문화적으로 하등한 나라이며 교화의 대상이라는 인식이 보편적이었다. 더욱이 임진왜란이라는 끔찍한 전쟁의 체험은 일본에 대한 부정적인 인식을 증폭시켰다. 일본에 도착하기 전 김세렴에게 일본은 '오랑캐'·'만백蠻貊'·'적敵'이었다. 특히 대마도인에 대해서는 더욱 부정적인 인식을 갖고 있었다.

그러나 김세렴은 사행기간 동안 일본의 경제적 풍요와 오사카[大坂], 교토[倭京] 등과 같은 대도시의 번성함 목도,[228] 인서당璘西堂·소장노召長老 등 일본 승려들과의 수창, 그리고 임도춘林道春과 나눈 성리학적

227 金世濂은 사행초기 江戶로 가면서 일본인들의 성정에 대해 다음과 같이 평하였다. "倭情雖極巧詐, 而深處人則稍淳. 其狡黠難待者, 馬島人也, 藤智繩爲甚, 義成則特傀儡耳. 我國待倭之道, 若一從釜山所到正官之言, 鮮不誤事. 蓋其 左右賣國, 唯事欺瞞, 脅之以怒, 怯之以兵端." (金世濂, 「海槎錄」 丙子 11월 14일.) 또한 일본으로 떠나기 직전 부산에서 지은 시 〈次權學官韻呈上使〉를 통해서도 일본에 대한 부정적인 인식을 확인할 수 있다. "異區隔風壤, 大海中爲界. 習俗上首功, 居民雜水怪. 終當九世復, 適得二家解. 敵情尙未測, 馬島一何獪. 甘言挾虛喝, 陰謀左右賣 …(후략)…"(金世濂, 〈次權學官韻呈上使〉, 「槎上錄」, 『東溟集』 卷4.)

228 일본 대도시의 번성함을 그린 시로는 〈大阪詩〉 10수, 〈倭京次權學官〉 등이 있다.

논의[229] 등 직접적인 경험을 통해 일본이 야만인이라고 무시할 존재가 아님을 인식하게 되었고, 일본에 대한 적개심이 점차 약화되어 갔다.[230]

일본은 김세렴은 사행 초반 삼산三山·육오六鼇·봉래蓬萊·영주瀛洲와 같은 한정적인 시어들을 사용하여 일본을 부상해扶桑海에 떠 있는 지상 선계로 묘사하였다. 그러나 점차 사행이 진행됨에 따라 적송赤松·연단鍊丹·적포赤圃·호전壺巓·옥수玉樹·요대瑤臺·청도淸都·난학鸞鶴·적송자赤松子·선옹仙翁·옥녀玉女·옥신군玉晨君 등 도가와 관련된 다양한 시어들을 적극적으로 활용하는 양상을 보인다. 특히 일본의 영산靈山인 부사산富士山을 묘사한 〈부사산富士山〉과 〈송원松原〉과 같은 작품에서 이러한 경향이 뚜렷이 드러난다.

김세렴과 같은 대일인식의 긍정적인 전환은 18세기에 이르러서야 나타난다는 점에서[231] 그가 진취적이며 열린 사고의 소유자임을 짐작하

229 金世濂, 「海槎錄」 丙子 12月 13日字, 『東溟集』 卷10. "是日道春至, 拈出經史中難解處六十餘條以問, 字畫文辭, 粲然可觀, 遂答之, 又論理氣先後, 四端七情之分, 往復三四, 辨論不已, 辭若少屈. …(중략)… 又論理學工夫, 其說多頓悟之旨, 余答曰; '此乃釋氏之派也.' 仲尼之徒所不道, 吾未之學, 道春得書頓首曰; '使臣之言, 藥石我也. 我國學問, 皆出於禪, 所以有此患, 如欲一歸於孔氏之學, 則當何修而可.' 余答曰; '其工夫梯級, 則自格物致知誠意正心, 至於平天下, 其倫則自父子有親, 至於朋友有信, 其制則冠昏喪祭, 其文則詩書易春秋, 聖人之道, 俱在方冊, 歸而求之, 自可得師.' 道春喜曰; '敬聞命矣.'"

230 이와 같은 대일인식의 변화는 사행을 마치고 조선으로 돌아와 인조에게 고한 복명에서 확인할 수 있다. "글에 능한 자가 있느냐"라는 인조의 질문에 정사 임광은 "文理를 이루지 못했고, 詩는 더욱 좋지 않았습니다."라고 답변한 반면 김세렴은 "일본인 문사들의 글이 좋고, 理氣·性情에 대해 질문을 하니 야만인으로 얕볼 수 없다"고 답하였다(金世濂, 『海槎錄』 丁丑 3월 9일자, 『東溟集』 卷9. "一行復命, 命引見, 上問風俗山川土地軍民戰船兵器, 及關白政治, 義成能否, 幷一一陳達, 又問彼國之人, 有能文者乎, 上使對曰; '不成文理, 詩則尤不好,' 臣世濂對曰; '召長老璘西堂行文儘好, 國中惟道春之文爲最, 沿路及江戶, 多有來問者, 皆以理氣性情等語爲問, 不可以蠻人而忽之.'")

231 17세기 통신사들은 일본의 풍속과 문화 수준에 대해서는 부정적인 인식을 보이는 한편, 일본의 자연과 선진적인 문물, 제도, 엄격한 국가 기강 등에 대해서는 긍정적

게 한다. 이는 성리학 이외에 소옹의 상수학, 도가사상, 양명학 등에 개방적이며 수용적이었던 북인계 남인의 학문적 성향과 연관성이 있는 것으로 생각된다.[232]

이원진의 가계는 대대로 시문詩文에 뛰어났는데 이를 보여주는 것 중의 하나가 누대에 걸친 사행이다. 7대조인 이계손李繼孫(1423~1484)이 1475년(성종 6) 고명주청사誥命奏請使의 부사副使와 1483년(성종 14)년) 정조진하사正朝進賀使로 2차례에 걸쳐 사행을 다녀온 이래 이원진과 이하진에 이르기까지 대대로 11차례 사행을 다녀왔으며[233] 원접

인 인식을 보이는 이중적인 대일인식을 지녔다(한태문(2001),「17세기 통신사 사행문학의 전개와 문학사적 의의」,『인문논총』 57, 부산대학교 인문학연구소, p.16). 그러나 18세기에 이르면 일본과 일본인을 긍정적으로 재인식하게 된다. 1719년 사행의 제술관 신유한은 江戶에 도착한 후 일본의 발전상을 객관적으로 서술함으로써 발전을 이룩한 일본을 새롭게 재인식하고 인정하였다. 또한 1763년 사행의 정사 조엄은 '일본인을 비웃지 말고 충신과 성심으로 대접할 것'을 명하는데 이는 일본을 오랑캐가 아닌 당당한 외교의 주체로서 인식하고 있음을 보여준다(정은영(2009),「조선 후기 通信使와 朝鮮中華主義 - 使行 기록에 나타난 對日 認識 전환을 중심으로」,『국제어문』 46, 국제어문학회, pp.371~372). 부정과 긍정의 이중적인 시선을 지닌 17세기 통신사들에 비해 18세기 통신사들은 일본이 조선보다 발전한 분야에 대해서는 이를 인정하고 수용하는 자세를 보인다. 김세렴 역시 사행 초반에는 일본을 오랑캐로 보는 부정적인 인식이 강했으나 사행 도중 일본의 경제와 발전 모습, 아름다운 경치를 목도하고는 점차 긍정적인 인식으로 변화해 갔다. 그리고 일본을 함부로 야만인으로 얕보아서는 안 된다고 하였다. 이러한 김세렴의 대일인식은 18세기 통신사들의 인식과 더 닮아있다고 하겠다.

232 신병주(2005),「화담학과 근기사림의 사상」,『국학연구』 47, 한국국학진흥원, p.43.

233 이원진 가계의 사행 이력을 이원진을 중심으로 살펴보면 다음의 표와 같다.

	성명	사행 이력	관계	비고
11세	李繼孫(1423~1484)	1475년(성종 6) 誥命奏請使 副使	七代祖	
		1483년(성종 14) 正朝進賀使		
14세	李士弼(1503~1556)	1548년(명종 3) 千秋使 書狀官	高祖	
15세	李友直(1529~1590)	1585년(선조 18) 謝恩使	從曾祖	
16세	李尙毅(1560~1624)	1597년(선조 30) 陳慰使 書狀官	祖父	

사・선위사 등으로 자주 선발되어[234] 외교 분야에서 뛰어난 활약을 하였다. 특히 이상의와 이지완은 2번씩 사행을 다녀왔으며, 이원진은 사행과 소현세자의 심양 호종을 연이어 다녀왔다. 이는 이원진 가계가 사신으로서 갖춰야 할 뛰어난 시문 창작능력과 국제정세에 밝은 식견을 두루 겸비하였고, 사행이라는 특별한 경험과 전문 외교 지식이 가학을 통해 누대에 걸쳐 전승되었음을 보여준다.[235]

이원진은 1639년(인조 17) 8월 6일 성절사행단의 서장관으로 제수되어 정사正使 권대항權大恒(161～1666), 부사副使 정지우鄭之羽(1592～1646)와 사행을 떠났다.[236] 「서행록西行錄」에는 이때 지은 시 16제 17수가 수록되어 있는데 정지우와 수창하며 지은 차운시와 사행 여정 중 머무는 곳의 풍광과 감회를 읊은 시들이 대부분이다. 이때 사행은 병자호란 이후 수행된 사행이라 관료 의식을 바탕으로 중원의 주인이 바뀌는 시

		1611년(광해군 3) 東宮告命冕服奏請使 正使		
16세	李尙信(1564～1610)	1605년(선조 38) 冬至使兼奏請使	從祖父	
17세	李志完(1575～1617)	1603년(선조 36) 書狀官	父	
		1613년(광해군 5) 恭聖王后策封奏請使		
18세	李元鎭(1594～1665)	1639년(인조 17) 聖節冬至使 書狀官	本人	
18세	李夏鎭(1628～1682)	1678년(숙종 4) 陳慰兼進香使	從弟	

234 원접사는 접반사라고도 하며 중국에서 사신이 왔을 때 이들을 수행하며 접대하던 임시 관직으로 2품 이상의 문관 중 예의와 시문이 뛰어난 관료들을 선발하였다. 선위사는 중국에서 사신이 한양으로 오는 도중 의주・안주・평양・황주・개성 5군데에 파견했던 임시직으로 3품 이상 문관들이 사신을 맞이하고 연회를 베풀어 위로하였다. 일본에서 사신이 오는 경우에는 선위사만 보내어 접대하였다.

235 이원진 가계의 사행 경험에 대해서는 윤재환(2010)b, 「少陵家의 使行 經驗과 詩的 形象化 - 少陵 李尙毅・太湖 李元鎭・梅山 李夏鎭을 중심으로 - 」, 『동양한문학연구』 31, 동양한문학회. 참조.

236 『承政院日記』 70책, 仁祖 17년(1639년), 8월 6일(辛卯). “吉城尉權大恒爲聖節兼冬至使, 鄭之羽爲副使, 李元鎭爲書狀官.”

대의 상황을 바라본 회한 섞인 서글픔을 담고 있는 경우가 나타난다.

이역의 모래바람 감개 질었었는데	異域風沙感慨多
헤어진 이후 소식 다시 어떠한가	別來消息更如何
꿈속에서 관산이 멀어짐 깨닫지 못하고	夢中不覺關山遠
밤마다 돌아가 태자하를 찾네	夜夜歸尋太子河[237]

이 시는 〈도강후기동관제료속渡江後寄東舘諸僚屬〉으로 「서행록」 맨 마지막에 수록된 작품이다. 이 시는 이원진이 심양에서 귀국하면서 심양의 동관東舘에 남아있는 관원들에게 보낸 시로 심양에 남은 동료들과 소현세자를 걱정하는 마음이 잘 나타나있다. 동관은 심양에 있는 조선 사신의 숙소이다. 이원진은 심양에 머물면서 심양관에서 세자를 보필하던 정치화鄭致和(1609~1677)와 이행원李行遠(1592~1648)을 위해 〈위정성능부한정爲鄭聖能賦恨情〉·〈위이서화부려정爲李西華賦麗情〉을 짓기도 하였다.

태자하太子河는 요동성 중부를 흐르는 하천으로 요양을 지켜주는 방어벽 역할을 하던 곳이다. 이 시에는 동료에 대한 이별의 아쉬움과 소현세자를 향한 충심이 복합적으로 섞여 있다. 소현세자를 모시며 심양에 남아있는 관원들을 뒤로하고 강을 건넌 후 관원들의 소식을 궁금해 하는 이원진의 모습에서 타국에서 고생하고 있는 동료들에 대한 미안함이 묻어있다. 태자하의 원래 이름은 연수衍水인데 연나라 태자 단이 이곳에 숨어 있었으므로 태자하로 불리게 되었다. 이원진이 소현세자가 있는 심양이 아닌 태자하를 시어로 사용한 것은 태자하에 얽힌 태자 단의 사연이 소현세자의 현재 상황과 중첩되면서 가슴 아팠기 때문이

237 李元鎭, 〈渡江後寄東舘諸僚屬〉, 「西行錄」, 『太湖詩藁』 卷5.

라고 보인다. 꿈속에서도 밤마다 돌아가 태자하를 찾는 행동은 관료로서 소현세자를 두고 자신만 돌아와야 했던 충심을 표출한 것이라고 할 수 있다.

채유후는 1637년(인조 15)과 1659년(현종 즉위년)에 걸쳐 두 번 사행을 다녀왔다. 1637년(인조 15) 사행은 병자호란이 끝난 직후 소현세자를 심양까지 호종하는 성격을 지녔었다. 하지만 채유후는 1637년 10월 심양에서 동료들과 술을 마시다가 대성통곡했다는 죄로 평안도 강서江西로 유배 갔었다. 이때 사행과 관련된 작품은 남아있지 않지만 1659년(현종 즉위년) 성절사행聖節使行의 정사正使로 사행 다녀 왔을 때 지은 사행시는 『호주집』에 남아있다. 당시 부사副使는 무은霧隱 정지호鄭之虎(1605~1678), 서장관書狀官은 남당南塘 권상구權尙矩(1618~1676)였다. 채유후의 사행시는 삼사三使가 모여 쓴 수창시가 많은 특징을 보인다. 당시의 사행은 성절사였으므로 특별한 임무를 지닌 사행에 비해 상대적으로 부담이 적었을 것으로 여겨진다. 다음의 시는 사신으로서 사행을 성공적으로 마무리하고자 하는 소명 의식을 잘 보여준다.

이곳 사이사이에 누런 모래와 시든 풀 있고	黃沙白草此中間
곳곳마다 무너진 성 있으니 한관임을 알겠네	處處崩城認漢關
세모에 천만리 먼 곳으로 사신 와서	暮歲遠遊千萬里
해 지는 십삼산에 외딴 객점에 묵었네	斜陽孤店十三山
바람 안개 뒤섞이니 고향가는 꿈이 헷갈리고	風煙錯莫迷鄕夢
눈서리 휘날려 나그네 얼굴 야위어 가네	霜雪飄零損客顔
나랏일에 말 타는 괴로움 감히 말하겠는가	王事敢言鞍馬苦
푸른 봄을 벗 삼아 즐거이 동쪽으로 돌아가리	靑春作伴好東還[238]

238 蔡裕後, 〈望十三山有感 呈霧隱・南塘〉, 『湖洲集』 卷3.

이 시는 〈망십삼산유감정무은남당望十三山有感呈霧隱・南塘〉으로 십삼산을 바라보며 쓴 시이다. 십삼산은 요동에 있는 산으로 13개의 봉우리로 이루어진 바위산이다. 수련과 함련은 십삼산의 모습을 묘사하였다. 바위산으로 이루어진 십삼산은 나무가 자라지 못해 바위틈 사이로 풀만 겨우 자라는데 수련의 첫 구는 이를 묘사한 것이다. 함련과 경련은 사행길의 객수를 그리고 있다. '모세暮歲'은 한 해가 저무는 세모를 뜻한다. 당시 성절사행이 세모 무렵에 이루어졌음을 알 수 있다. 고향을 떠나 타향에서 한 해를 보내고 새해를 맞이해야 하는 객수와 고된 사행길의 여정을 '상설霜雪'과 '손객안損客顔'으로 형상화하고 있다. 하지만 채유후는 사행길의 괴로움을 토로하기 보다 사행의 임무를 완수하여 가벼운 마음으로 귀국하기를 바라는 의지를 드러내었다. '왕사王事'는 나랏일을 말하는 것으로 여기에서는 사행使行을 뜻한다. '청춘青春'은 사행을 마치고 돌아갈 때 봄으로 계절이 바뀌었을 때를 의미하기도 하지만 사행의 성공적인 완수에 대한 희망을 표현한 것이라고 보인다. 사신으로서의 임무를 완수하고자 하는 채유후의 소명 의식을 잘 보여준다.

이민구는 실제적으로 사행을 수행한 적은 없지만 가계 계승을 통해 중국과 일본에 대한 지식을 축적할 수 있었다. 이수광은 3차례에 걸친 사행 경험과 베트남, 유구, 태국 사신까지 직접 만남으로써 폭넓은 대외인식을 형성할 수 있었다. 이와 같은 사행 경험은 아들인 이민구에게도 계승되었을 것으로 여겨진다. 이민구가 선위사와 접반사를 역임한 것도 이와 같은 배경이 일정 부분 작용했을 것으로 생각된다.

이민구가 외교 업무에 적합한 인재라는 사실은 1636년(인조 14) 8월 명나라 감군 황손무가 조서를 가지고 조선에 왔을 때 강원 감사로 재직 중인 이민구를 원래 내정된 접반사를 대신해 임명했던 것에서도 찾아볼 수 있다. 당시 접반사는 정두원鄭斗源(1581~?)이 맡기로 하였으나 이민구가 적임자라는 조정의 의견에 따라 접반사가 되었다.[239] 이 일은 당시 조선에게 명나라 감군의 접반이 매우 중요한 일이었음을 보여준다. 다음의 시는 〈봉별황감군과해奉別黃監軍過海〉로 황손무를 위해 지은 시이다.

천자의 조서 내리자 그 빛을 모시고	綸綍從天御墨光
공께서 옥부절 쥐고 궁벽한 나라에 오셨네	公持玉節下偏荒
소를 탄 노자가 지나니 관문에 자색 구름 일었고	騎牛柱史關猶紫
돌을 꾸짖었던 신선의 성씨 본래 황씨였지	叱石仙人姓本黃
막부에서 군대 사열하니 붉은 해 돌아오고	幕府觀兵回赤日
군문에 늘어선 창 맑은 서리처럼 빛나네	轅門列戟耀淸霜
돌아가는 뱃길 가을바람에 맡겨야 하는데	歸檣只信秋風便
바다는 오늘도 고요하여 바람 일지 않네	滄海于今靜不揚[240]

이 시는 〈봉별황군감과해奉別黃監軍過海〉로 명나라로 돌아가는 황손무와 이별하며 지은 시이다. 이 시는 신선이 되었다는 황초평의 고사를 이용하여 황손무가 뛰어난 재주를 지닌 인물로 칭양한 시이다. 이 시를 받은 황손무는 매우 흡족해 하며 돌아갔다고 한다. 이 시는 1636년 병자호란이 일어나기 직전에 지은 시이다. 당시 명나라와 청나라는 중원의 패권을 놓고 계속 대치 중이었다. 정묘호란을 겪은 조선은 두 강대국 사이에서 눈치를 봐야했다. 갑자기 접반의 업무를 맡게 된 이민구는 황손무의 접반이 국가적으로 중요한 사안임을 알고 황손무의 접반에 극진한 예를 다했다. 이와 같은 자세는 관료로서 접반 업무의 책임을

239 『承政院日記』 51책, 仁祖 14년(1636년), 4월 27일(辛丑), 12번째 기사.
240 李敏求, 〈奉別黃監軍過海〉, 「關西錄」, 『東州集』 전집 卷8.

다하고자 하는 남다른 소명 의식이 자리하고 있었기 때문이라고 할 수 있다.

지금까지 살펴본 '경험과 의지로 엮은 현실 세계'는 북인계 남인 문인들의 관료 의식이 구현된 양상으로 '현실의 재현과 시대 고발'·'전란의 체험과 척화 의지'·'사행의 경험과 소명 의식' 3가지 양상으로 구분할 수 있다. 북인계 남인 문인들은 관료로서 전란을 체험하고 사행과 지방관 등을 역임했다는 공통점이 있다. 북인계 남인 문인들이 살았던 17세기 전반은 호란과 명·청 교체기, 인조반정과 같은 혼란이 지속되었던 시기이다. 북인계 남인 문인들은 관료의 시각으로 자신들이 경험한 현실의 세계를 시로 구현하였다. '현실의 재현과 시대 고발'은 지방관, 혹은 유배객의 처지에서 목도한 백성들의 삶과 정치 현실을 재현함으로써 당대 현실의 문제를 고발하였다. 이민구는 영남 관찰사 시절 백성들의 참혹한 삶을 〈전고한행前苦寒行〉을 통해 재현하면서 가슴 아파했으며, 유배 시절 백성들의 삶을 직접 체험하면서 이들을 향한 연민의 마음을 담아내었다. 〈식현食莧〉·〈황蝗〉 등의 시를 통해 부유층과 정치권을 비판하기도 하였다.

김세렴은 목민관 시절 향약을 재정비하고 대동법을 실시하는 등 백성들의 삶을 개선하기 위하여 노력하였다. 김세렴은 한거기에 직접 농민의 삶을 체험하면서 이들의 삶을 재현하였다. 〈전가즉사田家卽事〉·〈경전耕田〉 등에서 김세렴은 자신을 농민과 일체화된 모습으로 그림으로써 강한 애민 의식을 표출하였다. 이경전의 경우 8년간의 한거기와 양란兩亂을 겪으면서 백성들의 현실에 관심을 갖게 되었다. 이경전은 특히 관청의 열악한 상황을 시 속에 구현함으로써 관료의 시각에서 바라본 국가의 상황을 재현하였다. 이원진과 채유후의 경우 여러 차례 지방관을 역임했으나 백성의 삶이나 현실의 모순을 재현한 작품이 많지 않다. 이원진은 현실을 재현한 작품이 많지 않으나 〈화신교수찬영수차시和申教授讚詠水車詩〉는 물이 부족한 제주도의 현실 문제를 수차를 이용해 적극적으로 해결하려는 관료 의식을 드러내었다. 채유후 역시 현실의 모순을 직시하고 백성들의 어려움을 안타깝게 여기는 연민의 마음을 보여주었다. 〈도중즉사途中卽事〉는 극심한 가뭄으로 한해 농사를 망칠 상황에 놓인 백성들을 보며 안타까워하는 모습이 잘 나타나 있다.

'전란의 체험과 척화 의지'는 북인계 남인 문인들이 관료로서 겪은 정묘호란과·병자호란의 체험과 화친 정책을 펼치는 조정의 정책을 비판하며 이에 반대하는 척화 의지를 시로 구현한 것이다. 북인계 남인 문인들은 전란에 대해 단순히 비분강개하는 데 그치지 않고 전쟁에 대한 자책自責과 자성自省의 모습을 보여주었다. 이경전의 경우 전란의 원인을 분석하고 자성自省하거나 주화主和에 반대하는 입장을 견지하였다. 이경전은 정묘호란 당시 강화도에 머물면서 지은 시를 「강도록」으로 엮었는데 이를 통해 정묘호란 당시의 정세와 이경전의 심정을 살펴볼 수 있다. 이민구는 병자호란 당시 강화도를 지키는 강도 검찰부사의 임무를 제대로 수행하지 못했다는 이유 때문에 유배를 갔으므로 이민구의 시에는 관료로서 책임을 다하지 못했다는 자책과 후회가 강하게 나타난다. 〈유분遺憤〉은 주화에 대한 비판과 유배객의 처지로 인해 오랑캐 정벌에 참여하지 못하고 있는 비분강개한 심정을 담고 있다. 김세렴의 시는 존명배청에 대한 어조가 강하게 나타나는 것이 특징이다. 김세렴은 명과 후금이 대치하고 있는 전황에 지속적으로 관심을 가졌는데 〈시사時事〉에는 청에 대한 회유책이나 기미책 등이 잘못되었음을 강하게 비판하고 명과 후금의 대치 상황속에서 결과를 기다리는 걱정이 담겨있다. 이원진은 전쟁의 흔적이 남아있는 현장을 직접 방문하고 여기에서 일어나는 비분강개와 우국충정을 표출하였는데 〈호남좌수영湖南左水營〉은 청나라를 정벌하겠다는 척화의 의지를 보여주는 작품이다. 채유후는 전쟁 당시 척화를 강력히 주장하였는데 〈차오봉상공운次五峯相公韻 증현오상인贈玄悟上人〉은 조정의 화친론에 대한 비판과 화친에 반대하는 의견을 여러 차례 올려도 소용없는 현 정국의 상황을 강하게 비판하는 심정을 담고 있다.

'사행의 경험과 소명 의식'은 북인계 남인 문인들의 관료 의식을 잘 보여주는 유형의 시이다. 북인계 남인 문인들은 실무에 능했던 관료들로 특히 외교 부분에서 뛰어난 활약을 하였다는 공통점을 지닌다. 여기에는 북인계 남인 문인들이 시문에 뛰어났고 상황 대처 능력이 높았던 점들이 고려되었던 것으로 보인다. 이경전・김세렴・이원진・채유후는 사행을 다녀오며 다수의 사행시를 남겼고, 이민구의 경우 직접 사행을 다녀오지 않았지만 선위사와 접반사 업무를 통해 외교 일선에서 활동하였다. 북인계 남인의 사행시에는 사행 임무를 충실히 수행하여 맡은 바 소임을 다하고자 하는 소명 의식이 잘 나타난다. 이경전의 경우 1623년 인조의 책봉주청사로 발탁되어 인조의 왕위를 인정하는 명나라의 인준을 받아야 하는 중책을 맡았었다. 〈배출拜出〉은 사행을 떠날 때 임금님을 배알하고 나오면서 지은 시로 임금님의 근심을 풀지 못하면 돌아가지 않을 것이라는 소명 의식을 보여주었다. 김세렴의 경우 임진왜란 이후 국교가 재개된 후 처음으로 실시된 통신사행단의 부사로 사행에 임했다. 이들은 사행 기간 동안 다수의 사행시를 창작하였는데 김세렴의 경우 사행시를 「사상록槎上錄」으로 엮었다. 〈도해渡海〉는 부산에서 일본으로 가는 도중 쓴 것으로 어떤 어려움이 있어도 사신으로서의 임무를 완수할 것을 다짐하는 내용을 담고 있다. 김세렴은 일본 통신사행을 통해 일본에 대한 인식이 긍정적으로 변화되기도 하였다.

이원진은 1639년(인조 19) 성절사행단으로 사행을 다녀왔는데 이때는 소현세자가 심양에 볼모로 잡혀있던 시기였으므로 이원진의 사행시에는 소현세자를 향한 충심이 담겨 있다. 이민구는 1636년 명나라 감군 황손무가 방문했을 때 접반사로 발탁되어 활동하였다. 〈봉별황감군과해奉別黃監軍過海〉에는 황손무를 극진히 접대하고 접반사로서의 임무를 완수하려는 소명 의식을 담겨 있다.

4부

북인계北人系 남인南人 시문학의 문학사적 의의

이 책은 조선후기 북인계 남인의 시문학을 고찰하여 문학적 실상을 확인하고 북인계 남인의 시문학이 지닌 문학사적 의의를 논의하는 것을 목적으로 진행되었다. 따라서 제4부에서는 지금까지 논의한 내용을 정리하고, 북인계 남인의 시세계에서 파악된 양상들을 통해 북인계 남인의 시문학이 문학사에서 차지하는 의미를 확인하고자 한다.

먼저 서설에서는 북인계 남인 시문학의 연구 필요성과 대표 문인의 선정 기준을 개진하였다. 북인계 남인은 17세기 전반 폐모론과 인조반정을 거치며 북인계열에서 남인계열로 전향한 세력으로, 근기 지역에 거주하고 있던 남인계열과 결합하여 17세기 후반 근기 남인계열의 형성과 근기 남인계열의 학문과 사상 그리고 문학 경향의 형성·확립에 결정적인 역할을 하였다. 하지만 지금까지 북인계 남인의 존재는 거의 부각되지 못했고, 북인계 남인 대부분이 근기 남인계열로 인식되는 경우가 많았다. 그러나 북인계 남인이 지닌 학문과 사상 그리고 문학 경향이 근기 남인계열의 바탕을 형성했다는 점에서 북인계 남인의 존재는 문학사적으로 매우 중요한 의미를 지닌다. 특히 우리나라 한시사에서 전성기로 꼽히는 18세기 중·후반 근기 남인계열 시단을 이끌었던 주요 문인 대부분이 북인계 남인의 후손이라는 사실은 북인계 남인의 시문학이 근기 남인계열 시문학의 근간을 이루는 원류라는 의미를 지니고 있음을 뜻한다. 이는 북인계 남인의 시문학을 논의하지 않고서는 근기 남인계열의 시문학에 대해 논의할 수 없음을 의미한다. 이 책에서는 그럼에도 불구하고 아직까지 북인계 남인의 존재와 이들의 시문학이 지닌 가치를 밝히는 연구가 진행되지 않았음을 문제로 제기하면서 연구의 필요성을 개진하였다.

북인계 남인은 정치적·학문적 동질성을 바탕으로 교유하고 통혼하며 친밀한 관계를 유지하였다. 이들은 시회를 열거나 시를 주고받으며 문학적 교유를 이어갔다. 북인계 남인은 가학과 사승 관계를 통해 학문을 전승하고, 자득自得과 교유, 다양한 사상의 수용 등을 통해 각자의 문학세계를 이루어 나갔다. 이 책에서는 북인계 남인 문인 중 이경전·이민구·김세렴·이원진·채유후를 대표 문인으로 선정하여 북인계 남인 시문학을 전체적으로 조망하고자 하였다. 그리고 북인계 남인 개별 문인의 시문학 연구에 머물러 있는 선행 연구의 부족한 점을 보완하여 북인계 남인의 시문학이 근기 남인계열 시문학의 원류임과 문학사의 흐름 속에서 그 위상과 문학사적 의의를 찾기 위해 본 연구가 필요함을 밝혔다.

제1부에서는 17세기 전반 북인계 남인의 형성에 대해 살펴보았으며, 북인계 남인의 범주와 유형을 확인함으로써 북인계 남인의 실체를 드러내고자 하였다. 그동안 북인계 남인의 설정 기준이 명확하게 제시되지 않아 이들의 실체를 분명하게 가시화하지 못했었다. 따라서 본 연구에서는 북인계 남인의 설정 기준을 제시하고 『남보南譜』와 『북보北譜』를 비롯한 각종 자료들을 토대로 북인계 남인을 범주화·유형화하여 이들의 존재를 확인하고자 하였다. 또한 북인계 남인의 학문 연원과 전승 양상을 살펴보았다. 이들은 북인계열 학맥의 연원인 화담과 남명

의 학문과 남인계열 학맥의 연원인 퇴계의 학문을 절충하는 특징을 보였고, 이런 학문관을 대체로 가학을 통해 전승하는 양상을 보였다. 북인계 남인은 서울·근기 지역에 연고를 두고 있는 경우가 많아 지역적으로 멀지 않은 개성 지역에 연원을 둔 화담 학문의 영향을 크게 받았음을 알 수 있었다.

북인계 남인의 범주화 작업을 통해 근기 남인계열 가문의 상당수가 북인계열에 연원을 두고 있는 북인계 남인 가문임을 확인할 수 있었으며, 이를 통해 북인계 남인이 근기 남인계열의 근간을 이룬다는 것을 알 수 있었다. 또한 근기 남인계열 문단을 이끌었던 핵심 문인들 대부분이 북인계 남인의 후손이었음을 확인함으로써 북인계 남인의 문학이 근기 남인계열 문학의 원류로 작용했음을 알 수 있었다.

제2부에서는 북인계 남인 문인들의 교유와 문학 활동에 대해 살펴보았다. 이들은 학문적·정치적 동질성을 바탕으로 친밀히 교유하였고, 당색에 구애받지 않는 폭넓은 혼맥을 형성함으로써 가세를 확장하고 인적 네트워크를 확대해 나갔다. 또한 이들은 북인계 남인 문인뿐만 아니라 소북계열 문인들과도 시를 통해 문학 활동을 이어감으로써 자신들의 문학세계를 확장시켜 나갔음을 확인하였다.

제3부에서는 북인계 남인 문인들의 문학 경향을 개괄하고 이들의 시세계를 살펴보았다. 북인계 남인 문인들의 문학 경향을 종합해보면 이들은 문장의 전범을 육경과 진한고문秦漢古文에 두고 있었으며, 제자백가를 비롯한 다양한 사상을 수용하는 특징을 보였다. 또한 이들은 17세기 시단의 주류인 唐詩를 수용하고 두보를 전범으로 삼아 성당盛唐을 추구하고자 하였으며, 한위고시漢魏古詩와 경우에 따라서 송시宋詩까지 수용하여 문학적 전범을 확장하는 양상을 보였다. 이와 같은 북인계 남인의 문학 경향은 정주학程朱學을 중심으로 하는 남인계열과 서인계

열의 문학 경향과 차이를 보이는 부분이라고 할 수 있다.

북인계 남인 문인들의 문학 경향을 바탕으로 이들의 시세계를 살펴본 결과 이들은 인간과 자연을 대상으로 자신들의 서정을 풍부하게 드러내었고, 현실 세계에서 자신들이 겪은 경험과 지녔던 의지를 시로 구현하는 특징적인 면모를 볼 수 있었다. 이 책에서는 북인계 남인 문인들의 시에서 공통적으로 찾아볼 수 있는 모습을 개인의 서정을 드러낸 서정 세계와 관료 의식이 구현된 현실 세계로 구분하여 '인간人間과 자연自然에 서린 서정抒情 세계世界'와 '경험經驗과 의지意志로 엮은 현실現實 세계世界'로 나누어 살펴보았다.

'인간人間과 자연自然에 서린 서정抒情 세계世界'는 북인계 남인 문인들이 인간과 자연을 시의 대상으로 하여 여기에서 촉발되는 개인의 서정을 구현한 시세계로, '이별의 진정眞情과 그리움'·'자연의 완상과 심리적 위안'·'현실의 초탈과 초월 의식'이라는 세 가지 양상으로 나누어 살펴보았다. '이별의 진정과 그리움'은 사별과 생별의 헤어짐에서 일어나는 애도哀悼와 그리움의 서정을 담고 있는 것으로 만시와 증여·송별시가 여기에 해당한다. 이경전과 채유후의 경우 만시와 증여·송별시의 창작 비중이 높게 나타나는데 이는 두 사람이 타인에 대해 관심이 많았음을 보여줌과 동시에 시를 교유의 매개체로 적극 활용하였음을 보여준다.

'자연의 완상과 심리적 위안'은 산수 자연의 완상을 통해 심리적 위안을 추구한 경우이다. 북인계 남인 문인들은 정치적 좌절과 소외로 인한 울울한 심사를 산수 자연의 완상을 통해 위로받고자 하였다. 이 양상은 단순히 산수 자연을 유람하고 흥취를 표출한 일반적인 산수시와는 그 성격이 다르다고 할 수 있다. 정치적 부침이 심했던 이경전의 경우 산수를 적극적으로 찾아 나서기보다 주변의 풍경을 완상하며 심리적으로 위로받고자 하였다. 이민구의 경우 금강산을 두 번이나 여행할 만큼 산수 유람을 좋아했지만 유배 기간 동안에는 유배지 주변의 소박한 풍경 속에서 마음의 위안을 얻었다. 김세렴은 1619년 해배된 이후 1623년 인조반정으로 재등용되기 전까지 원주와 강릉을 오가며 산수 자연을 통해 정치적 좌절로 인한 괴로운 심정을 위로받고자 하였다. 이원진의 경우 부임지의 산수를 완상하며 울울한 정치적 현실에 대한 위안을 받았는데 특히 누정은 그에게 청정공간으로 인식되어 자연을 완상하는 중요한 장소가 되었다. 채유후의 경우 1637년 유배되었다가 해배된 이후 재등용되기 전까지 4년여 동안 벗들의 우거지를 오가며 주변의 풍경을 통해 정치적 좌절에서 오는 울적함을 위로받았다. '현실의 초탈과 초월 의식'은 정치적으로 소외되었던 북인계 남인 문인들이 세속의 명리名利에서 벗어나 초연한 삶을 살고자 했던 초월 의식을 담고 있는 양상으로 정치적 부침이 컸던 이경전·이민구의 시에서 다수 보이며, 채유후는 관직에 있으면서 은거하고자 하는 염원으로 이런 의식을 드러내었다. 김세렴과 채유후는 유배에서 풀려나 재등용되기 전까지의 한거기에 현실에서 벗어나 자신의 처지를 잊고 마음의 평정을 찾으려 하였다.

'경험經驗과 의지意志로 엮은 현실現實 세계世界'는 북인계 남인 문인들이 관료 의식을 바탕으로 현실에서 겪은 경험과 의지를 구현한 시세계로, 이를 '현실의 재현과 시대 고발'·'전란의 체험과 척화 의지'·'사행의 경험과 소명 의식'으로 나누어 살펴보았다. 북인계 남인 문인들은 화담과 남명의 학문적 영향으로 현실 참여를 중요하게 여겼다. 이들은 관료로서 현실에 참여하는 데 적극적이었다. 북인계 남인 문인들은 관료로 있으면서 겪었던 정묘·병자호란에 대한 경험과 척화의 의지를 시로 표명하거나 현실의 모순을 시로 재현하여 시대를 고발하고, 사행의 경험을 통해 소명 의식을 다하고자 하는 공통적인 모습을 보였다. '현실의 재현과 시대 고발'은 지방관, 혹은 유배객의 처지에서 목도한 백성들의 삶과 정치 현실을 시로 재현함으로써 당대 현실의 문제를 고발하였다. 이민구·김세렴 등의 시에서 이러한 모습이 풍부하게 포착된다. '전란의 체험과 척화 의지'는 북인계 남인 문인들이 관료로 있으면서 겪은 전쟁의 체험과 척화 의지를 시로 구현한 것이다. 북인계 남인 문인들은 전란에 대해 단순히 비분강개하는 데 그치지 않고 전쟁에 대한 자책自責과 자성自省의 모습을 보여주었다. 이경전은 정묘호란 당시 강화도에 머물면서 지은 시를 「강도록江都錄」으로 엮기도 하였다. 이민구는 강도 검찰부사의 임무를 제대로 수행하지 못했다는 이유로 유배 갔으므로 그의 시에는 관료로서 책임을 다하지 못했다는 자책과 후회가 강하게 나타난다. 김세렴은 존명배청의 의식을 강하게 드러내었고, 이원진은 전장을 직접 방문하고 일어나는 우국충정의 마음을 시로 표출하였다. 채유후는 척화를 주장하며 조정의 화친론에 대해 강하게 비판하였다. '사행의 경험과 소명 의식'은 명·청 교체기와 일본과의 국교 재개라는 대외적으로 민감했던 시기에 외교 업무를 맡아 이를 온전히 수행하고자 하는 남다른 소명 의식을 보여주는 경우이다. 이경전은 1623년 인조의 책봉주청사冊封奏請使로 발탁되어 명나라로부터 인조의 왕위를 인정받기 위해 각고의 노력을 하였고, 김세렴은 일본과 국교가 재개된 후 처음으로 실행된 통신사행단에서 부사副使의 책임을 맡아 임무를 충실히 하는 소명 의식을 강하게 보여주었다. 이원진은 소현세자가 심양에 볼모로 잡혀있던 시기 사행을 다녀왔으므로 그의 사행시는 소현세자를 향한 충심이 잘 나타나 있다. 이민구는 1636년 명나라 감군 황손무가 방문했을 때 접반사로 발탁되어 활동하며 접반사의 임무를 완수하고자 하였다.

북인계 남인들이 출현했던 17세기 전반은 왜란과 호란이라는 국가적 위기와 인조반정이라는 정치적 격변이 휘몰아치던 시기였다. 정치적·경제적·사회적으로 불안하고 어려웠던 시기였지만 명明과의 인적·물적 교류가 확대되는 가운데 중국의 서적 유입이 활발해졌고, 이에 따라 전후칠자前後七子·당송파唐宋派·양명좌파陽明左派·공안파公安派 등 다양한 사상들이 유입되었다. 16세기 말~17세기 초 조선 문단에 수용된 전후칠자의 작품과 창작론이 당시 조선 문단에 큰 반향을 일으키는 가운데 17세기는 "문필진한文必秦漢, 시필성당詩必盛唐"을 외치며 선진양한先秦兩漢의 산문을 창작의 전범으로 삼는 의고주의擬古主義가 성행하게 되었다.[241]

이와 같은 문단의 상황은 북인계 남인 문인을 비롯한 많은 문인들에게 자극을 주었다. 전후칠자는 관각체臺閣體와 지루한 송대의 주소체註疏體를 해결하기 위해 선진先秦시대의 문장에서 진정한 문장의 정신을 회복하고자 하였다.[242] 의고주의를 표방한 전후칠자의 문학론은 경서經書와 당송고문唐宋古文으로 제한된 조선 문단의 독서 범위를 확장해 주었고, 다양한 제자서諸子書를 전범으로 수용하게 되어 정주학程朱學 중심의 사상에 균열을 가져왔다.[243] 북인계 남인들의 문학 경향 역시 17세기 문단의 주류적인 흐름 속에 있었다고 보인다. 육경과 진한고문, 제자서諸子書를 중심으로 하는 북인계 남인의 문학 경향은 근기 남인 계열의 상고적 문학관으로 이어졌다고 생각된다.

이상과 같이 북인계 남인의 형성과 학문적 연원과 전승 그리고 북인

241 강명관(1995), 위의 논문, p.290.

242 이희중(1996), 「조선중기 서인계 문장가의 활동과 고문론의 전개」, 『한국사론』 35, 서울대학교 국사학과, p.110.

243 하지영(2019), 『18세기 진한고문론의 전개와 실현 양상』, 소명출판, pp.37~38.

계 남인의 문학 경향과 시세계 탐색을 통해 확인한 북인계 남인의 문학적 실상을 바탕으로 북인계 남인의 시문학이 문학사에서 차지하는 위치와 문학사적 의의를 정리해 보면 다음의 3가지로 규정할 수 있다.

첫째, 북인계 남인은 근기 남인계열의 형성에 영향을 끼쳤다. 북인계 남인은 인조반정 이후 북인계열에서 남인계열로 전향하였는데 이 시기 남인계열은 근기와 영남의 구분이 없었다. 남인계열은 1694년 갑술환국 이후 남인계열이 정계에서 물러나게 되면서 영남의 재지로 돌아간 영남 남인계열과 서울·근기 지역에 남은 근기 남인계열로 분기되었다. 근기에 남은 남인계열은 인조반정 이후 이미 북인계 남인들을 수용하면서 이들의 사상과 학문에 영향을 받아 본래 남인계열과 다른 면모를 갖추기 시작했다. 후대 근기 남인계열과 영남 남인계열이 다양한 방면에서 여러 가지 차이를 보이는 변화의 중심에 남인계열로 유입된 북인계 남인의 영향이 있었다.

북인계 남인이 지닌 학문과 사상, 그리고 문학 경향은 근기 지역의 남인계열에게 영향을 주었고, 근기 남인계열이 본격적으로 확립되는 데 결정적인 역할을 하였다. 제1부의 2장에서 근기 남인계열로 알려진 명문가들이 북인계열에 뿌리를 둔 북인계 남인 가문이었음을 각종 자료 등을 통해 구체적으로 살펴봄으로써 근기 남인계열의 형성에 북인계 남인이 근간을 이루었음을 확인하였다. 또한 북인계 남인의 대표 문인으로 선정한 이경전·이민구·김세렴·이원진·채유후의 가계 역시 폐모론과 인조반정을 거치며 북인계열에서 남인계열로 전향한 북인계 남인 가계이며, 후대 근기 남인계열의 학문과 사상, 문학 방면에서 중추적인 역할을 했던 주요 인물들이 북인계 남인의 후손이었다는 점은 근기 남인계열의 형성에 북인계 남인이 매우 큰 역할을 했음을 의미한다.

둘째, 북인계 남인의 시문학은 근기 남인계열의 문학에 중요한 영향을 미쳤다. 근기 남인계열의 문학관은 육경과 진한고문을 바탕으로 제자백가의 다양한 사상을 수용하는 특징을 보인다. 이와 같은 문학관은 서인계열 뿐만 아니라 정주학을 중심으로 하는 영남 남인계열의 문학관과도 다른 양상이다. 퇴계는 주자 성리학을 존숭하며 진한고문에 대해 비판적인 입장을 보였고, 노장老莊이나 불교는 마음을 흔드는 이단異端으로 여겼다.[244] 뿐만 아니라 『좌전左傳』·『사기史記』 등과 『가어家語』·『설원說苑』 등도 과장된 것이 많아 믿을 수 없다고 하였다.[245] 이 때문에 퇴계의 학문을 계승한 영남 남인계열은 진한고문에 별로 관심을 보이지 않았다.[246] 또한 영남 남인계열의 경우 출사보다는 장수藏修를 지향하는 경향이 강했으며, 도학道學 방면에 집중한 경우가 많았으므로 문학으로 명성을 떨친 인물이 드물었다.[247]

이처럼 근기 남인계열의 문학관이 남인계열 문학관의 정통성을 고수하고 있는 영남 남인계열의 문학관과 다른 것에는 17세기 전반 근기 지역의 남인계열로 유입된 북인계 남인이 중요한 영향을 미쳤다고 할 수 있다. 17세기 후반 확립된 근기 남인계열의 문학 경향이 바로 앞 시기에 유입된 북인계 남인의 문학 경향과 유사하다는 점은 북인계 남인의 문학 경향이 근기 남인계열의 문학 경향에 영향을 미친 결과라고 할 수 있다. 결국 이는 북인계 남인의 문학이 근기 남인계열의 문학관

244 李滉, 「與金舜擧」, 「書」, 『退溪集』 卷35. "若每喜於詭論, 而或爲之强說, 則其勢必至於心蕩而不返, 學流而爲異, 如莊釋之倫是也."

245 李滉, 「與朴澤之」, 『退溪集』 卷12. "但滉嘗以爲自四書之外, 所記孔子之言行, 多出於戰國姦人無忌憚者之假託以自逞, 秦漢曲士昧義理者之傳聞以相誇. 故其說多不足信, 雖如左傳·史記·禮記所載猶然, 況於家語·說苑等雜書乎."

246 하지영(2019), 위의 책, pp.97~98.

247 부유섭(2009), 위의 논문, p.12.

을 도출하는 데 영향을 주었음을 의미한다.

이 책에서 살펴본 북인계 남인 문인들의 문학 경향 역시 육경六經 고문古文을 근본으로 삼아 제자백가의 사상을 수용하여 박학博學을 추구하였고, 진한고문秦漢古文은 물론 경우에 따라 당송고문唐宋古文과 송시宋詩까지 전범으로 수용함으로써 그 전범을 확장하는 양상을 보였다. 또한 만당풍晩唐風을 극복하기 위해 두보杜甫를 전범으로 삼아 성당盛唐을 추구했으며 한위고시漢魏古詩의 창작에도 주력하였다. 이와 같은 북인계 남인 문인들의 문학 경향이 17세기 후반 근기 남인계열의 문학관과 연결된다는 점에서 이들은 우리 문학사에서 상당히 중요한 의미를 지닌다.

셋째, 북인계 남인의 문학은 후대 근기 남인계열 문학이 다양한 면모로 확장할 수 있는 기반을 마련해 주었다. 17세기 후반 근기 남인계열이 확립된 이후 18세기 중·후반 근기 남인계열 문단에는 근기 남인계열의 문학관을 고수하려는 보수적인 기운과 새로운 변화를 추구하는 개혁적인 분위기의 두 가지 경향이 동시에 존재하였다. 근기 남인계열 문인들은 각자의 현실에 따라 전통적인 근기 남인계열의 문학관을 더욱 강하게 고수하여 강화하거나 기궤奇詭·첨신尖新과 같은 새로운 개혁적인 모습이라는 두 가지 방향으로 나아갔다. 채제공蔡濟恭·이헌경李獻慶·정범조丁範祖와 같은 관료문인들은 기존의 문학관을 강화하는 극단적 보수를 지향하였고, 이용휴李用休처럼 정계 진입이 좌절된 처사處士 문인들은 문학에 전일專一하며 새롭고 참신한 개혁을 추구하였다. 이처럼 근기 남인계열 문단이 보수保守와 개혁改革의 양극단을 지향하며 공존할 수 있었던 것은 다양한 사상을 수용하고 자득自得을 중시했던 북인계 남인 문인들의 문학 경향이 있었기에 가능했다. 북인계 남인 문인들의 문학 경향은 후대 근기 남인계열 문인들에게 자유롭게 열린 구조를 제공하여 이들의 문학 경향이 하나의 틀로 일원화되지 않고 보수와 개혁이라는 두 가지 큰 틀 속에서 수많은 문학 경향들이 존재할 수 있는 여지를 제공하였다.

이렇게 본다면 북인계 남인 문인들은 근기 남인계열이 형성되는 토대를 마련하였고, 기존의 남인계열과는 다른 근기 남인계열의 새로운 문학관이 형성되고 확립되는 데 지대한 영향을 끼쳤으며, 근기 남인계열의 시문학이 다양한 면모를 지니고 확장할 수 있는 기반을 마련했다고 할 수 있다.

17세기 후반은 근기 남인계열이 확립되던 시기라고 할 수 있는데, 17세기 후반 이후 근기 남인계열 문단을 이끌었던 이서우 · 오상렴 · 채팽윤 · 이용휴 등 당대 문단의 주요 인물들이 북인계 남인의 후손이라는 점은 근기 남인계열 문단의 근간이 북인계 남인 문인에게서 비롯되었음을 여실히 보여준다고 하겠다. 결국 17세기 전반 북인계 남인 문인들은 근기 남인계열 문학의 토대를 만들고 이들의 후손과 문인들이 이를 이어가면서 근기 남인계열의 문학을 완성해 나갔다고 할 수 있다. 이 책에서는 17세기 전반 북인계 남인 대표 문인들의 시를 통해 북인계 남인의 시문학이 근기 남인계열 문학의 형성과 확립에 지대한 영향을 미쳤음을 확인하였다. 하지만 북인계 남인의 시문학 이외의 문학 분야에 대해 살펴보지 못했다는 일정한 한계를 지닌다. 따라서 향후 북인계 남인 문인들의 문학 세계에 대한 지속적이고 폭넓은 연구가 진행되어야 할 것이고 이를 통해 북인계 남인의 문학과 근기 남인계열의 문학에 대한 더욱 조직적이고 밀도 있는 연구가 이루어져야 할 것이다. 이는 후속 연구를 통해 부족한 부분을 채워나가도록 할 것이다.

참고문헌

1. 자료

金世濂, 『東溟集』, 한국문집총간 95, 민족문화추진회, 1992.
李慶全, 『石樓遺稿』, 한국문집총간 73, 민족문화추진회, 1990.
李慶全, 『石樓逸稿』, 서울대학교 규장각.
李敏求, 『東州集』, 한국문집총간 94, 민족문화추진회, 1992.
李元鎭, 『太湖詩藁』, 고려대학교 화산문고본.
蔡裕後, 『湖洲集』, 한국문집총간 101, 민족문화추진회, 1993.

姜栢年, 『雪峯遺稿』, 한국문집총간 103, 민족문화추진회, 1993.
姜浚欽, 『三溟詩話』, 소명출판, 2006.
姜學年, 국역 『復泉遺稿』, 전남경제발전연구원, 2011.
金得臣, 「終南叢志」, 『詩話叢林』 卷4, 아세아문화사, 1973.
金萬重, 『西浦漫筆』, 경인문화사, 1994.
金尙容, 『仙源遺稿』, 한국문집총간 65, 민족문화추진회, 1991.
金藎國, 국역 『後瘳集』, 이회, 2004.
金澤榮, 『韶濩堂集』, 한국문집총간 347, 민족추진위원회, 2005.
金孝元, 『省菴先生遺稿』, 한국문집총간 41, 민족문화추진위원회, 1989~1990.
南龍翼, 『壺谷詩話』, 한국문집총간 131, 민족문화추진회, 1994.
南龍翼, 『壺谷集』, 한국문집총간 131, 민족문화추진회, 1994.
陶淵明, 『搜神後記』, 문연각 사고전서본.
睦萬中, 『餘窩集』, 한국문집총간 90, 민족문화추진회, 1992.
朴　淳, 『思菴集』, 한국문집총간 38, 민족문화추진위원회, 1990.
班　固, 『漢書』, 문연각 사고전서본.
范　曄, 『後漢書』, 문연각 사고전서본.

司馬遷, 『史記』, 문연각 사고전서본.

徐敬德, 『花潭先生文集』, 한국문집총간 24, 민족문화추진위원회, 1990.

徐　起, 『孤靑遺稿』, 한국문집총간 38, 민족문화추진위원회, 1990.

宋浚吉, 『同春堂集』, 한국문집총간 106, 민족문화추진회, 1993.

申　濡, 『竹堂集』, 한국문집총간 31, 민족문화추진위원회, 1989~1990.

申　欽, 『象村稿』, 한국문집총간 71, 민족문화추진회, 2009~2012.

梁慶遇, 『霽湖集』, 한국문집총간 73, 민족문화추진회, 2002.

柳夢寅, 『於于集』, 한국문집총간 63, 민족문화추진회, 1991.

柳疇睦, 『溪堂集』, 아세아문화사, 1984.

劉希慶, 『村隱集』, 한국문집총간 55, 민족문화추진회, 1990.

尹善道, 『孤山遺稿』, 한국문집총간 91, 민족문화추진회, 1992.

李觀命, 『屛山集』, 서울대학교 규장각본.

李建昌, 『黨議通略』, 국립중앙도서관본.

李　袤, 『果菴集』, 한산이씨 과암집 간행위원회, 1998.

李民宬, 『敬亭集』, 한국문집총간 76, 민족문화추진회, 1991.

李秉休, 『貞山雜著』, 국립중앙도서관본.

李山海, 『鵝溪遺稿』, 한국문집총간 47, 민족문화추진위원회, 1989~1990.

李森煥, 『少眉山房藏』, 한국문집총간 92, 민족문화추진회, 1992.

李尙毅, 『少陵集』, 한국문집총간 12, 민족문화추진위원회, 1988~1990.

李　潊, 『弘道遺稿』, 한국문집총간 54, 민족문화추진회, 1990.

李睟光, 『芝峯類說』, 국립중앙도서관본.

李睟光, 『芝峯集』, 한국문집총간 66, 민족문화추진회, 1991.

李　植, 『澤堂集』, 한국문집총간 88, 민족문화추진회, 1992.

李用休, 『惠寰雜著』, 국립중앙도서관본.

李元鎭, 『黃驪世稿』, 고려대학교 화산문고본.

李　珥, 『栗谷全書』, 한국문집총간 44, 민족문화추진위원회, 1989~1990.

李　瀷, 『星湖全集』, 한국문집총간 198, 민족문화추진회, 1997.

李廷龜, 『月沙集』, 한국문집총간 69, 민족문화추진회, 1991.

李重煥, 『擇里志』, 국립중앙도서관본.

李春英, 『體素集』, 한국문집총간 66, 민족문화추진회, 1991.

任　房, 『水村集』, 한국문집총간 149, 민족문화추진회, 1995.

鄭經世, 『愚伏集』, 한국문집총간 68, 민족문화추진회, 1991.
鄭斗卿, 『東溟集』, 한국문집총간 100, 민족문화추진회, 1992.
鄭百昌, 『玄谷集』, 한국문집총간 101, 민족문화추진회, 1993.
丁若鏞, 『與猶堂全書』, 한국문집총간 281, 민족문화추진회, 2002.
鄭　蘊, 『桐溪集』, 한국문집총간 75, 민족문화추진회, 1991.
鄭惟一, 『文峯集』, 한국문집총간 42, 민족문화추진위원회, 1990.
趙　絅, 『龍洲遺稿』, 한국문집총간 90, 민족문화추진회, 1992.
曺　植, 『南冥集』, 한국문집총간 31, 민족문화추진위원회, 1989~1990.
趙顯命, 『歸鹿集』, 한국문집총간 212, 민족문화추진회, 1998.
蔡濟恭, 『樊巖集』, 한국문집총간 235, 민족문화추진위원회, 1990~1999.
蔡彭胤, 『希菴集』, 한국문집총간 182, 민족문화추진회, 1997.
許　穆, 『記言』, 한국문집총간 98, 민족문화추진회, 1992.
許　筠, 『惺所覆瓿藁』, 한국문집총간 74, 민족문화추진회, 1990.
許　礪, 『水色集』, 한국문집총간 69, 민족문화추진회, 1991.
洪可臣, 『晩全堂集』, 한국문집총간 51, 민족문화추진회, 1990.
洪萬宗, 『小華詩評』, 국립중앙도서관본.
洪萬宗, 『詩話叢林』, 국립중앙도서관본.

「癸亥靖社錄」, 『大東野乘』.
『郊居瑣編』, 서울대학교 규장각본.
『南譜』, 성균관대학교 대동문화연구원, 2016.
『論語』, 문연각 사고전서본.
『杜詩詳註』, 문연각 사고전서본.
『北譜』, 성균관대학교 대동문화연구원, 2016.
『順天府邑誌』, 서울대학교 규장각본.
『新增東國輿地勝覽』, 경문사, 1981.
『鵝洲世稿』, 서울대학교 규장각본.
『驪江世乘』, 근기실학연원제현집.
『莊子』, 문연각 사고전서본.
『晉書』, 문연각 사고전서본.
『靑風禊帖』, 성호기념관 소장본.

『韓山文獻叢書』, 韓山文獻刊行會, 1983.

『光海君日記』.
『宣祖實錄』.
『肅宗實錄』.
『仁祖實錄』.
『顯宗實錄』.
『孝宗實錄』.
『承政院日記』.

website :
국립중앙도서관 http://www.nl.go.kr.
디지털 포천문화대전 http://pocheon.grandculture.net.
文淵閣四庫全書電子版, 上海人民出版社/迪志文化出版有限公司, 2000.
서울대학교 규장각 한국학연구원 http://e-kyujanggak.snu.ac.kr.
조선왕조실록 http://sillok.history.go.kr.
한국고전번역원 db http://db.itkc.or.kr.
한국역대인물 종합정보시스템 http://people.aks.ac.kr.
한국학중앙연구원 장서각 http://jsg.aks.ac.kr.

2. 저서

강명관(2007), 『공안파와 조선 후기 한문학』, 소명출판.
금장태(1994), 『韓國儒學史의 理解』, 민족문화사.
______(1998), 『퇴계의 삶과 철학』, 서울대학교 출판부.
권진옥(2020), 『한문 산문의 이론과 비평에서 창작의 지평으로』, 학자원.
김묘정(2021), 『조선후기 소북문단의 형성과 소북팔문장』, 학자원.
김병곤(1967), 『李朝黨爭史話』, 삼중당.
김원준(2013), 『지봉 이수광의 삶, 그 시적 변주』, 태학사.
김학수(2005), 『끝내 세상에 고개를 숙이지 않는다 - 17세기 명가의 내력과 가풍』, 삼우반.

노경희(2015), 『17세기 전반기 한중 문학교류』, 태학사.
송혁기(2007), 『조선후기 한문 산문의 이론과 비평』, 월인.
신병주(2000), 『남명학파와 화담학파 연구』, 일지사.
______(2007), 『조선 중·후기 지성사 연구』, 새문사.
______(2008), 『정인홍 평전』, 경인문화사.
신승훈(2012), 『조선중기 문학사의 적층과 단면』, 신지서원.
안대회(1999), 『18세기 한국한시사 연구』, 소명출판.
______(2000), 『朝鮮後期詩話史』, 소명출판.
楊載 저·何文煥 編(1982), 「詩法家數」, 『歷代詩話』, 藝文印書館.
우인수(2011), 「조선 선조대 남북분당과 내암 정인홍」, 『역사와 경계』 81, 부산경남사학회.
우인수(2015), 『朝鮮後期 嶺南 南人 硏究』, 경인문화사.
윤사순(1998), 『한국의 성리학과 실학』, 삼인.
윤재환(2010), 『매산 이하진의 삶과 문학 그리고 성호학의 형성』, 문예원.
______(2012), 『조선후기 근기 남인 시맥의 형성과 전개』, 문예원.
______외 4인 (2016), 『許筠이 사랑한 한시 - 성수시화』, 학자원.
______(2020), 『옥동 이서의 삶과 시세계 그리고 성호학』, 학자원.
이건창 저·이덕일 역(2015), 『黨議通略』, 자유문고.
이덕일(2018), 『조선선비 당쟁사』, 인문서원.
이돈형 編著(2002), 『驪州李氏 星湖家門 世乘記』, 성호선생기념사업회.
이상은(1999), 『퇴계의 생애와 학문』, 예문서원.
이상필(2003), 『南溟學派의 形成과 展開』, 와우출판사.
이성무(2009), 『조선시대 사상사 연구』 1, 지식산업사.
______외 11인(2010), 『아계 이산해의 학문과 사상』, 지식산업사.
______(2011), 『조선을 이끈 명문가 지도』, 문학동네.
이수건(1997), 『嶺南學派의 形成과 展開』, 일조각.
이승용(2021), 『조선후기 강화학파 팔광의 삶과 시세계』, 학자원.
이완재(2002), 「퇴계의 인간관」, 『退溪 李滉』, 예문서원.
이원진 저·실시학사 고전문학연구회 역(2016), 『태호 이원진의 태호시고』, 사람의무늬.
이종묵(2006), 『조선의 문화공간』 1~4, 휴머니스트.

______(2003), 『한국 한시의 전통과 문예미』, 태학사.
______(2016), 『조선시대 경강의 별서』, 경인문화사.
이황진(2020), 『고운 최치원의 생애와 시문학 세계』, 학자원.
정　민(1999), 『목릉문단과 석주 권필』, 태학사.
정영문(2011), 『朝鮮時代 通信使文學 硏究』, 지식과 교양.
정옥자(1990), 『朝鮮後期 文學思想史』, 서울대학교출판부.
정호훈(2004), 『朝鮮後期 政治思想 硏究 - 17세기 北人系 南人을 중심으로』, 혜안.
정호훈 외(2012), 『조선중기 洪可臣·許穆의 사상과 학문』, 수원화성박물관.
조성산(2007), 『조선후기 낙론계 학풍의 형성과 전개』, 지식산업사.
陳淳 저·김영민 옮김(1993), 『北溪字義』, 예문서원.
최재남(1997), 『한국 애도시 연구』, 경남대학교 출판부.
______(2018), 『17세기 전반 정치·사회변동과 시가사』, 보고사.
하지영(2019), 『18세기 秦漢고문론의 전개와 실현 양상』, 소명출판.
한국정신문화연구원 編(1991), 『朝鮮後期 黨爭의 綜合的 檢討』, 한국정신문화연구원.
한명기(2009), 『정묘·병자호란과 동아시아』, 푸른역사.
한영우 외 6인(2007), 『다시 실학이란 무엇인가』, 푸른역사.
한영우(2007), 『실학의 선구자』, 경세원.
허경진(1984), 『許筠 시 연구』, 평민사.
허권수(1993), 『조선후기 남인과 서인의 학문적 대립』, 법인문화사.
황광욱(2003), 『화담 서경덕의 철학사상』, 심산.

3. 논문

〈학위 논문〉

강경훈(2001), 「重菴 姜彝天 文學 硏究 : 18세기 近畿南人, 小北文壇 展開와 관련하여」, 동국대학교 대학원 박사학위논문.
강룡길(2015), 「金世濂 「海槎錄」 중 일본 형상 연구」, 숭실대학교 대학원 석사학위논문.
공근식(2014), 「湖州 蔡裕後 漢詩 譯註」, 고려대학교 대학원 박사학위논문.
구덕회(1988)a, 「宣祖代 후반(1594~1608) 政治體制의 재편과 政局의 動向」, 서울대학교 대학원, 석사학위논문.
권진옥(2007), 「澤堂 李植의 騈文古文 연찬과 산문 창작의 실제」, 고려대학교 대학원 석사학위논문.

권진호(2000), 「眉叟 許穆의 尙古精神과 散文世界」, 성균관대학교 대학원 박사학위논문.

김묘정(2019), 「17세기 小北八文章의 시세계 연구」, 단국대학교 박사학위논문.

김원준(2004), 「芝峯 李睟光의 삶과 詩世界」, 영남대학교 대학원 박사학위논문.

김학수(2007), 「17세기 嶺南學派 연구」, 한국학중앙연구원 한국학대학원 박사학위논문.

김호길(1980), 「東溟 金世濂 硏究」, 고려대학교 교육대학원 석사학위논문.

김효정(2015), 「錦帶 李家煥의 詩文學 硏究」, 단국대학교 대학원 석사학위논문.

맹영일(2015), 「18세기 전반 백련시단의 형성과 시세계」, 고려대학교 대학원 박사학위논문.

박소연(2018), 「東溟 金世濂 漢詩 硏究」, 고려대학교 대학원 석사학위논문.

박용만(2000), 「李用休의 詩文學 硏究」, 한국정신문화연구원 한국학대학원 박사학위논문.

박팽간(2000), 「花潭 徐敬德 漢詩의 硏究 : 道家的 趣向과 美意識을 中心으로」, 성균관대학교 대학원 석사학위논문.

박 탄(2001), 「重菴 姜彛天의 散文 硏究」, 강원대학교 대학원 석사학위논문.

방현아(1994), 「重菴 姜彛天의 『漢京詞』 硏究 : 18世紀 서울의 都市的 樣相의 形象化」, 성균관대학교 대학원 석사학위논문.

부유섭(2009), 「17~18세기 중반 近畿南人 文壇 硏究」, 한국학중앙연구원 한국학대학원 박사학위논문.

신병주(1989), 「南冥 曺植의 學問 傾向과 現實認識」, 서울대학교 대학원 석사학위논문.

______(1999), 「조선 중기 처사형 사림의 학풍 연구」, 서울대학교 대학원 박사학위논문.

신승훈(2004), 「16세기 후반~17세기 전반 문학 이론의 다양화 양상 - 柳夢寅 · 李睟光 · 申欽 · 許筠을 중심으로」, 고려대학교 대학원 박사학위논문.

우현구(1989), 「來庵 鄭仁弘과 光海朝 政局主導勢力」, 영남대학교 대학원 박사학위논문.

유명석(2017), 「東州 李敏求의 詩文學 硏究」, 단국대학교 대학원 석사학위논문.

유진희(2017), 「蒼雪齋 權斗經의 詩文學 硏究」, 단국대학교 대학원 석사학위논문.

윤재환(2004), 「梅山 李夏鎭 詩文學 硏究 - 星湖 家學의 成立과 關聯하여」, 성균관대학교 대학원 박사학위논문.

이국진(2006), 「李學逵의 現實認識과 詩世界」, 고려대학교 대학원 석사학위논문.

______(2011), 「李學逵 漢詩의 표현기법과 미적 특질 연구」, 고려대학교 대학원 박사학위논문.

이남면(2005), 「東州 李敏求의 생애와 시세계」, 고려대학교 대학원 석사학위논문.

이승용(2017), 「조선 후기 江華學派 漢詩 研究 - 全州李氏 德泉君派 八匡을 중심으로」, 성균관대학교 대학원 박사학위논문.

이황진(2010), 「崔致遠生平事蹟與漢詩創作研究」, 光西師範大學, 박사학위논문.

임미정(2007), 「송곡 이서우의 시문학 연구」, 연세대학교 대학원 석사학위논문.

장유승(2002), 「17世紀 古詩 研究」, 한국정신문화연구원 한국학대학원 석사학위논문.

정권율(2000), 「花潭 徐敬德의 한시 연구」, 목포대학교 교육대학원 석사학위논문.

정호훈(2001), 「17세기 北人系 南人學者의 政治思想」, 연세대학교 대학원 박사학위논문.

정홍준(1986), 「朝鮮朝 北人政權의 成立과 對民政策의 性格」, 고려대학교 대학원 석사학위논문.

조현주(2001), 「17세기 近畿南人 학자의 學風과 政治經濟改革論」, 연세대학교 교육대학원 석사학위논문.

차은주(1999), 「16~17世紀 金藎國의 政治·經濟思想」, 동국대학교 대학원 석사학위논문.

하지영(2005), 「任叔英의 〈述懷〉 연구 : 17세기 초 문단 풍경과 관련하여」, 이화여자대학교 대학원 석사학위논문.

한명기(1998), 「光海君代의 大北勢力과 政局의 動向」, 서울대학교 대학원 석사학위논문.

허현주(2005), 「東州 李敏求의 『唐律廣選』 研究」, 경북대학교 교육대학원 석사학위논문.

〈일반 논문〉

강명관(1995), 「16세기 말~17세기 초 擬古文派의 수용과 秦漢古文派의 성립」, 『한국한문학연구』 18, 한국한문학회.

강혜선(2011), 「16세기~17세기의 시사(詩社)와 아집(雅集) - 인왕산 청풍계의 문학적 전통, 『한문학보』 20, 우리한문학회.

고영진(1992), 「17세기 전반 남인학자의 사상 - 정경세·김응조를 중심으로」, 『역사와 현실』 8, 한국역사연구회.

______(1994)a, 「17세기 후반 근기남인 학자의 사상 - 윤휴·허목·허적을 중심으로」, 『역사와 현실』 13, 한국역사연구회.

______(1994)b, 「16세기 후반~17세기 전반 서울 枕流臺學士의 활동과 그 의의」, 『서울학연구』 3, 서울시립대 서울학연구소.

______(2017), 「윤선도의 학문과 사상적 특징」, 『규장각』 51, 서울대학교 규장각 한국학연구원.

______(2018), 「호남남인 윤선도의 관계망」, 『민족문화연구』 81, 고려대학교 민족문화연구원.

공근식(2013), 「호주(湖洲) 채유후(蔡裕後) 사환생활(仕宦生活)과 시세계」, 『영남학』 23, 경북대학교 영남문화연구원.

구덕회(1988)b, 「宣祖代 후반(1594~1608) 政治體制의 재편과 政局의 動向」, 『한국사론』 20, 서울대학교 국사학과.

구본현(2003), 「차천로의 시세계」, 『한국한시작가연구』 8, 한국한시학회.

구진성(2013), 「仁祖反正 直後 來庵 鄭仁弘 門人들의 不安 要因과 그 對應」, 『남명학연구』 37, 경상대학교 남명학연구소.

권경록(2007), 「『斜川詩帖』에 나타난 문인들의 문학공간과 그 형상화」, 『동악어문학』 49, 동악어문학회.

권인호(2019), 「내암 정인홍 출처와 경세사상」, 『남명학연구논총』 24, 남명학연구원.

권진옥(2019), 「회은(晦隱) 남학명(南鶴鳴) 산수시(山水詩) 특징」, 『인문사회과학연구』 20, 부경대학교 인문사회과학연구소.

김강식(2011), 「임진왜란 시기 來庵 鄭仁弘 의병운동」, 『역사와 경계』 81, 부산경남사학학회.

김경수(2013), 「유학의 본질과 남명학의 본질」, 『남명학』 18, 남명학연구소.

김경호(2009), 「복천 강학년의 생애와 학문」, 『유학연구』 20, 충남대학교 유학연구소.

______(2018), 「혼인의 관계망을 통해 본 16세기 호남유학」, 『嶺南學』 64, 경북대학교 영남문화연구원.

김남기(2006), 「남파(南坡) 홍우원(洪宇遠)의 삶과 시세계」, 『한국한시작가연구』 10, 한국한시학회.

김동준(2002), 「만취 오억령의 시세계」, 『한국한시작가연구』 7, 한국한시학회.

김병권(2016), 「퇴계(退溪) 문학(文學)의 학문적(學問的) 지향(志向) 연구(硏究)」, 『퇴계학논총』 24, 퇴계학부산원.

김성기(2006), 「17세기 한국 한시사의 구도」, 『한국한시연구』 14, 한국한시학회.

김세호(2016), 「南以恭의 夢鳥亭」, 『문헌과 해석』 77, 태학사.

김　영(1981), 「許筠의 문학관에 대하여」, 『동방학지』 26, 연세대학교 국학연구원.

김영수·김효정(2014), 「錦帶 李家煥의 挽詩 연구」, 『동아시아고대학』 36, 동아시아고대학회.

金榮洙·劉明錫(2015), 「東州 李敏求의 「東游錄」 硏究」, 『민족문화연구』 68, 민족문화연구원.

김영주(2001), 「東州 李敏求의 문학론 연구」, 『동방한문학』 20, 동방한문학회.

김영진(2011), 「조선후기 黨派譜 硏究 : 『北譜』를 중심으로」, 『한국학논집』 44, 계명대학교 한국학연구원.

______(2016)a, 「조선후기 당파보 연구 (2) - 『남보』, 『대동문화연구』 94, 성균관대학교 대동문화연구원.

______(2016)b, 「새 발굴 驪州李氏 先世 문집 저술 고찰(1) - 『太湖詩稿』를 중심으로」, 『온지논총』 36, 온지학회.

김우정(2011), 「택당(澤堂) 이식(李植)과 17세기 초 문단」, 『동방한문학』 46, 동방한문학회.

김은정(2009), 「이경엄(李景嚴)의 사천장(斜川庄) 경영과 『사천시첩(斜川詩帖)』의 의미 재론」, 『국문학연구』 19, 국문학회.

김지현(2015), 「敬亭 李民宬의 『癸亥朝天錄』 小考」, 『온지논총』 42, 온지학회.

김학수(2005), 「星湖 李瀷의 學問淵源 - 家學의 淵源과 師友관계를 중심으로」, 『성호학보』 1, 성호학회.

______(2014), 「17세기 서애(西厓) 柳成龍의 학풍(學風)과 그 계승 양상」, 『퇴계학과 유교문화』 55, 경북대학교 퇴계연구소.

______(2019), 「내암(來庵) 정인홍(鄭仁弘)의 가계와 생애 - 기억(記憶)과 기록(記錄)의 잔존과 변질 - 」, 『남명학연구논총』 24, 남명학연구원.

김형찬(2014), 「근기실학의 학문 연원과 퇴계학의 학문 정신」, 『퇴계학과 근기실학』, 경인문화사.

김효정(2015), 「금대 이가환 시문학 일고」, 『한국한시연구』 23, 한국한시학회.

______(2016), 「洛下生 李學逵의 園藝詩 硏究」, 『한국민족문화』 61, 부산대학교 민족문화연구소.

______(2017)a, 「木齋 李森煥의 詠物詩 연구」, 『한국학연구』 62, 고려대학교 한국학연구소.

______(2017)b 「병자호란 이후 '瀋陽'에 대한 기억의 변이 양상」, 『한문학보』 36, 우리한문학회.

______(2018)a, 「17세기 전반 北人系 南人 文士들의 교유 - 지식교류의 일 양상」, 『인문연구』 83, 영남대학교 인문과학연구소.

______(2018)b, 「東溟 金世濂의 『槎上錄』 考察」, 『동양한문학연구』 51, 동양한문학회.

______(2019)a, 「斗峯 李志完의 詩世界 考察 - 『黃驪世稿』 소재 시를 중심으로」, 『동아시아고대학』 54, 동아시아고대학회.

______(2019)b, 「太湖 李元鎭의 詩世界 考察」, 『한국민족문화』 73, 부산대학교 한국민족문화연구소.

______(2019)c, 「華陰 李昌庭의 詩世界 考察」, 『고전문학연구』 56, 한국고전문학회.

______(2019)d, 「藥泉 南九萬의 次韻詩 연구」, 『인문논총』 4, 서울대학교 인문학연구원.

______(2020), 「書簡으로 보는 스승 星湖의 면모」, 『성호학보』 22, 성호학회.

______(2021)a, 「松谷 李瑞雨의 시세계 일 고찰 - 을병대기근을 묘사한 재난 관련 시를 중심으로」, 『고전과 해석』 33, 고전문학한문학연구학회.

______(2021)b, 「昆侖 崔昌大의 시세계 일 고찰 - 樂府詩를 중심으로」, 『대동한문학』 66, 대동한문학회.

문희순(2001), 「조선중기 沈流臺詩社의 형성과 전개」, 『어문연구』 37, 어문연구학회.

박기용(2006), 「남명 문학에서의 도교사상 표출 양상」, 『語文學』 91, 한국어문학회.

박수천(2006), 「東州 李敏求의 詩世界」, 『한국한시작가연구』 10, 한국한시학회.

박용만(1998), 「惠寰 李用休論」, 『조선후기 한시 작가론』 1, 이회문화사.

______(2002), 「18세기 星湖一門의 한시 창작에 관한 일 고찰」, 『국제어문』 26, 국제어문학회.

______(2010), 「이경전 문학의 특징과 문학사적 위상」, 『아계 이산해의 학문과 사상』, 지식산업사.

박종훈(2015), 「성호기념관 소장 『청풍계첩(靑楓禊帖)』 일고(一考)」, 『한국시가문화연구』 36, 한국시가문화학회.

부유섭(2000), 「東州 李敏求와 南人 詩脈의 전개」, 『우리한시연구』 8, 우리한시학회.

사재명(2019), 「來庵 鄭仁弘의 강학과 교육」, 『남명학연구논총』 24, 남명학연구원.

설석규(2010), 「선조대(宣祖代) 정국(政局)과 이산해(李山海)의 정치적 역할」, 『鵝溪 李山海의 학문과 사상』, 지식산업사.

송기섭(2016), 「만전당 홍가신의 생의 자취와 삶의 지향」, 『한문고전연구』 33, 한국한문고전학회.

송희준(2014), 「桐溪 鄭蘊의 학통과 학문사상」, 『영남학』 26, 경북대학교 영남문화연구원.

송휘칠(1998), 「퇴계학(退溪學)의 성격(性格)과 퇴계학파(退溪學派)」, 『퇴계학과 유교문화』 26, 경북대학교 퇴계학연구소.

신두환(2017), 「경정(敬亭) 이민성(李民宬)의 『조천록(朝天錄)』 연구(硏究)」, 『동방한문학』 70, 동방한문학회.

신로사(2014), 「金世濂의 「海槎錄」에 관한 연구 - 「聞見雜錄」을 중심으로 - 」, 『한국한

문학연구』 56, 한국한문학회.

신병주(1992), 「17세기 전반 북인 관료의 사상: 김신국·남이공·김세렴을 중심으로」, 『역사와 현실』 8, 한국역사연구회.

______(1997), 「17세기 중·후반 近畿南人 학자의 학풍 - 허목·윤휴·유형원을 중심으로」, 『한국문화』 19, 서울대학교 규장각 한국학연구원.

______(1999), 「大谷 成運의 學風과 處世」, 『남명학연구논총』 7, 남명학연구소 출판부.

______(2005), 「화담학과 근기사림의 사상」, 『국학연구』 47, 한국국학진흥원.

______(2010), 「이산해의 학문적 기반과 현실인식」, 『아계 이산해의 학문과 사상』, 지식산업사.

______(2011), 「北人학파의 연원과 사상, 그리고 현실인식」, 『한국철학논집』 32, 한국철학사연구회.

심경호(1997), 「18세기 중·말엽의 남인문단」, 『국문학 연구 1997』, 태학사.

______(1998), 「조선후기 시사와 동호인 집단의 문화 활동」, 『민족문화연구』 31, 고려대학교 민족문화연구원.

안대회(1995), 「한국 한시와 죽음의 문제 - 조선후기 만시의 예술성과 인간미」, 『한국한시연구』 3, 한국한시학회.

______(2013), 「18세기 시사(詩社)의 현황과 전개양상」, 『고전문학연구』 44, 한국고전문학회.

안대회·박진욱·김세호(2017), 「18세기 漢江의 樓亭 조사 연구 - 嚴慶遂의 「沿江亭謝記」를 중심으로 - 」, 『한국전통조경학회지』 35, 한국전통조경학회.

안병학(1980), 「許筠의 문학론 연구」, 『민족문화연구』 15, 고려대학교 민족문화연구소.

여운필(2005), 「桐溪 鄭蘊의 삶과 시」, 『한국한시작가연구』 9, 한국한시학회.

오수창(1985), 「인조대 정치세력의 동향」, 『한국사론』 13, 서울대학교 국사학과.

오승준(2015), 「東州 李敏求의 한시 연구 - 금강산 유람시를 중심으로」, 『한문학논집』 41, 근역한문학회.

우응순(1991), 「17세기 古文論의 배경과 역사적 성격」, 『어문논집』 30, 민족어문학회.

우인수(2011), 「조선 선조대 남북분당과 내암 정인홍」, 『역사와 경계』 81, 부산경남사학회.

유봉학(1983), 「18세기 南人 분열과 畿湖南人 學統의 성립」, 『한신논문집』 1, 한신대학교.

윤재환(2008), 「新資料 『太湖詩藁』를 통해 본 李元鎭의 詩世界」, 『한문학보』 18, 우리한문학회.

______(2009), 「湖洲 蔡裕後의 시에 나타난 술의 技能과 限界」, 『한국한시연구』 17, 한국한시학회.

______(2010)a, 「少陵 李尙毅의 「次芝峯詠枯竹韻」 64首 검토」, 『한문학보』 22, 우리한문학회.

______(2010)b, 「少陵家의 使行 經驗과 詩的 形象化 - 少陵 李尙毅 · 太湖 李元鎭 · 梅山 李夏鎭을 중심으로」, 『동양한문학연구』 31, 동양한문학회.

______(2013)a, 「近畿南人學統의 展開와 星湖學의 形性」, 『온지논총』 36, 온지학회.

______(2013)b, 「玉洞 李漵의 輓詩를 통해 본 朝鮮朝 輓詩의 一樣相」, 『한민족어문학』 제65집, 한민족어문학회.

______(2015), 「聽蟬 李志定 詩文學 硏究」, 『한국한시연구』 23, 한국한시학회.

______(2017), 「17세기 초 대명 해로사행의 해상 사행시 - 대명 해로사행문학 연구의 기반과 토대 구축을 위한 시론」, 『한국문학과 예술』 22, 숭실대학교 한국문학과예술연구소.

윤호진(2002), 「『水色集』의 頭評에 대하여」, 『한문교육연구』 19, 한국한문교육학회.

이근호(2009), 「少陵 李尙毅의 학문과 경세론」, 『성호학보』 6, 성호학회.

이남면(2016), 「병자호란의 기억, 그 시적 형상화」, 『동방한문학』 68, 동양한문학회.

이상필(1996), 「내암 정인홍의 학문 성향과 정치적 역할」, 『남명학연구』 6, 남명학연구소.

______(2013), 「南冥學派의 展開過程에서 來庵 鄭仁弘에 대한 認識 再考」, 『동양한문학연구』 36, 동양한문학회.

이성무(2000), 「성호(星湖) 이익(李瀷)의 가계와 학통」, 『한국실학연구』 2, 한국실학학회.

이영춘(2010), 「석루(石樓) 이경전(李慶全)의 생애와 외교활동」, 『아계 이산해의 학문과 사상』, 지식산업사.

이완재(2002), 「퇴계의 인간관」, 『퇴계 이황』, 예문서원.

이은주(2003), 「석루 이경전의 삶과 시」, 『한국한시작가연구』 8, 한국한시학회.

이진경(2016), 「근기남인(近畿南人)의 도가사상 연구」, 『유학연구』 36, 충남대학교 유학연구소.

이종묵(2000)a, 「16-17세기 漢詩史 연구 - 시풍의 변화양상을 중심으로」, 『정신문화연구』 23-4, 한국학중앙연구원.

______(2000)b, 「17세기 문화공간 靑風溪」, 『문헌과 해석』 12, 태학사.

______(2000)c, 「남명 조식의 삶과 시」, 『한국한시작가연구』 5, 한국한시학회.

______(2002), 「조선 전기 한시의 당풍과 송풍」, 『한국 한시의 전통과 문예미』, 태학사.

이종호(1999), 「조선후기 영남 남인의 문학관 연구 - 갈암(葛庵) 학파의 문학관을 중심으로」, 『퇴계학보』 103, 퇴계학연구원.

이재두(2016), 「1635년(인조 13) 현풍현감 김세렴의 『포산지』 편찬」, 『퇴계학과 유교문화』 58, 경북대학교 퇴계연구소.

이헌창(2010), 「아계 이산해의 경제사상과 그 역사적 의의」, 『아계 이산해의 학문과 사상』, 지식산업사.

이현일(2005), 「『三溟詩話』로 본 18세기 한시사」, 『민족문학사연구』 27, 민족문학사학회 민족문학사연구소.

이희중(1996), 「조선중기 서인계 문장가의 활동과 고문론의 전개」, 『한국사론』 35, 서울대학교 국사학과.

정경수(2000), 「미수 허목의 학문관과 육경학의 의미」, 『문창어문논집』 37, 문창어문학회.

정도상(2002), 「東溟 金世濂의 「槎上錄」-澤堂 李植의 批評을 中心으로」, 『한문학논집』 20, 근역한문학회.

정만조(2001), 「경기 북부지역 남인계 가문의 동향」, 『한국학논총』 23, 국민대 한국학연구소.

______(2011), 「朝鮮後期 延安李氏 三陟公派의 근거지 확산과 坡州정착」, 『한국학논총』 35, 국민대학교 한국학연구소.

정 민(1991), 「16·7세기 遊仙詩의 자료개관과 출현 동인」, 『도교문화연구』 4, 한국도교문화학회.

______(1996), 「16·17세기 학당풍(學唐風)의 성격과 그 풍정(風情)」, 『한국한문학연구』 19, 한국한문학회.

______(1999), 「16·7세기 당시풍에 있어서 낭만성의 문제」, 『한국시가연구』 5, 한국시가학회.

정영문(2004), 「丙子通信使의 使行錄 硏究」, 『온지논총』 11, 온지학회.

정우락(2002), 「16세기 士林派 作家들의 事物觀과 文學情神 연구-林薰·李滉·曺植의 경우를 중심으로」, 『퇴계학과 한국문화』 34, 경북대학교 퇴계학 연구소.

정우봉(1994), 「姜彝天의 『漢京詞』에 대하여: 18세기 서울의 시적 형상화」, 『한국학보』 20, 일지사.

장유승(2001), 「水色 許禴의 古風詩 小考」, 『한국한시연구』 9, 한국한시학회.

정원표(2000), 「花潭 徐敬德 시 연구」, 『한국한시작가연구』 5, 한국한시학회.

정은영(2009), 「조선 후기 通信使와 朝鮮中華主義-使行 기록에 나타난 對日 認識 전환을 중심으로」, 『국제어문』 46, 국제어문학회.

______(2014), 「교린체제 확립기(1636~1655) 통신사의 三都 인식」, 『한민족어문학』 68, 한민족어문학회.

정장식(2001), 「1636년 通信使의 日本認識」, 『문명연지』 2, 한국문명학회.

정호훈(2001), 「17세기 전반 경기남인의 세계관과 정치론」, 『동방학지』 111, 연세대학교 국학연구원.

조규희(2011), 「17, 18세기의 서울을 배경으로 한 문회도」, 『서울학연구』 16, 서울시립대 서울학연구소.

조성산(2006), 「蔡濟恭(1720~1799)의 先代家系와 學問淵源」, 『한국인물사연구』 5, 한국인물사연구회.

______(2014), 「申欽의 학문형성과 古學의 영향」, 『민족문화연구』 65, 고려대학교 민족문화연구원.

조성을(2014), 「근기학인의 퇴계학 수용과 실학 - 韓百謙과 柳馨遠을 중심으로」, 『퇴계학과 근기실학』, 경인문화사.

조인희(2018), 「17세기 초 小北 정권의 성립과정에 對하여」, 『한일관계사연구』 62. 한일관계사연구.

조정윤(2014), 「『瑣編』 所載 詩話의 양상과 성격 - 「試筆」을 중심으로」, 『어문연구』 80, 어문연구학회.

______(2015), 「「試筆」을 통해 본 소북계 문사의 정치 인식과 문학 활동」, 『동양고전연구』 61, 동양고전학회.

조종업(1984), 「許筠 시론 연구」, 『장암 지헌영 선생 화갑기념논총』, 장암 지헌영선생 화갑기념 논총위원회.

한명기(1992), 「이수광의 학문과 사상」, 『한국문화』 13, 서울대학교 규장각 한국학연구원.

______(2002), 「仁祖反正 이후 在朝北人에 대한 小考」, 『조선의 정치와 사회 - 최승희 교수 정년기념 논문집』, 최승희 교수 정년기념 논문집 간행 위원회.

한태문(1991), 「침류대시사 결성에 대한 시고」, 『한국문학논총』 12, 한국문학회.

______(2001), 「17세기 통신사 사행문학의 전개와 문학사적 의의」, 『인문논총』 57, 부산대학교 인문학연구소.

허권수(2006), 「근기남인학자(近畿南人學者)들의 남명(南冥)에 대한 관심(關心)」, 『남명학연구』 22, 경상대학교 남명학연구소.

황의동(2009), 「화담(花潭) · 퇴계(退溪) · 율곡(栗谷)의 이기관(理氣觀) 비교 연구」, 『동서철학연구』 49, 한국동서철학회.

저자 소개 **김효정**

한국 고전문학 텍스트 연구소 상임연구원으로 단국대학교 일본연구소 HK+사업단 HK연구교수이다. 단국대학교에서 「17세기 전반 北人系 南人 시문학 연구」로 박사학위를 취득했으며, 조선후기 북인계 남인과 근기 남인계열 문인들의 시문학 세계에 관한 연구에 주력하고 있다. 주요 논문으로 「17세기 전반 北人系 南人 文士들의 교유 - 지식교류의 일 양상 - 」, 「太湖 李元鎭의 詩世界 考察」, 「松谷 李瑞雨의 시세계 일 고찰 - 을병대기근을 묘사한 재난 관련 시를 중심으로-」, 「西堂 李德壽의 東遊 체험과 詩的 形象化」 등 여러 편의 글이 있다.

학술연구총서 6

조선후기 북인계 남인의 형성과 문학적 실상

2022년 12월 30일 초판 발행

지은이 : 김효정
발행인 : 김병환
발행처 : 학자원
주소 : 서울 강동구 천호대로 1121
전화 : 02 6403-1000
팩스 : 02 6338-1001
E-mail : hakjaone@daum.net
등 록 : 2011년 3월 24일 제2011-14호

ISBN 979-11-6247-287-3 94810
979-11-6247-176-0 (세트)

값 30,000원